JOGO SUJO
(FOUL!)

O MUNDO SECRETO DA FIFA: COMPRA DE VOTOS E ESCÂNDALO DE INGRESSOS

Andrew Jennings

Tradução
Renato Marques de Oliveira

3ª impressão

PANDA BOOKS

© 2011 Andrew Jennings

Diretor editorial
Marcelo Duarte

Coordenadora editorial
Tatiana Fulas

Assistente editorial
Vanessa Sayuri Sawada
Juliana Paula de Souza

Assistente de arte
Alex Yamaki

Estagiária
Leika Regina Inoue

Projeto gráfico e capa
Alex Yamaki

Diagramação
Divina Rocha Corte

Preparação de texto
Beatriz de Freitas Moreira

Revisão
Telma Baeza G. Dias
Ana Maria Barbosa

Impressão
Orgrafic

CIP – BRASIL. CATALOGAÇÃO NA FONTE
SINDICATO NACIONAL DOS EDITORES DE LIVROS, RJ

Jennings, Andrew
  Jogo sujo: o mundo secreto da Fifa: compra de votos e escândalo de ingressos/ Andrew Jennings; tradução Renato Marques de Oliveira – 1.ed. – São Paulo: Panda Books, 2011. 352 pp.

Tradução de: Foul: the secret world of Fifa: bribes, vote rigging and ticket scandals

ISBN: 978-85-7888-114-6

1. Federação Internacional de Futebol Associado. 2. Futebol – Corrupção. 3. Futebol – Aspectos políticos. 4. Futebol – Aspectos econômicos. 5. Reportagem investigativa. I. Título. II. Título: O mundo secreto da FIFA.

11-0924 CDD: 796.33406
         CDU: 796.332

2011
Todos os direitos reservados à Panda Books.
Um selo da Editora Original Ltda.
Rua Henrique Schaumann, 286, cj. 41
05413-010 – São Paulo – SP
Tel./ Fax: (11) 3088-8444
edoriginal@pandabooks.com.br
www.pandabooks.com.br
twitter.com/pandabooks
blog.pandabooks.com.br
Visite também nossa página no Facebook e no Orkut.

Nenhuma parte desta publicação poderá ser reproduzida por qualquer meio ou forma sem a prévia autorização da Editora Original Ltda. A violação dos direitos autorais é crime estabelecido na Lei n. 9.610/98 e punido pelo artigo 184 do Código Penal.

"Uma espantosa história de propinas e compra de votos." *Daily Mail*

"Andrew Jennings recebeu o cartão vermelho da Fifa." *Sunday Times*

"Jennings seguiu pistas de documentos, encarou mandachuvas, ignorou ameaças veladas, e recusou tentadoras iscas para escrever esta história. Mesmo para quem não se interessa por futebol, este livro é uma poderosa análise e acusação daquilo que nos aflige." *Sunday Herald*

"A história de como a Copa do Mundo trocou sua inocência dos tempos do futebol amador – em que se usavam pedras no lugar de traves – por um lugarzinho ao sol do *showbiz* é cheia de reviravoltas inesperadas. O resultado pode ter contornos de uma telenovela, mas o processo é puro *Família Soprano* [...]" *Irish Independent*

"Um dossiê detalhado e uma pesquisa meticulosa sobre a maquinaria interna da Fifa [...] extremamente divertido e interessante." *Sunday Business Post*

"O jornalista Andrew Jennings ganha a vida atirando pedras nos Golias do esporte. *Jogo sujo* pinta um retrato da Fifa como um feudo corrupto, abundante em propinas e compra de votos. O texto é leve, divertido e vigoroso – entre a ficção popular e o jornalismo de estilo tabloide." *Colombia Journal Review*

"Jennings parece ter decidido que o trabalho de sua vida é revelar a trama de mentiras, velhacaria e fraudes, que permeia a entidade que comanda o futebol no mundo. Embora seja baseado em fatos – e há muita carne no osso em cada uma de suas alegações –, o livro é escrito no estilo de um 'arrasa quarteirões' ficcional. Pulando de continente em continente, de reuniões clandestinas a pronunciamentos públicos, Frederick Forsyth e Dan Brown poderiam aprender uma ou duas coisinhas com Jennings." *Sport 100*

"O tema do livro rende uma bela peça teatral e não resta dúvida de que o último trabalho de Jennings sobre a corrupção nos esportes é uma leitura divertida e interessante. A obstinada perseguição a Blatter e a outros homens que dirigem os rumos do futebol no mundo servem como um esmagador lembrete de que a necessidade urgente de maior transparência no futebol não se confina a estas plagas." *Daily Telegraph*

"O livro de Jennings proporciona interessantes e vigorosas constatações sobre a política da Fifa e sobre como a má administração, a má conduta e a busca de ganhos pessoais tiveram poucas consequências para seus líderes. As provas e descobertas do livro certamente darão estofo a investigações mais aprofundadas." *Transparência Internacional*

"Jennings foi banido de todos os eventos da Fifa, o que é um emblema de honra neste esporte, e sua obra é um golpe no ponto nevrálgico da Fifa. 'Este pretenso cavalheiro', é assim que Blatter se refere a ele, 'sai por aí dizendo, entre outras coisas, que a Fifa é uma entidade corrupta.' Isso é discriminação! Esse homem está obcecado. Obcecado! E está errado!" *Scotland on Sunday*

"Andrew Jennings está de volta com uma obra-prima do jornalismo investigativo, repleta de alusões de cair o queixo sobre a corrupção em todos os níveis da Fifa, seus supostos pontos fracos financeiros, sua chocante desonestidade eleitoral e suas bizantinas disputas por poder. O extraordinário zelo profissional com que Jennings selecionou e amarrou todos os detalhes deste sórdido relato, que se desloca da Europa para a África e o Caribe, reveste sua história de inequívoca autenticidade." *Statesman*, Calcutá

"Sem dúvida, é um dos livros mais instigantes que li em muito tempo. Não apenas há drama e suspense, mas também mocinhos e vilões. É uma leitura envolvente. Embora haja muitos personagens, muitas tramas, reviravoltas e escândalos, Jennings fez um bom trabalho e conta a história com clareza." *The Star*, Malásia

"Repleto de altas doses de drama, política esportiva internacional e personagens pitorescos – e, de fato, impressionantes – bem definidos pelo autor, e também dinheiro graúdo, para a Fifa este livro será uma leitura desconfortável." *International Sports Law Journal*

"Um relato pormenorizado que revela detalhes comprometedores sobre as entranhas da entidade que rege o futebol mundial." *Belfast News*

"A melhor investigação esportiva desde *Pitch Invasion* (*Invasão de campo: Adidas, Puma e os bastidores do esporte moderno*, de Barbara Smit)." *Sunday Herald*

Para saber mais sobre a Fifa, visite o site do autor: www.transparencyinsport.org.

Para os meus ursinhos e para os fãs do futebol.

Sumário

Prefácio 11

1. O TIQUE-TAQUE DA BOMBA-RELÓGIO DE BLATTER 13
A propina vai parar na mesa de Sepp

2. ADEUS, SIR STAN 19
Saudações a um novo mundo dos esportes

3. SEPP BLATTER, FEITO PELA ADIDAS 28
Um novo líder sai da linha de produção de Dassler

4. SEPP FAZ UMA JOGADA CONTRA HAVELANGE 38
... e vive para contar a história

5. HAVELANGE QUER FICAR RICO DE VERDADE 44
Será que ele consegue transformar a Fifa em uma casa de apostas?

6. OS RAPAZES DE DASSLER PERDEM AS OLIMPÍADAS 51
... e agora, mais que nunca, precisam do futebol

7. UMA ESTRANHA DISPUTA PELA COPA DO MUNDO 55
Árbitro: Sepp Blatter

8. HAVELANGE SAI DE CENA E FALA O QUE NÃO DEVE 61
Blatter se posiciona

9. O REI ESTÁ MORTO. LONGA VIDA AO REI 72
Blatter distribui o dinheiro

10. ASSALTO À MÃO ARMADA. *DE NOVO* 81
Como eles roubaram os votos em Paris

11. O PRESIDENTE BLATTER E A GALINHA DOS OVOS DE OURO 88
Uma rápida olhada nas despesas de Sepp

12. "PRESIDENTE, QUANTO A FIFA PAGA AO SENHOR?" 96
"Há..."

13. PUNIÇÕES E RECOMPENSAS, MORDER E ASSOPRAR... 101
Blatter constrói sua fortaleza

14. DIVIDIR E GOVERNAR 109
A guerra civil da Fifa

15. UM MESSIAS PARA TRINIDAD 116
Ascensão e ascensão de Jack Warner

16. EIS QUE EU ENVIO O MEU MENSAGEIRO! 123
Chuck, o João Batista

17. HIP! HIP! HURRA! APLAUSOS PARA OS JOVENS JOGADORES 130
... e para o cofrinho da família Warner

18. MAIOR, MAIOR, E CADA VEZ MAIOR 141
Weber infla a bolha da ISL

19. O BARCO DE WEBER ESTÁ AFUNDANDO 147
Será que Sepp vai salvá-lo?

20. COM UMA AJUDINHA DOS CONSULTORES 154
A terapia familiar da Fifa, ao estilo McKinsey

21. GOL CONTRA! 160
Cães adormecidos acordam e começam a latir

22. A CASA DA FIFA ESTÁ PEGANDO FOGO 169
Quem acendeu o fósforo?

23. BLATTER, EM NOME DA TRANSPARÊNCIA 178
"Para que todas as perguntas possam ser feitas e respondidas!"

24. UMA CALOROSA RECEPÇÃO AO SR. BLATTER... 193
Vaias por toda parte

25. O IMPÉRIO CONTRA-ATACA 207
Revolução no Caribe

26. SEPP BLATTER PARTE O CORAÇÃO DE MANDELA   221
Duas vezes!

27. ENVENENAMENTO, APREENSÃO DE DROGAS E SEQUESTRO   236
Conheçam o novo relações-públicas de Blatter

28. SEDUZIR E DESESTABILIZAR   242
Hargitay faz a imprensa entrar na linha

29. ALGUMAS PERGUNTAS AO SR. BLATTER   248
... algumas respostas de seu advogado

30. OS CONTOS DE FADAS DA FIFA   261
Reavendo o dinheiro

31. PSIU, QUER UM INGRESSO PARA A COPA DO MUNDO?   276
Jack Warner tem milhares para vender

32. CAÇANDO AS PROPINAS   290
Por favor, alguém aí, fale com a gente!

33. MENTIRAS, ADULTÉRIO E INVENCIONICES   295
Como Sepp joga limpo

Pós-escrito   310

Apêndice – Notas aos capítulos   317

Cronologia   331

Lista de personagens – Elenco de A a Z   339

Agradecimentos   343

Índice onomástico   346

Prefácio

Quando as crianças me perguntam em que eu trabalho exatamente, digo que ganho a vida caçando os caras malvados.

Já investiguei policiais corruptos, governos corruptos e criminosos profissionais. Ganhei prêmios por meu trabalho de investigação sobre o envolvimento do serviço secreto britânico no escândalo Irã-Contras e sobre a polícia bandida. Quando completei quarenta anos, comecei a fazer reportagens na área esportiva.

Esportes? Alguns dos meus colegas do jornalismo investigativo me perguntaram: "Você amoleceu?".

Nem um pouco. O esporte pertence ao povo. É parte da nossa cultura, do cimento social que mantém a coesão da sociedade.

Assim como a corrupção no governo e na polícia causa preocupação pública, o mesmo também ocorre quando vilões assumem o controle do esporte do povo e o usam para seu benefício pessoal.

Assim, lancei uma rede sobre as águas da política esportiva e fisguei um peixe gigantesco e podre – como costuma acontecer com os peixes – da cabeça ao rabo: as Olimpíadas.

Revelei que Juan Antonio Samaranch, o mandachuva olímpico, tinha sido um fascista de carteirinha, ministro do governo do sanguinário ditador espanhol Franco. E descobri que entre os homens que o apoiavam em seu Comitê Olímpico Internacional havia alguns sujeitos que deveriam estar atrás das grades (e desde então passaram algumas temporadas lá), e muitos para quem a política olímpica não era um meio de servir ao povo, mas sim para benefício próprio – e multiplique isso por mil!

Repórteres investigativos nem sempre vivem para ver os caras malvados receberem a merecida punição, mas o mundo inteiro assistiu ao desmantelamento da corrupção olímpica em 1998, quando o Senado dos Estados Unidos investigou o escândalo e fui convidado a depor como testemunha em Washington.

Eu podia ter parado por aí. Mas foi então que recebi um telefonema de Colin Gibson, editor de esportes do *Daily Mail*, pedindo que eu desse uma olhada nas pessoas que comandam o futebol internacional. "Ah, Colin, pare com isso.

O futebol é coisa graúda. Eu levaria anos para descobrir o que acontece dentro da Fifa."

Levei anos. As coisas que descobri são tão estarrecedoras que até eu mesmo fiquei chocado. Alguns caras malvados passaram por lá – ou ainda estão lá – tirando tudo o que podem. O futebol ainda é um jogo bonito, é claro. Isso eles não podem roubar de nós. Mas, conforme você vai ler aqui, na Fifa acontecem negócios abomináveis. Eu gostaria que o futebol tivesse a liderança que merece. Nesse espírito, dedico este livro a todos os torcedores e fãs do futebol.

***

Clique, clique, clique
Instantâneos de dentro da fortaleza do futebol
Mas espere aí
Isso não é permitido na *villa* no alto da colina de Sunny Hill

Dizem que é o jogo do povo
Não pergunte quanto o chefão paga a si mesmo
Ou quem ficou com a propina, quem ganhou o contrato
Não pergunte para quem foram todos aqueles ingressos da Copa

A sede fica na Suíça
Onde denunciar é crime
Os documentos estão trancafiados
Ninguém nunca acha as provas

Este livro não é uma história da Fifa
É só uma amostra da verdade
Aqui há instantâneos do que ela realmente é
E como foi no último quarto de século
Para o bem do jogo.

Andrew Jennings

1
O TIQUE-TAQUE DA BOMBA-RELÓGIO DE BLATTER

A propina vai parar na mesa de Sepp[1]

Sede da Fifa, Zurique, inverno de 1998. O relógio acaba de marcar 7 horas em Sunny Hill [Colina Ensolarada], a mansão de paredes brancas e telhas vermelhas empoleirada na colina sobranceira à cidade, no bairro de Sonnenberg. Lá embaixo, no porão aquecido, fica a sala de expedição, onde as secretárias se reúnem para recolher e distribuir a correspondência: são cartas, fax e telex recebidos durante a noite. Notícias de resultados de futebol, transferências de jogadores, campeonatos, cronogramas de viagem, pedidos de subsídios encaminhados por associações e federações nacionais, encontros com chefes de Estado – é mais um dia comum de trabalho na maior organização esportiva do mundo.

Os diretores de departamento entram subitamente, ávidos para saber nacos e sobras de notícias que possam levar escada acima e apresentar pessoalmente ao chefe, em troca de algum comentário elogioso ou um mero meneio de cabeça em sinal de aprovação. Lá vai Erwin Schmid, diretor de finanças da Fédération Internationale de Football Association, a Fifa, homenzarrão de ombros largos, que com o passar do dia vai ficar cada vez mais desalinhado e desgrenhado, a camisa saindo das calças. Lá vai Erwin, com seus habituais cumprimentos alegres.

Ele pega um envelope. O remetente é a matriz do banco da Fifa, o Union Bank da Suíça. Erwin rasga e envelope e examina o documento anexo, uma notificação de pagamento. Seu rosto arredondado empalidece. Ele lê mais uma vez. Alguma coisa está errada. Há algo muito irregular. Erwin sai da sala de expedição e se dirige ao elevador, apertando nervosamente o documento na mão cerrada.

Dois andares acima, o secretário-geral da Fifa, Joseph S. Blatter, conhecido no mundo todo como "Sepp", está sentado a uma mesa com tampo de couro e reclina-se na sua cadeira de couro preta de espaldar alto, cumprindo seu ritual diário de leitura do jornal *Neue Zurcher Zeitung*. O enorme televisor JVC está mudo, pois ainda é cedo demais para as partidas de tênis às quais ele adora assistir.

Aos 61 anos de idade, Blatter tem o ar de um homem que está no comando. É um sujeito esférico, de rosto redondo e corpo rechonchudo, um tanto baixinho, e está ficando careca. Mas seu terno bem cortado, sua camisa de dois tons, suas abotoaduras de ouro maciço, seu pesado relógio de luxo e seu olhar de não-me-faça-perder-meu-tempo dizem: *Há 17 anos sou o chefe. Agora, o que você pode fazer por mim?* João Havelange, o presidente da entidade, tem uma sala no andar de cima, mas hoje ele está em sua terra natal, o Brasil, a um oceano de distância. Sepp está no comando.

Blatter desfruta das melhores vistas da *villa*. Uma gigantesca janela panorâmica emoldura os Alpes distantes, a cordilheira arborizada e, bem lá embaixo, o lago e a cidade velha, cujas torres e campanários se espremem entre as colinas do vale. Ele pode caminhar até a janela lateral e contemplar o íngreme vinhedo e as *villas* isoladas, cujos portões altos se abrem de vez em quando para dar passagem a uma procissão de elegantes Mercedes pretos que levam seus proprietários à cidade.

Mas hoje não é um dia propício para apreciar a paisagem. O diretor de finanças tem más notícias para o chefe, que também é seu bom amigo – a bem da verdade, é seu único amigo. Erwin Schmid diz aos colegas: "Só tenho um amigo na vida, e ele é JSB". E agora Erwin tem nas mãos o tipo de notícia que pode azedar uma amizade. Enquanto o elevador vai subindo, seu ânimo despenca.

Nos últimos três anos, Blatter supervisionou pessoalmente a venda dos direitos das Copas do Mundo de 2002 e 2006: os direitos de transmissão dos jogos pela televisão em todos os países do mundo, os direitos de estampar o emblema da Fifa e as palavras mágicas "World Cup" em refrigerantes, lâminas de barbear, cervejas, hambúrgueres e pares de tênis. Tudo isso está embutido no presente recebido pela Fifa. Altos dirigentes da entidade cuidaram da negociação de acordos comerciais no colossal valor de 2,3 bilhões de dólares com velhos amigos de uma discreta empresa localizada algumas montanhas alpinas ao sul.

Situada no número 10 da Markstrasse, na cidade de Sarnen, um pequeno paraíso fiscal, a empresa atende pelo nome International Sport and Leisure, ISL.

Erwin sai do elevador. O documento que tem nas mãos ameaça destruir a Fifa. Ao longo dos anos têm circulado boatos negativos acerca das relações entre a Fifa e a ISL, rumores sobre propinas e subornos. Amigos leais como Erwin jamais deram ouvidos a esse tipo de maledicência. Afinal de contas, relacionamentos especiais sempre chamam a atenção, não é mesmo? E nunca houve provas de delitos ou ações ilícitas. Mas, agora, aquele pedaço de papel. Um pagamento caiu numa conta em que não deveria ter caído.

Erwin caminha com passos surdos pelo corredor acarpetado. Chega à porta de Blatter, bate e espera ser chamado. Entra. Sem perder tempo, entrega o documento a Sepp. É uma ordem de pagamento padrão, comprovando que a ISL transferiu 1 milhão de francos suíços (cerca de 400 mil libras) para a conta da Fifa. O nome do recebedor, o destinatário da propina, faz o estômago revirar. É um altíssimo dirigente, um veterano do mundo do futebol. Trata-se de um polpudo "muito obrigado". É algo bastante inapropriado (mas não ilegal na Suíça, desde que seja declarado no imposto de renda).

"Meu Deus", resmunga Blatter, levantando-se da cadeira. "Isto aqui é um problema... Isto não nos pertence."

Erwin sabe disso. Mas qual será a atitude de Blatter? Avisar a polícia? Relatar o caso ao Comitê Executivo da Fifa, ao Comitê Financeiro? É o mínimo que ele poderia fazer.

Em vez disso, o dinheiro é transferido da conta da Fifa para a conta do homem cujo nome aparece na ordem de pagamento. E o registro da transação fica arquivado. De acordo com a lei, o registro deve constar dos arquivos até o inverno de 2008. E lá ele fica, como uma bomba-relógio, esperando para explodir.

Tique-taque, tique-taque.

Túnis, Abou Nawas Hotel, 23 de janeiro de 2004. A iluminada sala de conferências está abarrotada de jornalistas vindos do Cairo e da Cidade do Cabo, de Yaoundé e Nairóbi; alguns estão usando terno, outros vestem *djellabas* do deserto, outros coloridos abadás africanos; todos estão sentados nas fileiras de cadeiras, com os *notebooks* a postos, aguardando as palavras do homem mais poderoso do mundo do futebol.

Acima do palco está o retrato que domina os edifícios públicos, os restaurantes e as lojas do país, o presidente Zine El Abidine Ben Ali, de pé, sisudo, ostentando um corte de cabelo curto, de uma improvável cor preto-azeviche, e uma casaca adornada com medalhas. Na Tunísia, que ele governa desde 1987, não é permitida oposição política, nenhuma crítica é tolerada, e centenas de pessoas apodrecem na prisão depois de terem sido submetidas a julgamentos injustos. Há eleições aqui, mas Ben Ali vence todas, com supostos 99% dos votos.[2]

Para os turistas, seu país mostra sempre um rosto alegre, especialmente nesta semana em que a Tunísia foi invadida por milhares de fanáticos por futebol, vindos de Ruanda e do Benin, de Mali e do Zimbábue. Lotaram os estádios na costa do Mediterrâneo para torcer, gritar, aplaudir e bater freneticamente seus tambores durante as finais da Copa das Nações Africanas de 2004.

Eis que Sepp Blatter entra e toma seu lugar no centro do palco, bem abaixo do retrato de Ben Ali. Outrora secretário-geral da Fifa, ele agora é presidente da entidade já faz seis anos. Blatter admira Ben Ali, que define como um "homem que se tornou merecedor de enorme respeito", e exalta a Tunísia como "um país absolutamente aberto".

À direita de Blatter está sentado nosso anfitrião, o camaronês Issa Hayatou, presidente da Confederação Africana de Futebol nos últimos 16 anos. Homem corpulento e de peito largo, outrora atleta campeão de corridas de 800 metros, Hayatou parece cansado, mas de vez em quando cumprimenta com um sorriso e um leve meneio de cabeça homens com quem já deu risadas e com quem já duelou. Ele enfrentou Blatter na disputa para a presidência da Fifa 18 meses atrás. Prometeu "restaurar a integridade e a responsabilidade" da entidade. Juntamente com outros dirigentes, escreveu ao promotor público de Zurique acusando Blatter de corrupção e exigindo uma investigação. A campanha empreendida por Hayatou em nome da integridade não conseguiu derrotar o carisma de Blatter, que venceu as eleições para um segundo mandato. O promotor decidiu não levar Blatter aos tribunais, alegando insuficiência de provas para a instauração de um processo, e nenhuma acusação formal foi feita.[3]

Todos sabiam que mais cedo ou mais tarde Blatter revidaria e Hayatou pagaria caro. O contra-ataque é o estilo dele: *Meta-se no meu caminho e sofra as consequências.* Ontem, Hayatou apresentou sua candidatura à reeleição à presidência da Confederação Africana de Futebol. Blatter e seus asseclas de Zurique apoiaram fortemente o candidato adversário, Ismail Bhamjee, de Botsuana. Mas Hayatou não é um páreo fácil de derrotar. Ele assegurou suas bases nos países africanos de língua francesa da África Ocidental, do Marrocos até o Congo. Assim, Bhamjee, cuja candidatura nunca decolou, perdeu por 46 votos a 6. Mas Blatter é um profissional. Em seu rosto não há o menor sinal de amargura. Ele toca o braço de Hayatou, e seu gesto diz: *Somos todos amigos de novo.* Nas entrelinhas, porém, o subtexto é: *Da próxima vez eu te pego.*

À esquerda de Blatter está sentado o secretário-geral da Fifa, Urs Linsi, que, como seu presidente, está usando uma gravata com listras diagonais, camisa azul e terno preto. Como Blatter, Linsi nasceu na parte de língua alemã da Suíça. Como Blatter, está ficando careca. Um único tufo rebelde coroa o topo da testa.

Desde que chegou à Fifa, Linsi – que Blatter recrutou junto ao Credit Suisse em 1999 para atuar como seu diretor de finanças – sempre foi um homem de confiança de Sepp. Quando o secretário-geral Michel Zen-Ruffinen apoiou Hayatou para a presidência, Linsi permaneceu leal. Depois que os votos foram contados em Seul em 2002, Blatter rosnou para um repórter suíço: "Amanhã a gente cuida do sr. Limpinho". O sr. Limpinho, Zen-Ruffinen, passou a ser uma carta fora do baralho. Linsi estava em franca ascensão. Assim, aos 54 anos de idade, ele agora acumula dois cargos: diretor de finanças e secretário-geral. É um homem extremamente poderoso.

No Abou Nawas Hotel, alguém faz uma pergunta. O que o presidente acha do futebol africano? Blatter sorri. E responde com convicção: "A África é o futuro do futebol" (é uma fórmula que funciona bem e que ele usa sempre. O que o senhor acha do futebol feminino? Ele responde com voz firme: "O futuro do futebol". A Ásia? "O futuro do futebol"). Blatter está em boa forma, exibindo seu sorriso afetuoso e carismático. Está um dia lindo.

Mas há um estraga prazeres. Eu. Eu pego o microfone que circula pela plateia: "Uma pergunta para o presidente Blatter". O sorriso dele fica amarelo e depois desaparece, enquanto ele apoia o queixo no punho cerrado. Não sou seu jornalista favorito. Eu conheço a história da bomba-relógio. E lá vou eu: "Depois que o último contrato de marketing foi assinado com a ISL para as Copas do Mundo de 2002 e 2006, um pagamento secreto de 1 milhão de francos suíços foi depositado por acidente na conta bancária da Fifa".

Paro para tomar fôlego. Blatter estreita um pouco o olhar. Eu continuo: "Supostamente o senhor, à época secretário-geral, deu ordens para que o dinheiro fosse transferido imediatamente para uma conta secreta de um dirigente da Fifa". Então eu pergunto a ele para quem foi.[4]

Blatter fica tenso, olha fixamente para a mesa antes de resmungar alguma coisa sobre a ISL, agora falida, e nas mãos de um liquidante. E, por fim, responde, de maneira glacial: "Não vou entrar em um debate aqui nesta entrevista coletiva, e acho que esse assunto está totalmente fora dos temas que queremos discutir hoje na África, juntamente com os jornalistas africanos, em nome do desenvolvimento do futebol no continente; eu sinto muito, por favor, aceite esta situação, e tenho certeza de que seus colegas da imprensa africana e internacional concordam comigo".

Lá fora, em um átrio salpicado de grandes vasos com palmeiras, eu me afundo em um sofá de couro, beberico café forte e adocicado e bato papo com velhos conhecidos da sala de imprensa da Copa do Mundo de quatro anos antes. Um jornalista sul-africano grandalhão, que passa correndo para não se atrasar para uma entrevista, acena e dá um berro entusiasmado: "Eu sempre gosto de teatro!". O editor de uma revista do Golfo, um sujeito magro e vestindo roupas informais – camisa de gola aberta e paletó esportivo desabotoado –, está maravilhado: "A cara do Blatter ficou verde!".

"Não", corrige um amigo do jornal queniano *Daily Nation*, "ele ficou amarelo".

Tique-taque. Tique-taque. Tique-taque.

2
ADEUS, SIR STAN

Saudações a um novo mundo dos esportes

Frankfurt, 10 de junho de 1974. Descendo entre as nuvens, os dirigentes que votariam nas eleições da Fifa podiam avistar o rio Meno serpenteando sob pontes e em torno dos arranha-céus na cidade distante. Em meio à floresta de pinheiros colada ao aeroporto erguia-se a modesta torre de vidro do hotel. Da suíte, o presidente da Fifa, Sir Stanley Rous, observava a chegada dos aviões, vindos de outras cidades europeias e de continentes longínquos, e ouvia os solavancos e o ruído agudo dos pneus de borracha nas aterrissagens.

Rous era um homem alto e empertigado, com um imponente bigode grisalho que sugeria a autoridade de um professor ou diretor de escola; já quase octogenário, era discreto como somente um inglês de sua geração conseguia ser. Será que aquele avião estava trazendo homens firmes em sua lealdade? Ou gente indecisa e hesitante? Ou homens que se deixariam persuadir, abertos a "estímulos e incentivos"? Ou inimigos que queriam que ele se aposentasse e saísse de cena? Gente interessada em enxotá-lo, fazer uma limpeza geral em seu legado e mudar tudo, introduzir um estilo de vida novo e totalmente diferente?

Sir Stanley se afasta da janela e volta para a mesa redonda de madeira que domina a sala de estar. Agora não falta muito tempo. Hoje à noite, uma festança oferecida pelo *playboy* Gunter Sachs, que já foi casado com Brigitte Bardot. Amanhã, o congresso e a eleição, a ameaça do brasileiro João Havelange ("Jow", como ele gosta de se chamar). Será que o pulso firme de Sir Stanley, que vinha reformando as leis que regiam o precioso jogo, e sua determinação de proteger o esporte contra os malandros e os sujeitos de caráter duvidoso, ávidos para ver seus logotipos e logomarcas estampados por toda parte, levariam a melhor contra seu oponente?

O futebol estava em uma boa situação, acreditava Sir Stanley. Desde que assumira a presidência da Fifa, 13 anos antes, em 1961, ele conduzira o navio do esporte por caminhos bem distantes das águas turvas da política. Não havia necessidade de ter pressa para reconhecer a China comunista, e ele tomara a decisão certa ao proibir o time inglês Arsenal FC de jogar lá. Ele não baniria Taiwan. E se nativos de lugares como Sharpeville, na África do Sul, enfrentavam a polícia, tragédias podiam acontecer. Ele fizera seu dever de casa, tinha lido bastante e sabia que o tal Mandela era comunista e que o futebol não tinha nada a ganhar tomando o partido de presos condenados. A seu ver, sua missão era unir as pessoas, e não excluir velhos amigos do jogo. E a lei era a lei. Se o governo eleito na África do Sul aprovava leis determinando que brancos e negros não deveriam viver juntos, a Fifa não tinha o direito de interferir. Era desanimador ver que tanta gente em Frankfurt não conseguia entender que seu sensível ponto de vista visava somente defender os interesses do jogo.

Seus homens na English FA, a Associação Inglesa de Futebol, tinham distribuído seu programa de governo, então não havia mais muita coisa a fazer. A Copa do Mundo teria início dali a alguns dias, e ficar de olho na bola era uma obrigação a que ele não ia se esquivar. A organização meticulosa era essencial. Justamente por essa razão ele recebera o título de cavaleiro. Por ter organizado os Jogos Olímpicos em Londres, em 1948. A rainha, inclusive, o havia nomeado Comandante do Império Britânico.

Para que tanto estardalhaço sobre eleições? A Fifa nunca tinha precisado disso antes. Ele assumira a presidência sucedendo a Arthur Drewry, que ficara no cargo de 1955 a 1961, o que perfazia um período de 18 anos de dominação inglesa na Fifa, uma época maravilhosa. Por que mudar as coisas agora? Mas alguns jornalistas londrinos tinham suas reservas. Isso era deslealdade? Eles o estavam chamando de blefe, de um homem direto e sincero demais, irredutível e insensível – embora este último adjetivo fosse injusto, ele dava ouvidos a todos os epítetos. Os jornalistas pisavam e repisavam sempre no mesmo assunto, a sua idade – mas 79 anos era uma boa idade, ele tinha pelo menos uns bons quatro anos pela frente. Ele era o embaixador do futebol no mundo. Mais de 120 homens de federações e associações estariam em Frankfurt para as eleições, e certamente não se incomodariam com o fato de que a campanha de Stanley tinha sido descrita em Londres como "enfadonhamente inepta". Aqueles sujeitos desembarcando dos aviões tinham feito um belo trabalho arrecadando dinheiro para custear suas despesas de viagem, hospedagem e alimentação. E o que dizer daquele tremendo descaramento? João Havelange, seu adversário, oferecendo a ele uma generosa aposentadoria?

Alguém bate à porta. "O sr. Myers da United Press International, senhor." E entra alvoroçadamente Morley Myers, um homem cortês, mais para baixo que alto, cabelos ondulados e óculos, vestindo um terno preto listrado, sempre correndo para despachar mais informações para sua agência de notícias. Morley traz notícias que Sir Stanley não quer ouvir, que ninguém ousa dar a ele.

"Seu rival está muito forte, ele está em toda parte. Aparentemente não há ninguém fazendo *lobby* ou uma campanha agressiva a seu favor, senhor." Morley quer uma resposta de Rous. "Como o senhor se sente em relação a isso?"

"Eu deixo que a minha história fale por mim", Rous responde.

João Havelange nunca perdeu uma única chance de falar em seu próprio nome. Ao longo de quatro anos ele arregaçou as mangas, fez promessas, fechou acordos. Agora, faltando poucas horas para a eleição, ele não podia se dar ao luxo de perder tempo na suíte. A toda hora chegavam aviões trazendo votantes – novos ouvidos dentro dos quais ele podia sussurrar. O Hotel Aeroporto Steigenberger era um lugar moderno e espaçoso, mas o correspondente Myers, conversando comigo trinta anos depois, relembra: "Havia uma porção de esconderijos e lugares isolados, e eles estavam se reunindo na surdina, e por toda parte havia conluios e intrigas, e você não sabia quem era quem. Era ali que a verdadeira eleição estava acontecendo. Era como se eu tivesse uma antena e com ela conseguisse captar que a Fifa estava prestes a sofrer um abalo sísmico, o fim de um estilo de vida. Havia um burburinho, um zumbido no ar, dava para ouvir".

O rival de Sir Stanley também era um cavaleiro, até mais que ele. Três governos diferentes haviam lhe concedido a honraria. Ele era Cavaleiro Português do Esporte, Comandante da Ordem do Infante dom Henrique (Espanha) e Cavaleiro da Ordem de Vasa (Suécia); e embora isso não estivesse escrito em lugar algum, era também o queridinho dos generais que governavam sua terra natal, o Brasil. Havelange prometia aos ditadores propiciar alguma distração da opinião pública, algum prestígio para o desacreditado regime político brasileiro, e os generais fariam tudo para ajudá-lo.

Havelange tinha um ar presidencial. Seu nariz aristocrático era uma proa arrogante e imperial abrindo caminho entre as ondas de seres inferiores, e os olhos escuros e de sobrancelhas espessas de Havelange penetravam até as profundezas das carteiras de seus interlocutores. Alto e atlético, a testa brilhante, os cachos pretos vistosos, as roupas bem cortadas, tudo contribuía para causar uma impressão de imponência. Ele parecia faminto, um predador de lábios encrespados que sugeria um poder sexual.

Rous tinha sido um excelente árbitro de futebol, tinha fôlego para correr o dia inteiro, e era um homem em quem se podia confiar o relógio e as chaves de casa, mas não era uma obra de arte. Não havia fãs histéricas esperando para rasgar pedaços de suas roupas em busca de um suvenir. Já Havelange competira pelo Brasil como nadador nas Olimpíadas de Berlim, em 1936, e como jogador de polo aquático em Helsinque, em 1952. Ele tinha pose. Mais que medalhas, tinha elegância, graciosidade e ambição. Depois que subiu pela escada para sair da piscina pela última vez em uma competição oficial, não parou mais de subir. Em 1956, nos Jogos Olímpicos de Melbourne, foi chefe da Delegação Brasileira; dois anos depois, em 1958, assumiu a Confederação Brasileira de Desportos (CBD), que congregava diversos esportes, inclusive o futebol, e em 1963 foi eleito para o seleto grupo dos membros do Comitê Olímpico Internacional (COI). Lá aprendeu a estabelecer uma rede de contatos em escala global e impressionou tanto seus colegas que, em 1999, mais de trinta anos depois, o COI o nomeou para integrar sua comissão anticorrupção.

Aos 59 anos de idade e duas décadas mais jovem que Sir Stanley, Havelange era cheio de energia e de ideias vibrantes. Ao contrário do presidente idoso, que só falava inglês, Havelange era capaz de discorrer fluentemente em quatro línguas sobre os motivos pelos quais seu interlocutor deveria votar nele. Alardeava sua bem-sucedida carreira de homem de negócios – era diretor-presidente da maior empresa de ônibus do Brasil, além de acionista de empresas de produtos químicos e seguros. Ele prometia que com seu dinamismo empresarial haveria dinheiro em abundância para criar novas competições e cursos de treinamento.

Muitos dos dirigentes que agora desembarcavam para se hospedar no Steigenberger tinham conhecido Havelange e gostado dele. Ele tinha levado a Seleção Brasileira campeã da Copa do Mundo para jogar em países "amigos" e, em um gesto calculadamente atencioso, deixara todo o dinheiro da renda dos jogos nas mãos de seus agradecidos anfitriões.

Ele dava ouvidos aos problemas de todos. No continente africano havia muita gente furiosa pelo fato de que era muito difícil conseguir uma classificação para a Copa do Mundo. Das 16 vagas disponíveis, nove estavam reservadas para a Europa. A América do Sul ficava com quatro e sobravam apenas três para o resto do mundo.

Havelange corrigiria isso. Em oito anos, ele prometia, haveria 24 classificados, e ele deixara no ar fortes indícios de que as oito novas vagas seriam destinadas a países em desenvolvimento. A Fifa de Rous, dominada por europeus ao longo de setenta anos, não dava ouvidos à África. Era como se fosse incapaz de escutar vozes não europeias. No Congresso da União das Associações Europeias de Futebol, a Uefa), realizado em Edimburgo um ano antes, os europeus tinham feito uma ameaça: *Aumentem o número de participantes e a Europa se retira. Nós vamos sair e realizar uma Copa do Mundo europeia, convidando "algumas nações sul-americanas".* Sir Stanley, surdo ao som da debandada dos dirigentes para o lado de Havelange, não via o menor problema em uma Copa do Mundo exclusivamente europeia.

Havelange declarou à imprensa que venceria, afirmando ter mais de setenta votos assegurados. "Não será na primeira votação", ele disse. "Além disso, em uma eleição sempre há surpresas, e eu, como todo mundo, tenho de esperar."

O homem que tanto Havelange como Rous estavam aguardando, na esperança de que vencesse a eleição para eles, viera de carro da França. Depois de uma viagem de duas horas desde o seu escritório, ele dera entrada no hotel e trocara de roupa, agora vestindo um terno cor de ameixa. O que nenhum dos dois adversários sabia era que ambos tinham pedido ajuda àquele homem tímido mas resoluto que, apoiado por sua equipe de lobistas, estava se tornando a figura mais poderosa do mundo esportivo.[1] Morley Myers relembra: "Horst Dassler era o homem invisível, que se misturava ao cenário. Ele era muito rico, mas sem ostentação. O caso era o seguinte: você via o cara mas não sabia o que ele estava fazendo. Na época a gente não percebeu até que ponto ele estava envolvido".

O trabalho de Dassler era administrar a empresa de material esportivo da família, a Adidas. Ele queria que as federações esportivas assinassem contratos para que as seleções usassem roupas e acessórios da marca Adidas. E queria que os astros de cada time usassem a marca das três listras e que o mundo assistisse pela televisão e seguisse o exemplo. Para tanto, precisava deixar os dirigentes em uma situação de dívida pessoal com ele. E a melhor maneira para isso era ajudá-los a chegar ao poder.

Ele sondava os prováveis candidatos, negociava acordos particulares e os ajudava a ganhar, sempre com dinheiro da Adidas. Ele fazia presidentes e depois lembrava aos eleitos – charmosamente, é claro – que podia mantê-los no poder ou desalojá-los de lá. Tudo que a cartolagem tinha a fazer era jogar o jogo dele, o que significava escolher a Adidas. E agora o poder na Fifa estava à disposição, dando sopa. O futebol era um esporte que vinha sendo vendido ao público por um preço chocantemente barato, e Dassler tinha planos de atacar esse problema. Mas, primeiro, as eleições.

No que dizia respeito à disputa Rous *versus* Havelange, a estratégia era montar nos dois cavalos, fincar um pé em cada canoa, pelo menos a princípio.

"Eu tinha de ficar o mais próximo possível de Havelange", diz Christian Jannette, um homem baixinho, moreno e intenso linguista, à época membro da discreta equipe de relações internacionais de Dassler. Jannette tinha se juntado ao estafe de Dassler depois de ter trabalhado para a delegação francesa nas Olimpíadas de Munique, dois anos antes. "Eu conhecia Havelange por conta dos meus contatos no COI."

Quem se encarregou de Sir Stanley foi o terceiro membro do pelotão de Steigenberger, John Boulter, outrora fundista britânico dos 800 metros. Boulter, um professor de línguas alto e magro, com cabelos loiros bagunçados caindo sobre o nariz aduncо, pareceu surpreso quando perguntei a ele qual tinha sido de fato seu papel na grande guerra pela sucessão na Fifa. "Não me lembro de muita coisa que aconteceu trinta anos atrás", ele me disse. "Eu simplesmente fui simpático com Rous. A gente ajuda o outro, é uma atitude amigável, e por que não seria? Seja lá o que Christian diz, não tenho nenhuma recordação específica de ter sido bonzinho com Sir Stanley. Certamente não fui malvado com ele. Faz muito tempo."

A memória de Jannette é mais aguçada. "Boulter tinha de ficar o mais próximo possível de Stanley Rous – Dassler não corria riscos! Aos 38 anos de idade, Dassler era do tipo esportista, sempre em forma, e toda manhã corria com Boulter. Aquilo era novidade para mim. Eu sempre ficava para trás!" Uma dirigente esportiva me disse que a primeira vez que viu Dassler ficou mais do que impressionada, ficou hipnotizada. Não que ele fosse alto ou tivesse um corpo musculoso, e certamente não era por causa do nariz de tamanho considerável. "Eram os olhos", ela disse. "Os olhos dele deixavam a gente suspensa no ar", Dassler inspirava grande devoção; Boulter, um veterano com trinta anos de experiência na política esportiva, eleições e contratos de material esportivo, me disse que não gostaria de escrever uma biografia de Dassler, "pois seria uma hagiografia".

Jannette, o atleta acidental e involuntário, recorda-se com carinho de um personagem complexo e carismático: "O poder e os negócios eram importantes para Horst. Acho que o dinheiro não era importante. Ele podia ter um Rolls-Royce com motorista, mas não queria saber disso. Uma vez fomos a uma festa de gala na Alemanha e ele não tinha traje a rigor – precisou alugar um. Não tinha exatamente bom gosto, nem se preocupava com essas coisas. O poder no mundo esportivo significava que ele podia pôr gente de confiança dele em todo lugar". Ele era um bom homem? "Nem sempre. Às vezes podia ser bastante charmoso, mas também muito, muito, cruel. Terrível."

Um quarto membro da equipe de Dassler, também incumbido de uma missão específica, chegou ao hotel. O coronel Hassine Hamouda, atleta tunisiano que tinha competido pela França nas Olimpíadas de Berlim em 1936 – quando Havelange nadou pelo Brasil –, publicava uma revista de esportes voltada para os países francófonos, a *Champion D'Afrique*, custeada por Dassler. A Adidas jamais vendera material esportivo na África, mas Dassler distribuía *kits* de presente para conquistar o apoio dos dirigentes cujos votos poderiam ser decisivos nas eleições. Hamouda ajudava a chamar a atenção para seu patrão e seus desejos. Morley Myers explica como a coisa funcionava: "Rous estava infeliz com a ideia de comercializar o jogo, aquele não era o mundo dele, e ele não percebia o grau de influência de Dassler e Havelange. Na época Horst tinha bons contatos na África. Ele dava de brinde uma tonelada de material esportivo para angariar o apoio dos países africanos. Parecia bastante óbvio que se Havelange não vencesse as eleições, ninguém mais ganharia equipamento".

Sir Stanley não conseguia falar diretamente com os votantes dos países francófonos, mas Havelange conseguia. O francês era sua primeira língua, a única que ele usava em casa para conversar com os pais, belgas que haviam emigrado para o Brasil. Havelange não apenas falava a língua como entendia as angústias francesas. A França era o berço da Fifa – fora fundada em Paris em 1904, e um francês, Jules Rimet, dera seu nome à taça disputada na Copa do Mundo –, mas o poder estava escapulindo. "Estava claro que a França não apoiava Rous. Havelange era o candidato dos franceses", afirma Jannette. "Naquela época a França estava perdendo poder. No COI, lorde Killanin tinha derrotado o conde Jean de Beaumont na disputa pela presidência. Houve um racha ferrenho entre os falantes de francês e de inglês. O francês era o primeiro idioma no COI, e o inglês era o segundo. Agora era o contrário."

O jornalista norte-americano Keith Botsford, fluente em francês e em Frankfurt a serviço do jornal londrino *Sunday Times*, diz que não era apenas a Federação Francesa de Futebol que estava apoiando Havelange. Os diplomatas franceses haviam exaltado as qualidades de Havelange no velho império francês. "Vi muitos diplomatas africanos em Frankfurt, alguns deles pertencentes à nata do sistema educacional francês. Alguns não tinham absolutamente nada a ver com o futebol, e não necessariamente votavam, mas influenciavam suas delegações", afirma Botsford.

Dassler se manteve cautelosamente em cima do muro até que o quinto membro da equipe apareceu e levou-o ao bar do hotel. "Rous não vai ganhar, ele perdeu muito terreno na África", ele disse. Estava bem informado, pois participara do Congresso da Confederação Africana de Futebol e Havelange tinha gente lá. "Ele [Havelange] está ganhando força rapidamente, e acho que pode ganhar. Você tem de falar com ele agora."

Então Dassler simplesmente distribuiu maços de dinheiro vivo entre os dirigentes que continuavam indecisos ou resistentes ou que podiam angariar mais votos, para incentivá-los a apoiar Havelange. Não há indícios de que Havelange sabia dos planos de Dassler. Cada dirigente recebeu alguns milhares de dólares – quem não estava no quarto encontrou um envelope assim que voltou.

Agora Dassler apostava em um dos cavalos: Havelange. Jannette acionou seu charme. "Eu estava lá para ser o mais simpático possível com Havelange e ir à recepção dos dirigentes. Nem fui ao congresso." Ele deu uma gargalhada. "E quase perdi a final da Copa do Mundo. Naquele dia tive um almoço muito agradável em Munique com Monique Berlioux, diretora do COI, e Leni Riefenstahl, e ficamos conversando sem parar, e de repente me lembrei que tinha de ir para o estádio. Cheguei no começo do segundo tempo. A Adidas tem lugares muito bons no camarote *VIP*, e Dassler não ficou nada contente comigo."

Depois de um café da manhã bem cedo na terça-feira, 11 de junho de 1974, os votantes de 122 associações e federações nacionais, acompanhados de um séquito de bajuladores, parasitas, lobistas e jornalistas, fizeram fila para entrar nos ônibus que os levaram 10 quilômetros cidade adentro até o Kongresshalle, imponente centro de congressos às margens do largo e cinzento rio Meno. Toda aquela gente conseguiu ocupar apenas algumas das primeiras filas do auditório.

Os dirigentes tinham nas mãos o programa de oito pontos de Havelange. Danem-se os europeus, o número de participantes da Copa do Mundo seria ampliado, e haveria também campeonatos mundiais de categorias de base.* Ele encontraria patrocinadores e com o dinheiro ajudaria as federações e associações nacionais, cursos ministrados por técnicos, médicos e árbitros, novos campos de jogo e mais competições nos países em desenvolvimento para clubes em desenvolvimento. A sede de Zurique seria ampliada.

Se naquela manhã Rous tivesse aberto as portas da Fifa para a China, talvez conseguisse suscitar um racha na África, levando consigo o secretário-geral do Conselho Supremo para o Esporte da África, Jean-Claude Ganga, do Congo. Essa manobra talvez tivesse sido suficiente para assegurar a Rous mais alguns anos no poder. Em vez disso, o usualmente carinhoso e amigável Ganga foi

---

* A primeira Copa do Mundo Sub-20 foi realizada em 1977, na Tunísia; a primeira Sub-17 foi realizada em 1985, na China. (N. T.)

instigado a andar a passos largos entre os corredores do auditório discursando bombasticamente para os delegados que se apresentavam para depositar seus votos. A previsão de Havelange estava correta. Ele precisava de 79 votos para obter uma vitória incontestável na primeira votação, mas conseguiu apenas 62, contra 56 de Stanley. A segunda rodada deu a Havelange o comando do mundo do futebol por 68 a 52, antes da hora do almoço.

Dias depois Keith informou a seus leitores do *Sunday Times* o que tinha acontecido no Steigenberger e no Kongresshalle. Segundo seu relato, havia no ar "um pungente odor de dinheiro e os sons da familiar melodia *Governa, Bretanha!* mais uma vez submergindo sob as ondas".* E escreveu sobre os envelopinhos sendo passados de mão em mão com frases fraternas do tipo "Se não for o bastante, por favor, é só me dizer". As coisas não podiam ficar piores, ele temia. "Sir Stanley era um baluarte, protegendo o futebol contra os irmãos gêmeos Dinheiro Demais e Política Demais. Havelange é uma criatura engendrada pelo Demais."

O Steigenberger esvaziou e os mais sortudos foram assistir à Copa do Mundo. "No dia seguinte fui marcar um novo encontro com Rous", afirma Morley Myers, "e eles disseram: 'Você pode falar com ele agora'. Normalmente ele vivia rodeado de aliados. Eu subi e ele estava sozinho, sentado naquela enorme mesa redonda. Estava perplexo. Traumatizado. 'Estou chocado. Tratei Havelange como meu filho, e ele me esfaqueou pelas costas.' Argumentei: 'Não, isso é política, vencedores e perdedores'. Ele era uma figura desamparada e solitária. A matéria que escrevi foi intitulada 'Cavaleiro solitário na távola redonda'. Era como ver um campeão derrotado. Acho que Rous não previu nada daquilo; estava confiando na sua própria história, no seu passado, e não esperava que os franceses, os gregos e os africanos se voltassem contra ele. Havia algumas pessoas que ele achava que eram seus amigos e não eram."[2]

Sir Stanley recebeu como prêmio de consolação o título de presidente de honra da Fifa e viveu mais 14 anos. Morreu duas semanas depois que a Argentina derrotou a Alemanha por 3 × 2 na final da Copa do Mundo do México, em 1986. A essa altura o mundo do futebol que ele comandara já estava sob o controle dos vigaristas e dos abutres que ele tinha lutado para manter a distância.

---

* Referência à célebre canção patriótica inglesa *Rule, Britannia!*, poema composto pelo escocês James Thomson (1700-1748) e musicado por Thomas Arne em 1740. A canção celebra explicitamente a supremacia naval britânica no século XVIII: *Rule the Waves* [Governa as ondas!]. (N. T.)

3
SEPP BLATTER, FEITO PELA ADIDAS

Um novo líder sai da linha de produção de Dassler

Se Havelange não conseguisse cumprir as promessas que fizera em sua extravagante eleição, ampliando a Copa do Mundo com a inclusão de vagas para mais oito seleções, seria um presidente de um só mandato, um fracasso do futebol depois de quatro anos, um homem morto quando voltasse a encontrar os dirigentes na eleição seguinte em Buenos Aires, às vésperas da Copa do Mundo de 1978. Ele precisava de dinheiro, muito dinheiro, e confiou em Horst Dassler para consegui-lo.

Para Dassler, seria um negócio muito maior que vender *kits* de material esportivo. O futebol ainda não sabia, mas estava prestes a se transformar em *commodity*. Dassler enviou John Boulter para Londres a fim de sondar o supervendedor Patrick Nally, que estava ganhando fama ao persuadir empresas a patrocinar esportes e pagar por consultoria em troca de boa publicidade.

Dassler convidou Nally para uma reunião em seu quartel-general em Landersheim, na Alsácia, na pontinha Leste da França. Esqueça a Inglaterra, aquela ilhota, ele disse, tente a sorte comigo e trabalhe no planeta inteiro. Juntos, os dois abriram uma empresa em Monte Carlo para vender direitos de marketing comprados das federações esportivas – incluindo os direitos de futebol adquiridos da Fifa. O eloquente (e convincente) Nally e o carismático Dassler levaram a cabo um ação muito bem-sucedida quando conseguiram seduzir uma das maiores marcas do mundo, a Coca-Cola, a investir pesadamente nos esquemas de Havelange. Eles ajudariam a criar novas competições, cursos de treinamento de técnicos e árbitros, e uma porção de coisas boas. Em troca, a Coca-Cola estamparia sua logomarca na Copa do Mundo.

Depois que a Coca-Cola assinou, todo mundo quis uma fatia do bolo. Os patrocinadores iniciaram uma competição feroz pelo direito de usar o emblema da Fifa e de exibir as palavras "Copa do Mundo" em seus produtos. Distribuíam ingressos gratuitos para ótimos lugares nos estádios, a fim de entreter seus contatos e recompensar a lealdade de seu estafe. Também se infiltraram entre dirigentes e atletas. "Ontem, durante o jantar, eu disse a Pelé que ele sempre fez suas melhores jogadas quando dava um passe torto ou uma bola quadrada" – esse é o tipo de demonstração de superioridade em que *dá* para acreditar.

A notícia da grande realização de Horst Dassler circulando nos corredores do hotel foi recebida com cautela nas salas de reuniões dos representantes do mundo esportivo. A era de voluntários que abriam mão de noites de folga, feriados e fins de semana para administrar organizações esportivas internacionais estava chegando ao fim. Se o brilhante Dassler podia mandar seu conterrâneo Sir Stanley para a aposentadoria, o que mais seria capaz de conseguir?

"Dinheiro como vocês nunca viram", ele respondia, durante demorados almoços. Outrora ele queria que os atletas usassem a marca das três listras e o trevo da Adidas. Agora ele queria o mundo esportivo inteiro. Uma nova palavra passou a constar do vocabulário do meio esportivo: "apoio". Dassler punha sua equipe em ação para "apoiar" os candidatos favoritos. E quando eles venciam, retribuíam o favor vendendo a patrocinadores o direito de comercializar tudo o que dizia respeito ao esporte por eles representado: suas logomarcas, as conquistas dos atletas. Os novos dirigentes das federações esportivas obtinham dinheiro para desenvolver os respectivos esportes, realizando mais eventos, com mais treinadores e mais e melhores recursos e instalações. E no material publicitário da indústria esportiva – o que logo se refletiu na imprensa – os cartolas eram exaltados como líderes sábios e brilhantes, que tinham trazido para os esportes uma nova leva de investimentos.

A língua dos esportes foi reescrita, e a palavra patrocinadores foi posta de lado para dar lugar a outro termo, mais simpático: "parceiros". Nally passou metade da vida dentro de aviões, cortejando e seduzindo novos parceiros do Japão e de Nova York. Atletas extremamente bem pagos, cuja dieta é cuidadosamente balanceada em nome da saúde e da boa forma, passaram a promover refrigerantes e hambúrgueres gordurosos. Os dirigentes, mesmo os que ficavam em segundo lugar nas eleições, eram confortados com regalias como voos na primeira classe, hotéis cinco estrelas, despesas e honorários pagos pelas grandes corporações. Dassler injetou nova vida – e dinheiro – na Assembleia Geral de Federações Esportivas Internacionais – lugar de bate-papo e de discussões improdutivas dos líderes esportivos. E deu a eles um lar, uma sede chique na pretensiosa Monte Carlo.

Dassler, um homem que os torcedores e fãs de esportes desconheciam, estava se tornando o titereiro, controlando os líderes do mundo esportivo. Dirigentes e altos funcionários ambiciosos imploravam para contar com os serviços da equipe de Dassler para organizar suas campanhas e arrebanhar votos. Ele estava uma geração à frente de seus concorrentes. Em todos os congressos, encontros e reuniões de federações e associações da maioria dos esportes olímpicos, o ponto alto era o jantar oferecido pela Adidas no salão de banquetes do hotel, ocasião em que os lobistas faziam bonito para os dirigentes. Quando se aproximavam as eleições dos esportes mais populares e amados do mundo, a grande pergunta era: quem Dassler está apoiando? Assim que assumiam, e desde que se comportassem direito, esses vencedores tinham a proteção de Dassler. Somente a idade avançada e a morte podiam separá-los do poder. No fim das contas, durante décadas as eleições presidenciais para o COI, a Fifa e o atletismo simplesmente deixaram de ser realizadas.

A equipe de lobistas se ampliou e agora tinha funcionários trabalhando em tempo integral e agentes de meio período estrategicamente posicionados em todas as federações e associações internacionais. Alguns ficavam encarregados de continentes ou grupos étnicos e determinadas línguas, ao passo que outros cuidavam dos interesses do chefe em esportes específicos. Dassler contratou o pequenino esgrimista alemão Thomas Bach, que se tornaria um membro proeminente do COI, e procurou Anwar Chowdhry, sujeito grande e fanfarrão que percorreu o Oriente pressionando atletas para usarem a marca Adidas, e que, com o "apoio" de Dassler, assumiu em 1986 o controle do mundo do boxe amador em Bangcoc. O boxe olímpico degringolou para a falcatrua e foi assolado por lutas arranjadas e propinas, mas Chowdhry sobreviveu porque, como uma vez se gabou para mim enquanto devorava golfadas de iogurte no café da manhã em um quarto de hotel de Houston, "Eu sei muita coisa".[1]

Os agentes de Dassler trabalhavam para decidir que cidades sediariam os Jogos Olímpicos. No centro de sua rede de contatos estava o principal conselheiro do presidente do COI, Arthur Takac, iugoslavo de cabelos prateados. De seu escritório em Lausanne ele facilitava (com pagamento de subornos) as relações de Dassler com os membros do COI, e seu parrudo filho Goran recolhia as propinas das cidades interessadas em ser sede. Goran fez negócios com o russo Vitaly Smirnov, veterano membro do COI e ex-ministro do Esporte na antiga União Soviética.

Em 2004, jornalistas investigativos do programa *Panorama* da BBC se passaram por homens de negócios interessados em sediar as Olimpíadas de Londres em 2012. Marcaram uma reunião com Goran Takac, que, diante de uma câmera, explicou como a coisa era feita: "É só me pagar o dinheiro e eu consigo os votos". Foi o fim de sua carreira olímpica.

Sempre visionário, Dassler tinha antevisto que era melhor ter jornalistas ao seu lado. Ele patrocinou o boletim quinzenal *Sport Intern*, baseado em Munique. O editor Karl-Heinz Huba ajudava a pautar a mídia, recheando as páginas com "informações exclusivas", o que poupava os repórteres do trabalho de cavar suas próprias histórias. Huba alavancou as empresas de Dassler. Os críticos de Dassler – rivais nos negócios e algumas poucas vozes dissonantes no mundo esportivo que não queriam dinheiro da Coca-Cola – eram difamados e caluniados no boletim. Mesmo muito tempo depois da morte de Dassler, o *Sport Intern* continua vivo e muito bem de saúde. A publicação é grande apoiadora de Kim Un-Yong, milionário coreano membro do COI (e agente secreto do serviço de inteligência) que em 2004 foi para a cadeia por fraude.

O ano de 1974 foi o divisor de águas. Enquanto Havelange pegava um avião e voltava para o Rio de Janeiro com a Fifa no bolso, o principal dirigente esportivo na agonizante ditadura de Franco na Espanha entrava em contato com Dassler. Juan Antonio Samaranch, homem diminuto e de rosto anguloso, tinha conhecido Christian Jannette nas Olimpíadas de Munique. "Samaranch era chefe de protocolo do COI, e tive de trabalhar bastante tempo com ele, e então nos tornamos bons amigos", disse Jannette. "Em 1974 Samaranch sabia que eu estava trabalhando com Horst e tinha interesse em conhecê-lo. Ele nos convidou para ir até a casa dele em Barcelona e passamos dois ou três dias lá. Ele era chefe de protocolo do COI, e as pessoas diziam que o chefe de protocolo é o próximo presidente. Eu sabia que Samaranch adoraria ser o próximo presidente."

Naquele ano Samaranch assumiu a vice-presidência do COI, e em 18 de julho estava na primeira fila da parada anual de velhos camaradas fascistas em Barcelona, celebrando a vitória na Guerra Civil de 1939 e fazendo a saudação com o braço direito levantado. Era a última vez que fazia isso em público: seu mentor e protetor, o ditador general Francisco Franco, morreu no ano seguinte.

Samaranch peregrinou até Landersheim, quartel-general de Dassler, para jogar tênis com Horst. O pacto foi firmado e o "apoio" entrou em ação.

A linha de batalha seguinte era o atletismo. Dassler fornecia *kits* de atletismo para o mundo todo. Agora ele queria se apossar dos direitos de transmissão televisiva e de comercialização do esporte. Procurou e encontrou seu tipo de homem, Primo Nebiolo, dirigente de Turim, um sujeito maleável, ambicioso e ávido para entrar na jogada. Eles gostaram um do outro, e Dassler deu a Primo o apoio da Adidas.

Às vezes os valiosos direitos de marketing das federações esportivas, seus campeonatos, torneios e escudos, percorriam um caminho tortuoso até chegar aos departamentos da Coca-Cola, do McDonald's e de outros "parceiros". Depois de dar um adeusinho a seus donos em Zurique, Lausanne e Londres, esses contratos ficavam zanzando por algumas semanas pelos Alpes suíços, aterrissavam por um breve período em escritórios de advogados, até por fim pousarem de vez no centro do país, na bela cidadezinha de Sarnen, com população de 9 mil habitantes, junto ao lago e no sopé das montanhas. Dassler cedia temporariamente os multimilionários direitos da Fifa para uma obscura empresa chamada Rofa, pertencente a Robert Schwan, gerente do Bayern de Munique, e ao maior astro da história do clube, Franz Beckenbauer. Depois Beckenbauer se envolveu em outros negócios na Suíça, e os direitos esportivos atravessaram a rua e foram residir em outra empresa de Dassler também sediada em Sarnen.

Os negócios estavam indo de vento em popa, e Dassler precisava de dinheiro para expandir suas ações. E um homem que tinha dinheiro era André Guelfi.

"Eu me lembro que fomos de Monte Carlo a Saint-Tropez, onde André Guelfi morava, em um iate que corria a 1 milhão, 1 zilhão de quilômetros por hora", recorda Patrick Nally, o supervendedor inglês. "Acho que havia alguns questionamentos e dúvidas sobre a origem do dinheiro dele, mas ter um iate enorme e carrões era útil para Horst, pois ele podia entreter as pessoas em alto estilo."

O esguio e musculoso André Guelfi vivia em alta velocidade tanto na terra como na água, e pilotava seus próprios jatos. Foi um dos vigaristas mais elegantes e cheios de estilo do século XX, hoje já entrado na casa dos noventa anos, mas ainda perspicaz e de olhar penetrante. Continua fechando acordos e fazendo negociatas como nunca. Décadas antes de conhecer Dassler, o jovem Guelfi fez fortuna com a pesca industrial de sardinhas no Atlântico e disputava provas automobilísticas – competiu em Le Mans em 1953. Guelfi tinha relações com a família real do Marrocos e, insensatamente, com os rivais da realeza marroquina, um bando de capangas assassinos. Fez amizade com o ator-gângster Jean-Paul Belmondo e comprou propriedades em Paris. Corriam boatos de que Guelfi guardava rancor, e quem cruzasse seu caminho devia passar o resto da vida alerta, olhando por cima dos ombros. Afinal de contas, ele era amigo do chefe do serviço secreto na França.

No final da década de 1970, Guelfi adquiriu metade da empresa de material esportivo Le Coq Sportif e patrocinou Bernard Hinault, ciclista vencedor do Tour de France, e o tenista Arthur Ashe. Querendo ampliar sua base para além da marca Adidas, Dassler comprou a outra metade da Le Coq e encontrou em

Guelfi uma alma gêmea e um espírito afim ao seu, com dinheiro para investir. Juntos os dois compraram dos russos comunistas e venderam aos capitalistas os direitos de comercialização das Olimpíadas de Moscou, em 1980. Guelfi tinha ficado muito rico com uma atividade sobre a qual ele não falava, mas cuja dinheirama veio muito a calhar quando ele teve de pagar 45 milhões de francos suíços para comprar os direitos de marketing da Copa do Mundo de 1986.

Dassler fundou uma nova empresa especializada na venda de direitos, a International Sport and Leisure, que para sempre seria conhecida como ISL.

Graças ao vigoroso apoio de Dassler e Guelfi, Juan Antonio Samaranch foi alçado à presidência do COI em 1980. Ele retribuiu de maneira carinhosa, concedendo a Dassler a Ordem Olímpica, grau ouro, e contratos de marketing para mais de uma década de Olimpíadas. No ano seguinte Dassler e sua equipe de asseclas asseguraram a Primo Nebiolo a presidência da Associação Internacional de Federações de Atletismo (IAAF), sem a incerteza de uma eleição. Primo manipulou e fraudou resultados, comprou grandes quantidades de esteroides para os atletas italianos e vendeu para a ISL os direitos de marketing do atletismo. O novo presidente do COI foi morar em Lausanne, e o mesmo fez Guelfi, escolhendo uma *villa* junto às margens das águas puras do lago Léman, com paisagens sublimes e vista para a cúpula do cassino em Evian. Guelfi adorava o lugar, que foi cobiçado por Samaranch, e por meros 4,4 milhões de dólares (dinheiro do COI) a área foi transformada em canteiro de obras para o monumento que Samaranch ergueu para si mesmo: o Museu Olímpico.

À medida que Samaranch expandia seu império olímpico, recrutando as nações pós-soviéticas na Ásia Central, voava de jatinho particular, pilotado pelo próprio dono, Guelfi. Os dois foram várias vezes ao Uzbequistão e de lá embarcaram para fazer negócios em Pequim. "Éramos os senhores do universo", declarou Guelfi a um jornalista.

Dassler tinha construído uma azeitada e reluzente máquina de influência. Em uma extremidade do mecanismo entravam dinheiro vivo, troca de favores e homens com mais ambição do que escrúpulos. Do outro saíam dirigentes marcados com o trevo da Adidas. Com o tempo, nos saguões dourados e de mármore dos hotéis de luxo, onde os negócios do mundo dos esportes agora eram feitos, as pessoas começavam a perguntar: aqueles homens eram realmente os líderes de suas modalidades esportivas, representando os interesses de atletas e fãs de esportes? Ou eram agentes de influência, presidentes fantoches, que só deviam lealdade a Dassler?

Mas Dassler ainda não tinha conseguido pleno controle da mansão em Sunny Hill, no alto das colinas de Zurique – atravancando o seu caminho estava o secretário-geral da Fifa, Helmut Käser, veterano dirigente com sua antiquada insistência no respeito ao protocolo e às convenções. Em 1980 Dassler começou uma operação de truques sujos e trapaças para tirar Käser da Fifa. Cartas anônimas recheadas de alegações nojentas e rumores de recebimento de propinas começaram a circular. A campanha "Matem Käser" foi abortada quando um relatório encomendado a um detetive particular pelos conspiradores foi enviado por engano a Käser.

Käser exigiu explicações a Dassler, que pediu desculpas. Seis meses depois, Dassler espalhou o boato de que os dias do secretário-geral estavam contados. Dessa vez Käser pôs Havelange na parede; escondendo um ás na manga, o apático presidente da Fifa insistiu que o emprego de Käser estava a salvo. E estava, mas apenas por algumas semanas. Depois, no final de 1980, Havelange despachou uma carta de quatro páginas para Käser, com uma lista de instruções. Se ele desobedecesse a uma que fosse, estava fora.

Joseph Sepp Blatter iniciara seu trabalho na Fifa em 1975, incumbido de conduzir os projetos custeados pela Coca-Cola para a formação de mais treinadores, árbitros e médicos especializados em medicina esportiva. Ele havia tido destaque nas manchetes quatro anos antes, ao aceitar a presidência da Sociedade Mundial dos Amigos da Cinta-Liga, grupo de 120 homens de 16 países que "lamentavam o fato de que as mulheres estavam substituindo a cinta-liga pela meia-calça".

O milionário contrato com a Cola-Cola foi assinado em 1976, e na fotografia oficial um Käser nitidamente infeliz está sentado ao lado de um dos lobistas da Coca-Cola e de Havelange, com suas pálpebras caídas. Em pé atrás de Käser aparece Blatter, de aparência jovial e envergando um imaculado casaco esporte de cor creme com duas fileiras de botões, lapelas largas, camisa escura e gravata salmão com uma estampa geométrica que parece ter vida própria. Como ditava a moda masculina de meados da década de 1970, Sepp está usando calças bem largas nas barras, estilo boca de sino. Embora os cabelos estejam começando a rarear, um tufo revestindo cuidadosamente a testa dá a ele um ar impetuoso. Ele inclina o corpo para a frente e olha de baixo para cima, com um sorriso maroto e confiante que diz *Você sabe que me quer, benzinho... Está usando cinta-liga?*

Blatter tinha formação acadêmica em Administração de Empresas e Economia, mas seu talento era na área de relações públicas. Em 1964, Sepp conseguiu o emprego dos sonhos em seu esporte favorito: secretário-geral da Federação Internacional de Hóquei no Gelo (IIHF). Depois disso exibiria para sempre um adesivo de hóquei em lugar de destaque em seu escritório. Dassler, que estava interessado em recrutar um diretor dos programas de desenvolvimento, conheceu Blatter oito anos depois, quando Sepp trabalhava para a relojoaria de luxo Longines – presença constante na área da cronometragem esportiva. Aos 39 anos de idade, Blatter, bonitão e de sorriso fácil e afetuoso, foi contratado. O secretário-geral Helmut Käser não foi consultado sobre a contratação, e nos primeiros seis meses mal viu seu empregado. "Blatter foi treinado na sede da Adidas em Landersheim antes de ir para a Fifa", relembra Patrick Nally. "Lá ele trabalhou com Horst e aprendeu como funcionava o esquema da Adidas. Nos meses em que morou em Landersheim, Blatter ficou bastante próximo de Horst. O vínculo de amizade dos dois era bastante sólido."

"Horst Dassler queria de qualquer maneira se ver livre de Helmut Käser", afirmou André Guelfi em 2004. "Então Horst me disse: 'Será que você não pode dar um jeito de se livrar dele, dar um sumiço nele, mas não fisicamente?'. Eu disse a ele: 'Vou dar um jeito nisso'." Guelfi até hoje está chateado pela sugestão de que recorreria à violência. "Ao contrário do que você ouviu dizer, não sou assassino", ele afirma. "Consegui convencer Käser a assinar a demissão. Eu disse a ele: 'Se você não fizer isso, a sua vida vai ser um tormento, tudo vai ser difícil. Eles vão tentar fazer você cometer um erro para tirar você, encontrar falhas, pôr você em uma situação difícil'."

Guelfi disse a Käser que ele não tinha futuro na nova Fifa. "Você sabe que quando o chefe quer se livrar de alguém, ele consegue. Então meu conselho foi negociar uma saída inteligente e arrancar um polpudo aperto de mãos. Com dor no coração ele concordou em pedir demissão. Não me lembro mais de quanto ele ganhou, mas foi muito dinheiro."

O dinheiro não era a única razão pela qual Helmut Käser tomou a sábia decisão de sair. Algo sinistro estava à espreita em meio às sombras de Zurique. De acordo com Guelfi, "Käser me disse: 'Estou sendo seguido'. Eu disse a ele: 'Não sei se você está sendo seguido. Mas se eles estão seguindo você, é para fazê-lo vacilar. Vão tentar pegar você de um jeito ou de outro, então o melhor é sair com a sua dignidade intacta e negociar a sua segurança. Porque o ponto principal é o que é importante na vida, na sua idade você não vai procurar outro emprego', e assim eu o convenci a negociar. Embora contra a vontade de Dassler, dei um jeito para que ele saísse de lá levando a maior cifra possível". Guelfi fez uma pausa e acrescentou: "Se ele estava realmente sendo seguido, era obra de Horst Dassler".[2]

Guelfi tinha conseguido a proeza. O dócil Harry Cavan, norte-irlandês representante das quatro associações britânicas no Comitê Executivo da Fifa, ficou feliz de preparar a papelada. Cavan era vice-presidente da Fifa havia quase trinta anos. Se havia alguém capaz de fazer frente a Havelange era ele, imbuído do peso moral dos fundadores do esporte. Mas Cavan estava ocupado demais contando o dinheiro que ganhava de Dassler como "consultor." Brian Glanville, decano dos comentaristas britânicos de futebol, diz que Cavan "se rebaixou para Havelange". O ex-capitão da Seleção da Irlanda do Norte, Derek Dougan, comentou que Cavan, outrora um sindicalista mal remunerado, "se deu muito bem com o futebol e tinha um tremendo estilo de vida".

No dia 3 de setembro de 1981, Cavan escreveu a um dos advogados suíços da Fifa, anexando dois cheques no valor total de 1,597 milhão de francos suíços para se livrar de Käser. "Se desejar obter mais informações, por favor entre em contato com o sr. J. S. Blatter." O COI concedeu a Cavan uma Ordem Olímpica. Sem consultar seu Comitê Executivo, Havelange anunciou o nome do substituto de Käser. E da linha de produção da Adidas saiu o produto mais recente: Sepp Blatter, secretário-geral da Fifa.

Guelfi comentou: "Graças a Dassler, monsieur Blatter foi nomeado ao cargo, assim, do nada. Dassler me disse: 'Vamos pôr esse sujeito, e tudo bem, ele é um dos nossos'. Uma coisa eu posso dizer, Blatter era um lacaio de Dassler. Achei Blatter bastante insignificante, especialmente comparado a Havelange. Para mim ele não passava de um capacho. Blatter pode dizer tudo o que quiser, ele faz você acreditar que fez tudo sozinho. A verdade é que ele deve o emprego a Dassler. Blatter realmente admirava Dassler, isso qualquer um podia ver; ninguém precisa de um diploma universitário para ver isso, a maneira como ele falava com Dassler, como se comportava perto dele. Invariavelmente nós nos reuníamos para almoçar em Landersheim, e era como se Blatter estivesse na presença de Deus".[3]

No final da década de 1990, a magistrada francesa madame Eva Joly estava investigando corrupção na petrolífera estatal francesa Elf. Ela ligou para Guelfi a fim de interrogá-lo sobre alegações de que ele tinha lavado mais de 40 milhões de dólares para subornar políticos na França, no restante da Europa e na África.

Ele disse que não se lembrava de nada, por isso ela o manteve atrás das grades por cinco semanas. A essa altura ele estava perto de completar oitenta anos, e a experiência serviu para refrescar sua memória. Consta que Guelfi teria falado de lavagem de dinheiro em contas bancárias do COI, afirmou ter gasto 138 mil dólares em passagens aéreas para Jacques Chirac (antes que o político se tornasse presidente da República) e que tudo que fez foi "a serviço da França". Isso instigou o vice-presidente do COI Vitaly Smirnov a intervir: usando seu bloco de anotações com papel timbrado do Comitê Olímpico, ele escreveu a madame Joly exigindo que o velho amigo fosse solto. Trancafiado a algumas celas de distância na prisão de La Sante, preso por fraude e evasão fiscal, estava Bernard Tapie. Dono do time Olympique de Marselha, ele tinha comprado a Adidas da família Dassler. Em 2003, uma corte de Paris multou Guelfi em 1,2 milhão de dólares e o condenou a três anos de prisão. A sentença foi suspensa, e aos 84 anos, e ainda assim incorrigível, Guelfi foi para Moscou negociar investimentos na malha ferroviária nacional. Uma corte de apelação parisiense aumentou a multa em 750 mil dólares e determinou que ele cumprisse 18 meses de prisão.[4]

Mais tarde, a viúva de Käser relembrou que, apesar da péssima maneira com que Havelange tratou seu marido, a única vez que ela o viu chorando foi dois anos após a demissão. Ele chegou em casa perturbado. Tinha encontrado na rua um amigo que fora convidado para a festa de casamento da filha de Käser, Barbara. Ela nem sequer tinha contado aos pais sobre o evento. Quem era o noivo? Sepp Blatter.

Horst Dassler morreu de câncer em 1987, aos 51 anos de idade, e seus negócios foram herdados por seu filho, sua filha e quatro irmãs. Os dirigentes que ele tinha ajudado fizeram tudo o que podiam para apagá-lo da história. Outrora o homem mais poderoso e influente do mundo esportivo, Dassler, que enriquecera muitos cartolas, era um constrangimento, uma pedra no sapato. Depois de morto ele não chegou aos salões da fama porque, para os dirigentes, seu nome seria eternamente um lembrete da própria vergonha. Desde a morte de Dassler a Adidas mudou de mãos duas vezes – a probidade de suas práticas também mudou.

Havelange jamais esqueceria de que seu secretário-geral tinha sido escolha de Dassler, "um dos nossos", nomeado para servir os interesses de suas empresas. Tampouco Sepp Blatter, o dirigente cujos valores já saíram de fábrica com as três listras da marca Adidas.

4
SEPP FAZ UMA JOGADA CONTRA HAVELANGE

... e vive para contar a história

Estádio Monumental, Buenos Aires, 25 de junho de 1978. Sentados ao lado de João Havelange no camarote *VIP*, os amigos do presidente da Fifa – generais e almirantes com uniformes decorados com galões e medalhas – estavam em êxtase. Mario Kempes havia feito dois gols, depois deu o passe para o terceiro (de Bertoni) na prorrogação. A Argentina venceu a Holanda por 3 X 1 e conquistou a Copa do Mundo diante de uma multidão que finalmente tinha alguma coisa para comemorar. Era a primeira final de Copa de Havelange depois de ter mandado Sir Stanley Rous para a aposentadoria, e um triunfo pessoal tanto para ele como para a ditadura militar argentina. Sob o olhar ameaçador e feroz dos soldados que cercavam o campo de jogo e patrulhavam as saídas e os arredores do estádio, Havelange sorriu e disse: "O mundo viu a verdadeira face da Argentina".

Certamente era a face que o brutal governo argentino queria que o mundo visse. A Copa do Mundo fez para a ditadura portenha o que os Jogos Olímpicos de 1936 tinham feito para Adolf Hitler. Era mais um regime sanguinário explorando o esporte, tirando proveito da glória dos atletas para fazer propaganda e ganhar popularidade.

A verdadeira face da Argentina talvez fosse o rosto corajoso e receoso das mães dos desaparecidos, as mulheres que arriscavam sua liberdade e sua vida para protestar na Praça de Maio durante todos os dias da Copa do Mundo, segurando nas mãos fotografias de seus entes queridos ausentes, vítimas da guerra suja da junta militar contra seu próprio povo.

Os ativistas dos direitos humanos tinham fracassado na tentativa de mudar a sede da Copa de 1978 para outro país – para qualquer um, desde que respeitasse a sucessão de governos por meio das urnas. Quando os generais tomaram o poder, dois anos antes, a única preocupação da Fifa era se isso iria interferir na realização do evento. Talvez Havelange se sentisse pessoalmente preocupado; segundo boatos, uma de suas empresas no Brasil era a seguradora oficial do torneio.

Os jornais do mundo inteiro noticiavam que os generais, determinados a eliminar qualquer tipo de oposição, tinham dado ordens para que os críticos do regime fossem torturados nos quartéis e que depois os soldados sumissem com os corpos. Muita gente perdeu a vida padecendo de uma terrível modalidade de tortura, os "voos da morte": amordaçadas ou dopadas, as vítimas eram jogadas de aviões em pleno voo, com pesos amarrados ao corpo e braços e pernas agitando-se no ar, despejadas no estuário onde o rio da Prata encontra as águas mais profundas do Atlântico. Havelange ignorou esses relatos. O que isso tinha a ver com a Fifa?

Afinal de contas, eles tinham tido 25 dias gloriosos de futebol, e agora a Argentina vencera de maneira convincente, o que abafaria os maldosos boatos sobre uma suposta "marmelada" protagonizada no jogo contra o Peru (seleção que até então fazia ótima campanha, mas que de repente perdeu o brilho), quando o time portenho conseguiu vencer por impressionantes 6 X 0, marcando dois gols a mais do que precisava para ir à final – na primeira fase, a Seleção Peruana havia empatado sem gols com a Holanda. Por que o presidente argentino, o general Videla, visitou o vestiário do time peruano antes do jogo? Será que a súbita oferta da junta militar argentina ao Peru – a remessa de toneladas de grãos e 50 milhões de dólares em empréstimos – podia ter afetado o que aconteceu dentro de campo? Pagamento de dinheiro aos jogadores peruanos? Pura fofoca maldosa.

Quem se deu bem foi o almirante Lacoste, Carlos Alberto para seu amigo Havelange. Assim que assumiu o comando da organização da Copa do Mundo, o dinheiro começou a correr. Omar Actis, que vivia falando de orçamento apertado e alardeando a ideia de sediar o Mundial gastando pouco, tinha sido uma escolha equivocada para ocupar o Comitê Organizador. E quanto às alegações de que Lacoste estava por trás do atentado que matou Actis em uma rua de Buenos Aires? Conversa-fiada.

O presidente Havelange era de fato um bom amigo do almirante e se encheu de alegria quando Lacoste assumiu a Presidência da Argentina, ainda que interinamente, por apenas 11 dias, em dezembro de 1981. No ano seguinte o almirante tornou-se vice-presidente da Fifa, cargo que ocupou por quatro anos. Quando a democracia foi restaurada no país e Lacoste foi investigado pelo repentino aumento de seu patrimônio pessoal e pela compra de uma esplêndida residência em Punta del Este, balneário de luxo no litoral do Uruguai, durante os anos de terror, Havelange entrou em cena para salvar a pele do amigo e explicou que ele mesmo tinha feito ao almirante um conveniente empréstimo de 90 mil dólares.[1]

Para Havelange, a vida no topo era uma sucessão de aclamações pelo Congresso da Fifa, a cada quatro anos. Sortudo por ter assumido o poder na década de 1970, quando o mundo dos negócios passou a se interessar seriamente pelos investimentos nos esportes, ele e Dassler (e mais tarde a ISL) cumpriram suas promessas, e o eficiente Sepp Blatter instituiu cursos para formação de treinadores e organizou novos torneios de categorias de base. Os europeus, acovardados pelo olhar gélido e indiferente do brasileiro e o dinheiro que ele estava esparramando entre os países mais pobres, não ousaram apresentar candidatos contra ele na Copa do Mundo de 1982, nem no México em 1986, nem mesmo na Itália em 1990. E, assim que terminou a Copa da Itália, Havelange declarou a um jornalista sul-americano que, mais uma vez, apresentaria seu nome a nova aclamação, agora concorrendo ao sexto mandato consecutivo. O próximo Congresso da Fifa seria realizado em Chicago, em junho de 1994.

Então, por que o secretário-geral Joseph Blatter estava zanzando em surdina pelos corredores do congresso do futebol africano em Túnis, em janeiro de 1994, sob retratos sisudos do presidente Zine El Abidine Ben Ali, sussurrando nos ouvidos dos dirigentes que Havelange tinha feito um belíssimo trabalho, mas que agora era hora de o velho sair de cena? Depois de 13 anos vivendo nas sombras, Sepp estava farto. Não aguentava mais esperar. Remoendo-se de impaciência, ele desejava ardentemente ser presidente.[2]

Havelange prometeu uma coisa e fez outra. "Eu gostaria de me aposentar, e vejo Blatter como meu sucessor... nós podemos fortalecer seu nome e elegê-lo", ele tinha declarado. Sepp estava prestes a preparar sua campanha para uma transição tranquila quando ouviu a voz familiar: "Passo trezentos dias por ano viajando. Eu me sacrifico pelos jovens". Aparentemente Havelange estava disposto a continuar se sacrificando.

Talvez fosse verdade o que diziam na cozinha de Sunny Hill, que em sua busca pela juventude eterna o velho Havelange estava tomando injeções de células vivas de bezerro; ao mesmo tempo, Havelange mamava nas tetas da Fifa e tinha um formidável estilo de vida. As coisas pareciam estar indo de vento em popa para Blatter depois que Havelange sofreu uma indisposição e desmaiou em Barcelona, em 1992. Contudo, após um breve período de descanso, o velho João voltou ao trabalho e à estrada.

Mas aí Havelange foi longe demais. Os dirigentes estavam reunidos em Las Vegas, em dezembro de 1993, para o sorteio dos grupos da Copa do ano seguinte; a Coca-Cola produziu uma garrafa especial como suvenir, Daryl Hall cantou o hino do torneio, e o cassino e hotel Caesars Palace tinha anunciado que Pelé, o único jogador de futebol de que os norte-americanos tinham ouvido falar, seria a estrela do sorteio das chaves de grupos da primeira fase. Finalmente a Fifa estava lançando o futebol em grande estilo no maior mercado do mundo – e Havelange pegou a lista de convidados e riscou o nome de Pelé, simplesmente como represália ao "atleta do século" por ter atacado publicamente a Confederação Brasileira de Futebol, a CBF, comandada desde 1989 pelo então genro de Havelange, Ricardo Teixeira.[3]

O banimento de Pelé instigou a revista *Playboy* brasileira a investigar um território até então inexplorado, o passado de Havelange e a história de seus negócios. A revista examinou também a atuação do pai de Havelange no comércio de armas. Uma vez que os generais já haviam sido alijados do poder, a *Playboy* sentiu-se segura para investigar as caóticas finanças da CBF em 1974, época em que a entidade era chefiada por Havelange.[4]

Por isso, Blatter estava tão sorridente e dando piruetas diante dos africanos em Túnis, exibindo seus muitos talentos. Seus asseclas em Zurique já tinham recebido as instruções: *Espalhem a notícia, eu serei um grande presidente*. Ele e seus assistentes voaram de volta para a Suíça, guardaram no armário os ternos leves, pegaram os casacos pesados e rumaram para Nordwijk, nas dunas de Amsterdã, onde os altos dirigentes do futebol europeu estavam reunidos no Congresso da Uefa, cujos chefões tinham boa memória e jamais perdoaram Havelange por ter derrotado Rous em 1974; eles ainda estavam aguardando o surgimento de um bom candidato europeu. Bem, ali estava ele: Sepp Blatter.

"Se os senhores quiserem se livrar de Havelange, eu o enfrentarei", garantiu Blatter. "Se me apoiarem, poderemos nos livrar dele." As coisas não saíram exatamente como ele esperava. Ellert Schramm, da Islândia, saiu da reunião e anunciou aos jornalistas: "Blatter propôs o próprio nome como candidato à presidência. Ele disse que se contar com nosso apoio, será o candidato. Todos ficaram perplexos com tamanha franqueza. Ele foi rejeitado. Eu disse que deveríamos debater a deslealdade do secretário-geral, não o presidente".[5]

Blatter tentou amenizar a história e pôr panos quentes. Declarou aos jornalistas que tinha discutido com os dirigentes da Uefa a questão da sua candidatura e se eles acreditavam que ele era "o homem certo para o futebol", mas que a conversa deu em nada.

Ainda cheio de esperança, Blatter entrou em seu Mercedes e acelerou para o aeroporto, com destino ao JFK. O secretário-geral sempre participava dos congressos das confederações internacionais, e o próximo estava marcado para a primavera de 1994, no Hotel Plaza, na cidade de Nova York. Ali estariam reunidos 35 países da Confederation of North, Central American and Caribbean Association Football [Confederação de Futebol da América do Norte, América

Central e Caribe, Concacaf], que, quando votavam em conjunto, podiam decidir os rumos de uma eleição. Blatter estava determinado a fazer campanha. Havelange também participou do congresso em Nova York e fuzilou Blatter com os olhos com tanta fúria que podia ter feito buracos nas costas do secretário-geral. Havelange fez questão de mostrar que ainda estava no comando.

"Há algo que venho querendo dizer a todos", anunciou o presidente, depois de pedir ao redator de atas que saísse da sala de reuniões em Zurique. Havelange estava sozinho com os presidentes das seis confederações e um manso e calado secretário-geral. "Decidi que quando formos para a França, daqui a quatro anos, haverá 32 seleções."[6] Era o que a África, a Ásia e o Caribe queriam ouvir. Mais vagas para os países em desenvolvimento, mais dinheiro da televisão e mais marketing. Enquanto cumprimentavam Havelange pelas oito vagas adicionais, ele perguntou: "Vocês queriam mesmo me enforcar por causa de Pelé?".

Era abril, e ainda faltavam dois meses para o Congresso da Fifa em Chicago e a Copa do Mundo de 1994. As ambições de Blatter foram por água abaixo. Será que ele sobreviveria à ira de Havelange? Já havia fofocas sobre uma possível lista de nomes para ocupar o seu lugar. Ele voltaria algum dia a trabalhar? Quem daria emprego a um homem famoso por tentar roubar o cargo do chefe?

Talvez Sepp tenha sido salvo por sua secretária. Usando seus vistosos uniformes, os funcionários de alto escalão de Zurique foram todos para Los Angeles logo no início da Copa; Helen Petermann, alta, loira e com óculos grossos, autonomeou-se a porta-voz do grupo. "Se ele tocar no meu chefe, vamos entrar em greve aqui nos Estados Unidos, aos olhos da imprensa do mundo todo", ela declarou. Havelange entendeu a mensagem e voltou suas atenções para mimar os duzentos convidados que tinha trazido do Brasil.

Mas talvez fosse só uma questão de tempo. O velho esperou, e pode ser que tenha se deleitado em ver o temor diário nos olhos do desleal secretário-geral. Blatter seria um prato a ser comido frio.

Enquanto isso, Havelange exercitou sua prerrogativa de presidente e fez uma limpeza nas suas comissões. Especialmente agradável foi eliminar os alemães Gerhard Aigner e Horst R. Schmidt da Uefa. Eles tinham rejeitado Blatter, mas queriam a saída do presidente, e agora pagariam o preço por isso. Havelange fez uma promoção especial e alçou seu genro Ricardo Teixeira à vice-presidência do Comitê de Arbitragem e do Comitê Organizador da Copa do Mundo da França.

Blatter perambulava feito um zumbi pelos corredores de Sunny Hill. Logo depois da vitória do Brasil contra a Itália em Los Angeles, ele voltou para a Suíça, foi direto para a sua sala e esperou as más notícias. Passaram-se seis meses. Na gelada manhã de 10 de janeiro, enquanto Blatter se escondia atrás de sua mesa de tampo de couro, Erwin Schmid, agindo sob ordens diretas de Havelange, demitiu Guido Tognoni, assessor de imprensa da Fifa, e o chefe do Departamento de Competições, o chileno Miguel Galán. Havelange anunciou que tinha perdido a confiança neles. A história que Blatter contou foi a de que jamais tinha tentado trair seu líder e que tudo não passava, mais uma vez, de uma história da carochinha, uma bobagem, fruto do delírio dos jornalistas.

5
HAVELANGE QUER FICAR RICO DE VERDADE

Será que ele consegue transformar a Fifa em uma casa de apostas?

João Havelange comandava o esporte mais rico do mundo, mas depois de vinte anos no cargo ainda não tinha ficado verdadeiramente rico. Ele era bajulado por monarcas e ditadores, sentava-se nos melhores lugares dos estádios nacionais, magnatas assinavam acordos de sete dígitos com ele e ganhavam milhões – mas e ele, quanto estava ganhando? Quando é que *ele*, afinal, entraria para o clube dos super-ricos?

No início da década de 1990, Havelange completou trinta anos de COI e já era presidente da Fifa havia quase duas décadas. Se ganhou pouco ou muito dinheiro, ainda não era o bastante. De que maneira o esporte poderia fazer dele o homem rico de verdade que ele queria ser? João olhou à sua volta. E qual foi a Grande Ideia?

Se Havelange queria mesmo arrancar dinheiro do futebol, precisaria de ajuda. O alto e anguloso Jean-Marie Weber tinha sido assistente pessoal de Horst Dassler e emergira como o principal nome e rosto público da ISL depois da morte de seu mentor. Dizia-se que Weber idolatrava Horst e que fotografias do grande inovador decoravam as paredes de seu escritório com vista para o lago Lucerna. Weber tinha ajudado a mapear os cantos mais recônditos e mais sombrios do mundo dos negócios do futebol. Ele sabia como fazer de Havelange um homem rico.

Alguns dos melhores e mais bem-sucedidos representantes de vendas no mundo em expansão do marketing esportivo o desprezavam: "Jean-Marie não é criativo", diziam. E, pelas costas, zombavam do seu rosto ossudo quando ele aparecia sem novos "pacotes" ou novos eventos que precisariam de patrocinadores ou pudessem ser vendidos para a televisão. Mas esse não era o propósito de Jean-Marie. Ele tinha de acertar a mão e se dar bem. E conseguiu.

Os colegas notavam que toda vez que ele viajava, levava consigo duas volumosas valises. Os "acordos confidenciais", eles supunham. "Jean-Marie jamais guardaria seus documentos em um cofre."

Homem bem-educado, amante da ópera e dos bons vinhos, Jean-Marie sabia como cativar as pessoas. Ele "fazia bonito" em todos os saguões de hotel e salas de reuniões, apertava todas as mãos que via pela frente, beijava todas as bochechas que se ofereciam, e jogava os braços compridos sobre os ombros dos velhos amigos. Quando passava apressado, Jean-Marie parecia uma cegonha magricela e pernalta usando um terno cinza-claro. Quando estava no meio de uma multidão ou subindo a passos largos as escadas do estádio, era impossível não perceber sua juba de cabelos brancos bufantes e os óculos de aros finos.

As pessoas podiam rir à vontade. Ele controlava os direitos de três dos maiores torneios esportivos do mundo: os Jogos Olímpicos, o Mundial de Atletismo e a Copa do Mundo de Futebol. Durante alguns dias, praticamente todos os televisores do mundo exibiam seus programas. Mas ele ainda ficava nas filas dos aeroportos, segurando na mão sua passagem para voos comerciais. Ainda não tinha tirado a sorte grande.

Assim como João, ele estava procurando a Grande Ideia.

Hercílio Malburg achou que a tinha encontrado. O empresário brasileiro primeiro foi falar com Hélio Viana, homem dos bastidores que cuidava dos negócios de Pelé. Malburg teve a maior de todas as ideias. Se conseguirmos convencer a Fifa, poderemos montar a maior operação de apostas da Copa do Mundo, desde a fase de grupos até a final. A gente registra o negócio no Caribe e faz tudo limpinho. Ganharíamos bilhões de dólares todo ano.

"Você está louco", disse Viana. "Você nunca vai conseguir se adequar às leis de tantos países diferentes. Vão proibir o negócio." Pelé não se envolveria. Ali está a porta de saída.

Pelé tinha outro sócio, Celso Grellet, que cuidava da maioria dos seus negócios, e com quem Hercílio Malburg foi conversar. "Eu tenho as conexões", ele disse. "Conheço Canedo, no México, ele é o dirigente mais antigo do Comitê Executivo da Fifa. Ele é um mandachuva da Televisa e sabe como ganhar dinheiro com o futebol. E aqui no Brasil temos o amigo íntimo dele, Havelange. Do que mais precisamos?" Grellet mostrou algum interesse, mas não via meios de fazer o projeto vingar em tantas jurisdições diferentes.

Mas havia um brasileiro que adorava apostas e ficou empolgadíssimo com a ideia.

Os pais de Matias Machline emigraram da Rússia e foram viver em Bagé, cidade pecuária no extremo Sul do Brasil, perto da fronteira com o Uruguai. Em 1961, aos 28 anos de idade, Machline fundou o braço brasileiro da Sharp, gigante japonesa de produtos eletrônicos. Graças a suas conexões com os generais que tomaram o poder em 1964, os negócios prosperaram. Quando a ditadura militar entrou em colapso em 1985, seu bom amigo José Sarney, testa de ferro dos generais, tornou-se o primeiro presidente civil em duas décadas.

Na virada para a década de 1990, a empresa da família Machline lucrava 1 bilhão de dólares anuais, e Matias Machline era um dos maiores donos de cavalos de corrida – e um dos maiores apostadores – do Brasil. Quando a economia brasileira entrou em recessão, no início dos anos 1990, e os lucros patinaram, ele saiu à procura de outra grande ideia.

Seu amigo Antonio Carlos Coelho tinha criado o Banco Vega e estava faturando alto. Coelho e Machline eram amigos de Johnny Figueiredo, cujo pai, João Figueiredo, foi o último dos presidentes militares. Johnny adorava o futevôlei, novo esporte que consistia em um cruzamento entre futebol e vôlei de praia. Isso levou os três velhos amigos a iniciar conversas com Ricardo Teixeira sobre o plano de Hercílio Malburg de usar a Fifa para ganhar uma fortuna.

"Tivemos uma filha, Lúcia", dizia orgulhoso o presidente Havelange, "e ela foi abençoada com três crianças, Ricardo, Joana e Roberto." O pai das crianças era Ricardo Teixeira, e a relação de parentesco com Havelange foi muito boa para ele. Embora o casamento com a filha de Havelange tenha terminado (em 1997), em 1989 João o pôs na presidência da Confederação Brasileira de Futebol, a CBF. Ricardo também ficou empolgado com a ideia de Malburg.

João, Jean-Marie, Matias e Antonio reuniram-se em um hotel quatro estrelas de Miami em meados de julho de 1993 – Ricardo não pôde ir. Richard Herson, vice-presidente norte-americano do Grupo Matias Machline, escreveu um memorando confidencial a Sepp Blatter em maio de 2001: "Depois de meses de discussões informais, o projeto foi oficialmente iniciado em 27 de julho em uma reunião realizada em uma suíte no hotel Sheraton Bal Harbor". Herson explicou que Machline confiara a ele "a coordenação inicial deste projeto na qualidade de seu diretor executivo assistente".

Herson definiu o projeto como "a organização de um clube e sistema global de loterias endossado pela Fifa, batizado de Fifa Club, que vai gerir uma loteria mundial do futebol ligada a eventos patrocinados pela Fifa, sob licença da marca registrada Fifa".

"Um memorando foi redigido e assinado por todos os presentes, exceto o sr. Havelange, que preferiu que seu nome não fosse documentado. Por essa razão, todas as negociações foram oficialmente conduzidas pelo sr. Jean-Marie Weber."

Meses depois, Herson estava calculando os futuros dividendos: "Em suma, o cenário conservador projetava receitas de 8,75 bilhões de dólares, descontados os impostos, depois do terceiro ano, o que faria do negócio uma das maiores operações de apostas/loterias do mundo".

Pronto. Era essa a grande ideia tão almejada por João e Jean-Marie. *Oito bilhões de dólares por ano, e aumentando.* Imaginem o tamanho das polpudas promoções, porcentagens e bônus, as taxas de consultoria. Até mesmo as despesas seriam grandiosas.

Herson disse a Blatter: "Guardei em arquivos de computador todo o material relativo ao projeto, bem como as discussões e anotações de assistentes, a fim de manter um registro regular do histórico de progresso, bem como da participação de vários indivíduos e entidades envolvidos".

O norte-americano encontrou revelações surpreendentes sobre o que Jean-Marie estava fazendo em nome da Fifa. "Com o conhecimento e o consentimento da ISL, ao longo da primeira metade de 1994, esses planos foram discutidos e apresentados a diversas organizações, como o Caesar World e a Visa International, em um esforço para fomentar o interesse pelo projeto. Amplas negociações entre as partes originais mencionadas foram conduzidas em Dallas, Londres e Zurique, geralmente no hotel em que o sr. Havelange residia no centro."

Eles forjaram uma franquia que a ISL cederia com exclusividade ao Grupo Matias Machline. Matias teria autorização para explorar a logomarca da Fifa e seus direitos de marketing para "o desenvolvimento e a exploração de atividades selecionadas".[1]

A Copa do Mundo chegou aos Estados Unidos e, em 16 de junho de 1994, em Chicago, Havelange ganhou por aclamação mais quatro anos de poder. No dia seguinte, a Alemanha abriu o torneio e bateu a Bolívia por 1 X 0. Duas semanas depois, os homens de negócios se reuniram novamente em uma "sessão de trabalho conclusiva" no luxuoso Turtle Creek Hotel, em Dallas. Uma versão final do contrato foi redigida e assinada por Weber, Coelho, Machline e Herston. No mesmo dia, 3 de julho, em Dallas, a Suécia derrotou a Arábia Saudita por 3 X 1.

Em 17 de julho eles se reuniram novamente no Turtle Creek "para uma sessão preparatória adicional". No mesmo dia, na hora do almoço, foi disputada a final da Copa do Mundo, em Pasadena, Califórnia, a mais de 2,2 mil quilômetros dali (o Brasil venceu a Itália por 3 X 2 nos pênaltis). Mas negócios eram negócios. Havia quantias inacreditáveis de dinheiro a serem abocanhadas. Machline e Ricardo prepararam uma festa de recepção para os campeões, e no evento especial cada atleta ganhou um televisor e alguns milhares de dólares como presentes de agradecimento.

Um mês depois, executivos da Europa e da América Latina reuniram-se em um hotel em Nova York, agora com a presença de um novo colega, um ambicioso homem de negócios que tinha abandonado um alto cargo na American Express do Brasil para tornar-se diretor executivo do "Fifa Club". Era 12 de agosto e todos assinaram o contrato. "As operações teriam início logo depois. A expectativa era a de que em pouco tempo diversas empresas da área de apostas e instituições bancárias se juntassem ao projeto", afirma Herson.

Matias Machline, 61 anos, e sua esposa Maria Araújo, 31 anos, despediram-se de seus novos parceiros de negócios e foram de carro para o heliporto da rua 34 Leste, em Manhattan. Às 20h30 o casal embarcou em um helicóptero fretado, com destino a Atlantic City, onde Machline planejava arriscar a sorte nas mesas de jogo.

O piloto Doug Roesch fora aprovado em todos os testes de voo em visibilidade normal, mas não tinha experiência em lidar com o que os pilotos chamam de "condições meteorológicas" – voar às cegas em meio às nuvens, orientando-se apenas pela leitura dos instrumentos. Cerca de 15 minutos depois da decolagem, Roesch entrou em contato com sua base, disse estar preocupado com as condições do tempo e se mostrou hesitante quanto a completar o voo.

Depois, Doug contatou seu colega Eric Mansell, que estava fazendo um voo panorâmico sobre Nova York. Roesch disse que ia voltar – depois mudou de ideia e afirmou que faria uma nova tentativa de chegar ao aeroporto de Atlantic City. Cinco minutos se passaram e eles conversaram novamente. Mais tarde, Mansell disse: "Roesch tinha mudado: antes preocupado e estressado, agora estava relaxado e confiante". Mas o céu estava muito escuro e ele subiu a 2 mil pés (600 metros) de altitude, para evitar as nuvens baixas que havia em sua rota.

Dez minutos depois, Mansell estabeleceu comunicação com Roesch para ver como ele estava se saindo. O gravador da cabine de Mansell registrou este breve diálogo:

Roesch: Eric, estou perdendo o controle. (*voz aflita*)
Mansell: Doug, você está brincando?
Roesch: Eric, vou virar de ponta-cabeça. (*voz em pânico*)
Mansell: Doug, você está brincando? Está brincando? Está tudo bem?
Roesch: Eric! (*voz em pânico*)

Uma testemunha que estava no jardim de casa em uma área de floresta perto de Whiting, Nova Jersey, ouviu o helicóptero. Ela disse aos investigadores: "De repente o barulho do motor mudou para um som de chiado, um engasgo lento. Quando tentei seguir o ruído, vi um enorme brilho alaranjado encher o céu".

O helicóptero caiu verticalmente no solo, e o impacto abriu uma cratera de 4 metros de diâmetro e 2 de profundidade. As marcas de derrapagem rasgaram o chão. A investigação atribuiu o acidente à "desorientação espacial" de Doug Roesch.[2]

Um ex-presidente, políticos proeminentes e um punhado de magnatas compareceram ao funeral de Matias Machline, juntamente com seus quatro filhos e uma filha. Sem ele no comando, o Grupo Machline perdeu o rumo, e sua família levou a empresa de helicópteros aos tribunais, exigindo uma indenização bilionária. O acordo é confidencial, mas uma fonte que acompanhou de perto o caso disse: "A família alega que se ele não tivesse morrido no acidente, teria ganho uma fortuna gigantesca com a loteria da Fifa".

Enquanto isso, Antonio Coelho teve outra grande ideia. Investiu pesadamente no processamento de álcool combustível, perdeu uma fortuna e tentou salvar o negócio com o dinheiro dos clientes de seu Banco Vega. O Banco Central do Brasil interveio e decretou a liquidação do Vega.

Uma subsequente investigação empreendida pelo Senado do Brasil sobre a corrupção no futebol brasileiro continha seis páginas acerca do acordo entre o Banco Vega, a CBF e Ricardo Teixeira. O sortudo Ricardo lucrou quase duas vezes mais que a sua confederação e, "por acaso", sacou todo o dinheiro oito dias antes do colapso do banco. Apesar desses problemas, Ricardo Teixeira julgou que Antonio Coelho tinha enorme perspicácia para os negócios e o nomeou para a Diretoria Financeira da CBF.

Alguns dias após a queda fatal do helicóptero, Richard Herson recebeu o diagnóstico de linfoma em estágio avançado. Menos de um mês depois, a pedido dos herdeiros de Matias Machline, ele viajou de volta ao Brasil. Em seu memorando Herson relatou a Blatter a história: "Eu me reuni com Antonio Carlos Coelho e Ricardo Teixeira em uma suíte do Holiday Inn Crowne Plaza, em São Paulo, Brasil. Foi uma reunião bastante difícil e áspera, em que o sr. Teixeira deixou bem claro que ele e o sr. Coelho pretendiam levar adiante o projeto do sr. Machline, a despeito de todos os acordos anteriores e em detrimento dos direitos dos herdeiros do sr. Machline".

E prosseguiu: "Na ocasião, apesar da nossa indignação, não havia nada que pudéssemos fazer para contrariar ou neutralizar tal tática violenta e inescrupulosa, dadas as conexões do sr. Teixeira com o sr. Havelange, o estágio avançado em que estava o projeto, o fato de que eu estava prestes a iniciar a batalha pela minha própria vida e o fato de os filhos do sr. Machline terem um império em difícil situação para administrar". Herson se submeteu a tratamento quimioterápico intensivo e recuperou sua saúde. Ele diz que ouviu boatos de que Teixeira e Coelho tentaram fazer o negócio de apostas decolar na França, mas a coisa jamais saiu do chão.

Herson terminava assim seu relatório a Blatter: "A imprensa brasileira, ávida para pegar o sr. Teixeira, que estava envolvido em uma série de alegações de corrupção e má administração, estava ansiosa para conhecer os detalhes do projeto. Mas eu jamais me interessei em compartilhar com a imprensa essa espantosa e documentada saga, em respeito à memória do sr. Machline".[3]

Durante as investigações da Comissão Parlamentar de Inquérito do Senado e da Câmara dos Deputados, Havelange foi convocado a prestar depoimento. Indagado se era um dos homens "que ganharam milhões com o futebol", ele respondeu de maneira mordaz: "Eu desafio o senhor a apresentar qualquer documento. Tudo que fiz a minha vida inteira foi trabalhar com dignidade e respeito".[4]

6
OS RAPAZES DE DASSLER PERDEM AS OLIMPÍADAS

... e agora, mais que nunca, precisam do futebol

Após a morte de Dassler em 1987, a família pôs na presidência do império o marido de sua irmã Sigrid, Christoph Malms, homem um tanto baixinho e sempre bem alinhado, de cabelos pretos curtíssimos. Depois de graduar-se na faculdade de Economia e Administração de Empresas de Harvard, Malms foi trabalhar na McKinsey, consultoria coalhada de jovens brilhantes com diplomas de MBA que acreditavam que "tudo que você conseguir fazer, a gente faz melhor." Mas será que Harvard e a McKinsey eram as melhores credenciais para atuar nesse setor de atividade tão peculiar? Muita gente no estafe da ISL tinha dúvidas. O marketing esportivo era um negócio baseado em pessoas, e muito complicado por causa de egos inflados e, às vezes, propinas. Será que Christoph era realmente adequado?

O futuro estava na expansão, ele decidiu. A ISL se espalhou pelo mundo. O organograma confidencial do grupo – um enorme mapa diagramático das operações da ISL, incluindo algumas baseadas nas Ilhas Cayman e nas Ilhas Virgens Britânicas – cresceu e chegou a abarcar sessenta empresas. O impenetrável Principado de Liechtenstein, espremido entre a Suíça e a Áustria, sediava duas outras empresas, a Lofa Football Establishment e a Lofa Establishment. As investigações sobre as duas esbarravam nas placas de metal das portas dos advogados da capital, Valduz.

Embora Malms ostentasse o título de presidente, era Jean-Marie Weber que, evocando os velhos tempos de Horst Dassler, mantinha uma relação bastante estreita com Havelange e Blatter. A descrição oficial de seu cargo era "aquisição de direitos e relações esportivas". Ele paparicava os dirigentes e os convencia a repassar os preciosos direitos de comercialização para a ISL, cuja sede agora ficava às margens do lago Lucerna, com escritórios acima da estação de trem, em meio à charmosa mixórdia de edifícios de pedra, bares e igrejas.

Ao longo de 1995, os representantes da ISL esquadrinharam o mundo do futebol e refizeram os cálculos; de que maneira poderiam ganhar mais dinheiro com o esporte? Já tinham sugado tudo o que o mercado podia absorver dos patrocinadores. Jean-Marie Weber e a família Dassler queriam mais. De onde este "mais" poderia vir?

No passado a Fifa vendera os direitos televisivos da Copa do Mundo a um consórcio mundial de redes de televisão cujas negociações tinham sido encabeçadas pela European Broadcasting Union. Após a Copa de 1994, a ISL esmiuçou os balancetes de cada uma das emissoras de televisão que haviam comprado direitos para transmitir o evento; depois de adicionar quanto cada canal ganhara com a venda de anúncios e deduzir quanto dinheiro as redes de TV pagaram pelos direitos de exibição dos jogos, os analistas da ISL perderam o fôlego.

Os ganhos eram astronômicos. As redes de televisão estavam comprando os jogos por um preço baixo e vendendo os anúncios a peso de ouro, com enormes margens de lucro. Jean-Marie constatou que a Fifa estava comercializando barato demais o torneio. Deviam cobrar bem mais. Isso era um trabalho para a ISL.

Seria difícil para redes públicas como a BBC, que não vendiam anúncios, que não visavam ao lucro e tinham compromisso com o público, mas seria uma notícia maravilhosa para Jean-Marie Weber e João Havelange, e um grande alívio depois da decepção com a fatalidade da queda do helicóptero em Nova Jersey.

No início do inverno de 1995, enquanto os analistas da ISL ainda escarafunchavam os números da Fifa, o alto Jean-Marie e Christoph Malms, o baixinho, embarcaram em um voo para o Japão a fim de participar de uma reunião de negócios rotineira com o COI sobre os direitos das Olimpíadas. Era mais um legado de Horst Dassler, um agradecimento de Juan Antonio Samaranch pela ajuda que recebera para chegar à presidência do Comitê Olímpico Internacional em 1980.

A família Dassler tinha tratado sua exclusividade nos direitos de marketing das Olimpíadas como um investimento de longo prazo. Os Jogos Olímpicos de Seul começaram em 1988, pouco depois da morte de Horst, e perderam dinheiro. Ficaram novamente no vermelho em Barcelona em 1992, mas em meados da década de 1990 pareciam prontos para lucrar. Em dezembro de 1995, Weber e Malms estavam prestes a dizer ao COI que tinham assinado um contrato de 90 milhões de dólares com a Coca-Cola e o McDonald's e estavam perto de fechar com a Motorola e a multinacional petrolífera Shell. Será que o COI ficaria feliz com toda essa dinheirama – descontados, é claro, os 25% da comissão da ISL?

Mas o COI não ficou feliz. Weber e Malms foram afrontados em um quarto de hotel pelos capangas do COI – o diretor-geral François Carrard, o veterano dirigente Dick Pound e Michael Payne, o esquiador britânico que tinha trabalhado para a ISL antes de debandar para as fileiras do Comitê Olímpico. Eles foram bruscos. Não precisamos mais de vocês, alegaram. Vamos cuidar nós mesmos do negócio. Adeus.

Malms voltou para Zurique, e uma reunião de emergência da diretoria foi realizada pouco depois do almoço, no dia 7 de dezembro de 1995, em uma sala na Badenerstrasse, emprestada pela empresa de auditoria KPMG. Os enfeites da decoração de Natal brilhavam nas vitrines das lojas, os alto-falantes zuniam com canções natalinas, mas os cinco diretores estavam abatidos e melancólicos. Tinham sido dispensados. E logo pelo COI.

Talvez a mais angustiada fosse Suzanne Dassler, que tinha saído às pressas de sua casa na beira do lago Lausanne, na extremidade do país, para ir a Zurique. Baixinha, morena e com o mesmo corpo vigoroso do pai, Suzanne, que era uma mulher tímida, tinha orgulho do legado de Horst e ficava enfurecida quando se deparava com pessoas que a seu ver podiam estar explorando as realizações de seu pai. Ela acreditava que Dassler tinha sido um grande inovador e desconfiava de forasteiros que se davam bem demais à custa do papai.

Jean-Marie Weber não compareceu à reunião de emergência. Ele tinha passado anos assegurando à família que desde a morte de Horst vinha fazendo um belo trabalho para manter os fortes vínculos pessoais com o COI. O contrato olímpico estava a salvo em suas mãos, ele garantia. Weber teve a sorte de escapar da fúria de Suzanne naquela tarde. Mesmo nas entrelinhas das minutas confidenciais é possível sentir a mágoa. "Temos a obrigação de escrever ao sr. Samaranch para dizer que não apreciamos o que ele está fazendo conosco", insistia Suzanne. Os outros a acalmaram. "Nada de ações independentes, por favor. Isso deve continuar sendo confidencial. Precisamos de uma estratégia coordenada."

Mas eles sabiam qual era a causa de tanto ressentimento e dor no coração. Quando o pai dela descobriu Samaranch, ele era um catalão fascista usando botas e a camisa azul dos fascistas; Dassler repaginou o dirigente, que emergiu como um homem pacifista na condução do COI. Em 1980, quando Dassler arquitetou a eleição de Samaranch, o cartola ficou feliz de entregar a ele, de mão beijada, os novos contratos de marketing. Onde estava a lealdade agora?

Que dia péssimo! Não era apenas a questão dos contratos. As Olimpíadas davam à ISL a aura da melhor, mais limpa e mais "olímpica" de todas as empresas do ramo esportivo. Eles passaram meses a fio tentando impedir o vazamento da notícia.

A ISL ainda tinha o Campeonato Mundial de Atletismo, que dava lucro. Mas o contrato mais polpudo, o mais rico de todos, aquele que estava prestes a ficar ainda mais rico, o melhor contrato do mundo era o dos direitos exclusivos de marketing e transmissão televisiva do futebol. Este eles não podiam perder. A pressão sobre Jean-Marie Weber era enorme.[1]

Executivos da Fifa dizem que Havelange e Blatter ficaram genuinamente perplexos quando Jean-Marie apareceu na mansão em Sunny Hill e disse: *Escutem com atenção, não se preocupem de ter perdido o negócio das apostas, de qualquer modo isso nunca foi de vocês, esqueçam isso. Vocês gostariam de duplicar o dinheiro da Copa do Mundo? Triplicar? Que tal multiplicar por dez? Não estamos falando de milhões, o futebol agora está na casa dos bilhões.*

Quando os executivos da Fifa absorveram o valor potencial dos direitos de transmissão televisiva, perceberam o poder que essa enxurrada de dinheiro poderia representar. Com uma conta bancária recheada, a Fifa poderia ajudar todas as federações e associações nacionais, com dinheiro e novos recursos. Isso transformaria o esporte em escala global e inevitavelmente teria o efeito de fortalecer as posições dos que tinham sido responsáveis pela promoção desse crescimento sem precedentes. Mas será que os executivos da Fifa usariam os mesmos controles financeiros que geralmente são encontrados em uma empresa com um balancete desse tipo?

Weber estava nervoso. Por quase duas décadas, graças à relação especial de Dassler com Havelange, a ISL tinha recebido a exclusividade dos direitos de marketing para todas as Copas do Mundo até a de 1998 na França. Mas não além. A Fifa teria de oferecer os direitos de comercialização e transmissão da Copa de 2002 a quem quisesse comprar. Os rivais fariam as contas e veriam que o torneio tinha se tornado um investimento tremendamente valioso. A ISL podia ser derrotada em uma licitação. Ou poderia ganhar em 2002 e perder na Copa seguinte.

Talvez houvesse uma solução capaz de salvar a pele da ISL. *Garantir um contrato que valesse para mais de uma Copa de cada vez.* Mas essa possibilidade teria de ser mantida em sigilo pelo máximo de tempo possível.

Que os rivais quebrassem a cabeça fazendo cálculos baseados em informações incompletas. Que arranjassem garantias bancárias por ninharias. O plano era deixá-los no escuro o maior tempo possível. Mas com certeza isso era impraticável. Simplesmente não dava para realizar dessa maneira um processo de licitação justo e aberto. Dava?

7
UMA ESTRANHA DISPUTA PELA COPA DO MUNDO

Árbitro: Sepp Blatter

Havia outra pessoa que queria muito a Copa do Mundo e achava que sabia como consegui-la: Eric Drossart, o elegante presidente belga da IMG (International Management Group), a empresa de marketing norte-americana criada em 1960 por Mark McCormack para explorar o charme e o talento do golfista Arnold Palmer.

Depois mais golfistas, tenistas, pilotos de corrida, esquiadores, astros do rock e modelos juntaram-se à lista de clientes. A IMG assinou contratos no mundo de beisebol, basquete, críquete e rúgbi. Comprou os direitos de transmissão de Wimbledon, procurou a Universidade de Oxford, a Fundação Nobel, clubes de futebol e o Pelé. Os rapazes de McCormack geralmente conseguiam o que queriam, cobrindo os lances de todos os rivais nas licitações e concorrências. E agora eles queriam a Copa do Mundo de futebol.

Eric Drossart tinha negociado uma parceria entre a IMG e a UFA, a subsidiária televisiva da Bertelsmann, o maior conglomerado de mídia do mundo. Foram aos bancos e obtiveram as cartas de garantia de que precisavam para acompanhar uma oferta de grandes proporções.

Drossart iniciou sua campanha em 18 de agosto de 1995 com uma oferta assombrosa. "Caro Sepp", lia-se no fax, "estamos dispostos a pagar 1 bilhão de dólares pela Copa do Mundo de 2002." Conhecendo um pouco a relação especial de Sepp com a ISL, Drossart encaminhou também uma cópia de sua oferta para todos os membros do Comitê Executivo da Fifa.

Você pode ter pensado que a oferta bilionária de duas empresas de primeiríssima linha tenha deixado Blatter em êxtase. Ao contrário. Ele ficou furioso. "Temos de expressar nossa surpresa pela maneira como a carta enviada ao secretário-geral da Fifa veio acompanhada dos termos 'estritamente confidencial', embora cópias tenham sido encaminhadas por telefax a todos os membros do Comitê Executivo da Fifa", queixou-se Blatter a Drossart. "Não estamos convencidos de que este seja o método mais adequado de comunicar uma mensagem de natureza confidencial e talvez fosse mais apropriado excluir os errôneos termos."

Três semanas depois Blatter escreveu novamente a Drossart em Londres, solicitando os detalhes da oferta apenas para a Copa de 2002. É notável que, dado o que viria a acontecer na sequência, não tenha feito menção a 2006. Blatter disse que queria as informações em sua mesa em menos de um mês, em meados de outubro, e assegurou a Drossart: "A Fifa agora está ocupada definindo o cronograma do grande procedimento".

Um mês depois do prazo final de outubro de 1995, Blatter pediu a Drossart e seu bilhão de dólares que aguardassem mais alguns meses, porque Jean-Marie Weber tinha direitos de negociação exclusivos até 29 de fevereiro de 1996. "Devemos respeitar esses direitos prioritários", afirmou o secretário-geral da Fifa.

Durante esse período de espera e indiferença por parte de Blatter, Drossart e sua equipe da IMG não ficaram de braços cruzados. Secretamente, reuniram-se no Sheraton do aeroporto de Frankfurt com Chung Mong-Joon, vice-presidente sul-coreano da Fifa e um dos filhos do fundador da dinastia Hyundai. Dias depois tiveram um encontro em Paris com outro vice-presidente da entidade, Issa Hayatou, presidente da Confederação Africana de Futebol. Ficaram sabendo que os cinco presidentes das confederações continentais estavam pressionando Havelange para que designasse uma comissão especial com o intuito de descobrir e analisar quais eram as ofertas, para fazer com que ele e Blatter compartilhassem as informações. Mas nada disso estava acontecendo.

Então Drossart fez outra oferta fascinante: "Quero que os senhores estejam cientes do fato de que a IMG e a UFA estão preparadas para oferecer o lance mais atraente para a Fifa no que tange à Copa do Mundo de 2002, independentemente de qualquer outra proposta alternativa". Uma oferta em aberto para acabar com as pretensões e tirar do jogo todos os concorrentes. Isso ocorreu em 7 de dezembro de 1995, o mesmo dia em que a traumatizada família de Dassler estava reunida em caráter emergencial discutindo a crise da ISL e que diabos fariam agora que tinham perdido os Jogos Olímpicos. A ISL precisava como nunca da ajuda de Blatter. Ele viria em seu auxílio?

Blatter escreveu mais uma vez a Drossart, perto das festas de fim de ano: "Meus votos de um Feliz Natal e um próspero Ano-Novo". Depois disso, silêncio. Os meses se passaram, e em 15 de março de 1996, duas semanas após o esgotamento do prazo das negociações exclusivas com a ISL, Blatter escreveu a Drossart: "Ainda estamos mantendo conversas com a ISL", alegou, e quanto aos direitos de televisão, apenas recentemente haviam recebido "uma oferta definitiva para 2002 e depois". O que era aquele "depois"? Depois do quê? Todas as conversas dos últimos anos diziam respeito a um acordo apenas para 2002. O que mais estava na mesa?

Blatter estava prometendo transparência na comercialização das Copas do Mundo. *Copas?* Como este plural tinha se enfiado ali? Era um erro de digitação? Drossart ainda não sabia quando a Fifa falaria com ele sobre sua oferta.

Drossart descobriu mais coisas ao ler os jornais, dias depois. Em 19 de março de 1996, Blatter fez publicar uma nota oficial revelando não apenas que ainda estava tendo conversas reservadas com a ISL, mas estava também negociando com o consórcio de redes públicas de televisão – conhecido como CCC. Elas tinham sido as maiores compradoras da Fifa nas Copas de 1990 e 1994 e do vindouro torneio da França, em 1998, pagando os preços antigos. Era difícil entender de que maneira conseguiriam bater o bilhão oferecido por Drossart. Mais intrigante ainda era a alegação de Blatter de que a Fifa estava "examinando minuciosamente as ofertas apresentadas por outras partes interessadas". E mais uma vez lançava mão de uma frase inócua ao fazer referência às Copas do Mundo de 2002 e no futuro. Mas nenhuma menção concreta a 2006.

No dia 29 de março Drossart mandou outro fax. "Não acreditamos que a questão da representação da Copa do Mundo esteja sendo tratada com equanimidade pela Fifa." Seis meses atrás "fomos avisados de que os senhores estavam ocupados definindo o cronograma do grande procedimento. Jamais fomos comunicados sobre qual é o grande procedimento". E prosseguia: "Nenhum tipo de negociação ou diálogo está sendo travado conosco. Esta exclusão é deliberada?", ele perguntou a Blatter. E quanto ao fato de que os direitos de mais uma Copa do Mundo estavam sendo oferecidos? "Nós partimos do pressuposto de que se trata de um jogo justo e que todos os licitantes receberão as mesmas informações, acesso a documentos, oportunidades de negociação, apresentação etc." E Drossart conclui assim: "Esteja certo de que esgotaremos todas as possibilidades para garantir que este processo seja conduzido sobre bases justas".

O secretário-geral esperou quase três semanas para responder, e o fez em 18 de abril. Os direitos das Copas do Mundo de 2002 e 2006 estavam disponíveis em um único pacote, e se Drossart estivesse interessado em concorrer, era melhor se apressar e submeter uma oferta até 15 de maio. A IMG teria apenas quinze dias para apresentar os custos e garantias.

No dia 26 de abril, enquanto seu estafe estava freneticamente afogado em números, debruçado sobre um novo conjunto de cálculos para cobrir os dois torneios e levantar outro bilhão de dólares, ou mais garantias bancárias, Drossart escreveu a Blatter: "Devo admitir que fiquei surpreso com o conteúdo de sua carta de 18 de abril. Embora eu receba com alegria o aparente convite da Fifa para participar do processo de licitação dos direitos da Copa do Mundo, há em suas cartas flagrantes inconsistências no que tange às bases sobre as quais os direitos estão sendo disponibilizados, e fica patente o tratamento diferenciado dado a outras partes, como a CCC e a ISL. Assim, hoje é difícil acreditar que seja desejo genuíno da Fifa levar em consideração nossa oferta sobre bases adequadamente competitivas".

Perto do final de sua extensa missiva, Drossart declara de maneira abrupta: "Sepp, é muito difícil concluir outra coisa além do fato de que há dois conjuntos de regras em vigor aqui... e suas respostas a nossas tentativas e esforços é um exercício meramente cosmético cujo propósito é proteger a Fifa de futuras acusações de conduta injusta e imprópria".

A licitação se encaminhou para a fase final. A ISL teve dificuldades para convencer seus bancos a garantirem sua oferta. Embora relutantes, seus representantes foram falar com Leo Kirch, o recluso mandachuva alemão da mídia, dono de um dos maiores acervos cinematográficos fora de Hollywood e que também detinha os direitos de transmissão do melhor do futebol alemão.

Os bancos gostavam de Leo e teriam prazer em emprestar a ele a quantia que fosse necessária. Ele só impôs uma condição: "Eu fico com os direitos para a Alemanha". Embora fosse um dos territórios mais valiosos, Jean-Marie teve de ceder. Leo pensou alguns minutos na proposta e, com os nervos de aço que haviam feito dele um bilionário, o magnata de Munique disse "sim". A ISL estava de volta ao jogo.

Todas as ofertas foram apresentadas em 15 de maio, e Blatter trancafiou todos os lances em seu cofre. Um mês depois foram submetidas as propostas revisadas e o Comitê Executivo decidiria quem ficaria com o negócio. Mas nem todos os membros pareciam saber quando ocorreria a reunião decisiva. O presidente da Uefa, Lennart Johansson, insistiu na ideia de que o processo deveria ser supervisionado pelos auditores da Fifa.

O comitê se reuniu no dia 5 de julho de 1996, e na ordem do dia constava o que parecia ser uma atualização para os membros sobre os contratos de televisão e marketing. No item 3.1 da pauta da reunião estava listado "Informe ao Comitê Financeiro acerca da concessão dos direitos de televisão". De sua cadeira de presidente, Havelange propôs que os direitos das Copas de 2002 e 2006 fossem cedidos à ISL e ao consórcio de Leo Kirch. Ele exigiu que os membros decidissem imediatamente. Havelange primeiro olhou para o russo Viacheslav Koloskov e perguntou: "Você não é da opinião de que devemos aceitar a oferta, meu amigo?". O russo piscou e disse que sim.

Enquanto Havelange ia percorrendo com os olhos a mesa e encarando cada um dos membros, Blatter contava os votos. Nove membros concordaram com Havelange, seis votaram contra e três se abstiveram. Ausentes da reunião estavam o já idoso bilionário Henry Fok, de Hong Kong, e Gerhard Mayer-Vorfelder. Mais tarde o alemão alegou que não sabia que um item tão importante estava na pauta.

Se Mayer tivesse comparecido à reunião e votado contra Jean-Marie Weber e Leo Kirch, a proposta da ISL/Kirch teria naufragado. Sete votos contra e mais as três abstenções sobrepujariam o número de votos favoráveis.

Em julho de 1996, apresentadas todas as propostas, os termos financeiros da oferta ISL/Kirch se mostraram superiores a todas as outras submetidas pelos demais licitantes. Houve 18 meses adicionais de negociações sobre os direitos de marketing. No início de setembro de 1997, Jean-Marie Weber comunicou a seu conselho de diretores que, "em virtude da delicada situação política" e de modo a evitar um racha no Comitê Executivo da Fifa, a notícia de que a ISL ganhara definitivamente o contrato de marketing seria adiada para que os membros fizessem perguntas. Não havia motivo para preocupação. "Os membros dos Comitês Executivos da Fifa podem fazer perguntas, mas não podem evitar a conclusão do contrato com a ISL", ele informou, radiante de alegria. As atas da reunião registram Christoph Malms congratulando Weber e sua equipe.

O chocante comprovante bancário que chegou à sala de expedição na sede da Fifa em Sunny Hill, naquela fria manhã de inverno em 1998, revelando o pagamento de 1 milhão de francos suíços a um alto dirigente, causou mais do que uma breve consternação na sala do secretário-geral. Todos os funcionários do departamento financeiro ficaram sabendo no mesmo dia. A notícia logo se espalhou pelo prédio inteiro. Era uma estupidez de proporções gigantescas. Mas como isso tinha acontecido?

Uma fonte que acompanhou de perto o caso me explicou: "Foi um erro cometido por um escriturário da ISL, que fora instruído a fazer o pagamento a um alto dirigente que ajudara a empresa a ganhar o contrato. Em vez de mandar o dinheiro direto para ele, o pagamento foi acidentalmente para a Fifa. Antes do fim do dia o dinheiro foi encaminhado para a conta do dirigente".[1]

Cinco anos depois, Eric Drossart declarou à revista *Businessweek*: "O processo todo jamais foi explicado, e toda vez que eu fazia uma oferta, só recebia respostas vagas".

Durante a elaboração deste livro, perguntei a Drossart se ele podia falar mais sobre o assunto: "Como o senhor sabe, o senso de ocasião é de extrema importância na vida, e acredito que a época mais oportuna, em que eu estaria preparado para falar sobre os assuntos que você levanta, há muito tempo já ficou para trás. Como dizemos em francês, agora seria *moutarde après le dîner*.* Neste momento meu interesse é ajudar a minha empresa a garantir novos e substanciais acordos (e mais acessíveis!) dentro do espectro dos esportes".

---

* O provérbio francês "*C'est de la moutarde après dîner*" quer dizer, literalmente, "é a mostarda após o jantar", ou seja, tarde demais, quando ela não é mais necessária. Os equivalentes mais próximos em português são "Depois de eu comer, não faltam colheres" e "Depois de fartos, não faltam pratos". (N. T.)

8
HAVELANGE SAI DE CENA E FALA O QUE NÃO DEVE

Blatter se posiciona

Nigéria, 8 de novembro de 1995. O presidente Havelange tomava chá com o presidente nigeriano Sani Abacha em seu palácio em Abuja. Havelange tinha nas mãos um problema diplomático. O campeonato mundial Sub-20 seria realizado na Nigéria, e isso tinha deixado Sani Abacha muito feliz. Mas o país estava enfrentando surtos de cólera e meningite, e a Fifa não poderia despachar para lá as seleções de jovens jogadores, razão pela qual Sani estava triste. Havelange queria deixar Sani alegre de novo, e por isso foi passar quatro dias na Nigéria, para jogar seu charme sobre o ditador assassino e ladrão.

O mundo fora dos confins do palácio e do Estado policialesco em que a Nigéria havia se transformado estava preocupado com coisas mais sérias que a decepção de Sani Abacha com um torneio de futebol. Em Port Harcourt, no litoral nigeriano, os carrascos preparavam o cadafalso, que precisava estar em condições imaculadas para o assassinato de Ken Saro-Wiwa, homem que tinha sido suficientemente corajoso para acusar a degradação ambiental promovida pela petrolífera Shell no delta do rio Níger, pátria de seu povo ogoni. Ele tinha liderado protestos e uma campanha não violenta contra a "guerra ecológica" da Shell e contra Sani, que estava roubando a riqueza obtida pelas reservas de petróleo do país. Juntamente com oito dissidentes, Saro-Wiwa morreria por conta de sua coragem, a menos que alguém conseguisse fazer o ditador mudar de ideia.

No mundo todo, as pessoas decentes pediam o cancelamento da execução dos homens que ficaram conhecidos como "Os Nove Ogoni". O julgamento foi fraudulento, os acusados foram espancados. Era assassinato. Durante meses a fio Nelson Mandela liderou os protestos. Embaixadores foram retirados do país. Foi anunciado o plano de suspender a Nigéria da Comunidade Britânica de Nações, sanções econômicas foram preparadas, e não paravam de chegar apelos de clemência de última hora feitos por escritores, artistas, celebridades, gente comum ao redor do mundo. Os carrascos admiraram seu trabalho. O patíbulo parecia pronto para a ação.

Dentro do palácio, o presidente Havelange e Sani Abacha sorriam e bebericavam chá. Havelange concordou que a Nigéria poderia sediar a Copa do Mundo de Futebol em 1997. Sani ficou feliz de novo. Tão feliz que nomeou o presidente da Fifa chefe tribal honorário. Havelange saiu da reunião e anunciou para a imprensa: "Sinto-me honrado por ser recebido e estou feliz que Sua Excelência tenha reiterado seu desejo de ver a edição de 1997 realizada na Nigéria".[1*]

Dois dias depois os algozes acordaram cedo. Agindo sob as ordens de Abacha, amarraram as mãos de Ken Saro-Wiwa atrás das costas e apertaram o laço na garganta. Depois fizeram um serviço malfeito. Precisaram de cinco tentativas até conseguir soltar o pino que abria o alçapão e permitir a queda do corpo de Ken Saro-Wiwa, que caiu e depois subiu com um tranco, o pescoço quebrado e sua voz dissidente silenciada para sempre. O próximo. Foi uma manhã dura de trabalho para os carrascos, que assassinaram "Os Nove Ogoni".

Em uma de suas últimas e comoventes declarações, Ken Saro-Wiwa disse à corte: "Não sou daqueles que se furtam de denunciar a opressão e a injustiça sob o argumento de que é isso que se espera de um regime militar. Os militares não agem sozinhos. São apoiados por um bando de políticos, advogados, juízes, acadêmicos e homens de negócios. Todos se escondem sob a alegação de que estão apenas cumprindo seu dever".

Ele poderia ter acrescentado que são apoiados também pelo presidente da Fifa.

Em Praga, dois dias após os enforcamentos, Havelange disse, em tom desafiador: "Não vou deixar que a política afete minha promessa de realizar na Nigéria o campeonato mundial Sub-20 de 1997. Esporte e política não devem se misturar".

Em Londres, o *Sunday Times* acusou Havelange de empreender "uma campanha de um só homem para jogar o mundo do futebol no poço do descrédito e da má reputação [...] enquanto o mundo expressava sua perplexidade e indignação contra os enforcamentos na Nigéria, o presidente da Fifa estava paparicando seus líderes militares".[2]

Dois meses depois, na Copa das Nações Africanas, realizada na África do Sul, torcedores furiosos exibiram cartazes lamentando a morte dos ogoni e amaldiçoando Abacha. A fúria popular não encontrou eco na Fifa, pois a en-

---

* A Copa do Mundo Sub-20 da Fifa de 1997 acabou sendo realizada na Malásia e foi vencida pela Argentina; a edição de 1999 foi realizada na Nigéria e vencida pela Espanha. (N. T.)

tidade era o Planeta Havelange. Um mundo que Havelange tinha criado à sua imagem e semelhança, e que possuía uma escala de valores diferente. Contudo, Havelange tinha pisado na bola. Mostrara falta de discernimento. Era uma questão de apresentação. Ele tinha contribuído para uma péssima imagem da Fifa. Sua posição ficou enfraquecida. Agora Havelange precisava tomar cuidado para não cometer outro deslize.

Mas cometeu, e dessa vez seu tropeço teve graves consequências para o futebol. Havelange tinha permitido que Japão e Coreia competissem na disputa para sediar a Copa de 2002. Será que ele não tinha consciência da profunda mágoa dos coreanos e da animosidade entre coreanos e japoneses? Afinal de contas, o Japão ocupara a Coreia durante quase toda a primeira metade do século XX. Quando o inverno deu lugar à primavera em 1996, a disputa estava ganhando contornos desagradáveis, e a culpa era da Fifa. Como a entidade podia ter sido tão insensata a ponto de fomentar uma disputa em que uma das duas nações orgulhosas sairia envergonhada e desmoralizada?

Arrogante como sempre, Havelange tinha assegurado aos japoneses de que conseguiria fazer com que o Comitê Executivo da Fifa escolhesse os nipônicos. Mas a Coreia estava determinada a vencer e contava com forte apoio no comitê. A disputa se transformou em uma guerra agressiva. Quando a primavera deu lugar ao verão, rumores de pagamento de propinas vieram à tona quando o vice-presidente da Fifa, David Will, disse que não queria receber mais ofertas de presentes. Will, discreto advogado da gelada porção nordeste da Escócia, afirmou que já tinha recebido ofertas de tudo, menos de dinheiro. Não se oferece dinheiro a David Will.[3] Isso não quer dizer que alguns outros não tenham ficado mais ricos ao final da campanha. Um dizia acerca do outro: "Eu sei que ele recebe propinas. Até eu tive de pagar".

Havelange foi o último a render-se ao óbvio. A Fifa não poderia voltar atrás. A única maneira de evitar que mísseis começassem a cruzar o mar do Japão era permitir que os dois países sediassem conjuntamente o evento, coisa que a Fifa já tinha dito que não queria. Seria um pesadelo logístico, e essa liderança inepta custaria à entidade uma fortuna. De agora em diante, a Fifa teria de pagar tudo em dobro.

As coisas não estavam saindo como Havelange queria. E havia ressentimento entre os membros do Comitê Executivo, especialmente os europeus, descontentes com o modo como Havelange e Blatter estavam lidando com as propostas para a compra dos direitos das Copas de 2002 e 2006. Eric Drossart tinha mandado cópias de suas furiosas cartas para todos os altos dirigentes do comitê.

Havelange e Blatter tinham ignorado Drossart e desprezado os membros europeus que haviam ficado do lado dele. Os dirigentes europeus não estavam nada felizes e aproveitaram a primeira oportunidade para se vingar. O dinamarquês Poul Hyldgaard era um homem de confiança de Havelange no Comitê Financeiro e trabalhava com Blatter supervisionando a guerra de contratos. No Congresso da Uefa os membros europeus votaram furiosamente pela saída de Hyldgaard. Derrotar traiçoeiramente o dinamarquês era uma mensagem para Havelange.

Tido e havido como aparentemente infalível ao longo de duas décadas, o reinado ditatorial de Havelange estava se esfacelando. Ele gostava de tomar suas próprias decisões e depois endossá-las sem ressalvas no comitê. Isso não ia mais acontecer. No dia 29 de maio de 1996 Havelange comemorou o seu aniversário de oitenta anos. Ele sabia que estava na hora de ir embora.

Uma cadeira no Comitê Executivo da Fifa é um dos cargos mais cobiçados e mais bem remunerados do mundo esportivo, e alguns dirigentes fariam qualquer coisa na esperança de conseguir uma brechinha. É um clube exclusivo, para muito poucos, e há apenas 24 membros.

É um emprego dos sonhos não apenas por causa das despesas generosas, dos voos na primeira classe e hotéis de luxo para o resto da vida – mesmo quando deixam o cargo, os membros do comitê ganham filiação honorária, vagas em comissões e ingressos para as Copas do Mundo, garantidos até a morte. É por causa do poder. Nações ricas implorando de joelhos o direito de sediar a Copa do Mundo, além dos torneios mundiais das categorias de base e de futebol feminino. Uma multidão de pessoas cujo único propósito na vida é encher os dirigentes de mimos e gentilezas.

Uma vez que as resoluções da Fifa são sempre decididas por uma margem muito pequena de votos, os membros do Comitê Executivo são tratados como convidados de honra em todos os jogos importantes, com lugar garantido em camarotes de luxo, ao lado de monarcas e presidentes. Um imponente Mercedes está sempre à espera para levá-los às pressas até seus confortáveis lugares, atravessando as multidões de torcedores que precisam andar penosamente até o estádio. Já houve muitas objeções à extraordinária autoindulgência dos dirigentes do COI, mas pouca gente parece notar os presentes, as férias e todos os mimos que são oferecidos aos magníficos 24 da Fifa.

Em julho de 1996 a Fifa realizou seu congresso bianual, em Zurique. Na pauta estava uma proposta para aumentar o tamanho do comitê. Houve grande comoção e agitação entre os altos dirigentes. Mais cadeiras significavam mais poder. E havia um homem particularmente faminto de poder.

Em qualquer lugar entre Georgetown, na Guiana, e o Círculo Polar Ártico, é praticamente impossível chutar uma bola contra a parede sem ter de pedir permissão a Jack Warner e sem pagar a ele uma porcentagem da venda de ingressos e da transmissão da TV. Warner é um homem baixinho e musculoso, com uma voz surpreendentemente esganiçada e nasalada. Mas quando ele fala, as pessoas tremem.

Do escritório em Port of Spain, capital de Trinidad e Tobago, do qual é proprietário e aluga para a Concacaf, confederação que ele controla, Warner contempla com prazer a sua grossa fatia do futebol mundial, que se estende do Atlântico ao Pacífico. A presidência da confederação assegura automaticamente a ele um lugar no exclusivíssimo Comitê Executivo da Fifa. A maior parte dos membros da Concacaf vem de minúsculas ilhas do Caribe, onde o único futebol profissional que existe é o que é transmitido via satélite da Europa. Há tantas ilhas que essa confederação tem direito a três cadeiras no comitê.

Zurique, Kongresshaus, 4 de julho de 1996. Não era tarefa fácil fazer um telefonema internacional de Porto Príncipe, mas por fim o dr. Jean-Marie Kyss, presidente da Federação Haitiana de Futebol, conseguiu contato com os dirigentes caribenhos que já tinham chegado a Zurique para participar do congresso. "Eu não vou", ele avisou. "O correio está tão lento que o convite só chegou agora. Estamos sem dinheiro e recebendo a visita de uma delegação cubana. Então, por causa de uma coisa e de outra, vamos ter de nos ausentar."[4]

Maldito dr. Kyss! Lá se vai um precioso voto. Os dirigentes tinham de comparecer. Mas, pensando bem, quem conhece o dr. Kyss? Ele é apenas um médico que atende nas favelas de Porto Príncipe. Ninguém de fora da obediente confederação continental de Warner reconheceria Kyss. Vamos encontrar alguém para votar no lugar dele.

Não poderia ser um europeu, nem asiático, nem árabe. E todos os africanos disponíveis já estavam usando credenciais. Warner não tinha trazido consigo nenhum caribenho de reserva, e todos os seus asseclas já estavam listados e identificados. Ele não poderia mandar um membro de sua comitiva de volta para o saguão do hotel gaguejando: "Desculpe, eu estava bêbado quando cheguei, e falei meu nome errado. Na verdade sou dirigente da Federação de Futebol no Haiti – *bonjour* –, posso me credenciar, por favor?". Nem mesmo o bando de amedrontados funcionários de Blatter, encarregados de distribuir as credenciais, aceitaria essa desculpa esfarrapada.

E então, *clac, clac, clac*, eis que surge uma pessoa com os requisitos necessários: pele escura e sem credenciais – de saltos altos e do sexo errado, mas quem se importa? Sim, ela serviria perfeitamente para o papel. Vincy Jalal, a namorada do presidente da Federação Jamaicana de Futebol Horace Burrell. Ela o acompanhara para farrear em uma viagem à Europa, aproveitar algumas noites de rala e rola em uma cama cinco estrelas, dar um pulinho nas butiques e ver os Alpes. Horace era chamado de "O Capitão", porque tinha sido oficial da Força de Defesa da Jamaica. Ele adorava essa patente e a imagem que a acompanhava. Sim, a garota do capitão seria perfeita.

Uma rápida conversa com o chefe do credenciamento. O dr. Kyss já saíra do cargo havia muito tempo, e o Haiti enviara um substituto, V. Jalal, e pronto, Jack tinha recuperado seu voto. Quem dava a mínima para o fato de que ela era uma das cinco ou seis mulheres em meio a milhares de homens? O secretário-geral não tinha dito que as mulheres eram o futuro do futebol? Ela ocupou seu lugar no centro do auditório, na mesa destinada ao Haiti, a tempo para a chamada. Os delegados da Fifa sentam-se em ordem alfabética, Albânia e Angola na frente, Uganda e Ucrânia no fundo. Ao lado de Jalal estava Colin Klass, o representante da Guiana e aliado bastante próximo de Jack; a algumas mesas de distância, o lugar da Jamaica, de onde o bom capitão Horace mandava bilhetinhos, soprava beijinhos e sussurrava palavras de aconselhamento para a novata nos procedimentos da Fifa.

No auditório havia 44 delegados da região de Horace e Jack, a Confederação de Futebol da América do Norte, América Central e Caribe, que tinha se reunido dois meses antes em Guadalajara, México, para o Congresso da Concacaf. A maioria deles conhecia os dirigentes do Haiti, mas ninguém ousou se perguntar em voz alta de que maneira o discreto dr. Kyss, homem de fala mansa, óculos e cabelos grisalhos, havia sido substituído por uma beldade de encher os olhos.

O secretário-geral começou a chamada. Vincy é falante de inglês, mas quando o secretário-geral chamou "Haiti", ela fez o melhor que pôde para responder com um firme *Oui*. Os votantes foram amavelmente saudados por Marcel Mathier, presidente da Associação Suíça de Futebol e do Comitê Disciplinar da Fifa, guardião da moralidade do futebol.

Quando chegou a hora de debater a resolução que poderia dar a Jack Warner outra cadeira para seu continente, Vincy levantou-se e, estalando os saltos altos no chão, foi até a frente, mostrou suas credenciais, pegou a cédula de votação do Haiti, entrou na cabine e, atrás das cortinas, votou como Burrell a tinha instruído. Mas a participação dela foi inútil, pois Jack não conseguiu sua cadeira adicional.

O presidente do COI Juan Antonio Samaranch aceitou a Medalha de Ouro do Congresso da Fifa e cobriu de elogios seus anfitriões. "Os exemplos dados nas deliberações em curso seriam acompanhados de perto e imitados por outras federações esportivas", ele disse. A Ordem do Mérito foi concedida a Henry Kissinger e aos homens de negócios Robert Louis-Dreyfus, que tinha comprado a Adidas, e Doug Ivester, da parceira Coca-Cola.

Quando chegou ao final de seu discurso, em que examinou seus 22 anos no poder e concluiu que sua conduta tinha sido não menos que admirável, Havelange expressou sua grande surpresa. Os dias felizes estavam por vir. A partir de 1999 todas as federações e associações nacionais receberiam, a cada quatro anos, 1 milhão de dólares, graças à ISL, "nossos parceiros e amigos".

De onde vinha essa sorte inesperada? As redes de televisão iam pagar mais que antes para transmitir a Copa do Mundo. Todo mundo ia ficar rico.

A ata da reunião foi conferida e aprovada por cinco países-membros da Fifa, incluindo Jamaica e Suíça. Os registros oficiais mostrarão para sempre, no canto inferior direito da página 6, que embora o sr. Kyss estivesse em casa, o Haiti tinha enviado um delegado cujo nome – erroneamente grafado – era "Julal Vincy". Depois que o capitão e sua namorada já tinham ido embora e garrafas de rum começaram a circular, alguns dirigentes caribenhos mais corajosos começaram a dar risadas do episódio. Desde então, Vincy Jalal passou a ser conhecida como "srta. *Oui*" – mas somente quando nem Jack nem o capitão estão por perto.[5]

No final de 1996, na primeira semana de dezembro, Havelange enviou uma carta a todos os membros do comitê, agradecendo a gentileza do jantar especial oferecido por eles ao presidente da Fifa e sua esposa Anna Marie por ocasião de seu aniversário. "Aquela noite será sempre inesquecível para mim, pois simboliza o afeto de sua amizade." A Fifa e seus continentes estavam em um abençoado estado de graça, e "convencido de que cumpri minha missão", Havelange anunciava que não voltaria a concorrer em 1998. Quem o substituiria?

Lennart Johansson começou a trabalhar em um cargo subalterno de uma grande empresa fabricante de assoalhos e foi subindo até chegar ao topo. Ingressou no mundo do futebol ocupando a presidência de um clube popular do subúrbio de Estocolmo, experiência que o levou a chefiar a Federação Sueca de Futebol entre 1984 e 1991. Nesse período Johansson já se envolvia com as atividades da Uefa, e em 1990 foi eleito presidente da entidade, tornando-se automaticamente vice-presidente da Fifa. Johansson era um homem moldado pelo esporte, não pela política. Sua educação no seio de uma família escandinava de classe baixa incutiu nele o sentimento de dedicação a valores como democracia, tolerância e franqueza, o que o diferenciava de políticos marcados com o ferro quente da Adidas, como Havelange e Blatter.

Quando Havelange anunciou sua aposentadoria, Johansson teve uma atitude cortês e esperou nove meses até que, em setembro de 1997, rodeado por dirigentes europeus, em Helsinque, anunciou que concorreria à presidência da Fifa. Faltavam outros nove meses até o congresso de Paris, em junho de 1998, às vésperas da Copa do Mundo da França.

Aos 69 anos de idade, Johansson, um homenzarrão queixudo e de cabelos grisalhos, divulgou um programa de reformas, prometendo democracia, solidariedade e transparência. Mas para algumas pessoas essas notícias não eram muito boas. Dirigente de maneiras refletidas, convicções sólidas e afeito a escolher cuidadosamente cada palavra, Johansson garantiu que, caso fosse eleito, "faria pressões para instalar uma auditoria independente para examinar as práticas comerciais da Fifa".[6]

O material de campanha publicado por Johansson alardeava o apoio do presidente do COI, Juan Antonio Samaranch, Pelé, Sir Bobby Charlton e Franz Beckenbauer. Tudo muito impressionante, mas nenhum deles tinha direito a voto.

A campanha de Johansson em nome da limpeza alfinetou Havelange. Como ele ousava exigir investigações independentes? Havelange não sentia o menor afeto por Blatter; afinal de contas, ele não tinha tentado destroná-lo? Mas Sepp tinha uma vantagem. Ele podia até dizer que exigiria transparência, porém não havia o risco de um dia resolver abrir as janelas para deixar entrar um pouco de luz. Assim, com Blatter no comando da Fifa, os segredos de Havelange estariam sãos e salvos.

Enquanto isso, Blatter estava sentado com as costas aprumadas em sua cadeira em Sunny Hill, pendurado ao telefone em conversas com dirigentes do mundo inteiro. Se quisesse, ele bem que podia usar um tom de voz firme com os presidentes das associações e federações exigindo que pagassem os empréstimos feitos pela Fifa – mas não fez isso. No devido tempo, eles o agradeceriam e veriam que tipo de presidente bonzinho ele poderia ser.

No início de dezembro a Fifa, os técnicos e os jornalistas dos 32 países classificados para a Copa do Mundo reuniram-se em Marselha para o sorteio final. Havelange mencionou de passagem que Blatter tinha "todas as qualidades para ser presidente". Mas Blatter não estava concorrendo. Pelo menos não publicamente.

O Natal se foi, o ano da eleição teve início, e Blatter raramente saía do escritório. Depois de 17 anos ocupando a chefia da burocracia em Zurique, ele sabia quando velhas amizades podiam ser lucrativamente renovadas e quando era hora de fazer novos amigos. O início de um ano de Copa do Mundo era um período frenético. Em 1998 a data mágica era 15 de janeiro, o último dia para dirigentes e funcionários da Fifa encaminharem seus pedidos de ingressos, antes do início das vendas para o público em geral.

Essa era a hora em que os mercenários tentariam a sorte, arriscando pedidos enormes de ingressos para revender para cambistas, intermediários e agências de turismo. Talvez os patifes achassem que naquele ano Blatter não teria coragem de dizer "não" para quem quer que fosse. Alguns secretários-gerais de federações nacionais enviaram seus pedidos de ingressos.

Chet Greene, de Antígua, mandou sua encomenda de ingressos por fax, diretamente para o "secretário-geral, sede da Fifa, Suíça", embora não se saiba se o secretário-geral ao menos chegou a ver a encomenda. Seu pedido vinha em nome da Associação de Futebol de Antígua e Barbuda; anexo, incluía três páginas listando todos os 64 jogos entre a primeira rodada e a final do torneio. Ele queria 47 entradas para o jogo de abertura entre Brasil e Escócia, centenas mais para outros jogos, e 147 para a partida final. A encomenda de Chet Greene totalizava 2.964 ingressos.[7]

Por sua vez, Havelange fez outra entusiástica declaração, cuidadosamente oportuna, de que achava que Blatter seria um presidente extraordinário.

Blatter nada tinha a ganhar declarando abertamente sua candidatura à presidência. Quanto mais ele procrastinasse, mais tempo poderia continuar exercendo a função de secretário-geral, na sala de controle da organização, manipulando o poder e a clientela à sua disposição. Johansson era o adversário, Blatter era efetivamente o herdeiro legítimo do trono.

Ele espalhou a notícia de que ainda não tinha se decidido. "Contudo, se uma ou algumas federações indicarem meu nome, vou tomar minha decisão", afirmou. "Você não é digno de confiança", ironizou o vice-presidente Antonio Matarrese, primeiro-tenente de Johansson e cão de ataque da Uefa.

Apesar da farra da distribuição de ingressos e do perdão a dívidas, cortesias de Blatter, Johansson estava ganhando terreno e conquistando uma sólida base de apoio. Em fevereiro ele expôs suas propostas de reforma em uma reunião dos líderes da Confederação Africana de Futebol em Burkina Fasso, pequeno país ensanduichado entre Mali e Gana. Eles garantiram que as 44 nações africanas votariam nele em bloco. Como presidente da Uefa, Johansson podia esperar quase cinquenta votos europeus automaticamente; com o apoio da África e do Leste da Ásia, ele estava confiante no apoio de mais da metade das pouco mais de duzentas associações e federações nacionais.

A eleição estava se aproximando, mas Blatter ainda não tinha declarado sua candidatura. As semanas iam passando, e nada do anúncio. Sem campanha e sem programa político rival para atacar, Johansson estava frustrado. Em meados de março seus aliados no Comitê Executivo convocaram uma reunião de emergência em Zurique, com um único tópico na pauta: quais eram as intenções de Blatter?

Eles simplesmente não podiam permitir que Blatter agisse como um candidato não declarado, usando o poder e a influência do cargo de secretário-geral para angariar votos. Dessa vez acharam que ele estava encurralado. *Anuncie sua candidatura ou peça demissão. Ou nos diga claramente que não vai concorrer à presidência. Se você vier com respostas ambíguas, vamos suspendê-lo.*

Quando a reunião teve início naquela manhã de 13 de março, sob o ouro e os candelabros do hotel The Dolder Grand, Blatter esperava a hostilidade de 14 dos 24 votantes. Havelange tentou tomar a iniciativa, propondo que era aceitável que Blatter continuasse trabalhando como secretário-geral, desde que sob certos limites – não especificados.

Um após o outro, os membros tentaram arrancar de Blatter uma declaração clara de intenções. *Fale em alto e bom som, com todas as letras, sem mais prevaricações. Você é ou não é candidato?* E em todas as vezes Blatter disfarçava, inspecionava suas unhas, fuçava nas canetas, ajeitava a gravata, olhava pela janela. Em mais de uma ocasião Havelange pressionou os perguntadores. Depois de quatro exaustivas horas de reunião, os europeus se impacientaram de uma vez por todas. *Vamos pôr a coisa em votação*, disseram. Pela primeira vez, em 24 anos na presidência do Comitê Executivo da Fifa, Havelange sofreria uma derrota. Ele jamais tinha sido vencido em uma votação. O que faria?

"Todos ficaram perplexos", disse mais tarde o escocês David Will, já no saguão do hotel. Advogado de cabelos brancos, Will é um homem moderado, mas havia fúria em sua voz comedida. "A maioria do Comitê Executivo queria que Blatter renunciasse. Nesse momento o dr. Havelange e o sr. Blatter se retiraram da reunião, impedindo a votação."

Havelange contribuiu para aumentar ainda mais a fúria dos europeus ao convocar a imprensa e alegar que a reunião tinha sido adiada porque não haviam chegado a um consenso. "Eu tenho de obedecer às leis do país", ele disse, de maneira desconcertante. "Se ainda havia dúvidas, não fazia sentido continuar." Depois de ter apelado para ameaças, intimidação e tergiversação, Havelange ligou o botão do charme: "Muitos secretários-gerais sucederam seus presidentes no cargo. Por que na Fifa seria diferente?".[8]

9
O REI ESTÁ MORTO. LONGA VIDA AO REI

Blatter distribui o dinheiro

Paris, segunda-feira, 30 de março de 1998. Blatter adiou sua decisão por mais duas semanas, durante as quais se manteve na surdina, fora do alcance da artilharia de Johansson, e depois escolheu Paris para anunciar que diversas associações e federações nacionais – incluindo Austrália, Brasil, Arábia Saudita, Trinidad e Tobago, Estados Unidos e França – haviam implorado a ele que se candidatasse. "Sou um servo do futebol e no futuro tentarei ser o mesmo bom servo do futebol", ele disse à imprensa. A seu lado estava Michel Platini, que agora tinha a mesma avidez de sucesso na política do futebol que a fome de gols que sentia quando atuava na equipe italiana Juventus, de Turim, e ao jogar pela Seleção Francesa. Com seus cabelos cacheados e seu carisma, Platini era a escolha de Blatter para ocupar um novo cargo, diretor de esportes da Fifa. Blatter planejava acumular as funções de presidente e executivo chefe.

Platini, presidente do Comitê Organizador da Copa do Mundo de 1998, que aconteceria dali a semanas, disse aos jornalistas não acreditar que a Fifa era gerida democraticamente e temia que, caso Johansson fosse eleito, não haveria mudanças. "Não tenho absolutamente nenhum interesse pessoal", acrescentou. "Sou um homem de convicções e se estou fazendo isto é porque acho que sou a única pessoa capaz de fazer a Fifa mudar de rumo, porque fui jogador e técnico."[1]

Blatter prometeu ampliar o Comitê Executivo. Agora haveria vagas para mulheres, para árbitros, para jogadores. Para qualquer um que assegurasse uma manchete nos jornais. Depois de eleito, ele receberia um salário, mas essa remuneração seria – e aqui ele usou uma palavra à qual recorreria sempre – "transparente".[2]

Além de ser absolutamente transparente, Blatter ia também proteger o futebol da "exploração de forças políticas e comerciais". Um de seus assessores postou no site oficial de Blatter a seguinte afirmação: "O sucesso e a posição do futebol no mundo hoje podem, em grande medida, ser atribuídos a Joseph Blatter".

Johansson se preparou para enfrentar uma campanha suja. "Meu temor é que aquilo que aconteceu até agora continue", ele disse, "e que nos vejamos diante de coisas que não são aceitáveis de um ponto de vista ético, moral e legal".³

Kigali, 4 de abril de 1998. Havelange aterrissou em Ruanda, supostamente para homenagear as vítimas assassinadas no genocídio de quatro anos antes – quase 1 milhão de mortos. Assim que se livrou da incumbência, havia coisas importantes a fazer. Havelange aproveitou a ocasião para martelar na cabeça dos dirigentes de 17 associações e federações da África Central e da África Oriental ali reunidos para participar do evento a seguinte mensagem crucial: *Blatter era o homem a ser apoiado.*

De volta a Zurique, sem perder tempo Havelange ditou para sua secretária, Marie-Madeleine Urlacher, uma carta bajuladora. O destinatário, um dirigente somali: "Devo dizer que fiquei muito feliz em vê-lo em Kigali, onde você expôs o ponto de vista de sua federação". Havelange se dizia ansioso para receber dois dirigentes somalis no vindouro congresso de Paris, um deles com todas as despesas pagas pela Fifa; as passagens do outro, "conforme prometi, serão de minha responsabilidade, bem como o custo das acomodações". O futebol da África Oriental ocupava um lugar tão especial e querido no coração de Havelange que, "No que tange à sua associação nacional, tive uma reunião com o vice-secretário-geral, Michel Zen-Ruffinen, acerca do desenvolvimento do esporte no seu país". Ele prometeu seminários técnicos para árbitros, médicos e dirigentes. E pagaria as passagens a dois sortudos cartolas somalis para fazerem mais cursos no Brasil.

Coincidentemente, os carteiros e motoristas de caminhões de entrega de Nairóbi, Cartum e Kampala se viram subitamente sobrecarregados com uma enxurrada de presentes enviados para os mandachuvas do futebol africano e assinados, com os melhores cumprimentos, pelo querido amigo João. Aparelhos de fax e fotocopiadoras foram embrulhados e despachados para escritórios de toda a África. Todas as nações representadas em Kigali receberam seus mimos. Como se isso não fosse o bastante para ganhar votos, Havelange instruiu o diretor de finanças Erwin Schmid a enviar um cheque de 50 mil dólares para um dirigente do Continente Negro. Tudo de que Erwin precisava era o nome e o número da conta bancária. Havelange nem sequer se deu o trabalho de pedir a aprovação do Comitê Financeiro. Por que deveria? Ele era o presidente.

Outra carta foi para a fabulosa família Fok de Hong Kong. Era endereçada ao bilionário Timothy, presidente da associação de futebol local, homem com forte influência no esporte asiático e que em breve ingressaria no Comitê Olímpico Internacional. Tim era filho de Henry, que fez fortuna com a jogatina em Macau e que mais tarde receberia a Ordem do Mérito da Fifa em Paris. "Meu querido amigo, presidente Timothy", escreveu de forma amorosa Havelange, "busco seu apoio para Blatter." Será que Timothy conseguiria garantir os votos de Hong Kong, Macau, China e Coreia do Norte? Havelange estava especialmente preocupado porque, naquele momento, Johansson vinha fazendo *lobby* na China, e os fabulosos Fok, com boas conexões em Pequim, eram a melhor esperança para acabar com ele.

Dublin, 30 de abril de 1998. Havelange estava em campo inimigo. A temporada dos congressos internacionais tinha começado e os europeus se reuniram no Hotel Jurys. A pauta do dia era impulsionar a candidatura de Johansson. Blatter, o candidato rival, não estava lá. Não era hora nem lugar para promover um racha na Europa. Um melancólico Havelange sentou-se na primeira fila do auditório, observando atentamente e com olhar acabrunhado o palco iluminado em que homenageavam Lennart Johansson, o homem que dali a seis semanas os europeus esperavam que substituísse João no lugar mais alto do futebol mundial. As homenagens não paravam.

Por fim, chamaram Havelange para subir ao palco e um alto dirigente da Uefa prendeu em sua lapela o broche de diamante de honra ao mérito da entidade. Oficialmente era uma distinção conferida por seus serviços prestados ao futebol, mas a bem da verdade era um prêmio de adeus e de "já vai tarde".

O tesoureiro da Europa era o afável alemão Egidius Braun. Gorjeando com voz estridente feito um alegre pardal em cima do palco, ele fez questão de lembrar a todos os presentes a ajuda financeira dada pela Uefa ao Leste Europeu (vocês aí, novatos do fundão, estão ouvindo? Lembrem-se com carinho do generoso sr. Johansson quando forem às urnas em Paris). Havelange estava mascando um chiclete. Quando os dois telões acima do palco exibiram o relatório financeiro de Braun, salpicado de adoráveis francos suíços, Havelange aguçou os ouvidos. Mas não por muito tempo. Depois que tinha conseguido chamar a atenção do velho, o sr. Braun anunciou com voz ríspida que, no novo mundo de honestidade que se seguiria ao Congresso da Fifa, "não deve mais existir caixa dois – como se diz na Suíça!".[4]

Havia mais uma emboscada a caminho. O telão se iluminou e começou a exibir imagens de Pelé, fã número 1 de Johansson e inimigo declarado de Havelange. Ele fez um discurso político com sorrisos insolentes: "Em minhas viagens pelo mundo, já conheci muitos reis e rainhas, presidentes e estrelas, mas nunca conheci ninguém mais preocupado com honestidade e transparência no futebol que meu amigo Johansson", ele falou, radiante, para a câmera. "Espero do fundo do coração que ele se torne o próximo presidente da Fifa."

O congresso foi encerrado com uma última salva de palmas para Johansson. Havelange levantou-se como um foguete e saiu às pressas, com muito mais agilidade do que se poderia esperar de um senhor de 82 anos, abrindo caminho entre os dirigentes e delegados. Quando chegou ao fundo do auditório, avistou um velho amigo e parou. Os dois trocaram breves cochichos e depois ele desapareceu no corredor, caminhando implacavelmente no meio da multidão. Esbaforido, saí correndo atrás dele, e quase o alcancei no saguão do hotel, mas ele já chegara ao estacionamento e entrara no maior Mercedes disponível para aluguel em Dublin, que saiu cantando pneus no final da tarde de primavera, Pembroke Road acima.

Os rivais circundaram o globo terrestre em busca de apoio, e as pontas de suas asas quase se tocaram, enquanto um tentava surrupiar votos do outro. Duas semanas depois, Blatter e Johansson estavam em Kuala Lumpur para o Congresso da Confederação Asiática de Futebol. Blatter disse que a Europa e a África estavam divididas e que ele venceria. Johansson disse que tinha recebido cartas declarando apoio de 50 das 51 associações europeias e pelo menos sessenta delas no mundo todo, e qualificou como "ilusão e excesso de otimismo" a certeza de vitória alardeada por Blatter.

Blatter tem a energia bruta e o instinto de um sobrevivente profissional, e é capaz de esquadrinhar em poucos segundos uma sala e lançar olhares simpáticos para rostos conhecidos. Johansson é mais cavalheiresco; o futebol é uma família e não se pode ser rude com um primo, mesmo que ele tenha passado os últimos seis meses tentando ferrar você.

Johansson quase perdeu as estribeiras em Kuala Lumpur: "Havelange não está neutro. Ele chega inclusive a pôr palavras na minha boca, o que é errado. Ele não está recorrendo à verdade, e isso é muito alarmante para mim". Então Johansson se recompôs, meio envergonhado: "Tentei manter a discrição e ficar em silêncio sobre isso, mas às vezes é demais".[5] Será que era a primeira vez que seus assessores e assistentes viram a possibilidade de derrota e suspeitaram que Lennart não era suficientemente inescrupuloso? Será que ele era ingênuo a ponto de acreditar que todas as promessas de apoio se transformariam em votos?

Nairóbi, 20 de maio de 1998. Começou como um pontinho no céu, que em menos de 1 minuto ganhou o contorno de um jatinho fretado vindo do Sul, de Johannesburgo. Com as mãos, os ansiosos dirigentes que aguardavam no aeroporto cobriam os olhos contra a luz da ensolarada manhã de maio africana. Enquanto o jato taxiava na direção do terminal de Nairóbi, os cartolas caminharam na pista do hangar. Os motores pararam, a porta se abriu e ali estava ele, o sr. Blatter, todo acenos e sorrisos, confiante de que seria capaz de se lembrar dos nomes de todos os que, segundo seus assessores o haviam informado, estariam ali prontos para cumprimentá-lo com abraços e apertos de mãos, e dispostos a pensar mais uma vez nos preciosos votos que haviam prometido a seu rival.

Blatter chegou cheio de alegria no coração. Tivera reuniões com cartolas da África do Sul, Moçambique, Angola, Lesoto e Namíbia. Cinco votos. Ele prometera a eles que com seu apoio a África do Sul sediaria a Copa do Mundo de 2006. Se ele ganhasse a eleição, injetaria ainda mais dinheiro no continente. Sua plateia tinha gostado do que ouvira de Blatter em declarações públicas e conversas privadas. Eram cinco votos roubados de Johansson, que estava apoiando a candidatura da Alemanha para 2006. Em Kigali Havelange já tinha começado a despedaçar o voto em bloco prometido pelos líderes do futebol africano em fevereiro. Blatter estava indo além e reduzindo tudo a pó. A África estava rachando.

Logo atrás de Blatter desceram os membros de sua equipe de lobistas, gente firme e inescrupulosa determinada a fazer a África mudar de opinião. A primeira a descer foi sua filha Corinne. A seguir, Emmanuel Maradas, homem corpulento e careca do Chade, república subsaariana. Emmanuel fazia as vezes de assessor de imprensa de Blatter. Era baseado no Norte de Londres e casado com Nim Caswell, editora de esportes do *Financial Times*, e juntos os dois publicavam a *African Soccer Magazine*.

A ISL de Jean-Marie Weber comprava páginas e páginas de anúncios na revista, e o casal estava familiarizado com o conhecido circuito da Fifa. Blatter e Havelange eram frequentes alvos de ataques nos jornais do mundo todo, mas Nim e Emmanuel tendiam a ser mais gentis e amenizar um pouco a imagem dos dois. Na bagagem Emmanuel trazia exemplares da *African Soccer*, cujo editorial de maio, "Lealdades divididas", daria conforto a quem quisesse votar em Blatter.

O último a descer a escadinha do avião foi o advogado suíço Flavio Battaini. Isso era estranho. Ele não deveria estar atrás de sua mesa na Fifa em Zurique? O que ele estava fazendo ali, arriscando sua reputação de neutralidade ao ser visto com um dos candidatos em plena campanha? Quando finalmente declarou que era candidato, Blatter foi obrigado a se afastar de Sunny Hill e coordenar sua campanha de sua espaçosa cobertura em Zollikon, com vista para o lago Zurique. Ele tinha dado sua palavra de que não tiraria proveito do dinheiro, dos equipamentos e do estafe da Fifa. Mas foi sua leal secretária Helen Petermann, de sua sala contígua ao agora vazio escritório de Blatter, que escreveu e despachou o fax convocando aquela reunião em Nairóbi.

Circulavam alegações de que Blatter estava usando indevidamente o dinheiro e os recursos da Fifa em sua campanha, mas isso era uma mentira deslavada que ele gostaria de esclarecer com urgência, imediatamente, assim que pusesse os pés em Nairóbi. Blatter convocou a imprensa local reunida no aeroporto e, olhando os jornalistas nos olhos, insistiu – *com veemência*, escreveu um repórter – que não contava com dinheiro da Fifa para "nenhuma despesa de viagem, com fax, correios ou telefone celular. Nem 1 centavo! Tudo que tenho da Fifa é o apoio moral!".

Agora era hora de fazer *lobby* com os dirigentes do Quênia, Uganda, Tanzânia, Zanzibar, Somália, Etiópia e Sudão, África Central e África Oriental.

Os dirigentes africanos eram perspicazes demais para endossar de imediato a candidatura de Blatter. Queriam ver primeiro o que Johansson tinha a oferecer. Mesmo assim, Blatter afirmou: "Estou tremendamente otimista". Poucas horas depois de ter pousado no aeroporto de Jomo Kenyatta, ele entrou novamente no avião para voltar a Sunny Hill. No dia seguinte, a manchete do *East African Standard* era esta: "PROMESSA DE DINHEIRO GRAÚDO".[6]

Mas como o agora desempregado Blatter estava financiando sua caríssima campanha, alugando jatinhos para viajar pelo mundo todo, hospedando-se em hotéis de luxo, prometendo viagens gratuitas a Paris e falando sem parar ao celular? Seu rival Johansson tinha recebido 534 mil dólares da Uefa e disse aos jornalistas: "O Comitê Executivo aprovou tudo, todos os detalhes estão abertos ao público. Não há nada a esconder".

Blatter declarou a um repórter que tinha apenas 135 mil dólares para gastar, depois informou a outro que na verdade tinha 300 mil.[7] Mais tarde, mencionou que contava com o apoio de alguns modestos patrocinadores, um deles o endinheirado Mohamed Bin Hammam, do fabulosamente rico (graças ao petróleo e ao gás natural) Estado do Catar. Dias antes da eleição, Blatter disse: "Já estou quase sem dinheiro. Michel Platini fará a gentileza de ajudar a pagar a conta das bebidas e dos canapés que vamos oferecer esta manhã".

Platini discorreu sobre o tema. "O que a Fifa significa para os jogadores de hoje em dia? Nada. As pessoas que eles veem são testas de ferro, que se hospedam em hotéis cinco estrelas e comem em restaurantes caros. Queremos mudar isso." Platini estava falando com um jornalista da agência de notícias Associated Press, que, sem se comover, escreveu: "O Comitê Organizador de Platini pagou as despesas da conferência de imprensa, realizada no auditório de um hotel quatro estrelas, e depois ofereceu champanhe e elegantes iguarias".[8]

"Eles me ofereceram 200 mil dólares para mudar meu voto de Johansson para Blatter... Metade em dinheiro e o restante em equipamentos esportivos para o meu país!" Quando aquele homem magro nascido em Mogadício, com óculos de armação em ouro e gorro branco, começou a falar sobre a eleição de 1998, não parou mais. Era Farah Addo, o vice-presidente do futebol africano. "Quando eu disse que não, que não ia mudar meu voto, eles disseram: 'Tudo bem, mas a gente quer que você influencie os outros'. Acharam que eu era estúpido."

Subitamente valeu a pena a minha espera de dois dias no calor empoeirado de Mali, vendo os enormes e barulhentos caminhões partindo (à noite, quando era mais fresco) para Timbuktu. Parecia que todos os dirigentes da Copa das Nações Africanas de janeiro de 2002 queriam uma reunião com Farah Addo, ex-árbitro internacional e agora um influente cartola; eu era o último da fila. Addo estava recebendo seus visitantes em um escritório caiado e escassamente mobiliado em um edifício de dois andares em Bamako; do outro lado da rua, correm lentamente as águas do rio Níger.

Rodeado por dirigentes de todas as partes do continente usando túnicas esvoaçantes, Addo falava e apresentava seus argumentos com vigor, e seu bigodinho fino voava para cima e para baixo. Ele relatou o telefonema que recebera em seu escritório do Cairo. Foi algo perturbador. Do outro lado da linha estava um ex-embaixador somali, ligando de um país do Golfo e agindo como intermediário, e o homem lhe ofereceu uma propina de 100 mil dólares caso Addo votasse em Blatter. Eles queriam que Addo embarcasse na campanha de Sepp porque também era presidente da Confederação Africana de Futebol e poderia influenciar mais de uma dezena de votantes.

Addo repudiou o recado, mandou o homem passear e não pensou mais no assunto até que foi para Paris e teve um choque. "Quando cheguei ao hotel em Montparnasse, no balcão em que se retiravam as credenciais, meu nome não constava como presidente da Federação Somali de Futebol. Mas eu tinha uma cópia do meu requerimento original de credenciamento." Addo confabulou com os altos dirigentes do futebol europeu e africano. "Eles foram falar com os mandachuvas da Fifa, dizendo que eu faria um escândalo caso meu direito a voto não fosse restaurado." Ele conseguiu recuperar seu voto. Addo deixa bem claro que não tem provas de que Blatter estava envolvido ou tinha algum conhecimento da tentativa de suborno ou de privá-lo de seu voto.

As alegações de Addo de que tinha recebido uma substancial oferta de propina para mudar de opinião e votar em Blatter foram amplificadas pelas declarações de ex-dirigentes somalis que afirmavam ter recebido uma mistura de dinheiro vivo, passagens aéreas e despesas pagas em Paris. Alguns disseram que o homem por trás dessa estratégia de persuasão era Mohamed Bin Hammam.

Bin Hammam é um homem baixinho, de cinquenta e poucos anos e cabelos crespos já rareando no topo da cabeça. Toda vez que nos encontramos ele logo abre um sorriso e pede dois cafés, mas ao menor sinal de diferença de opinião seus olhos subitamente se estreitam e seu bigodinho fino se retorce enquanto ele faz um beicinho em sinal de desdém. Talvez Hammam não saiba lidar muito bem com divergências, acostumado que está ao respeito de seu séquito de ajudantes, homens que andam sempre meio passo atrás dele, jamais o encaram nos olhos, carregam suas malas e se incumbem de acertar suas contas. Ele usa roupas conservadoras; sejam ternos escuros ou djelabas brancas de seda, elas dão a impressão de que exigiram meses de delicado trabalho de algum alfaiate.

Ele não é apenas rico. É um dos membros do seleto grupo de 35 homens que integram o Conselho do Catar, escolhidos a dedo pelo monarca absoluto, o emir Hamad Bin Khalifa Al-Thani. Membro do gabinete da Fifa desde 1996, Bin Hammam é um dos favoritos do emir. Sua atuação no mundo da política do futebol traz *status* esportivo ao minúsculo país, que paga altos salários a astros internacionais, já envelhecidos e em final de carreira, para que disputem a liga local. O Catar também paga fortunas a jovens atletas africanos para que mudem de nacionalidade e ganhem medalhas para seu novo país.

Quando as alegações de pagamento e recebimento de propinas começaram a pipocar, Bin Hammam refutou com veemência. Ele não achava que havia acontecido algo errado em 1998. "É lamentável ver que aquilo que julgávamos ter sido uma disputa justa entre dois cavalheiros agora tenha se transformado em uma guerra suja: ajudei imensamente o sr. Blatter em sua campanha na eleição de 1998, e houve mesmo quem dissesse que fui um dos principais responsáveis por sua vitória, não porque subornei pessoas, mas porque planejamos a batalha. Enquanto muita gente estava sentada atrás de suas escrivaninhas, nós estávamos em pleno campo de batalha."

Bin Hammam revelou o custo pessoal do apoio a Blatter. "Estávamos em Paris planejando uma viagem à África do Sul em voo comercial, nem custeada e nem em avião pertencente a Sua Alteza Real, o emir do Catar. Na véspera da viagem recebi um telefonema desesperado da minha esposa com a trágica notícia de que meu filho de 22 anos tinha sofrido um grave acidente e estava lutando entre a vida e a morte, internado em coma em uma unidade de terapia intensiva. Eu deveria voltar imediatamente para Doha. Lamentei e pedi desculpas à minha esposa, e disse a ela que meu filho não precisava de mim, mas sim da bênção de Deus e da ajuda dos médicos, ao passo que o sr. Blatter estava precisando de mim naquele momento. Então abri mão de ver meu filho, talvez pela última vez com vida."

Lennart Johansson e Michel Zen-Ruffinen, então secretário-geral da Fifa, confirmaram que os documentos de registro de Addo no congresso de 1998 tinham sido alterados de modo a excluí-lo da votação, mas não disseram quem foi o autor da adulteração. Eles garantiram ter insistido na devolução do direito a voto de Addo. Mais tarde, Addo declarou que pelo menos 18 dirigentes africanos, embora publicamente comprometidos com Johansson, venderam o voto de seus países a Blatter. Isso bastaria para alterar o resultado do pleito. Se as alegações de Addo e de outros forem verdadeiras, então Blatter é um presidente ilegítimo e Johansson foi roubado.[9]

No final de 1998, Blatter foi questionado por um jornalista suíço acerca das alegações de que o Catar tinha dado dinheiro para financiar sua dispendiosa campanha. Ele negou com uma réplica mordaz: "O emir me cedeu seu avião apenas uma vez, para um voo de Paris a Dakar".[10] Blatter insistiu no argumento de que pagara do próprio bolso todos os seus gastos de campanha.

Em algum momento do final de 2003, depois que eu tinha feito perguntas a Bin Hammam sobre alegações específicas, ele me convidou para uma viagem ao Catar, com todas as despesas pagas, como seu hóspede pessoal. "Espero que você aceite meu convite", ele escreveu, "e que eu possa enviar a passagem para seu endereço."

Por um instante imaginei como seria a minha vida se eu me tornasse um soldado raso no mundo da politicagem da Fifa. Um homem super-rico e super-famoso gosta de mim. Quer me pagar uma viagem. Vai mandar as passagens para a minha casa. Hospitalidade generosa. Hotéis suntuosos. Talvez eu ganhe até um dinheirinho. Eu me belisquei e, educadamente, recusei o convite.

10
ASSALTO À MÃO ARMADA. *DE NOVO*

Como eles roubaram os votos em Paris

O dr. Jean-Marie Kyss termina sua rotina diária de consultas obstétricas às mulheres pobres que vão ao Centro Médico O. Durand, edifício de andar único nas comoventes ruas do centro da cidade de Porto Príncipe. Depois, sentado à sua mesa entulhada de prontuários das pacientes, ele me fala sobre os problemas que vinha enfrentando para comparecer aos congressos da Fifa. "O futebol é uma coisa grande no Haiti", ele explica, "e na década de 1990 gerou muito dinheiro nas catracas do nosso estádio nacional. Primeiro o governo tentou roubá-lo, impondo gente na nossa federação. Quando viu que isso não funcionou, tentou se apropriar do estádio. O secretário de Esportes mandou a polícia e seguranças armados. Vá lá e veja por si mesmo".

Quatro anos antes, em junho de 1998, enquanto a Fifa realizava seu congresso em Paris, o dinheiro voltou a circular no estádio Sylvio Cator. Fechado durante cinco anos por conta de mais um período de violentas convulsões internas, tão frequentes no país, a arena foi reaberta com uma partida em que a seleção local bateu a Martinica por 3 X 0. Para o país mais pobre do hemisfério ocidental, qualquer tipo de vitória é sublime. Sublime também era o tilintar dos cofres para os pilantras do governo.

Agora, na primavera de 2002, o grisalho Kyss, com seu terno preto esmeradamente passado a ferro, mas bastante puído, já não era mais presidente da Federação Haitiana de Futebol. Ele ainda não sabia o que tinha acontecido em 1996 no Congresso da Fifa em Zurique. Ninguém jamais tivera a coragem de lhe contar que seu voto tinha sido roubado por uma deslumbrante substituta. Mas ele *achava* que sabia o que acontecera em 1998.

Caminhamos por uma dezena de ruas quentes e movimentadas, em meio a barracas de vendedoras ambulantes, motocicletas e pilhas de lixo; entramos pelos portões do estádio, pelo túnel e chegamos ao gramado. Kyss é um homem muito querido; ao longo do caminho os funcionários o saudavam com sorrisos e acenos de mão. "Os clubes me apoiaram em 1998." Já quanto aos canalhas do governo, "por fim nós os derrotamos no Parlamento e nos tribunais. Então parecia uma boa época para ir ao congresso em Paris". Mas os ladrões mantiveram a pressão.

"Eu e minha esposa Nicole fomos para o aeroporto, mas quando chegamos ao controle de imigração alguém me disse: 'O dr. não tem permissão para deixar o país'. Perguntei: 'Cometi algum crime? Transgredi alguma lei?'. Eles me disseram que eram ordens do secretário de Esportes. Tivemos de ficar no Haiti porque não conseguimos entrar no avião."

Kyss tinha travado uma corajosa batalha para proteger o futebol em seu país, mas era impossível argumentar com homens armados no aeroporto. Então só restava enfiar o passaporte no bolso, dar meia-volta e ir embora.

Kyss voltou para seu consultório e começou a ligar para Paris, tentando contato com os dirigentes da Concacaf. "Falei com o secretário Chuck Blazer e o presidente Jack Warner. Expliquei ao sr. Warner o que tinha acontecido e que o Haiti não seria representado no Congresso da Fifa. O regimento da Fifa não permite votação por procuração, mas eu jamais mandaria alguém ocupar nosso assento em Paris. A cadeira vazia simbolizaria a interferência do nosso governo no esporte. Era nosso gesto de rebeldia e oposição. A cadeira vazia mandaria ao mundo uma poderosa mensagem."

Infelizmente para Kyss, Jack Warner tinha outros planos.

Paris, junho de 1998. O parlamento do futebol, o Congresso da Fifa, reuniu-se para escolher seu novo presidente. Era o dia mais importante da entidade em 24 anos, a primeira eleição presidencial desde que Havelange levara a melhor sobre Rous no Kongresshalle em Frankfurt. Era uma manhã ensolarada na parte sul da cidade, e Lennart Johansson surgiu acompanhado de meia dúzia de assistentes e assessores, percorrendo uma rua estreita margeada de árvores, em meio a um batalhão de repórteres e operadores de câmeras. Ele ia rumo à Salle Equinoxe, austero auditório revestido de metal em um horrendo complexo de eventos e exposições. Os jornalistas chamaram seu nome e ele sorriu. Parecia ter se recuperado da última traição dos ingleses, que haviam mudado de voto e debandado para Blatter, na esperança de que Sepp levasse a Copa de 2006 para a Inglaterra.

Feliz da vida, Blatter expressou seu deleite: "O que me comoveu mais do que qualquer outra coisa na minha campanha foi o fato de que a Inglaterra – pátria e berço do futebol – decidiu me conceder seu vigoroso apoio". Carrancudo, Johansson disse: "Uma semana atrás o presidente da Associação Inglesa, o sr. Keith Wiseman, me garantiu que votaria em mim. Claramente não se pode mais confiar nele". Depois do desastre no Estádio de Heysel, quando torcedores da equipe italiana Juventus morreram, os clubes ingleses tinham passado vários anos banidos de competições internacionais, e graças a Johansson foram readmitidos.* Os britânicos tinham esquecido disso rápido demais.

A preocupação de Johansson tinha razão de ser. Quem mais viraria a casaca na Europa, sua base de poder? Primeiro foram os franceses, agora os ingleses. Sua previsão de liderança na primeira votação, seguida de vitória na segunda rodada de votos, agora parecia incerta.

Eis que chega alguém que parece importante. Eu avisto um Mercedes extraordinariamente comprido, que vem deslizando junto ao meio-fio, rodeado por homens de terno preto e cortes de cabelos idênticos, o fio espiralado do fone do radiocomunicador visível na orelha e as armas salientes sob os paletós.

No banco de trás, um vislumbre de túnicas. Era o príncipe Faisal da Arábia Saudita. O príncipe era membro do Comitê Olímpico Internacional, mas quase nunca comparecia às reuniões ou às Olimpíadas. Qualquer outra pessoa teria sido advertida e, por fim, expulsa da entidade. Não um príncipe saudita. Então por que ele e seus mal-encarados guarda-costas tinham se dado ao trabalho de viajar até ali naquela manhã de segunda-feira?

O príncipe ia votar. Coisa que ninguém tem permissão de fazer em sua não democrática Arábia Saudita natal. Mencione esse tema enquanto estiver tomando um adocicado chá de menta em um *souk* [mercado árabe] e sua próxima aparição pública será como estrela principal de um ritual de decapitação na praça central de Riad. Mas o abastado príncipe era um grande partidário e apoiador de Blatter, e muito interessado em ajudá-lo a chegar ao poder. Eu corria o risco de levar uma dúzia de tiros caso me aproximasse para fazer perguntas, mas um dirigente africano, o sr. "Bomba" Mthethwa, disse ao jornal *Swaziland Times* que suas despesas haviam sido pagas por alguém do Oriente Médio. Ele se recusou a dizer o nome do benfeitor, alegando que isso poderia ter "efeito negativo".[1]

Havelange conduziu seu último congresso com sua elegância habitual. O carisma que tinha seduzido tantos dirigentes a expulsar Sir Rous décadas atrás

---

* No dia 29 de maio de 1985, no lotado Estádio de Heysel (hoje Estádio Rei Beduíno) em Bruxelas, na Bélgica, os enfrentamentos entre torcedores do clube inglês Liverpool e da equipe italiana Juventus, antes da final da Copa da Europa, provocaram um tumulto que deixou 39 pessoas mortas (em sua maioria torcedores italianos) e cerca de seiscentos feridos. Apesar dos distúrbios, a partida foi disputada: Juventus 1 X 0 Liverpool. (N. T.)

não tinha diminuído, apenas amadurecido. Ele ainda possuía um porte nobre e altivo. Seus olhos penetrantes estavam mais agudos que nunca. Só que agora pareciam mais afundados nas órbitas e mais sombrios; de alguns ângulos era possível ver neles algo de soturno. Henry Fok subiu ao palco para receber uma Ordem do Mérito; um diplomata sul-africano aceitou a honraria em nome de Mandela; Sir Bert Millichip também ganhou uma. E então Havelange, já acostumado a fazer discursos de despedida nos últimos anos, descreveu a si mesmo como um "idealista e visionário" e assumiu o crédito por ter tido a ideia de vender os direitos de comercialização e de transmissão televisiva.

João falou com saudade dos patrocinadores, as boas pessoas que haviam feito dele o que era hoje. "A colaboração com a Coca-Cola e a Adidas no programa de desenvolvimento dos jovens e nas competições das categorias de base originam-se unicamente do desejo mútuo de investir nos jovens e criar uma rede de contatos pessoais e de intercâmbio de ideias benéficas ao 'Planeta Futebol'." Em outras áreas do mundo real o futebol estava enfrentando problemas.

Havelange sentou-se para receber os aplausos que já esperava, o congresso deu andamento a alguns trâmites burocráticos, e depois tiveram início os procedimentos da eleição. A tensão aumentou. Seguindo o protocolo, os candidatos saíram do auditório antes da votação. Johansson parecia confiante. Apesar de toda a pose de Blatter, muitos votantes, especialmente africanos, tinham olhado Johansson nos olhos e prometido apoio. Deixe para lá os desertores. Ele ainda venceria por uma margem de pelos menos dez votos. Um a um, os dirigentes foram depositando seus votos. Primeiro a Albânia. Depois a Argélia, e assim sucessivamente, até o voto de número 191, Leo Mugabe, do Zimbábue, sobrinho do presidente.

Mas obviamente haveria apenas 190 votos. Um país não ia votar. Alguém tinha notado o eloquente gesto de afronta de Kyss: alguém tinha se perguntado por que a cadeira do Haiti estava vazia? Não, ninguém havia se perguntado, e eis o motivo.

Jack Warner tinha posto uma pessoa no lugar de Kyss. Dessa vez não era uma mulher. Arriscado demais. Mulheres são raridade no parlamento do futebol. O lugar estava fervilhando de jornalistas, alguém poderia notar. Não, tinha de ser um homem. Um homem negro em quem se pudesse confiar e que ficaria de bico calado. Warner conhecia o homem perfeito.

Era Neville Ferguson, amigo de Warner desde os tempos em que cursavam a faculdade de formação de professores em Mausica, Trinidad, na década de 1960. Neville era fã de Warner. Quando entrevistado sobre o amigo famoso, Neville disse que "Jack gostava de se divertir com as mulheres, e eu ficava espantado de ver como ele ainda tinha energia para ir à igreja todo domingo de manhã. Ele sabia que havia uma força muito mais poderosa do que ele era capaz de controlar regendo a vida dele".

Neville estava na folha de pagamento. Jack o nomeara vice-secretário--geral da União Caribenha de Futebol, cargo que envolvia uma série de viagens internacionais com todas as despesas pagas pelo futebol. E Neville também tinha de agradecer a Jack pelos honorários que recebia como comissário de partidas internacionais. Ele tinha ido a Paris na condição de um dos assistentes pessoais de Jack. De repente viu-se promovido a dirigente, com a adequada credencial de plástico em volta do pescoço. A situação não era tão adequada assim, já que ele era um falso dirigente, e nem sequer era cidadão haitiano.

Assim, sentado na cadeira de Kyss estava Neville Ferguson. Alguém tinha notado a diferença? Um dos que não perceberam nada foi Colin Klass, da Guiana, que na última vez não tinha conseguido ver Vincy Jalal. Certamente o jamaicano capitão Horace Burrell também não notou nada. Muito menos o secretário-geral Horace Reid, e ninguém das quase trinta associações e federações nacionais e das dezenas de delegados da União Caribenha de Futebol. Talvez a Fifa devesse agendar um teste coletivo de acuidade visual.

E um exame de audição também. Pois na chamada o homem do Haiti não falou francês, mas respondeu, com um inconfundível inglês caribenho, "Presente". Quando Neville depositou seu "voto" na urna – é possível vê-lo em ação no vídeo oficial da Fifa –, um escrutinador encarou-o com olhar desconfiado, depois deu outra olhada, mas o momento de dúvida passou, e o voto de Neville foi contado com os demais.[2]

Johansson ficou perplexo. Ele não ganhou na primeira votação. Perdeu de lavada. Blatter obteve 111 votos contra os seus 80, o que ainda não era suficiente para uma vitória por dois terços, então houve a necessidade de uma segunda rodada. Mas Johansson sabia que perderia. Toda aquela campanha, todo aquele autodomínio, toda a tentativa de fingir que era uma disputa entre dois cavalheiros, uma questão da família do futebol. Toda a quebra de confiança. Ele interrompeu a votação e, com lágrimas nos olhos, ergueu a mão de Blatter.

Mais tarde, ele faria questão de dizer, enfático: "Fiquei surpreso com o fato de que as pessoas com quem conversei me garantiram que votariam em mim e depois muitas delas votaram em Blatter. Aprendi uma lição".

Corinne Blatter disse a verdade quando falou com arroubo: "A eleição foi ganha na África".[3] Jack Warner ficou exultante: "Tivemos um papel fundamental na vitória de Blatter, e em breve nos beneficiaremos nas áreas financeira e técnica".[4]

Na entrevista coletiva pós-vitória, um jornalista alemão, Jens Weinreich, perguntou a Blatter sobre as alegações de que a campanha havia sido financiada com dinheiro do Golfo. A resposta de Sepp foi: "A partida está encerrada. Os jogadores já foram para o vestiário. Não vou responder".

Havia suspeitas de que maços de 50 mil dólares tinham sido distribuídos entre dirigentes africanos no Hotel Méridien, supostamente como pagamento adiantado de verbas destinadas a projetos de desenvolvimento em seus países, mas que para muita gente parecia propina para induzir o voto.[5] Correram boatos de sacos de dinheiro chegando do Golfo. Em resposta, um porta-voz de Blatter declarou: "O sr. Blatter refuta veementemente as alegações e vai investigar a fonte de informações tão mal-intencionadas. [...] Ele enfatiza que se reserva o direito de tomar medidas legais contra os que procuram difamá-lo".[6]

Graham Kelly, executivo-chefe da Associação Inglesa de Futebol, disse: "Estamos felizes pela vitória de Blatter, ele é a melhor pessoa para o cargo". Alec McGivan, o chefe da campanha pela Copa do Mundo na Inglaterra, afirmou: "Se eu fosse alemão, estaria preocupado. No ano passado a campanha foi ineficiente".[7] Na verdade, a Inglaterra é que deveria se preocupar, porque uma semana depois Blatter disse que o torneio de 2006 seria realizado na África, e, após dois anos, foi para a Alemanha.

Em 2002, relatei a Johansson o episódio do roubo do voto do Haiti. Ele ficou chocado. E escreveu para Blatter: "Considero esta revelação bastante perturbadora, e devo solicitar que investigue o caso com a máxima urgência". Blatter não fez coisa alguma.

Indaguei do secretário da Concacaf, Chuck Blazer, sobre o assunto, e ele respondeu com um e-mail de uma única linha: "Não tenho conhecimento das alegações que o senhor está fazendo". Perguntei ao vice-presidente da entidade, Alan Rothenberg, que estava sentado no fundo do auditório com a delegação dos Estados Unidos. Ele me disse: "Não tenho o menor interesse em falar com um homem tendencioso e parcial, que não passa de um crítico malicioso. Se o senhor tivesse um pingo de imparcialidade, reconheceria a incrível contribuição que Sepp Blatter, Jack Warner e Chuck Blazer deram ao crescimento do futebol, dentro e fora do campo".

Telefonei para Neville Ferguson. Ele não quis entrar em detalhes sobre o dia em que se tornou dirigente de um país estrangeiro na Salle Equinoxe. Desligou na minha cara e ativou a secretária eletrônica.

Tentei falar com Jack Warner. Ele encaminhou minhas perguntas a Karen Piper, uma de suas muitas advogadas. Ela me disse para parar de "importunar" seu cliente, caso contrário tomaria as "devidas ações legais". Fiz perguntas a

Blatter e seus assessores de Zurique. Eles não me responderam, mas me encaminharam por engano a cópia de um e-mail enviado por Blatter a seu aliado caribenho: "Caro Jack. Isto é parte de uma história sem fim até que ambos sejamos reeleitos. Boa sorte e, especialmente, paciência. Sepp".

No final de abril de 2002 embarquei para Miami a fim de cobrir o Congresso da Concacaf, na esperança de fazer algumas perguntas a Warner na entrevista coletiva. Por acaso dei de cara com ele no saguão *art déco* do lindo Hotel Loews, em South Beach. Eu o cumprimentei com um "Olá" e estendi-lhe a mão. Ele se recusou a apertar minha mão e disse, com sua conhecida voz esganiçada e nasalada: "Você fede!". E ficou tão encantado com a própria eloquência que repetia a mesma frase toda vez que nos encontrávamos.

Enquanto eu caminhava na direção do auditório em que seria realizada a coletiva de imprensa, me surpreendi ao ver meu caminho bloqueado por um cavalheiro muito maior que eu. "Por acaso o senhor é Andrew Jennings?", ele perguntou.

"Sim. Por que quer saber?", respondi. "O sr. Blazer diz que o senhor não tem permissão para participar da entrevista coletiva. Não vai poder entrar." Olhei a credencial em volta do pescoço dele e disse: "Então o senhor é Melvin Brennan, do escritório de Jack e Chuck em Nova York. O senhor é cidadão norte-americano e é contra a liberdade de expressão?". Melvin, que era do tamanho de um armário, pareceu ter ficado um pouco constrangido, mas mesmo assim não me deixou entrar.

Assim, Jack não gostou do meu perfume e Chuck não gostou da minha atitude. Eu me senti um pouco desanimado. Eu não estaria lá dentro para fazer perguntas sobre a fraudulenta manipulação do voto. Teria de aturar a incontestada declaração de Warner que mais tarde foi divulgada pelos noticiários: "Os dirigentes não entendem qual é o motivo de tanto estardalhaço. Não existe problema haitiano. O dirigente que não votou deu permissão para que um representante votasse em seu nome".

Quatro anos depois, quando contei a Kyss o que havia acontecido com o seu voto, ele ficou perplexo. "Esta é a primeira vez que ouço falar disso. Jamais recebi nenhuma informação sobre o que ocorreu em Paris. Estou me sentindo aborrecido e envergonhado." Ele parecia ter ficado realmente péssimo.

11
O PRESIDENTE BLATTER
E A GALINHA DOS OVOS DE OURO

Uma rápida olhada nas despesas de Sepp

Sunny Hill, 9 de junho de 1998.
Triiiiim.
Triiiiim.
– *Alô, sede da Fifa. Oh, sim, bom-dia, sr. Blatter.*
– *Perdão, mil desculpas, eu assisti ao noticiário na TV ontem à noite.*
– *Parabéns e bom-dia, sr. Blatter. Como está o tempo em Paris?*
– *O senhor deseja que a placa em que está escrito "Presidente" seja imediatamente removida de modo a apontar para a sua sala? Claro.*
– *E, perdão, senhor, mas o senhor disse para jogar fora todo o papel timbrado? Como? Tudo? Claro. Imediatamente.*
– *Um novo papel timbrado com o cabeçalho "Presidente Joseph S. Blatter?". É para já.*
– *E um feixe de formulários de despesas em branco sobre a sua mesa. Sim, senhor. Isso é tudo? Alô?*

Sunny Hill, 13 de julho de 1998. O novo presidente desviou os olhos dos Alpes distantes, que tremeluziam no calor do verão, e voltou a encarar a pilha de recibos, contas e faturas que atravancavam sua mesa. Fazer campanha para se tornar presidente da Fifa era um negócio caro, especialmente se o candidato tivesse de trabalhar em casa, sem poder usar os recursos do escritório. Agora, o que temos aqui? Entregas da DHL.

Sim, foi preciso despachar pacotes valiosos ao redor do mundo. Enviar muitos fax. E falar dia e noite ao telefone celular. E olha só quanto tinha custado. Que ultraje. Ele escreveu no formulário: "Campagne Présidentielle": Natel, fax, DHL. Quase 13 mil francos – 12.527,70 para ser exato.

Depois, as despesas de viagem. Ele levaria uma eternidade para discriminar item por item. Era melhor anotar o valor total e mandar ver: "Frais de voyage Campagne Présidentielle": 56.032 francos.[1]

Johansson teria um ataque do coração se visse isso. Mas ele jamais veria. As despesas de Blatter não eram da conta dele. Aliás, não eram da conta de ninguém. Ele não teria de submeter seus números à análise de ninguém.

Todo alto dirigente da Fifa tem uma conta particular guardada a sete chaves no departamento financeiro. As despesas de viagem, gastos com hospedagem, às vezes gastos pessoais, compras de ingressos para a Copa do Mundo, tudo pode terminar na conta numerada secreta. A conta de Sepp não é tão secreta quanto deveria ser – os registros mostram que ela era sua Galinha dos Ovos de Ouro.

As páginas cobrindo o período de dezembro de 1997, quando Blatter ainda era secretário-geral, até dezembro de 1999, quando já ocupava a presidência havia 18 meses, são uma leitura curiosa. Um dia, Blatter lança gastos com champanhe; no dia seguinte, compra comida na loja Co-op, depois adquire um par de tênis Adidas (com desconto para membros da Fifa), e paga a lavanderia. A galinha bota ovos, às vezes literalmente de ouro e adornados com joias – peças da Cartier e da Longines. A galinha bota um punhado de ingressos para o jogo Inglaterra X Polônia. Em Seul, ela bota uma enorme quantidade de roupas – ternos sob medida, é provável –, e uma generosa, muito generosa... lá vai... compra na loja do "joalheiro das estrelas", Harry Winston, de Genebra.

A Galinha dos Ovos de Ouro ciscava também em volta dos familiares e amigos de Sepp. Quando o irmão de Blatter hospedou-se no hotel Dolder Grand, quem pagou a conta? A Galinha dos Ovos de Ouro de Sepp. Quando a filha de Sepp, Corinne, foi morar no luxuoso apartamento de Chuck Blazer na Trump Tower da 5ª Avenida, em Nova York, a conta da empresa de aluguel de limusines Precision foi direto para a Galinha dos Ovos de Ouro do papai. Para que Corinne matasse a saudade de casa, a galinha botou uma assinatura do jornal suíço que sua família estava habituada a ler, o *Walliser Bote*, e mais pares de tênis da Adidas. Era como um conto de fadas. Tudo graças ao acesso que o papai tinha ao bolso sem fundo da Fifa.

Se alguém perguntasse às namoradas de Sepp qual era a empresa aérea de que mais gostavam, elas poderiam responder, em coro: "Eu voo pela Fifa!". A Galinha dos Ovos de Ouro botava muitos ovos para elas e demonstrava talento para a discrição e a logística. A ave botava passagens para que as moças pudessem passar tempo com Sepp ao redor do mundo. E os voos eram cuidadosamente planejados para que uma rival não cruzasse o caminho da outra.

Mas de vez em quando a Galinha dos Ovos de Ouro precisa ser alimentada, mesmo pelo homem que acredita ser o mais importante do mundo do futebol. O presidente Blatter fazia ocasionais reembolsos à Fifa para cobrir alguns gastos com itens pessoais, mas em 30 de dezembro de 1999 ele ainda não tinha devolvido tudo o que devia aos cofres da entidade. A empresa de auditoria KPMG estava examinando as contas da Fifa. Chegou à mesa do presidente um requerimento do departamento financeiro solicitando o pagamento de 44.751,95 francos. Ele sacou seu talão, preencheu um cheque de sua conta pessoal e entregou ao contador Guy-Philippe Mathieu.

Antes de encaminhar o cheque para o banco, Guy-Philippe fez uma coisa curiosa. Tirou uma fotocópia do cheque em uma folha de papel A4 e rabiscou um cálculo abaixo da imagem. Ele arredondou o reembolso de Blatter para um valor mais fácil de lidar, 44 mil francos, e o converteu: 27,5 mil dólares norte-americanos.

Depois Guy-Philippe fez um segundo cálculo: ele dividiu esse valor por 500 dólares – o valor a que o presidente tem direito para cada dia que passa fora da Suíça a serviço da Fifa –, e escreveu o resultado em alemão, "55 tags" – 55 dias. Para enfatizar a importância desses 55 dias, circundou a anotação com riscos fortes de caneta, em cima e embaixo. Assim, os 44.751,95 francos que Blatter *devia* à Fifa aparentemente haviam sido lançados como o número de dias por cujas despesas ele pediria *reembolso*!

Escrevi a Guy-Philippe perguntando por que razão ele tinha feito a curiosa anotação "55 dias" em uma fotocópia do cheque de Blatter. Ele não respondeu. Mas em julho de 2002, em depoimento a um magistrado de Zurique que investigava essas transações e os documentos, Guy-Philippe confirmou que tinha rabiscado o cálculo e acrescentou: "Jamais houve pagamento em dinheiro ou adiantamento dessa quantia".

Fiz a mesma pergunta a Blatter, que respondeu de forma lacônica: "A anotação escrita à mão nada tem a ver com esse reembolso e não tem relevância alguma", ele me escreveu. Blatter insistiu em afirmar que ao longo de dois anos pagou à Fifa todo o dinheiro que devia à entidade. Após a conclusão das investigações do magistrado de Zurique, ele afirmou: "Todas as alegações foram descartadas".

Sepp bateu de leve no bolso, tirou de lá o precioso envelope que vinha guardando desde sua última e tensa reunião com Havelange em Paris, e pegou o telefone. "Sim, Sepp?", murmurou Helen na sala ao lado. "Mande o Erwin aqui", disse o patrão.

O coração do diretor de finanças da Fifa deve ter batido mais depressa enquanto percorria o corredor até o local que ele, como os outros, agora devia aprender a chamar de "Sala do Presidente". Era seu primeiro encontro formal desde Paris. Será que ele contava com a confiança do chefe? O homem que ele chamava de seu melhor amigo, JSB, ainda era seu amigo? O que ele queria? Helen não tinha dito. Erwin bateu à porta. "Entre." "Sepp?" Blatter recebeu-o de maneira calorosa. Aquele não era o dia em que seria despedido.

Blatter entregou a ele o importante envelope. Erwin voltou para a sua sala, fechou a porta e, protegido dos olhares de Guy-Philippe e das secretárias, abriu o envelope. Era um memorando de Havelange – o último que escrevera antes de deixar a presidência. Acima da assinatura, havia uma instrução para que a Joseph S. Blatter fosse pago um bônus por lealdade, um *prime de fidelité*, de seis dígitos, todo dia 1º de julho. Além disso, havia uma gratificação adicional: o documento estava datado retroativamente de julho de 1997. Assim, Sepp já tinha dois anos de bonificação para receber. E uma bela bolada, todo mês de julho, pelo resto de seus anos na presidência. Erwin guardou a ordem de Havelange no arquivo vermelho dos salários confidenciais, ao qual somente ele tinha acesso.[2]

Eles eram o triunvirato que sabia tudo e revelava o mínimo possível sobre as finanças da Fifa. Sepp Blatter, Julio Grondona e Erwin Schmid. Grondona tinha a autoconfiança de um homem que sobrevivera duas décadas presidindo o futebol na Argentina. Havelange o conhecia bem dos tempos de América Latina e o pusera na chefia do Comitê Financeiro em 1996.

Agora Grondona era o vice-presidente sênior de Blatter e o segundo homem mais importante do mundo do futebol, mas tinha talento para fazer com que seu corpanzil esférico parecesse insignificante. Nas ocasionais entrevistas coletivas em que dividia o palco com Blatter, todos os olhares se voltavam para o articulado Sepp, cheio de gestos grandiloquentes. Grondona ficava sentado em silêncio no canto, ouvindo pelos fones a tradução simultânea das perguntas dos jornalistas, de ombros caídos, os olhos semiencobertos pelas pálpebras espessas encarando a mesa, esquivando-se de qualquer contato visual.

Grondona tinha feito tudo que podia para ajudar a eleger Blatter. Agora, nessa nova era, com a Fifa nadando em dinheiro, era hora de Blatter retribuir e melhorar a remuneração do alto escalão. Ele começou decretando um belo salário de 50 mil dólares por ano para todos os 23 membros voluntários do Comitê Executivo, o gabinete da Fifa. Por ocasião do anúncio à imprensa em setembro de 1998, o presidente agradeceu a Grondona com amorosas palavras de elogio: "O Comitê Financeiro tem sido cortês e generoso".

Mas essa não era a história toda. Havia mais coisas que eles não anunciaram.

Sepp e Grondona instruíram os consultores da Fifa a negociar com as autoridades suíças um acordo tributário favorável, e em março de 2002 os consultores escreveram comunicando que tinham conseguido um. Uma vez que os membros do gabinete eram estrangeiros, as autoridades do cantão de Zurique fixaram uma dedução de 10% do salário dos cartolas, em vez dos usuais 25% pagos pelos residentes suíços.

Melhor ainda, a própria Fifa pagaria a taxa para eles, de modo que de seis em seis meses cada membro receberia um cheque de 25 mil dólares e um memorando – a ser mostrado para os respectivos superintendentes fiscais – que o imposto já fora recolhido.

Quando os membros do comitê viajam, todas as despesas são pagas, como era de esperar. Táxis, trens, aviões, hotéis, restaurantes, tudo é pago pela Fifa. Esses homens tendem a ter gostos caros – um hotel que não seja cinco estrelas nem pode ser chamado de hotel – e a Fifa paga a conta de tudo, absolutamente tudo.

A cereja do bolo é que todos os membros são incentivados a pedir um "subsídio" extra de 500 dólares por dia nas viagens a serviço da Fifa. Uma vez que há poucas viagens de um só dia, as diárias vão se acumulando.

O jorro de dinheiro para dentro dos bolsos alheios foi aumentando à medida que Blatter foi criando mais comitês. Hoje ele contabiliza em seu rol de benesses mais de trezentos cargos em comitês e comissões, todos distribuindo despesas e subsídios. Seus apadrinhados precisam pedir a aprovação do Comitê Executivo, e o som dos carimbos ecoa ao longo dos Alpes.

Assim como o presidente tem sua Galinha dos Ovos de Ouro, todos os membros do Comitê Executivo podem ter sua própria Galinha dos Ovos de Prata, uma conta de despesas em que podem acumular vários pagamentos. De acordo com os registros a que tive acesso, pelo menos um dirigente esconde dezenas de milhares de dólares em Zurique. De tempos em tempos o dinheiro é sacado em espécie e levado para casa. Quando a polícia antidrogas começou a fechar o cerco e a dar batidas em viajantes portando mais de 10 mil dólares em dinheiro vivo, pelo menos um dirigente passou a despachar namoradas para a Suíça – com todas as despesas pagas pela Fifa, é claro –, munidas de malas e com a missão de transportar parte do dinheiro.

Sunny Hill, 18 de dezembro de 2000. "Peço desculpas por incomodá-lo pela terceira vez sobre esse assunto", escreveu, desesperado, o contador

Guy-Philippe Mathieu ao secretário-geral Michel Zen-Ruffinen. Para enfatizar sua preocupação, seu desejo de se desincumbir de um fardo desagradável, ele encaminhou uma cópia para o novo chefão das finanças da Fifa, Urs Linsi. Entre as funções de Guy-Philippe estava a inevitável tarefa de processar e analisar os pedidos de reembolso de despesas submetidos pelos membros do Comitê Executivo.

Em uma manobra *sui generis*, os figurões da Fifa haviam outorgado a si mesmos a permissão para submeter pedidos de reembolso de despesas sem anexar nenhum comprovante de que de fato haviam gasto o dinheiro. Eles não se dão ao trabalho de guardar contas de restaurantes e hotéis, recibos de táxis, faturas de cartão de crédito, canhotos de passagens aéreas. Se quiserem, podem exigir a devolução de qualquer quantia que lhes der na veneta, e tudo fica por isso mesmo.

Os membros honestos do comitê documentam escrupulosamente cada pedido de reembolso. Outros não fazem isso, e Guy-Philippe se vê obrigado a fazer julgamentos. Mas nessa ocasião ele ficou farto. Um dos cartolas recentemente tinha embolsado 44 mil dólares por seu envolvimento em um modesto torneio da Fifa. Agora o mesmo homem queria receber 27.420 dólares "como ressarcimento por sua missão na semana passada em Acapulco".

E isso não era tudo. Ele queria mais 13.717 dólares referentes a uma viagem a Zurique. Ele tinha passado por Londres, ficado duas noites em um hotel ao custo de 700 dólares, e zanzar pela cidade tinha custado mais 150 dólares. Ele não mostrou um único pedaço de papel para justificar essas despesas.

Sentado em sua sala de paredes cinza-claras de frente para o estacionamento, Guy-Philippe, o mais manso dos homens, explodiu de raiva. No pedido de reembolso, ele rabiscou: "No ano passado ele nos fraudou". Como se isso não fosse suficientemente claro, reiterou: "Ele nos roubou".

Eu queria dar a Blatter a oportunidade de contar a sua versão da história. Enviei-lhe perguntas detalhadas sobre como o dinheiro da Fifa era gasto. Ele não demorou muito para constatar que eu tivera acesso a uma cópia de sua conta de despesas. Ele me baniu de suas entrevistas coletivas. E por que me baniu? Era uma punição? Será que ele estava preocupado com a possibilidade de que eu, diante dos jornalistas do mundo todo, brandisse no ar documentos que talvez jogassem alguma luz sobre a verdade?

Infelizmente não pude perguntar cara a cara a Sepp sobre a Galinha dos Ovos de Ouro e os preciosos ovos que ela botava para ele. Um colega me fez esse favor durante uma coletiva de imprensa em abril de 2003, quando indagou se ele tinha debitado na conta da Fifa alguma despesa de sua campanha presidencial. "Bobagem total", ele insistiu. Depois das veementes negativas em 1998, ele nem poderia dizer coisa diferente.

Outro colega enviou um e-mail ao novo assessor de imprensa de Blatter, o jovem Markus Siegler, pedindo-lhe que explicasse por que motivo Blatter tinha solicitado o reembolso de despesas de quase 70 mil francos com serviços de entregas, fax e contas de celular durante sua campanha presidencial.

"Para nós está claro que no decorrer de sua atuação como autodesignado cão de guarda do bem-estar da Fifa, o senhor está ficando sem material que tenha o mínimo de relevância", respondeu Markus, "portanto lança mão de 'fragmentos' cada vez mais disparatados de informação, obtidos de maneira ilegal, seja por roubo perpetrado por terceiros ou qualquer outro meio ilícito que joga luz ainda mais dúbia sobre algumas de suas fontes e/ou colaboradores".

Markus continuou destilando sua fúria: "Mas sinta-se à vontade para publicar mais uma mentira, outra notícia fabricada que simplesmente contribuirá para a lista de acusações que no presente momento está sendo preparada". Era bastante ilógico. Eu não gostaria de ter de explicar a situação a Markus. Ele era suficientemente inteligente para ver por si mesmo. Se esses fragmentos de informação eram legítimos, independentemente de como tinham sido obtidos, eles eram a base, não de uma mentira, mas da pura e simples verdade.

Creio que Markus deve ter se arrependido de sua rabugice, porque quando lhe enviei um e-mail perguntando por que os membros tinham de mostrar recibos quando solicitavam pedidos de reembolso de despesas, ele respondeu com extrema gentileza, embora sem esclarecer muita coisa. "Como questão de princípio, a falta de documentação não é crucial para uma solicitação de reembolso de despesas, desde que sejam seguidos os procedimentos adequados praticados no âmbito da Fifa." Mas como pode haver um "procedimento adequado" sem recibos?

Perguntei a Markus: "É verdade que há problemas com pedidos de reembolso de outros membros?". Ele respondeu: "Esta pergunta é impertinente".[3]

Em maio de 2000, meses antes de embarcarem para as Olimpíadas de Sydney, os membros do gabinete da Fifa receberam más notícias. O secretário-geral Michel Zen-Ruffinen despachou um memorando em que avisava: "Tentaremos acomodá-los mantendo nossos padrões, mas o número de suítes foi restringido ao mínimo absoluto e elas não podem ser garantidas".

A notícia ficou ainda pior: "Infelizmente não será possível disponibilizar aos senhores carros para uso exclusivo". Para compensar o desapontamento, o presidente Blatter autorizou uma nova categoria de despesas, que não precisavam ser documentadas nem justificadas: "No que tange às acompanhantes (esposa/companheira), temos a satisfação de informar que cada uma receberá uma diária de 200 dólares – e o reembolso das despesas de viagem". A isso se somavam os 500 dólares que cada membro estava ganhando pela mera presença nos Jogos Olímpicos, com todas as despesas pagas.

12
"PRESIDENTE, QUANTO A FIFA PAGA AO SENHOR?"

"Hã..."

No mundo corporativo, é prática corrente entre as empresas divulgar relatórios com salários, honorários, gratificações e planos de pensão dos diretores. É uma questão de transparência, de modo que os acionistas possam ver o que essas pessoas estão fazendo com o seu dinheiro.

O que acontece quando você pergunta à Fifa sobre a remuneração paga a seus administradores? Será que os acionistas e fãs do futebol podem saber que fatia dos bilhões de dólares gerados pela Copa do Mundo é embolsada pelos altos dirigentes? Quanto Sepp Blatter ganha?

Urs Linsi, diretor de finanças, é o homem que tem as respostas. E ele trombeteia aos quatro ventos seu compromisso com a transparência. Em janeiro de 2003, concedeu uma entrevista exclusiva, sem restrições e sem assuntos proibidos, do tipo pode-me-perguntar-o-que-quiser, a... um assessor de imprensa do site fifa.com. A manchete era "Temos de manter a maior transparência possível".

Ele insistiu em afirmar que "A Fifa é uma organização saudável, limpa e transparente, sem nada a esconder". Depois, de maneira mais reflexiva, observou: "Devemos sempre permitir que a mídia e o público saibam o que estamos fazendo. Há um enorme interesse na Fifa, e por isso temos de manter a maior transparência possível. Tentaremos nos comunicar de modo mais aberto acerca dos assuntos do futebol, para que o mundo possa acreditar em nós e ter orgulho de sua federação".[1]

Por e-mail, pedi a Urs Linsi que me dissesse quanto ganha o presidente da Fifa, entre salários, plano de aposentadoria, carros, bonificações e outros honorários.

Ele não respondeu.

Em vez disso, Markus Siegler, assessor de imprensa da Fifa, me escreveu: "Caro sr. Jennings. Podemos responder assim à sua indagação: a questão da compensação (e não salário!) do presidente para o atual mandato foi acordada e decidida por unanimidade no Comitê Financeiro (na presença de todos os membros) em sua reunião de 5 de dezembro de 2002 em Madri. As respectivas atas foram ratificadas pelo Comitê Executivo em sua última reunião de 6 a 7 de março de 2003 aqui em Zurique. Grato pela compreensão".

Escrevi outro e-mail a Siegler. Para dizer a verdade, eu não estava entendendo.

Por que ele e Linsi estavam se recusando a revelar qualquer fato – nem mesmo uma simples quantia em dinheiro ou qualquer indício, ainda que vago – relativo à remuneração de Blatter? "Devemos obedecer às regras internas e respeitar as tradições culturais", explicou Siegler. "Na Suíça, salários e pagamentos simplesmente não são divulgados. Ademais, o senhor não deve questionar a dedicação da Fifa à transparência."

Markus, ele próprio jornalista de formação, perguntou a mim, um jornalista, o seguinte: "Quem teria interesse em saber qual é o salário do sr. Blatter?".

Bem, o público, sr. Siegler. Lembra-se dele?

Chung Mong-Joon, vice-presidente sul-coreano da Fifa, tentou descobrir em 2002 quanto Blatter ganhava. Ele escreveu a Jack Warner chamando a atenção para o fato de que quando o então vice-presidente Lennart Johansson quis saber qual era o salário de Blatter, obteve a seguinte resposta: "A remuneração do presidente foi fixada pelo Comitê Financeiro no mesmo momento em que foi ratificada a indenização do Comitê Executivo".

O sr. Chung comentou: "Este é um exemplo da arrogância do presidente da Fifa. Por que o senhor acha que não posso obter uma resposta direta para uma pergunta legítima?".[2] Chung perguntou a Warner: "Quanto ganha Blatter?".

Warner respondeu assim a seu colega de comitê: "Caro sr. MJ, por algum tempo hesitei se deveria ou não dignificar sua carta com uma resposta. E então, hoje, decidi responder, apenas porque não queria deixá-lo com a falsa impressão de que sua carta pérfida vale o papel em que foi escrita".

E concluía: "Eu me pauto por virtudes universais como honestidade, integridade, lealdade e amizade".[3]

O salário de Blatter continua sendo um mistério. Dentro da Fifa, dizem que gira em torno de 4 milhões de francos (cerca de 1,7 milhão de libras). E supostamente seu contrato de trabalho secreto inclui uma pílula de veneno. Se Blatter for demitido, a Fifa é obrigada a pagar a ele 24 milhões de francos. Isso dá quase 11 milhões de libras. O auxílio moradia pago pela Fifa para custear sua cobertura em Zollikon é de 8 mil francos por mês (quase mil libras por semana), e há ainda o Mercedes *top* de linha.

E o plano de aposentadoria? Outro assunto secreto. As cerejas do bolo são os bônus. Mas quantos? Ele sempre recebeu bonificações desde seus primeiros dias como secretário-geral. Será que o presente de despedida de Havelange foi um segundo bônus? Será que havia mais, fruto de outras responsabilidades suas com a Fifa?

Qualquer que seja, e por mais alta que seja a cifra que seus amigos do Comitê Financeiro paguem a Blatter, não é o bastante. Não pode ser, porque Blatter ainda precisa requerer o subsídio de 500 dólares de "gorjeta".

Toda vez que Sepp sai da Suíça para fazer um discurso ou receber alguma honraria, está embolsando 500 dólares por dia, conforme atestou Guy-Philippe ao analisar os reembolsos de despesas de Blatter. Todo ano, em geral ele passa pelo menos 150 dias viajando, o que dá 75 mil dólares em diárias. Nos anos mais movimentados essa ajuda de custo chega a 125 mil dólares, complementando seu salário e outras regalias – voos na primeira classe e tapete vermelho esperando no aeroporto.

O Presidente de Honra da Fifa, título que Havelange aceitou em Paris, em seu último congresso em 1998, recebe uma pensão, mas a Fifa não revela o valor. E não diz uma palavra sobre quanto o brasileiro embolsou no passado e continua ganhando. Acredita-se que a partir de 1994 ele passou a receber 125 mil dólares anuais. Havelange viaja bastante e em alto estilo a serviço da Fifa, em missões que a entidade chama de "funções de representação", e tem direito a um acompanhante. Sempre que João solicita, um motorista aparece dirigindo um luxuoso Mercedes, em qualquer lugar do mundo, de Bamako, capital do Mali, a Salt Lake City, nos Estados Unidos. Havelange ainda carrega consigo o cartão de crédito da Fifa.

Sepp Blatter vivia em Zurique desde 1995, mas seus assuntos fiscais estavam registrados em outra cidade, em Valais, o cantão onde ele cresceu e em que os impostos eram mais baixos.

Mas um dia Sepp descobriu o paraíso dos que querem pagar menos tributos. A 80 quilômetros a leste de Zurique fica o minúsculo cantão de Appenzell, cuja população é de apenas 15 mil habitantes, vivendo em seis vilarejos. Uma vez que Appenzell é uma pequena comunidade rural, sem muito pretexto para aumentar a arrecadação de impostos, o cantão entrou no ramo de negociar acordos tributários com gente rica. Os políticos locais concluíram que algum dinheiro era melhor que dinheiro nenhum, e se outros cantões saíam perdendo, azar deles. O cantão de Appenzell faz propaganda de si mesmo como um produto, e lá o fisco atua como Secretaria de Comércio e a cobrança de impostos é um exercício de vendas; assim, são bem-vindas todas as pessoas interessadas em fazer acordos secretos para reduzir o pagamento de encargos. O que suíços e estrangeiros ricos ouvem ali é o lema: "Você nunca vai estar sozinho, sempre encontrará amigos que estarão do seu lado e o apoiarão".

Na reticente e discreta Suíça, os moradores do distrito de Appenzell são notórios por sua descrença na transparência no que tange a assuntos públicos. Em seu dialeto local há uma palavra que resume bem sua oposição e aversão à clareza: *heimlichfeiss*, que, traduzida grosseiramente, significa "clandestino". Blatter registrou seus negócios fiscais em Appenzell e declarou às autoridades de Zurique que era um *Wochenaufenthalter* – alguém que morava em Zurique somente nos dias úteis.

A vida era boa. Até que no outono de 1995 o tabloide suíço *Blick* bateu à porta de Blatter para lhe fazer algumas perguntas. Qual era o endereço que ele havia registrado em Appenzell? Blatter tentou responder e errou, tentou mais uma vez e errou de novo. Por fim, os repórteres é que tiveram de dizer a ele. Pelas estimativas dos jornalistas, Blatter estava economizando pelo menos 25 mil francos suíços (110 mil libras) por ano em pagamento de impostos; seguindo o tradicional estilo tabloide, os repórteres do *Blick* entregaram um dossiê aos fiscais de renda do cantão de Zurique.

Blatter apresentou sua versão da história ao *Walliser Bote*, jornal local de seu cantão natal, Valais. Primeiro ele pediu que seus velhos amigos e vizinhos acreditassem nele – não havia história nenhuma. Um homem bem-sucedido como ele sempre seria alvo de inveja e da imprensa sensacionalista. Aquela maledicência nada mais era que o preconceito dos esnobes de Zurique torcendo o nariz para um menino da zona rural que tinha se dado bem na vida. Ou talvez ele estivesse sendo a vítima colateral do que na verdade era um ataque clandestino a Havelange.

Falar em investigação das autoridades de Zurique sobre sua situação fiscal era incorreto, Sepp argumentou. Sim, estava em curso uma verificação, mas era apenas um esclarecimento sobre seu endereço. Ele disse que não podia revelar mais nenhuma informação porque tinha transferido sua contabilidade tributária de Appenzell por razões particulares, relacionadas à sua vida emocional.

O que Blatter não disse aos repórteres, nem de Valais nem do *Blick* nem a ninguém de fora do departamento financeiro de Fifa, é que ele não paga impostos sobre seus rendimentos. A Fifa paga por ele.[4]

No final da primavera de 2000, os fiscais de renda de Zurique encaminharam à Fifa uma notificação comunicando que dali a um mês realizariam uma auditoria nos arquivos da entidade. A equipe da KPMG, que auditou as finanças da Fifa em 2000, foi chefiada por Fredy Luthiger, sócio do escritório de Zurique. Homem esguio, de óculos e com o hábito de periodicamente enterrar os dedos delicados nos cabelos brancos, Luthiger dá a impressão de que nunca fica mais feliz do que quando passa os dias lendo balancetes.

Quando indagados sobre o quanto os procedimentos financeiros da Fifa estão longe de ser transparentes, o presidente, os porta-vozes e os advogados da entidade vociferam a mesma ladainha: "Mas nossas contas foram auditadas pela KPMG!", alegação que a seu ver serve como justificativa para que se recusem a responder a qualquer outra pergunta.

Escrevi a Fredy perguntando-lhe por que razão os membros da Fifa podem pedir reembolso de despesas sem apresentar recibos. Fredy respondeu-me que seu código de ética profissional o impede de discutir os negócios de seus clientes. Um assunto específico sobre o qual Fredy não podia falar era a Carta de Responsabilidade da Administração que ele entregou à Fifa em 2000, com a advertência de que a entidade não vinha cumprindo adequadamente seus compromissos tributários.

A mensagem de Fredy era bastante clara: "Há o risco de responsabilização e exigência de explicações em virtude do não cumprimento de práticas e demonstrações contábeis". Se estivesse usando a linguagem de criminosos de rua, o alerta de Fredy teria sido o seguinte: "Mano, se você não resolver logo essa parada, a casa vai cair".

Na Carta de Responsabilidade da Administração que apresentou à Fifa no ano seguinte, Fredy teve de apontar mais problemas embaraçosos. Ele vinha examinando as contas individuais das duzentas e poucas associações e federações e seis confederações continentais junto à Fifa. Elas listam pagamentos, dívidas, empréstimos, fundos de desenvolvimento e compras secretas de enormes quantidades de ingressos para partidas de Copas do Mundo. Era tudo uma bagunça.

Durante os anos de Blatter como secretário-geral, a Fifa nem sempre cobrava as dívidas. No total, 75% das contas – 150 das 200 associações e federações – estavam no vermelho.

Por que a Fifa não exigia que as federações e associações pagassem suas dívidas? Ninguém diz. Fredy afirmou que isso "não era satisfatório". E então falou com a firmeza da maioria dos contadores que acabam de deparar com uma empreitada grande e prestigiosa: "Recomendamos que medidas sejam tomadas contra essas federações e associações".

13
PUNIÇÕES E RECOMPENSAS, MORDER E ASSOPRAR...

Blatter constrói sua fortaleza

A vida pode ser dura para os homens poderosos. Às vezes eles precisam sacrificar seus amigos no altar de sua própria ambição. Quando assumiu a presidência da Fifa, Sepp Blatter passou a ver com novos olhos seu amigo Michel Zen-Ruffinen. No período em que atuou como secretário-geral, Sepp tinha orgulho de se referir a seu vice como "meu protegido". Ambos cresceram no cantão de Valais, no Sul. Blatter estudou em Lausanne; Zen-Ruffinen formou-se em Direito pela Universidade de Genebra.

Blatter contratou Zen-Ruffinen em 1986 para cuidar da arbitragem e trabalhar no departamento jurídico da Fifa. Alto, moreno, esbelto e bonito, ele foi o mais jovem árbitro a atuar na primeira divisão do futebol suíço. Em 1993 foi aprovado nos testes para tornar-se árbitro internacional. Abriu mão do *hobby* em 1995, quando Blatter nomeou-o vice-secretário-geral. E quando Sepp foi forçado a se afastar do cargo para cuidar da campanha à presidência da Fifa, Michel assumiu seu lugar. Agora, aos 39 anos de idade, Zen-Ruffinen estava pronto para receber a bênção do mentor e tornar-se o novo secretário-geral.

Mas Blatter sabia o quanto os secretários-gerais podiam ser perigosos. Ele mesmo não tinha tentado derrubar Havelange? Um secretário-geral poderoso podia ser a morte das ambições de Blatter. Ele já era um veterano no mundo da política e tinha aprendido a sobreviver. Veja só o caso daquele maravilhoso sobrevivente, Juan Antonio Samaranch. Ele tinha se livrado de seu diretor-geral, autonomeara-se presidente executivo e cuidava pessoalmente de todos os aspectos da entidade, microgerenciando cada detalhe.

Primo Nebiolo, outro fantoche de Nassler, havia feito a mesma coisa no atletismo. Eram sobreviventes, assumiram o controle, e Sepp Blatter assumiria o controle, ia fazer com que o esporte mais popular do mundo dançasse no seu ritmo.

Blatter deu início a seu plano para assumir o comando total da Fifa. Alguns funcionários de Sunny Hill achavam que sabiam o motivo disso. Não era apenas pelo dinheiro, pela remuneração isenta de impostos e o pacote de bonificações e regalias. Alguns diziam que a mão de ferro com que Blatter conduzia a Fifa e seu império internacional dava a Sepp a segurança que faltava em sua vida pessoal, atravancada com os destroços de casamentos fracassados e incontáveis relacionamentos vazios.

Então Blatter começou a agir para tirar Michel Zen-Ruffinen de cena. Havia outro Michel na vida de Sepp. O francês Michel Platini, herói de três Copas do Mundo. Ele ainda não tinha perdido a boa-pinta, e seu carisma era capaz de iluminar o ambiente. Artilheiro fabuloso, três vezes ganhador da Bola de Ouro de melhor jogador da Europa, eleito Melhor Jogador do Mundo em 1985, depois de se aposentar da carreira futebolística Platini tornou-se técnico da Seleção Francesa e iniciou sua trajetória nas entidades de futebol, sendo presidente do Comitê Organizador da Copa do Mundo de 1998 na França. Ele também tinha ambições de ascender na Fifa.

O plano de Blatter era reconstruir a Fifa de modo a tornar-se presidente executivo. Todos os dias, às 7 horas, ele receberia em sua sala relatórios de seus dois principais tenentes. Michel Platini assumiria os assuntos do futebol – Blatter já estava se referindo a ele como "minha consciência esportiva" – e Michel Zen-Ruffinen seria o chefe da administração, atolado na papelada, sem poder algum. Blatter mergulharia de corpo e alma no marketing e no dinheiro, as áreas do seu império em que estava o verdadeiro poder.

Mas os membros do Comitê Executivo da Fifa, muitos deles ainda irritados e aborrecidos por conta das manobras de Blatter durante sua campanha eleitoral, não estavam muito animados com a ideia de criar um superpresidente. Reunidos em Zurique em dezembro de 1998, eles insistiram na manutenção do cargo de secretário-geral. Rangendo os dentes, o presidente saudou a promoção de Zen-Ruffinen.

Mas Blatter ainda estava nos primeiros dias de seu reinado. Construir fortalezas é tarefa que leva tempo. Blatter teve de engolir Zen-Ruffinen como secretário-geral. E daí? Ele podia lançar mão de todo tipo de intrigas e ardis para extirpá-lo do poder. Quando o comitê se reuniu novamente ao redor da mesa na sala de reuniões no novo edifício de concreto e vidro junto à mansão em Sunny Hill, em 11 de março de 1999, Blatter fez um gesto carinhoso na direção do rosto mais conhecido da mesa, o único rosto em que estava escrita a palavra "futebol".

"Nossas calorosas boas-vindas a Michel Platini, nome que é uma instituição e na verdade não precisa de apresentação. Ele será conselheiro do presidente. Conheçam também – e tenho certeza de que muitos dos senhores se lembram dele do ano passado – Jerome Champagne, que ocupará o novo cargo de meu conselheiro pessoal. Sua experiência como chefe de protocolo na Copa da França e sua atuação no corpo diplomático francês o qualificam adequadamente para essa função." Alguém aí adivinhou que esse era o início da administração paralela de Blatter, uma equipe que causaria um racha na essência da Fifa?

Blatter passou os olhos pelos membros de seu comitê, uma mistura de homens que deviam favores a ele, bons homens que podiam ser comprados, alguns deles ainda firmes e fortes, outros já bastante exaustos e desanimados. E homens que estavam esperando sua hora chegar, solidificando suas bases de poder enquanto aguardavam a oportunidade de um dia destronar Blatter. Ficou claro que o que estava em jogo naquela mesa não era o futebol, mas sim o poder. Algumas daquelas pessoas tinham sido postas ali por suas confederações continentais e não viam as coisas como Blatter, nem rezavam pela cartilha do presidente. Ainda não, mas ele podia dar um jeito nisso. Por enquanto, Sepp tinha de manter amigos e inimigos ocupados, tanto os sentados àquela mesa como os de todo o mundo do futebol. Felizmente, ele tinha nas mãos a prerrogativa de nomear trezentos sortudos dirigentes para integrar comissões. Eles empreenderiam uma farra de gastos, esbaldando-se em mesadas e subsídios sem os quais depois não conseguiriam mais viver.[1]

A poucos centímetros do presidente estava sentado o vice-presidente Lennart Johansson. Horas depois da votação em Paris, seus assistentes da Uefa tinham discretamente informado aos jornalistas que não aceitariam o resultado. E então se deram conta de que nada poderiam fazer. Havelange e Blatter tinham sido mais espertos. Indagado sobre o pagamento de propinas durante a campanha de Blatter, Johansson deu uma resposta firme: "Não tenho provas disso e me recuso a especular. Não quero parecer um mau perdedor e congratulo Blatter por seu sucesso".[2]

Johansson se recolheu para lamber suas feridas na sede da Uefa, no Sul da Suíça, cuidando da Copa da Uefa (atual Liga Europa) e da Liga dos Campeões da Europa. Johansson era um homem raro; ele não estava lá só por causa da conta de despesas, e muita gente o admirava por isso. Além disso, era um homem muito competente. Blatter demonstrou algum respeito por Johansson e as nações europeias que ele representava e o pôs no comando do Comitê Organizador da Copa do Mundo de 2002. Isso distrairia Johansson dos rumores das propinas africanas. Ele teria de trabalhar com afinco para levar harmonia ao torneio na Coreia, nação que durante meio século estivera sob o jugo do outro país que sediaria a Copa, o Japão. Assim, Johansson estava bastante ocupado, e sua saúde não andava muito boa. Em todo caso, para evitar que ele voltasse a criar problemas, Blatter instalou como seu vice um homem de confiança, Julio Grondona.

Grondona era mais que o vice-presidente sênior, era o presidente do Comitê Financeiro, o mais importante de todos para Blatter. E também presidia o Conselho Consultivo de Marketing e Televisão. O vice de Grondona no Comitê Financeiro era Jack Warner; os dois tomavam todas as decisões importantes sobre dinheiro, e as atas dessas reuniões jamais foram publicadas. Grondona alardeava opiniões de mau gosto – como não ter os judeus em alta conta –, mas revelar seus pontos de vista na televisão nunca prejudicou sua carreira na Fifa.

Jack Warner era protegido de Havelange. Era um ótimo homem para se ter como aliado, um correligionário cuja lealdade é canina. Graças à sua associação com a Fifa, fizera fortuna. Era uma questão de prestígio integrar o Comitê Organizador da Copa do Mundo, e nenhum vice-presidente poderia ser deixado de fora. Ele também controlava dois dos comitês potencialmente mais lucrativos do futebol internacional, os que organizavam os torneios mundiais das categorias de base, Sub-20 e Sub-17.

Jack era o homem que podia aprovar – ou reprovar – os países em disputa para sediar esses campeonatos de jovens, realizados a cada dois anos. É óbvio que não era a Copa do Mundo principal, mas alguns países, como os potentados petrolíferos do Golfo, para quem sediar uma Copa era apenas um sonho, competiam ferozmente para realizar os campeonatos mundiais Sub-20 e Sub-17.

Warner se queixava de trivialidades reais e imaginárias, mas sua vida era realmente muito boa. Certa vez ele declarou a um jornalista de Trinidad que era multimilionário graças ao mundo do futebol. "Comecei comprando propriedades em Trinidad, com o salário e as bonificações que ganhava da Fifa. Ganhei uma ou duas fortunas. Eu recebia contracheques ultrafantásticos." O ex-professor adorava se gabar de sua fortuna e exibia o cortador de papel de ouro maciço que ganhara de presente do rei Fahd, da Arábia Saudita.[3]

O escudeiro de Jack, seu secretário-geral Chuck Blazer, que administrava a Concacaf do escritório da entidade em Nova York, era o único membro do Comitê Executivo que não tinha sido eleito. Era uma indicação pessoal de Jack. Quando Warner encarou um por um os membros de sua confederação e comunicou que Chuck ocuparia uma cadeira na Fifa, ninguém ousou dar um pio.

Chuck adorava dinheiro tanto quanto Jack, e vivia de olho nos mercados de ações. Como outros norte-americanos que haviam chegado ao topo do mundo do futebol, ele jamais tinha jogado bola; apenas topou por acaso com o futebol e enxergou uma lucrativa oportunidade de negócios.

Era fácil ver por que Blatter escolhera Chuck para chefiar o Comitê de Mídia. Chuck sabia como rechaçar perguntas e investigações de jornalistas e tinha uma impressionante habilidade para disparar hostilidades sem fazer muito esforço. E se fosse preciso ele também sabia acionar seu charme. Chuck era um dos favoritos de Zurique, bem como sua talentosa filha, Marci Blazer, que integrava a equipe jurídica da Fifa. Poucos advogados do mundo podem dizer que fazem parte da "Commission de Questions Juridiques" do mundo do futebol.

Já na casa dos cinquenta e poucos anos, Mohamed Bin Hammam parecia mais jovem. Depois de dois anos ocupando uma cadeira na diretoria, ele merecia uma recompensa por seu belo trabalho durante a campanha eleitoral que levara Johansson às lágrimas. Blatter deu a ele o cargo mais alto do recém-criado Projeto Goal, com um orçamento colossal de 100 milhões de dólares – dinheiro que Bin Hammam poderia gastar como quisesse –, complementando o milhão de dólares que todas as associações e federações nacionais receberiam da verba oriunda dos contratos de televisão.

O Projeto Goal atenderia aos pedidos de associações e federações que quisessem comprar novos equipamentos e construir novas sedes e novos campos de treinamento. O presidente chamou isso de "soluções sob medida" e passaria os três anos seguintes percorrendo o mundo como o grande benfeitor.

Às vezes Bin Hammam viajava com Blatter para cerimônias de inauguração, mas fazia muitas viagens sozinho, acompanhado de sua trupe pessoal, descendo dos céus e ouvindo poéticos discursos de gratidão. E quem não trataria com respeito um homem capaz de influenciar um emir, um governante dono de ricas reservas de gás natural, um dos homens mais ricos do mundo?

O endinheirado homem do Catar era uma estrela em ascensão, atuando em todos os comitês importantes. Ele ajudava Grondona e Warner no Comitê Financeiro, presidia o Comitê Técnico e tinha uma cadeira no Comitê de Federações, o que o punha em contato com as bases locais e regionais, a quem distribuía dinheiro. Bin Hammam estava arregimentando seu próprio grupo de dirigentes, leais a ele. Ainda não era um império paralelo, mas um dia ele poderia ser uma ameaça ao presidente. Bin Hammam tinha ajudado Blatter a chegar ao poder, porém em algum momento poderia derrubá-lo.

Blatter recompensou o russo Viacheslav Koloskov com a presidência do Comitê de Federações. Nos tempos da antiga União Soviética, o grisalho Koloskov tinha mantido o Leste Europeu solidamente alinhado com o *establishment* de Zurique. Ao se desintegrar, o bloco soviético perdeu sua vice-presidência e o russo foi deixado de lado. Quando Blatter assumiu a presidência da Fifa,

Koloskov teve o azar de deixar o comitê no exato momento em que os membros passaram a receber um salário de 50 mil dólares por ano, isentos de impostos.

Tudo bem, não faz mal. De qualquer modo, Blatter pagava a ele 100 mil dólares. Quando esse pagamento veio a público em 2002, Blatter disse que talvez devesse ter avisado o Comitê Financeiro, mas enfatizou também que Koloskov tinha feito um maravilhoso trabalho em prol do futebol no Leste Europeu. "Não houve corrupção da minha parte", alegou Blatter. "Afirmar isso equivale a me caluniar."[4]

Havelange não estava sentado à mesa da diretoria de Blatter, mas é como se estivesse. Seu testa de ferro estava lá. O genro Ricardo Teixeira, cujos mandos e desmandos tinham ido parar nas manchetes, representava a minoria mal-humorada e emburrada. Havelange continuou não querendo isso, e seu grupo brasileiro se ressentia do fato de ter perdido poder sobre o dinheiro da Fifa. Ricardo alimentava um sonho: caso a Seleção Brasileira ganhasse a Copa do Mundo, ele poderia se arriscar na tentativa de tomar o lugar de Blatter. Teixeira era um dos bebês à mesa: nascido em 1947, tinha 11 anos menos que o presidente e era dois anos mais novo que Bin Hammam. Ricardo tinha o tempo a seu favor.

Blatter precisava manter Ricardo ocupado em algum cargo sem influência. *Dê um passo à frente, Ricardo Teixeira, presidente do Comitê de Futsal, mestre do futebol praticado em quadras e ginásios poliesportivos.* Blatter procurou outro cargo sem poder político e, no final de 1999, nomeou Teixeira vice-presidente do Comitê de Arbitragem. Era um trabalho improvável para um homem que, em sua terra natal, o Brasil, enfrentava acusações de corrupção.

Sentado à mesa estava também David Will, vice-presidente escocês indicado pelas quatro associações britânicas; Will não ia exatamente liderar revoluções, mas poderia causar problemas por insistir demais em questões de princípio. Por isso, Blatter deu a ele a chefia da comissão responsável pela emissão, distribuição e comercialização dos ingressos para a Copa do Mundo. Isso é quase como ter dois empregos em tempo integral. Sempre há problemas com os ingressos, e inevitavelmente Will enfrentaria um dilúvio de ruidosas reclamações no exato momento em que a campanha pela reeleição chegasse ao auge, nas semanas imediatamente anteriores à Copa do Mundo.

Naquela época, a maior ameaça potencial era o coreano Chung Mong-Joon. Membro da família Hyundai, ele provavelmente era o homem mais rico da sala. Vice-presidente da Confederação Asiática de Futebol, Chung via com maus olhos a prática da usura na Fifa, e ganharia proeminência uma vez que a Copa do Mundo de 2002 seria realizada em seu país. Chung falava inglês e alemão, era membro do conselho da Universidade Johns Hopkins em Baltimore, e um dos mais jovens da Fifa – nascido em 1951. Se não decidisse concorrer à presidência da Coreia, poderia cobiçar o comando da Fifa. Do ponto de vista de Blatter, Chung era perigoso: muito inteligente e, com seu sorriso de menino, inquietantemente vistoso.

Felizmente Chung estava ocupado em Seul e aceitou a oferta de Blatter de presidir uma comissão quase invisível. A outra ameaça era o vice-presidente Issa Hayatou, presidente da Confederação Africana de Futebol. Era preciso demonstrar algum respeito para com Hayatou e seu enorme continente. Então Blatter deu a ele a chefia de dois comitês: o Comitê Organizador dos Torneios Olímpicos de Futebol, que dá uma trabalheira danada, e o Comitê Organizador da Copa das Confederações, torneio que parece importante e custa uma fortuna, mas que ninguém leva muito a sério.

Era uma tarefa difícil preencher todas as centenas de cargos da lista cada vez maior de comissões e comitês da Fifa, pois era preciso comparar quem era apoiado pelo dirigente mais poderoso, quem gostaria de receber os subsídios e gratificações, quem venderia o voto por uma cadeira. E, além disso, ter tato e delicadeza nas nomeações para o Comitê de Futebol, em que lendas vivas como Beckenbauer, Sir Bobby Charlton, Pelé, Eusébio e George Weah apresentavam sugestões sobre o futuro do futebol, ideias que eram amplamente divulgadas e, depois, na maior parte dos casos, deixadas de lado. As lendas do esporte eram acessórios úteis para poses ao lado de um sorridente Blatter em fotos que iam parar no site fifa.com.

E para que todos aqueles homens importantes estavam ali reunidos, a peso de ouro? Havia decisões cruciais a serem tomadas para o bem do futebol? Na verdade, não; todas as decisões que realmente importavam eram tomadas em surdina pela panelinha de Blatter.

Sobre a mesa do Comitê Executivo de Blatter havia pilhas de relatórios a respeito da Copa das Confederações e das Copas do Mundo Sub-20 e Sub-17 da Fifa. Esses torneios davam prejuízo financeiro, mas representavam uma oportunidade de os países menos poderosos competirem em âmbito internacional; além disso, graças a essas competições, mais dirigentes tinham a chance de usufruir da generosidade de Sepp.

O Comitê Executivo ouvia educadamente enquanto Blatter se preparava para apresentar um pedido de desculpas. Poucos meses antes, sonhando em voz alta, Blatter tinha deixado escapar a um jornalista que estava pensando em realizar a Copa do Mundo a cada dois anos.

A imprensa esportiva ficou indignada. Isso arruinaria o futebol. Os melhores jogadores do mundo ficariam eternamente presos a uma infindável maratona de partidas eliminatórias. Seria a morte das ligas e campeonatos nacionais. Clubes e torcedores mal veriam seus astros, que estariam sempre ausentes viajando com as seleções, treinando e jogando, isso sem falar nas lesões.

Os torcedores europeus teriam de se contentar em assistir aos times reservas fazendo o melhor que podiam. Se os cartolas queriam destruir o futebol, essa era uma estratégia brilhante. Mas havia uma coisa boa. Uma Copa do Mundo a cada dois anos significava o dobro de dinheiro. Duas vezes a fortuna dos direitos da televisão, duas vezes o patrocínio do McDonald's e da Cola-Cola.

Os membros do Comitê Executivo ficaram furiosos. Uma mudança tão importante deveria ser discutida primeiro por eles, antes de vazar para a imprensa. Blatter disse aos dirigentes: "Sinto que devo aos senhores uma explicação. Involuntariamente mencionei em uma entrevista a ideia de uma Copa do Mundo a cada dois anos, sem jamais suspeitar de que seria interpretado como algo revolucionário e que desencadearia um turbilhão de emoções. Foi só quando alguns membros expressaram seu aborrecimento por descobrirem a novidade pela imprensa é que percebi que devia tê-los informado antes de deixar o entusiasmo tomar conta de mim e me fazer perder o controle. Portanto, peço que aceitem minhas desculpas, e no futuro evitarei situações como essa. Obrigado".

Sepp se saiu com o mesmo tipo de conversa-fiada que homens poderosos de todas as áreas – primeiros-ministros, presidentes, executivos-chefes – tendem a oferecer quando por um momento se esquecem de que precisam ter compromisso e obrigação com algum tipo de processo democrático e começam a improvisar. E, ao mesmo tempo, parecia uma resposta sincera.

14
DIVIDIR E GOVERNAR

A guerra civil da Fifa

Não demorou muito para que os funcionários da Fifa percebessem que Jerome Champagne era bem mais que um conselheiro de Blatter.[1] Michel Zen-Ruffinen podia ostentar o título de secretário-geral, mas o grandalhão e sorumbático Jerome era quem exercia de fato a função. Ele é que tinha um Mercedes novinho em folha, os 23 mil francos suíços (10 mil libras) por mês, o segundo salário mais alto depois de Blatter, e um apartamento perto da mansão de Sunny Hill. Sua contratação fora tratada com a mais absoluta discrição, e quando ele chegou, em janeiro de 1999, preferiu evitar os holofotes, descrevendo seu trabalho como "algo um pouco parecido como um secretário particular. Eu organizo o cronograma, as comunicações e as viagens do presidente".

A descrição que Jerome dava de si mesmo sugeria o tipo de modéstia que era de esperar de um homem versado nas artes sombrias da diplomacia. Duas décadas antes ele tinha passado muitos anos da época de estudante trabalhando como *freelance* em uma revista francesa de futebol, e negligenciou seus estudos a ponto de não conseguir concluir o curso na Escola Nacional de Administração, que só aceitava os alunos mais brilhantes entre os mais brilhantes. Mas isso não o deteve. Champagne estudou as línguas orientais – fala inglês, espanhol, alemão, português, chinês e árabe – e depois Ciências Políticas, antes de ingressar no Ministério das Relações Exteriores da França; aos 25 anos de idade assumiu o posto de adido cultural em Omã. Depois de uma temporada em Cuba, mudou-se para Los Angeles, onde foi nomeado cônsul-geral e conheceu sua esposa norte-americana.

Em julho de 1994, três dias antes da final da Copa do Mundo entre Brasil e Itália no Estádio Rose Bowl em Los Angeles, o cônsul-geral Champagne deu uma festa no jardim de sua casa em Beverly Hills para os membros do Comitê Organizador da Copa do Mundo de 1998. Três anos depois, Champagne era o número dois na embaixada em Brasília, ocasião em que travou relações pessoais com Michel Platini, que acompanhava a comitiva do presidente francês

Jacques Chirac em uma turnê diplomática pela América Latina. Em 1998, o governo francês comprou a casa de Jerome e o pôs na chefia do protocolo da Copa do Mundo, quando fez amizade com Sepp Blatter.

Blatter viu em Jerome um homem que ele poderia usar como colaborador, guarda-costas e coordenador de campanha nas eleições da Fifa dali a três anos, mas não como alguém preparado para substituí-lo. Um perfeito secretário-geral para atuar nas sombras, em surdina. E um brilhante assessor e marqueteiro, capaz de se sair com floreios verbais que criavam uma bela imagem de Blatter. "Vivemos em um mundo individualista e desigual, em que curto prazo virou a norma", Jerome disse em entrevista à revista *France Football*. "É necessário restaurar valores como solidariedade e universalismo. Eu não estaria aqui se não compartilhasse esses ideais com Joseph Blatter."

Depois que o Comitê Executivo da Fifa barrou os planos de reorganização de Blatter, Michel Platini abriu seu próprio escritório em Paris, com seu secretário Odile Lanceau e o assessor de imprensa Alain Leiblang. O estafe de Platini recebia cerca de 18 mil francos (8 mil libras) por mês, mais que a maioria dos salários pagos em Sunny Hill.

À medida que a nova equipe de administração paralela da Fifa ia crescendo, foi aumentando também o número de pessoas que, embora julgassem que mandavam na federação, caíram em desgraça na entidade e ficaram sem trabalho. Em meados de 1999, Blatter demitiu seu velho amigo Erwin Schmid, que levou consigo um conhecimento enciclopédico sobre os anos de Blatter. Erwin sabia tudo sobre os registros bancários da Fifa, as despesas e bonificações de Havelange e Blatter; entrou na Justiça para receber uma indenização mais polpuda, e ganhou.

Agora Blatter podia escolher outro homem do dinheiro para seu novo regime, e em Sunny Hill acreditava-se que a recomendação tinha vindo de um executivo da ISL.

Urs Linsi tinha acabado de completar cinquenta anos e passara a maior parte da vida trabalhando no departamento de arrendamento mercantil do banco Credit Suisse. Homem que se vestia de maneira impecável, de cabeça abobadada e maneiras cautelosas, Linsi tinha a aparência de um banqueiro, mas por baixo das roupas conservadoras batia um coração de aço. Triatleta de primeiro nível, ele entrou na prova de resistência da Fifa como diretor financeiro. Seus colegas ficaram impressionados por seu ritmo frenético de trabalho nos primeiros meses, quando ficava até tarde no escritório. "Ele obviamente encontrou o que estava procurando", disse em tom ácido um colega pouco depois que Blatter confirmou Linsi no cargo.

"Ele parece o Tom Cruise", diziam entre risadinhas as secretárias quando o belo Flavio Battaini foi trabalhar na Fifa como advogado júnior em 1996. Ele tinha estado no avião de Blatter em campanha na África e em janeiro de 1999 seu nome constava da lista de funcionários como diretor de marketing. A única experiência de Flavio na área de marketing era ler contratos no departamento jurídico da Fifa. Ter indicado o inexperiente Flavio talvez tenha dado a Blatter a liberdade de continuar negociando com Jean-Marie sem interferência.

O presidente contratou pessoalmente seu novo chefe de pessoal, uma figura importante na reorganização da Fifa, Michael Schallhart; aos trinta e tantos anos de idade, Michael era um árbitro internacional de hóquei no gelo que tinha trabalhado como voluntário para a associação filantrópica Samaritanos. Blatter recrutou seu novo marqueteiro pessoal, um canal de ligação direta com a imprensa, e ele circum-navegaria em torno do departamento de comunicações da Fifa, comandado pelo inglês Keith Cooper. Blatter escolheu Markus Siegler, ex-repórter local, alto e boa-pinta, que já vinha trabalhando como *freelance* para a Fifa. Seu charme pueril e seu sorriso simpático ajudavam a vender as mensagens positivas do presidente.

Os planos de Sepp de dividir e governar estavam funcionando. A Fifa tinha uma administração oficial, em teoria comandada pelo secretário-geral Michel Zen-Ruffinen, e uma administração paralela e rival, liderada pelo dublê de secretário-geral Jerome Champagne. A casa estava dividida. O ambiente estava envenenado pela amargura e pela desconfiança. As pessoas que faziam todo o trabalho se sentiam traídas. Aparentemente seus chefes não mais comandavam. Para quem elas estavam trabalhando? Blatter e sua pequena trupe pareciam estar tomando todas as decisões. Às vezes Zen-Ruffinen até participava das reuniões da patota, mas não era bem-vindo. O grupinho de confiança de Sepp parecia estar roubando o poder e puxando o tapete de debaixo de seus pés.

Blatter tinha cunhado um nome para sua administração paralela, o *Führungscrew*, a "Equipe F" ou "Liderança F". Para o estafe da Fifa era um insulto a Zen-Ruffinen e, por extensão, um insulto aos próprios funcionários da entidade. Blatter alegava: "A Equipe F é um corpo consultivo cujo propósito é promover a comunicação e acelerar a solução de problemas".

Mas o poder paralelo estava tendo o efeito contrário. O moral do estafe andava péssimo. O próprio Blatter podia ver que as coisas não iam nada bem. Ele recorreu ao norueguês Bjorn Johansson, dono de uma pequena mas elegante consultoria especializada no recrutamento e seleção de altos executivos, cujos escritórios ficavam às margens do lago em Zurique. Bjorn aconselhou Sepp a tentar curar as feridas da Fifa.

Bjorn entendia um pouco de empresas infelizes. A seu ver, uma boa estratégia era dar uma folga aos altos funcionários. Assim, em fevereiro de 2000 ele levou os diretores mais graduados da Fifa – sem Sepp e sua turma – para o lago Constance, no *spa* de Bad Ragaz, paraíso de banhos termais e esqui nas montanhas, que prometia "afagos no corpo e na alma, o ano todo". Depois de tanto amargor, os funcionários da Fifa bem que precisavam de afagos. Bjorn os incentivou a desabafar e ouviu suas queixas.

Os administradores imploraram por melhorias na comunicação interna, queriam que os problemas fossem resolvidos às claras, com discussões honestas e abertas. Queriam trabalhar mais perto com o presidente, em regime de cooperação, e queriam saber para onde a Fifa estava indo.

A reclamação geral era a de que as coisas na Fifa andavam em uma terrível bagunça. A função mais importante da entidade, a razão de sua existência, era organizar a Copa do Mundo e as outras competições de jovens e mulheres. Contudo, 18 meses antes da Copa, ainda não tinham sequer um diretor de competições. E muitos dos funcionários mais novos não sabiam o que estavam fazendo, não se convenciam de que vinham sendo tomadas decisões para o bem do esporte, e preocupavam-se com o fato de o estafe do departamento de desenvolvimento não ser consultado sobre a maneira como o dinheiro era gasto.

Depois de encerradas as sessões de aconselhamento terapêutico do dia, Sepp Blatter apareceu em Zurique para o jantar formal, como um marido errante que chega quase no fim da sessão de terapia da família disfuncional, na esperança de que uma caixa de chocolates chiques conserte as coisas. Ele distribuiu exemplares de seu panfleto *The House of Fifa, Vision and Aspirations* [A Casa da Fifa, Visão e Aspirações].

Blatter assegurou a eles que seu coração e sua alma estavam devotados à Fifa e ao futebol, e que seu sonho era melhorar o esporte e levá-lo ao mundo todo. E depois disse que suas prioridades eram o próximo congresso, a Copa do Mundo – e ser reeleito!

Depois que a limusine de Blatter foi embora, a equipe voltou a conversar com liberdade. Todos concordaram que a atmosfera aberta e honesta das reuniões tinha mudado durante o jantar oferecido pelo presidente. Eles acharam por bem excluir o presidente de suas discussões. Não se pode falar à vontade quando Blatter está por perto.

O próprio Blatter podia ver que seu plano Führungscrew não estava dando certo. A instalação de uma administração paralela tinha como propósito desestabilizar o secretário-geral, não enfurecer os funcionários mais antigos e graduados da casa. Blatter ponderou sobre o problema e encontrou a solução.

Eles precisavam de reeducação. Ele fez o que autocratas do mundo todo já tinham feito antes dele. Convocou os serviços da consultoria gerencial McKinsey. Por pura coincidência, o diretor do Departamento de Prática Esportiva Europeia da McKinsey era Philippe Blatter, sobrinho do presidente da Fifa. De acordo com o porta-voz da Fifa, Andreas Herren, Philippe "prestou consultoria à equipe da McKinsey na condição de especialista [...] contudo, ele não está na chefia do trabalho com a Fifa".

Os funcionários da Fifa que não tinham uma fotografia de Philippe no álbum de família podiam dar uma olhada no site da McKinsey. Ele é um homem bonito, atlético, e junto à sua foto há um daqueles breves textos promocionais descrevendo o perfil do consultor da McKinsey, coisa de que eles parecem gostar tanto. Philippe pergunta: "Qual é o sentido de acordar de manhã, se não acreditar que algo extraordinário vai acontecer com você?".

Philippe competia em triatlos, jogava tênis e passava as férias atravessando de picape os desertos do Iêmen. Recentemente tinha trabalhado na Argentina e no Brasil, e agora lideraria uma equipe engajada em uma "missão a serviço do cliente", para incentivar os altos funcionários do tio a alcançar novos níveis de eficiência. Philippe não passava muito tempo no local, mas sua equipe de cinco consultores ganhou salas no "galinheiro", edifício que outrora abrigava um zoológico em miniatura pertencente à cidade de Zurique. De acordo com a McKinsey, eram "salas de trabalho em equipe, muitas vezes usadas nas instalações do próprio cliente, a fim de otimizar a eficiência do trabalho". Descontentes com os novatos, os funcionários da Fifa imediatamente cunharam um epíteto para os consultores, que a seu ver eram simplórios e inexperientes: "gado mocho" – isto é, sem chifres.

Em primeiro lugar, os consultores examinaram o interessante esquema de Blatter de 100 milhões de dólares para construir novas sedes e campos de treinamento para as associações e federações nacionais mais pobres. Era o chamado Projeto Goal, encabeçado por Mohamed Bin Hammam. "O gado mocho pôs a mão na massa", era a frase que logo começou a ecoar pelos corredores de Sunny Hill e nos bares depois do expediente, quando o estafe quebrava a cabeça para entender o que estava acontecendo.

Era tudo bastante cômico. O ambiente da Fifa estava empesteado de amargura, conspirações e golpes traiçoeiros; estava em curso uma batalha de proporções sísmicas entre o presidente e seu executivo chefe; enquanto isso, no galinheiro, alheios ao choque das placas tectônicas do futebol sob seus pés, os consultores da McKinsey entusiasmavam-se com "oficinas sobre anseios e aspirações".

Ao final de cada mês, o dr. Jens Abend, chefe do escritório da McKinsey em Zurique, mandava a conta. No Natal de 2000, Abend apareceu subitamente para cobrar mais alguns meses de honorários de consultoria, mais 20% de despesas, e a conta total somava 903 mil francos (quase 400 mil libras). Era muito dinheiro, mesmo para os padrões da Fifa. Era bem mais que todo o dinheiro dado aos países que a Fifa supostamente deveria ajudar.

Mês após mês, enquanto no galinheiro se ouvia a tagarelice disparatada dos consultores, na Fifa chegavam as contas do dr. Abend. Para conseguir pagar a McKinsey, a Fifa teve de apertar alguns cintos. Mas não o de Sepp. As diárias dos funcionários em viagens a serviço foram reduzidas para 100 dólares. Depois os consultores abocanharam 5 milhões de francos do orçamento destinado à arbitragem e cortaram 550 mil francos da verba destinada a doações para caridade.

Os funcionários da Fifa, agora com as ferramentas atualizadas, as aspirações restauradas e as diárias drasticamente reduzidas, estavam intrigados com a situação, pois a seu ver eram duvidosos os resultados dos vigorosos esforços dos consultores. Talvez eles tenham pensado que a McKinsey estava sendo involuntariamente usada para solapar Zen-Ruffinen, mostrando a ele o quanto devia ter sido "inovador". Se todo aquele jargão afetado e sem sentido tinha algum significado, aparentemente era este: "Você não vinha administrando direito este lugar, Michel. Você é ineficiente e incompetente, não está a par das modernas técnicas de gerenciamento. Nós somos a última palavra na ciência dos negócios, nós somos a elite dos MBAs da McKinsey: nós é que sabemos das coisas!".

Em uma noite gélida, os consultores da McKinsey tiraram os funcionários da Fifa de Sunny Hill e os levaram para uma pista de *curling* em Ruti. Lá eles foram divididos em duas equipes e instruídos a calçar sapatos especiais. Depois se viram lançando pedras de granito na pista de gelo e dançando ao redor delas, enquanto iam varrendo o gelo ao longo de sua trajetória. Os consultores iam fazendo cuidadosas anotações sobre o desempenho de cada um. Zen-Ruffinen arrastava-se penosamente, e as pessoas notaram que ele parecia sentir o frio da noite.

As dores e contusões da noite do *curling* mal tinham sarado e eles foram novamente levados para um hotel fazenda a 20 quilômetros de Zurique. Lá foram divididos em dois grupos e alojados em quartos idênticos, onde tiveram 2 minutos para examinar uma pilha de vigas e pranchas de madeira – algo parecido com blocos de Lego para adultos. Depois foram retirados dos quartos.

"Vocês viram os materiais", disse um consultor aos perplexos administradores da Fifa. "Agora vocês vão indicar um líder de projeto do seu grupo. Vocês têm 15 minutos para desenhar uma ponte a partir do que mostramos a vocês. Depois devem construí-la." O time liderado por Zen-Ruffinen se saiu bem, o outro não; os consultores tomaram mais notas, e o dr. Abend mandou outra conta, tudo pelo bem do futebol. Mais tarde, Blatter cobriu de elogios o trabalho dos consultores, afirmando que era da mais alta qualidade e tremendamente benéfico para a Fifa. A McKinsey não era nada barata, e no total a Fifa pagou pelo menos 2 milhões de libras.

A McKinsey gosta de se gabar de que não tem medo de confrontar clientes e dizer verdades desagradáveis. Se o chefe está conduzindo os negócios na direção errada, a McKinsey vai dizer. Eles alegam que inclusive já chegaram a recomendar que muitos chefes pedissem demissão, para o bem da empresa.

Perguntei ao escritório da McKinsey em Londres: "Philippe está trabalhando para Sepp ou para a Fifa? Philippe recebeu alguma bonificação por abocanhar 2 milhões de libras em honorários de consultoria?". O porta-voz da McKinsey, Tony Danker, respondeu: "Fico feliz que tenhamos podido trabalhar juntos nesta!". E depois me disse que o trabalho era confidencial e ele não poderia comentar.

15
UM MESSIAS PARA TRINIDAD

Ascensão e ascensão de Jack Warner[1]

"Jack Warner é um amigo maravilhoso e leal. Ele é extremamente competente e devo dizer que Jack é uma das principais personalidades do mundo do futebol."[2]

Pergunte nas ilhas gêmeas de Trinidad e Tobago e você verá que pouca gente compartilha da opinião que Sepp tem de Warner. Muitos vão dizer que ele é um ditador, que conquistou o poder pisando nos outros, um homem que foi ficando cada vez mais rico a cada degrau que galgava na escada da Fifa.

Mas por que essa hostilidade? Por que as pessoas reagem de maneira tão inflamada quando o assunto é o amigo leal de Sepp, um homem que já tomou chá com a rainha no Palácio de Buckingham – e repreendeu Sua Alteza, alegando que as empresas britânicas não estavam investindo o dinheiro de patrocínio no futebol de Trinidad e Tobago?

Já falamos antes de Jack Warner, na ocasião em que, na votação realizada em Zurique em 1996, pôs uma beldade para ocupar a cadeira do dr. Kyss na eleição em que ganhou mais poder, e já o encontramos novamente em 1998, pondo seu amigo Neville Ferguson no lugar do pobre dr. Kyss para mais um voto em Blatter.

Warner é um manipulador, um lobista, um homem poderosíssimo, que manda, desmanda, pinta e borda, e cujos empreendedorismo e audácia nos dizem muita coisa sobre a Fifa de Blatter. E é o homem que, se não fosse controlado, em dez anos poderia ocupar a presidência da Fifa.

Em sua terra natal, Trinidad e Tobago, ele diz que é dono de shopping centers, hotéis, escritórios e galpões. Afirma ter "alguns negócios" nos Estados Unidos. Como vice-presidente da Fifa, Warner contou ao repórter que o entrevistou que recebeu "uma ou duas fortunas" e "contracheques ultrafantásticos". Estimativas de seu patrimônio giram em torno de 10 a 20 milhões de libras.

Quando não ocupa o centro das atenções, Jack parece ficar um pouco amuado. Tende a se afundar na cadeira, deslizar as pernas curtas para a frente, jogar a cabeça para trás. É uma figura de gravatas floridas, camisas brancas, ternos azuis e sapatos imaculadamente lustrados. Seus óculos de armação larga e aros de ouro dão a ele um ar de estudioso. Em um dos pulsos, usa uma pesada pulseira de ouro; no outro, um enorme relógio de ouro. Nos dedos, usa um, dois, três anéis de ouro. Quando está de folga, veste camisas estampadas berrantes, abertas no pescoço para exibir um grosso cordão de ouro.

É um dos favoritos do corrupto Congresso Nacional Unido (UNC), partido liderado por Basdeo Panday. Quando assumiu o governo, o UNC deu a ele um passaporte diplomático especial.[3] Flexionando seus músculos na Fifa, em 2001, Jack fez esta espantosa declaração: "Sou membro do governo de Trinidad e Tobago, e desde a última quinta-feira, 15 de agosto, presidente da Autoridade Aeroportuária do país". Nenhuma das afirmações era verdadeira, embora ele certamente tenha dado ao mal-afamado governo de Panday bastante apoio e uma grande quantia em dinheiro, boa parte oriunda do futebol.

Quando o governo de Panday foi derrubado, Warner continuou discursando a favor do UNC e descrevendo os adversários políticos como "Talibã".[4] Ele disse aos eleitores do distrito eleitoral de La Brea que em recente viagem a Nova York tinha obtido da Fifa 2,6 milhões de dólares de Trinidad e Tobago para construir ali um centro esportivo. Mas havia uma condição. Eles tinham de votar no candidato do UNC, Norris Ferguson. "Se ele não ganhar, nada de esportes, é simples assim", disse Warner.[5]

No Parlamento – em que não havia maioria absoluta para nenhum dos partidos –, o grupo pró-Panday recompensou Jack nomeando-o presidente, embora ele nem sequer fosse parlamentar. A nomeação não vingou. Até mesmo alguns dos partidários de Panday o evitavam.[6]

A nossa história de Jack Warner começa em janeiro de 1943. Warner nasceu, em suas próprias palavras, em uma "casa de menino negro e pobre" em Rio Claro, ao sul da ilha de Trinidad. Quando criança, adorava ir à igreja e tinha paixão por cinema, mas não era muito popular, e por isso passou maus bocados na escola. Os coleguinhas o tratavam como forasteiro e sujavam seu uniforme.

Em 1961, Jack e outros adolescentes magricelas e desengonçados faziam fila do lado de fora do quartel de St. James, para se alistar como cadetes de polícia. Que vida diferente ele poderia ter levado. Uma vida em que se contentaria garantindo o bem-estar dos cidadãos com seu cassetete e aceitando pequenas propinas de motoristas apressados: por um punhado de cédulas amassadas ele faria vistas grossas e deixaria de distribuir multas por excesso de velocidade.

Mas o destino não quis assim. A mãe de Jack e o padre de sua paróquia agarraram o rapaz pela gola da camiseta e o arrastaram de volta para casa. Não, ele seria professor. E ponto final.

Jack estudou para ser professor (porém, sem o conhecimento da mãe, ele se alistou na Polícia Especial da Reserva, conhecida pelos piadistas da ilha como Algo Parecido com Polícia). Em pouco tempo descobriu que o poder era algo de que ele gostava muito. Por um breve período ele militou no movimento Black Power de Trinidad e Tobago, e depois encontrou uma oportunidade maior: o futebol.

O primeiro negro a dirigir o futebol em Trinidad fora Eric James, que assumiu o cargo de secretário em 1942. Por quase três décadas ele granjeou a reputação de homem decente e de princípios que, como seu irmão C. L. R. James, pensador político e autor de textos sobre críquete, serviu ao seu povo e ao esporte de maneira abnegada, enquanto o país encontrava seu rumo na era pós-colonial.

Enriquecer com o esporte era algo que nem passava pela cabeça desses homens. Meses depois da aposentadoria de Eric James, Warner já tinha assumido a presidência da federação nacional e passou a administrá-la de maneira totalmente diferente. Criou novas organizações, cuja finalidade não era clara, e que podiam exercer o direito de voto caso sua posição se visse ameaçada. De acordo com Jack, ele e seus amigos estavam emprestando vultosas somas em dinheiro para a federação, mas, com comovente modéstia, nem todos queriam que seus nomes aparecessem.

A imprensa o atacou. "Ele está instaurando uma ditadura", diziam os jornalistas. O próprio Jack fazia piada, dizendo jocosamente que tinha "um conjunto de livros contábeis para mostrar aos clubes, outro para o público, e outro para o ministro do Esporte".[7]

A crer em suas palavras, Jack é um homem temente a Deus. Na biografia que encomendou em 1998 a Tino Singh, editor de esportes do jornal *Trinidad Guardian*, sua irmã recorda o brilhantismo de Jack, desde menino era capaz de derrotá-la no jogo de damas. Ele adorava os domingos, porque "sempre havia alguma coisa a aprender com os sermões". E aprendeu: "Nunca tente enganar Deus".

"Meu marido jamais teria conseguido as coisas que conseguiu se fosse desonesto [...] ele é muito próximo do Criador", diz sua esposa Maureen, cujo cartão de crédito supostamente tem um dos limites mais altos de Trinidad.

Jack planejava intitular sua biografia *Um profeta sem honra*, para sugerir suas qualidades messiânicas em um país em que ele enfrenta repugnância generalizada. Mas Warner encontrou um título ainda melhor, *Upwards Through the Night* [Subindo, durante a noite], inspirado em versos do poeta norte-americano Henry Longfellow: *As alturas a que chegaram e em que estão os grandes homens não foram alcançadas em um voo repentino; enquanto, durante a noite, os companheiros estavam dormindo, eles subiam, arduamente.*

É verdade. Em Trinidad, onde as pessoas estavam acostumadas a ter dirigentes esportivos do calibre dos irmãos James, havia certa sonolência e falta de vigilância.

Uma das realizações de Eric James havia sido a criação da União Caribenha de Futebol, mas foi Warner quem percebeu que a entidade podia ser um trampolim para obter mais poder. Em 1983 ele concorreu, com sucesso, à presidência. A vitória garantiu automaticamente uma cadeira no Comitê Executivo da Fifa. O biógrafo Tino Singh escreveu que "isso foi um passo que criou grandes oportunidades de ganhos".

O presidente Havelange, que estava no poder havia nove anos, reconheceu as qualidades de Warner e o promoveu. Ao longo dos seis anos seguintes, Warner aprendeu a dizer tudo o que os bilionários do Golfo queriam ouvir, assistiu aos Jogos Olímpicos como convidado de honra e viveu o estilo de vida com que sempre sonhara.

Poucas coisas unem tanto um país quanto o êxito no mundo dos esportes. As ruas de Trinidad e Tobago estavam em festa. Nos bares e trios elétricos tocava-se o calipso a todo volume. Orgulhosas, as pessoas andavam sorrindo. Trinidad estava a um jogo de se classificar para a Copa do Mundo de 1990 na Itália. A pequena Trinidad! A caminho de Roma. Tudo que tinham a fazer era empatar com a Seleção Norte-Americana em partida a ser realizada no Estádio Nacional no dia 19 de novembro de 1989, e então embarcariam para a Itália.

O técnico Gally Cummings, um dos mais respeitados ex-jogadores do país, que tinha integrado o New York Cosmos, levou a seleção nacional para longe dos tambores, dos rituais religiosos sincréticos, da bebedeira regada a rum e comandou os treinamentos em meio à tranquilidade de Fyzabad, no cinturão do petróleo em Trinidad, a 80 quilômetros da capital, Port of Spain.

Eram dias fantásticos para o time. A nação inteira estava apoiando os atletas. E, eles sentiam, o mundo inteiro. Quem poderia resistir à alegre ideia de uma ilhota derrotando uma superpotência?

Enquanto o time treinava, Jack Warner, ainda secretário da Federação Nacional de Futebol, fazia seus próprios preparativos. Mandou imprimir milhares de ingressos extras para o jogo e passou por cima das regras que proibiam a venda de bebidas alcoólicas no estádio.⁸

Ao que parece, Jack não mais se contentou em ter Deus por perto, e quis *ser* Deus. *Que venham a mim as multidões! Que os torcedores bebam! Transformem suco de laranja em cerveja! Vamos lucrar!*

Quando chegou o grande dia, Trinidad estava tão animada que parecia prestes a explodir. A sensação era a de que o país inteiro compareceria ao jogo. E isso graças à decisão de Jack de mandar imprimir bilhetes adicionais. Dezenas de milhares de torcedores vestiram-se de vermelho e, munidos de seus preciosos ingressos, rodearam o estádio. Temendo pela segurança dos torcedores, os comissários da partida abriram cedo os portões. Não demorou muito para que os corredores e arquibancadas ficassem lotados de torcedores de pé. O estádio estava abarrotado por uma multidão muito maior que sua capacidade. O bar abriu. As pessoas começaram a beber. Enquanto isso, milhares de torcedores, que tinham investido seu suado dinheirinho para comprar um ingresso para o maior jogo da história do país, constataram que não conseguiriam entrar. E ficaram enfurecidos.

Enquanto Jack Warner se deliciava com os drinques pré-jogo na área *VIP*, acompanhado do jamaicano Horace Burrell e do guianense Colin Klass, os torcedores entoavam palavrões contra ele. Um luxuoso ônibus com ar-condicionado passou em meio à turba trazendo o esquadrão norte-americano. Já o pequeno micro-ônibus da Seleção de Trinidad não conseguiu abrir caminho entre a multidão enraivecida. Por fim, os melhores futebolistas da ilha foram sendo passados de mão em mão por cima da cabeça dos torcedores, estádio adentro.

Talvez não tenha sido a melhor maneira de se aquecer para o jogo. Os norte-americanos marcaram um gol e foram para a Itália. Trinidad ficou arrasada.

De acordo com a biografia de Warner, Havelange e Blatter ficaram tristes. Warner disse que os dois estavam torcendo em silêncio para os azarões, e se sentiram tão mal que deram ao time da ilha o Troféu Fair Play da Fifa, em um esforço para consolar os derrotados.* Já Warner ficou tão triste que teria até chorado. Teve vontade de morrer. Desabou no sofá e se desfez em lágrimas.

A imprensa acusou Warner de promover uma "gigantesca fraude". De acordo com o *Trinidad Guardian*, 45 mil bilhetes foram impressos para o jogo,

---

* O conceito de *fair play* [jogo limpo] significa mais que o simples respeito às regras, mas inclui noções de amizade, honra, lealdade, respeito pelo outro (adversários, árbitros e companheiros de time) e espírito desportivo. (N. T.)

embora a capacidade do estádio fosse de apenas 28,5 mil pessoas. O texto do jornal dizia: "35 mil pessoas se acotovelaram dentro do estádio antes do meio-dia, quando os portões foram fechados. [...] A superlotação era tanta, que várias pessoas desmaiaram e tiveram de ser atendidas. Os bombeiros disseram que a situação era de alto risco".

Warner negou-se a falar. A imprensa não afrouxou, e depois de quatro dias de silêncio ele finalmente convocou uma entrevista coletiva. Sentado a seu lado, Peter O'Connor, o presidente da federação, mantinha uma expressão séria e os braços cruzados sobre a mesa, como se a proximidade com Warner pudesse transmitir hemorroidas a ele. Já o secretário-geral estava agitado, gesticulando de modo veemente, pressionando as mãos contra o peito, inclinando-se para a frente e implorando para que os jornalistas acreditassem nele.

Inicialmente Warner disse à Fifa que tinha vendido 43 mil ingressos – 10 mil bilhetes corporativos, o que possibilitaria à federação pagar suas dívidas (embora ele nada tenha dito a seus colegas sobre o plano), 28 mil para o mercado e 5 mil reservados para "uso de emergência". Agora, na coletiva, ele alegava que a federação imprimira e vendera apenas 28,5 mil ingressos e que os números divulgados pela administração do estádio estavam errados. *Pelo menos 6 mil ingressos eram falsos!*

O governo nomeou um conselheiro da rainha aposentado para chefiar uma comissão de investigação sobre o escândalo, o advogado Lionel Seemungal. Lendo nos jornais o desrespeito às normas de segurança, ele ponderou em voz alta: "Warner acreditou que era Deus ou apenas achou que estava governando o país?". Por causa desse comentário, Warner entrou com uma ação legal para retirar Seemungal do caso. Não conseguiu, mas a investigação foi interrompida, e Warner alegou que não tivera a oportunidade de contar sua versão da história.

Ele fez o melhor que pôde em sua biografia autorizada, com entusiasmado prefácio de Havelange – à venda por 20 dólares no escritório de Warner em Port of Spain. O tema dos ingressos teve de ser enfrentado no livro. O biógrafo Tino Singh explicou: "Toda a posterior credibilidade de Warner seria solapada por esse único ato. O que na verdade havia sido uma série de erros de julgamento – vender mais ingressos além da capacidade de acomodação do estádio, reservar bilhetes para atender a uma 'demanda especial', e pior de tudo, excluir do procedimento seu conselho executivo –, agora ficara ainda mais complicado por conta de uma mentira, uma negação, e pela tentativa de jogar uma cortina de fumaça em torno do que realmente tinha acontecido. Ao agravar com invencionices seu erro inicial, Warner fez com que todas as explicações ou esclarecimentos servissem apenas como combustível para a máquina de insinuações, boatos e hostilidades".

Singh prosseguia: "A percepção pública foi a de que Warner tinha pessoalmente embolsado os lucros da venda dos ingressos extras. Isso obviamente não era verdade – a auditoria realizada mais tarde pela Ernst & Young revelou que houve uma prestação de contas perfeitamente adequada acerca de todos os ingressos do jogo, incluindo os 5 mil bilhetes 'extras' que Warner reservara. Mas quando os resultados da auditoria vieram a público, ninguém mais parecia se importar. O nome de Warner já havia sido irremediavelmente manchado".

É certo que profeta algum jamais foi tão malquisto em seu próprio país como Warner. Sua desilusão culminou, pouco tempo depois, em sua demissão da secretaria da Federação Nacional. Mas havia também boas notícias. Um dia depois do jogo, de acordo com a biografia de Warner, alguém bateu à porta. Era Charles Gordon Blazer, uma figura imensamente redonda, cujos botões da camisa estavam sempre a ponto de arrebentar. Conhecido como Chuck, Blazer era um dos vice-presidentes da Federação Norte-Americana de Futebol e comissário da Liga Norte-Americana de Futebol, e, segundo dizia a lenda, tinha à sua disposição uma lanchonete McDonald's funcionando 24 horas por dia e sete dias por semana dentro do armário de seu quarto. Os dois tinham se conhecido no circuito da Concacaf, e Chuck trazia boas-novas.

"Jack, você já fez o bastante por seu país", proclamou o norte-americano, "mas jamais aceitaram você. A Concacaf está arruinada, decadente. Use suas habilidades para ajudar a reerguê-la."

O futebol nunca mais voltaria a ser o mesmo. No horizonte estava a próxima eleição da Concacaf. Se Chuck e Jack conseguissem arrancar a presidência do já idoso mexicano Joaquín Soria Terrazas (que estava havia muitos anos no poder) e agrupar os 35 votos da região em um único bloco na Fifa, estariam entre os homens mais poderosos do mundo do futebol.

Quem substituísse Terrazas teria de possuir as virtudes de "um Gandhi ou de um Martin Luther King", refletiu Blazer. E Warner, disso ele estava certo, possuía essas qualidades em abundância. Jack, o Messias, tinha encontrado seu João Batista.

16
EIS QUE EU ENVIO O MEU MENSAGEIRO!

Chuck, o João Batista

Jack e Chuck formavam um time fabuloso. Chuck se incumbia de preparar o caminho para Jack, alardeando sua grandeza. "Se ele quiser, acredito que um dia poderá ser presidente da Fifa", dizia o arauto. "Se Jack decidir que esse é o caminho que ele quer seguir, vocês verão que ele contará com uma tremenda base de apoio." Chuck limpou o terreno para a campanha de Jack pelo controle da Concacaf em 1990.[1] Obstruindo seu caminho estava o velho presidente Joaquín Soria Terrazas.

Jack e Chuck examinaram os números e constataram que seria difícil perder a eleição. Warner já tinha assegurado o apoio das ilhas da União Caribenha de Futebol, e era delas a maioria dos votos. Eles sabiam que muita gente se sentia ligeiramente menosprezada por Terrazas, muitas pessoas achavam que ele não os consultava, lamentavam não ter dinheiro para viajar para os congressos, e julgavam que, por causa da negligência do presidente, a confederação estava moribunda. Uma dupla de trapaceiros inspirados poderia estimular o futebol, gerar mais dinheiro – e mais cargos para os rapazes.

Depois de lavrar o terreno pedregoso do Caribe, na América Central Warner conseguiu o crucial apoio do abastado costa-riquenho Isaac Sasso. Em abril de 1990, as tropas de Warner se alinharam no Sheraton Conquistador, na Cidade da Guatemala, onde as associações e federações nacionais votariam para escolher seu novo presidente. Presentes como convidados de honra – e para assegurar que o congresso tomasse as decisões certas – estavam o presidente Havelange e um lobista da Adidas.

O clima na Guatemala era "assustador", definiu Blazer. "Seguranças empunhando metralhadoras verificavam as credenciais. [...] Os apoiadores de Warner estavam na mira. [...] Jack recebeu telefonemas com ameaças de execução e outras possibilidades terríveis. Ele estava determinado a seguir em frente, mesmo que isso significasse perder a própria vida." O congresso teve início às 10h35 e durou 13 amargas horas. E já começou em tom desagradável. Houve tentativas de evitar que Warner concorresse, mas seu pessoal conseguiu reverter a situação, e Trinidad e Tobago voltou ao páreo.

Na hora da votação presidencial, Terrazas, percebendo que as tropas de Warner estavam bem organizadas, retirou-se do pleito. Os candidatos rivais dos Estados Unidos e do Canadá desistiram, deixando Jack como candidato único. Mesmo assim a votação foi realizada. Warner obteve a presidência com 16 votos favoráveis e 10 contra.

Prontamente Warner nomeou Chuck Blazer seu secretário-geral. Depois nomeou Isaac Sasso, homem de 63 anos, inofensivo e sem nenhuma ambição, para substituir Terrazas no Comitê Executivo da Fifa, junto a Warner e ao magnata mexicano da televisão Guillermo Canedo.

Uma semana depois, Warner enviou um fax particular a Blatter, então secretário-geral da Fifa em Zurique. "O congresso foi um acontecimento sórdido, em que vários dirigentes veteranos [...] conduziram uma campanha difamatória contra mim", ele relatou.[2]

"Por fim, permita-me registrar meus sinceros agradecimentos ao senhor e à Fifa pelo apoio e pela compreensão nos últimos meses. Serei eternamente grato e minha dívida é doravante permanente, e quero assegurar que em todas as nossas deliberações e ações a diretriz primordial será a lealdade ao senhor, ao nosso presidente dr. Havelange e à Fifa." E lá se foi ele para a Copa do Mundo, o único trinitário-tobagense feliz em Roma.

Chuck Blazer firmou um acordo com o magnata norte-americano do ramo imobiliário Donald Trump, e a Concacaf se mudou de mala e cuia para o 17º andar da Trump Tower, na Quinta Avenida, em Nova York, edifício suntuoso com paredes de mármore rosado e um chafariz interno. Um endereço impressionante. E como isso foi possível? Ele tem uma explicação: "Eu sabia da proximidade de Jack com Deus. Não conseguimos a Trump Tower por acidente [...] tinha de ser algum tipo de intervenção divina. De tempos em tempos eu olho para Jack e digo a ele que somos bons no que fazemos. Mas também tenho em mente que parece haver algum tipo de força espiritual cuidando de nós".

Deus ajudou Chuck a comprar para si mesmo um apartamento no 49º andar. Os visitantes dizem que seu escritório com vista para a Quinta Avenida é dominado por seu papagaio de estimação, Max. Há rumores de que Chuck tem uma casa de praia em Paradise Island, nas Bahamas. Perto de onde está registrado o endereço comercial da confederação, em Nassau.

No ano 2000, Chuck iniciou um novo empreendimento – na Centre Point Tower, que domina a Oxford Street, em Londres: a Global Interactive Gaming (GIG), empresa cuja ambição era gerar mais apostas nos canais de esportes na televisão. "Nós ampliamos a experiência de assistir a eventos esportivos, vinculando um componente financeiro para suscitar o interesse dos telespectadores", era a proposta. "Nossa estratégia revolucionária oferece uma mudança de paradigma de grande magnitude nesse mercado em expansão." É exatamente o mesmo tipo de discurso de Chuck.

Os fãs de esportes, assistindo a seu jogo favorito em um canal de televisão interativo, seriam convidados a fazer apostas: Que time marcaria o próximo gol? De quem seria o próximo arremesso lateral? O pênalti seria convertido em gol?

Não era algo assim tão revolucionário. Como em qualquer forma de jogatina, o único vencedor consistente é a empresa de apostas. Liguei para um executivo da GIG e perguntei se eles disponibilizariam apostas para a Copa do Mundo de 2002. "É bem provável que sim."

Blazer mantinha em sigilo essa parte do projeto – não havia anúncios no site oficial da Fifa. Seu sócio no empreendimento era o grupo de Leo Kirch. E eles, junto com a ISL, estavam pagando à Fifa mais de 1 bilhão de dólares pelos direitos de transmissão das duas Copas do Mundo seguintes – eventos com os quais a nova casa de apostas global de Chuck esperava ganhar muito dinheiro.

Blazer era um dos membros do Comitê Executivo da Fifa que tinha apoiado o contrato com Kirch. Ele tinha a responsabilidade de inspecionar o desempenho do consórcio e poderia a qualquer minuto penalizar o grupo se este deixasse de cumprir suas promessas. Agora ele tinha firmado uma parceria com Kirch, para lucrar pessoalmente com um negócio que provavelmente envolveria o torneio que pertencia à Fifa e que Kirch tinha comprado. Mandei um e-mail para Blazer: "Havia algum conflito de interesses?".

"Não há absolutamente nenhum conflito de interesses", ele respondeu. "A bem da verdade, os membros individuais do Comitê Executivo não têm nenhuma relação funcional ou de supervisão com Kirch e suas subsidiárias."

E a resposta prosseguia: "Acredito que quando o senhor tiver uma visão geral da situação e entender a dimensão total da nossa realização, a aplaudirá por ser a extensão natural de pessoas que são empreen[de]doras [sic] por natureza e encontraram um nicho sem paralelo, em que somos os primeiros a desenvolver um plano para facilitar os jogos interativos".

Em vez disso, escrevi uma matéria para o jornal *Daily Mail* com a manchete "Chefão da Fifa quer apostas na Copa do Mundo". Na manhã em que o artigo foi publicado, 18 de dezembro de 2001, Chuck era esperado em uma reunião no Comitê Executivo, mas cancelou o voo e mandou um e-mail para o presidente justificando-se e se desculpando: "Estou com uma laringite, que fez com que a minha voz soe como a de um sapo. Talvez um príncipe, com voz de sapo, esperando ser beijado".[3]

Depois da reunião, Blatter convocou uma coletiva de imprensa. Parecia abalado. "Precisamos estabelecer um código de conduta de modo a evitar esse tipo de situação com membros do Comitê Executivo. Este é o esporte do mundo e dos jovens do mundo, e não podemos nos dar ao luxo de ter em nosso comitê pessoas que não mereçam totalmente uma reputação de ética e moral ilibadas. Peço que os senhores me deem algum tempo. Preciso examinar a situação. E, por favor, acreditem, vou fazê-lo."[4]

E acrescentou: "Blazer nada tem a ver com os direitos da Copa do Mundo, e ele mesmo me explicou isso por telefone". Blatter disse que Chuck ligara de Nova York naquela mesma manhã, antes que o comitê desse início à sua reunião de quatro horas de duração. Indagado sobre as atividades de Blazer, ele respondeu: "Não estou nada feliz. Não estou nem um pouco feliz de receber uma ligação de Blazer às três da manhã. Vou investigar tudo isso, e peço apenas que os senhores me deem o tempo necessário para que eu possa fazê-lo".

Blazer lembrou aos colegas que 18 meses antes escrevera ao secretário-geral Michel Zen-Ruffinen informando de sua parceria com Kirch e assegurando que, caso fosse necessário, "Estou preparado para abrir mão do direito de votar nessas questões".

E ele de fato tinha abdicado do direito de votar. Naquele ano o Comitê Executivo se reunira em Buenos Aires para votar na proposta de Kirch e assumir os direitos de televisão da Copa do Mundo depois que a ISL foi à falência. O comitê inteiro votou – exceto Blazer, que tornou pública sua parceria e se absteve.

Então, no fim das contas, ficou claro que Blatter e todo o Comitê Executivo da Fifa sabiam do plano de enriquecimento pessoal de Blazer em seu empreendimento conjunto com Kirch. E ninguém via problema nisso. Chuck não tinha de fazer uma escolha entre servir à Fifa ou servir aos próprios interesses com uma ajudinha extra da Fifa.

"A razão da minha vida é retribuir à minha comunidade tudo que recebi", Jack Warner disse certa vez a um jornal local, "pois acredito que me beneficio da comunidade."[5]

Algumas pessoas podem ter ficado perplexas com a primeira parte dessa declaração. Mas ninguém poderia duvidar da segunda parte. Jack Warner se beneficiava do futebol internacional e do Caribe de maneira impressionante e audaciosa. Até mesmo um palácio foi construído para ele em Trinidad: o Centro dr. Havelange de Excelência, cujo propósito, de acordo com Jack, era elevar os padrões do futebol em toda a Concacaf.

Se a Concacaf realmente necessitava de um centro de futebol, e se realmente tivesse havido um processo de planejamento justo, limpo e responsável, as instalações teriam sido erguidas em uma área mais no centro da região, na Jamaica ou em Cuba, de modo a facilitar o acesso de jogadores e dirigentes.

Mas nada disso foi levado em conta e, longe de ficar em uma região central, o complexo esportivo fica em Trinidad – bem ao sul da maior parte da comunidade futebolística comandada por Jack Warner –, na estrada de Macoya, entre o aeroporto e Port of Spain. É um estádio de 6 mil lugares, com três campos de treino, uma piscina, escritórios, um auditório e um hotel Sportel Inn com cinquenta quartos, para acomodar dirigentes em visita.

Na fase de "planejamento", Warner calculou que precisaria de 16 milhões de dólares para construir seu centro. Mas o orçamento total da Fifa destinado a projetos de desenvolvimento para o período de 1999 a 2002 era de 10 milhões de dólares – para toda a Concacaf. Assim, ceder 16 milhões de dólares para uma única ilhota no Caribe era impossível!

Não para Jack. No horizonte havia eleições presidenciais para a Fifa, e Jack controlava 35 dos votos. Ninguém, muito menos Blatter, queria desapontá-lo. E foi assim que o orçamento outrora reservado para projetos de desenvolvimento em toda a Concacaf acabou indo integralmente para as mãos de Jack, acrescido de 6 milhões de dólares tomados do banco suíço UBS, garantido pela Fifa.

Em uma de suas últimas missões oficiais, o presidente Havelange inaugurou o centro, em maio de 1998. Ele instruiu os dirigentes da Concacaf: "Votem em Blatter". E falou com carinho de Warner, chamando-o de "meu irmão".

Um ano e meio depois da grande inauguração do centro, Julio Grondona, presidente do Comitê Financeiro, e o presidente Blatter enviaram a Warner uma carta formal lembrando ao dirigente que ele não pagara um único centavo do empréstimo de 6 milhões de dólares. E que medida severa eles propunham? "A Fifa está contemplando a ideia de reembolsar o empréstimo de 6 milhões [...] em seu nome, já que parece improvável que sua confederação encontre meios para fazê-lo." Assim, livraram Warner do sufoco e se comprometeram a levantar o dinheiro.[6]

Mais ou menos na mesma época, Bin Hammam, que preside o Projeto Goal, concordou em ceder a Warner e a Trinidad uma verba de 400 mil dólares. O que será que a equipe da McKinsey – que estava sendo tão implacável com outros dirigentes bem menos poderosos que solicitavam verbas do Projeto Goal

– pensava sobre todo o dilúvio de dinheiro jorrando no império de Warner? É mais um segredo de seu cliente.

Quando está em Zurique, Warner gosta de dar uma passadinha no departamento financeiro. Depois de uma dessas visitas, Hans Ulrich Schneider, que controla o dinheiro do orçamento do desenvolvimento, concordou com a solicitação de Jack de adiar o pagamento de uma dívida de dezenas de milhares de dólares. Corajosamente, declarou que seu gesto "não tinha a intenção de abrir um precedente para o futuro".

Por mais dinheiro que a Fifa desse a Warner, ele sempre pedia mais. A Fifa pagara pela construção do centro e teria de pagar para usá-lo. Em agosto de 2001, Warner enviou diretamente a Blatter, sem intermediários, um orçamento exigindo o pagamento de 77 mil dólares relativos a um curso de arbitragem de quatro dias, a ser realizado em Macoya e na Cidade do México em outubro daquele ano.

Afirmando que poderia contribuir com 28 mil dólares "de nossos escassos recursos", ele anexava seu orçamento para o uso do centro de Macoya. A Fifa teria de pagar 3 mil dólares – 750 dólares por dia – pelo aluguel do auditório que ela mesma havia construído. Os 32 participantes do curso teriam de comer, e isso custaria à Fifa outros 15 mil dólares, ou 468 dólares por cabeça. As despesas de acomodação somavam 16 mil dólares, 550 dólares para cada participante – no hotel cuja construção a própria Fifa tinha bancado.

A lista prosseguia, ao longo de uma página inteira. Aluguel de equipamento audiovisual? Seriam 12 mil dólares. "Outros" equipamentos? Mais 3 mil dólares. A publicidade e a divulgação do curso custariam 2,5 mil dólares; os certificados, a ninharia de 50 dólares cada um. No final de tudo, Jack tascou um item: "Miscelânea – 4 mil dólares".

O presidente Blatter repassou a lista de Warner para o Projeto Goal de Bin Hammam. De forma alguma ele concordaria com aquele orçamento de 77 mil dólares. Warner devia receber mais! Dois dias depois de enviar por fax seu orçamento, Urs Zanitti, chefe do departamento do Projeto Goal, respondeu via fax que a Fifa queria pagar o total de 105,5 mil dólares pelo curso. Zanitti estava efusivo: "Nossas congratulações por tomar a iniciativa de realizar cursos tão úteis".[7]

Sete meses depois, Warner atacou de novo, informando Zurique que gostaria de recrutar Pelé, Sir Bobby Charlton, Carlos Alberto Parreira e Gerard Houllier para um curso de aperfeiçoamento de técnicos de futebol no outono de 2002.[8] Que time impressionante. Mas todos eles estavam ocupados. Então Warner convocou o chefe do departamento de desenvolvimento da Fifa, Jean-Paul Brigger, e o ganense Abedi Pelé. Mas a Fifa pagou mesmo assim.

O sr. Zanitti talvez não tivesse ficado tão impressionado com Warner caso soubesse que o centro custeado pela Fifa era muito pouco usado para o desenvolvimento do futebol da região. Em 2001, foram apenas 36 dias do ano. Em 2002, apenas 35 dias. Em 2003, só houve três semanas de cursos. Era difícil ver que benefício todos aqueles milhões de dólares estavam trazendo para a grande família mundial do futebol.

Contudo, uma família certamente estava se beneficiando. Daryan Warner, filho de Jack, era proprietário do caro restaurante que alimentava o pessoal do futebol e outros visitantes. Pouco mais de um ano depois da inauguração do centro, Warner decidiu que o lugar era ideal para servir de palco para o concurso de Miss Universo de 1999. "Os organizadores do Miss Universo ocupam o mesmo prédio em que estão meus escritórios em Nova York", ele disse, e essa foi a última vez que se ouviu falar no assunto.

Jack tinha outra fantasia para seu palácio futebolístico. Criaria seu próprio time de futebol, que disputaria o Mundial de Clubes da Fifa e lhe renderia uma fortuna.

Ele explicou tudo em seu site: "Em 1996, enquanto Trinidad e Tobago chorava sua desclassificação precoce nas eliminatórias para a Copa do Mundo de 1998, o dedicado e patriota servidor público Austin Jack Warner estava arquitetando o próximo passo com o intuito de levar seu país às finais da Copa do Mundo de 2002. Das entranhas do desapontamento e da frustração surgiu o Joe Public Futebol Clube".*

Os diretores do time eram parentes de Jack: a esposa Maureen, o filho Daryan, além do velho colega de faculdade Harold Taylor, que regularmente pulava de um cargo a outro na federação local, na União Caribenha de Futebol e na Concacaf.

Warner esperava capitalizar com a venda de seus melhores jogadores para o exterior. Um de seus filhos tornou-se agente oficial, e "nenhuma transação podia ser feita sem sua aprovação".[9]

O time venceu o campeonato caribenho de 1998 e Warner logo anunciou: "O Joe Public Futebol Clube está se tornando o Manchester United do Caribe". Ele previu que o clube chegaria às finais do Mundial de Clubes da Fifa. Não chegou. O Joe Public caiu pelas tabelas e em janeiro de 2004 Warner abandonou seu sonho.

---

* Em inglês, "Joe Public" (variação de John Q. Public) é expressão equivalente a "zé--ninguém" ou "fulano de tal". (N. T.)

17
HIP! HIP! HURRA!
APLAUSOS PARA OS JOVENS JOGADORES

... e para o cofrinho da família Warner

Port of Spain, 12 de junho de 2001: "Servi à Fifa com competência e lealdade ao longo dos últimos 18 anos. Vi mortais menos leais e menos prestimosos usufruírem, juntamente com seus familiares, das benesses da Fifa", escreveu Jack Warner em um e-mail a Joseph Blatter. "Depois de ter recebido a promessa de que a firma de meu filho teria participação nos frutos da e-Strategy [estratégia on-line] da Fifa, eis o resultado."

Jack não estava recebendo o que queria. A Fifa tinha mexido os pauzinhos para que o campeonato mundial Sub-17 fosse realizado em sua ilha, e agora um suculento contrato estava sendo negado ao seu filho. Warner prometera à sua família que conseguiria um naco do torneio, mas os burocratas na distante Zurique – malditos sejam, seus próprios funcionários! – estavam fazendo corpo mole.

"A família Fifa só conseguirá sobreviver e continuar intacta se seus filhos acreditarem genuinamente que há um lugar para eles na Casa da Fifa", resmungou Jack. "Mas infelizmente, embora a Casa da Fifa até possa ter um lugar para todo mundo, acho que todo mundo deve saber qual é seu lugar e, aparentemente, eu não sei qual é o meu. Saudações, Jack Warner."

Warner era presidente do Comitê Organizador da Copa do Mundo Sub-17 da Fifa, que definiu que o torneio seria realizado em Trinidad e Tobago em setembro de 2001. Haveria uma infinidade de contratos a serem abocanhados, milhões de dólares do governo e da Fifa a serem alocados; quatro novos estádios seriam construídos, os já existentes seriam reformados, uma fortuna em gastos com infraestrutura e afins.

Ele formou uma comissão de planejamento com seu amigo Ameer Edoo, que mais tarde seria nomeado presidente da Autoridade Aeroportuária de Trinidad. Os dois conseguiram verbas com o ministro do Trabalho e dos Transportes, Sadiq Baksh, e o ministro das Finanças, Brian Kuei Tung, membros do partido UNC, que Warner apoiava com dinheiro e influência. Em maio de

2004, juntamente com outros políticos e homens de negócios, Edoo, Baksh e Tung foram presos, acusados de corrupção durante a construção do novo Aeroporto Internacional de Piarco. O caso continua se arrastando nos tribunais de Trinidad.

"Não peço desculpas pelo que fiz para ganhar a disputa", cacarejou Warner, ao recordar suas manobras para derrotar os colegas da Fifa que concorriam para sediar o torneio. "Vários outros países, incluindo Peru, Japão, Finlândia e Escócia se candidataram. Eu sozinho lutei contra todos e venci. Quando perderam, houve alegações de tráfico de inteligência, informações privilegiadas, conflitos de interesses e vantagens ilícitas."

Warner autonomeou-se presidente do Comitê Organizador do torneio e esboçou um orçamento, que foi aprovado pelos seis homens do Comitê Financeiro da Fifa (cujo vice-presidente era Jack Warner) e endossado automaticamente pelo Comitê Executivo, do qual ele mesmo era vice-presidente.

Houve descontentamento acerca da maneira como os contratos para a construção de estádios estavam sendo concedidos. A Associação de Empreiteiros local escreveu ao primeiro-ministro Panday queixando-se do modo pelo qual o dinheiro público – 340 milhões de dólares de Trinidad – estava sendo gasto. Eles alegavam que as leis de licitação e concorrência estavam sendo "violadas". O processo não era transparente e mesmo "altamente irregular". A despeito das solicitações, Warner se recusou a responder a essas alegações.[1]

Warner agradeceu ao diretor de finanças Urs Linsi pela boa vontade da Fifa e a pronta assistência financeira recebida com vistas à realização da Copa do Mundo Sub-17 programada para 2001.

No início de 2001, as redes de televisão enviaram uma equipe técnica para vistoriar os novos estádios chefiada por um homem chamado Keith Thomas. Horrorizado, ele constatou que havia sido dada pouca atenção à localização das fontes de alimentação elétrica e de cabos e câmeras de televisão. Vigas do teto e cabos pendurados obstruíam a filmagem do campo. Quando Thomas tentou fazer perguntas, foi "castigado" pelo burocrata da Fifa Walter Gagg.

"É óbvio que questões relativas à televisão não podem ser discutidas no local, e tive de obter informações interrogando pessoalmente comerciantes e operários", reportou Thomas. "O planejamento e a organização da visita técnica foram precários." Ele afirmou, sem comentar, que Warner e seus parceiros comerciais no Comitê Organizador estavam envolvidos na supervisão da construção.[2]

O contrato na categoria de alimentos *fast-food* e bebidas – para todos os cinco estádios – ficou com o restaurante de Daryan, filho de Warner. A executiva-chefe do Comitê Organizador Sandra Bachir disse em entrevista a uma rádio local: "Acho que às vezes, sim, deveríamos nos preocupar com essas coisas. Mas precisamos crescer e passar por cima desse tipo de coisa e olhar o panorama geral. Passamos tempo demais enfatizando questõezinhas que não podemos mudar".[3]

Outra questão que não podia ser mudada era o poder que Warner tinha para influenciar a maneira como Blatter distribuía os contratos da Fifa. As 15 seleções que visitariam o país – jogadores, técnicos, médicos, pessoal de apoio e dirigentes – viriam de avião de lugares distantes como Europa, Ásia, África e Austrália, totalizando cerca de quinhentas passagens aéreas. Normalmente esses voos seriam organizados pela agência de viagens da Fifa em Zurique. Não dessa vez. Dessa vez era uma grande oportunidade de bons negócios para agentes de viagens sortudos.

Barbara Eggler, da Fifa, fez circular um memorando informando a todos os participantes que, "Conforme a vontade de Jack Warner, e depois de acordo com o presidente da Fifa, a organização das viagens para o torneio Sub-17 estará a cargo de uma agência de viagens local chamada Simpaul's Travel, empresa familiar credenciada pelo Comitê Organizador".

A Simpaul, baseada em Port of Spain, faz parte do que Jack chama de "grupo Warner de empresas" e lucra bastante com o futebol internacional e regional. O próprio Warner, que vive viajando pelo mundo inteiro, invariavelmente compra na Simpaul passagens para si mesmo e para a sua comitiva.

Para a Copa do Mundo de 2002, a Fifa estava investindo pesadamente em sistemas de *softwares* e intranet. Queria que os torcedores e fãs do futebol pudessem acessar de saguões de hotéis e pontos de encontro informes atualizados sobre os jogos e notícias em tempo real sobre os torneios. O campeonato mundial Sub-17 seria o teste. Uma grande empresa de Dallas tinha ficado com o principal contrato. A Semtor, desenvolvedora de *softwares* baseada em Weston, Flórida, queria abocanhar subcontratos, mas não estava fazendo muitos progressos.

Jack Warner intercedeu em favor da Semtor junto à Fifa: "Achei por bem enviar este e-mail a fim de saber qual é o andamento da situação do meu filho". Daryll Warner era gerente de projetos da Semtor. O prazo para o fechamento dos contratos estava acabando. Jack mandou outro e-mail. "Estou aguardando, agora com certa ansiedade, notícias sobre a discussão envolvendo meu filho Daryll Warner e sua firma, a Semtor."

Em junho de 2001, Daryll Warner mandou o seguinte e-mail para seu pai: "Como o senhor, estou muito confuso, pois fomos avisados de que o site regional envolveria a Semtor Inc. Além disso, estou TOTALMENTE aturdido, pois não sei quem toma as decisões na Fifa".

Jack respondeu: "Olhe, filho, não se preocupe demais, concentre-se no que você e a Semtor têm a fazer e nada mais. [...] O responsável por tomar a decisão acerca desse assunto é o secretário-geral Michel Zen-Ruffinen, e ele me disse repetidas vezes (com o apoio tanto do presidente da Fifa como também de Urs Linsi) que haverá um papel para a Semtor na Fifa, e confio na palavra deles".

Daryll escreveu de novo ao pai, dessa vez dirigindo-se a ele como presidente da Concacaf: "Caro sr. Warner, eu gostaria de agradecê-lo por seu voto de confiança no que concerne à Semtor Inc. Infelizmente seus colegas da Fifa não compartilham de seus sentimentos e aspirações".

"Estou decepcionado com a Fifa", Daryll informou a seu papai. "A meu ver parece que a Fifa de hoje não é a mesma em que o senhor ingressou tantos anos atrás. Onde estão a ética, a moral, a honestidade na negociação com a Semtor? Quando criança, eu queria fazer parte da Fifa por causa dos valores de ouro da entidade. Infelizmente, hoje parece que a esperança está desvanecendo."

A Semtor manteve a pressão, enviando à Fifa uma minuta de contrato que só precisava de assinatura. A Semtor desenvolveria uma dezena de "quiosques" a serem dispostos em saguões de hotéis e outros lugares onde houvesse torcedores e fãs de futebol reunidos. Isso custaria pouco mais de 1 milhão de dólares. A Semtor forneceria o conteúdo por outros 362 mil dólares e o áudio da internet por mais 320 mil dólares.

A produção de vídeos on-line sairia por mais 75 mil dólares, mas isso tudo não era apenas para Trinidad 2001. O esquema era "concebido para criar um modelo e um paradigma que continuarão ao longo da Copa do Mundo de 2002". Se a Semtor conseguisse levar o projeto até o Japão e a Coreia, ganharia muito mais dinheiro. Mas por enquanto a cláusula final era fechar o contrato apenas para Trinidad um pouco abaixo de 2 milhões de dólares. Cobrando uma comissão de 60 mil dólares, Daryll Warner atuaria como "contato de gerenciamento entre todos os consultores de iniciativas da internet".

Graças a papai, a minuta do contrato não passou pelas mãos das pessoas geralmente responsáveis por esse tipo de coisa, e seguiu direto para Blatter e o diretor de finanças Urs Linsi. Duas semanas depois, mantendo a pressão, Warner escreveu a Linsi: "Re: contrato da Semtor. Sei que os senhores estão muito ocupados. Não obstante, ainda preciso de sua confirmação acerca do contrato que enviei por e-mail na última quinta-feira". Jack estava na Argentina para um congresso da Fifa. "Estou com o original aqui em Buenos Aires para que os senhores assinem ao chegar. Aguardo com alguma ansiedade sua resposta."

Jack conseguiu o que queria. O contrato foi assinado. Mas a coisa não parou por aí. Daryll queria incluir na jogada os patrocinadores da Fifa. Ele queria que o departamento de marketing desse um jeito. Papai entrou em cena novamente. "Daryll, por favor, me diga especificamente o que você deseja do departamento de marketing da Fifa ou outra agência ou pessoa, e usarei minha posição para auxiliá-lo." Papai encaminhou um e-mail a Zurique: "Alguém aí na Fifa, qualquer pessoa, pode ajudar a Semtor?".

Depois de longa demora, veio a resposta: ninguém podia, o que deixou Warner doido da vida. No final de 2001, ele enviou um e-mail a Blatter, suas duas secretárias Helen e Christine, o secretário-geral Michel Zen-Ruffinen e sua secretária Doris, o consultor de finanças Urs Linsi, o consultor de marketing Guido Tognoni e o conselheiro presidencial Jerome Champagne.

"Estou confuso, Sepp, e imploro por sua ajuda. Sepp, tentei fazer o melhor que pude para não incomodá-lo, depois de ter esgotado todas as outras possibilidades, e continuo mais aflito que nunca. O e-mail do meu filho, abaixo mencionado, é autoexplicativo. Fiz todos os esforços para obter alguma resposta de certas pessoas, chegando até mesmo a assinar com meu título oficial alguns e-mails, mas em vão." Daryll tinha reclamado de novo, aparentemente porque alguém no departamento de marketing dissera nunca ter ouvido falar na Semtor.

A pressão do papai ajudou o rapaz. Daryll era apenas um gerente de projetos de uma empresa pequena e promissora em busca de um minúsculo contrato com um organismo esportivo que fazia negócios com corporações globais. E o presidente estava demonstrando interesse pessoal na questão. No dia 2 de agosto, Sepp Blatter respondeu: "Caro Jack, tenho boas notícias! O secretário-geral e o gerente de projetos informarão você adequadamente. Estarei de férias até 11 de agosto e voltarei ao trabalho a pleno vapor com as baterias carregadas. Saudações, Sepp".

A Semtor foi em frente e montou seus quiosques. Daryll Warner recebeu seu dinheiro e Jack o dele, porque as notícias atualizadas sobre o torneio, acessadas nos quiosques de Daryll, foram fornecidas por uma empresa britânica chamada Team Talk – cujo consultor era Jack Warner.

Cinco dias após o início da Copa do Mundo Sub-17 da Fifa (realizado entre 13 e 30 de setembro de 2001), Jack Warner enviou um fax a Sepp Blatter: "Meu caro presidente e amigo. Em virtude da tragédia nos Estados Unidos [os ataques terroristas de 11 de setembro] na última terça-feira, muitas companhias aéreas e de transportes não estão aceitando cargas por conta de questões de segurança. Como resultado, em termos comerciais, faz pleno sentido adiar todos os envios de quiosques até que a questão seja retificada".

Os quiosques eram brilhantes, Jack disse à imprensa depois do torneio. "Eles estão ajudando a revolucionar o esporte. A importante contribuição da Semtor deu a torcedores e fanáticos por futebol do mundo inteiro a oportunidade de se juntarem aos fãs locais na alegria dessa celebração única que é o futebol e de apreciarem os sabores de Trinidad e Tobago." E foi noticiado que a Semtor esperava vender mais 33 quiosques para a Copa do Mundo de 2002.[4]

Imediatamente depois de encerrado o torneio, Daryll bombardeou 23 altos funcionários da Fifa em Zurique com e-mails agradecendo por sua ajuda e saudando "a oportunidade de continuar auxiliando a Fifa, sempre que a ocasião for apropriada". No Ano-Novo escreveu a Jack, com cópia para Sepp: "Papai: encaminharei uma minuta com itens que, julgo, podem ser de valia para a Fifa no ano fiscal de 2002-2003, e que podem contribuir para a boa imagem do Comitê Executivo e do presidente Blatter aos olhos de seus muitos críticos (a imprensa e outros)".

Em fevereiro de 2002, Daryll enviou um e-mail a Urs Linsi qualificando sua mensagem como "altamente importante": "Eu gostaria de compartilhar alguns pensamentos/ideias a meu ver benéficos para a Fifa. [...] Se possível, por favor, sinta-se à vontade para compartilhar com as autoridades no âmbito da Fifa (especialmente o secretário-geral, o Comitê Executivo, o Comitê Financeiro e o setor de Tecnologia da Informação da Fifa). Se preciso, estou mais que disposto a explicar em detalhes todos os pontos, de acordo com sua conveniência". Obedientemente, Linsi encaminhou uma cópia do e-mail a seus colegas com o seguinte parecer: "Na minha opinião, vale a pena examinar as alternativas propostas no e-mail de Daryll". E enviou a Daryll um e-mail com sua aprovação.

A Copa do Mundo Sub-17 da Fifa em Trinidad acabou sendo decepcionante para os jovens jogadores. A Seleção Australiana chegou a seu hotel tarde da noite. O técnico do time, Les Avory, ficou furioso: "Não havia carregador, por isso o time teve de descarregar 86 malas. Nada de gerente no turno da noite. Em alguns quartos não havia água quente, os azulejos estavam sujos, faltavam alguns chuveiros e parte das descargas não funcionava, mas, de qualquer forma, o lugar já era mesmo fedido. Outro time se recusou a ficar lá e foi embora para um hotel melhor. Consegui falar com Warner, mas ele se recusou a nos transferir. Ele disse: 'Já paguei 59 mil dólares adiantados'".

Os australianos caíram no Grupo A, o mesmo de Trinidad, e logo aprenderam um pouco mais sobre o estilo de hospitalidade e *fair play* da ilha. "Nosso campo de treinamento ficava em Arima", disse Les. "Uma hora e quinze minutos de viagem, trajeto que devíamos percorrer duas vezes por dia. Pedimos para usar um campo alternativo, mas nossa solicitação foi rejeitada. Então fomos para um enorme espaço público na cidade, a savana, que podia ser um ótimo lugar para o Carnaval e melhor ainda para provas de *motocross*, mas não para a prática de jogadas em uma competição internacional de futebol". Uma escola local ficou com pena deles e convidou os australianos a usarem seu gramado, mas os jogadores tinham de se revezar com os alunos.

"Um médico da Fifa nos aconselhou a evitar treinos e jogos entre 11 e 18 horas", diz Les Avory. O calor intenso do sol caribenho era perigoso. Os jogos da Austrália contra o Brasil e a Croácia foram adequadamente marcados para a noite. Mas no caso dos jogos da seleção da casa as regras eram diferentes. Jack mexeu os pauzinhos e fez com que as partidas de Trinidad fossem marcadas para a hora do almoço, quando o sol estava a pino. E os australianos foram prejudicados em mais um aspecto. "Devíamos ter um intervalo de 72 horas de descanso após o jogo contra o Brasil, mas só tivemos 41 horas", alegou Avory.

Apesar das acomodações imundas, das muitas horas de estrada, das péssimas instalações de treinamento, da falta de descanso e do sol impiedoso, os australianos venceram a seleção da casa por 1 X 0.

Avory disse: "Depois exigi uma reunião com Warner e disse, curto e grosso: 'Isto é catimba, é jogo sujo'. Ele não gostou do rumo da conversa e chamou a secretária para tomar notas. Foi pura intimidação". Até onde sabemos, Warner jamais respondeu a essas acusações.

Os meninos de Avory chegaram às quartas de final, mas perderam de 5 X 1 para a Nigéria, que por sua vez chegaria à final mas perderia para a França. Trinidad, sem conseguir marcar nenhum ponto, saiu já na primeira fase. O último dia do torneio coincidiu com o quinto "Dia Mundial do Fair Play" instituído pela Fifa.

Uma vez que os custos do campeonato foram altíssimos, o *Trinidad Express* alertou: "Devemos ter cuidado para que o país não seja usado simplesmente para fomentar os interesses comerciais do sr. Warner à custa do contribuinte. As seleções nacionais ficaram hospedadas em hotéis e casas de propriedade do sr. Warner, e seus restaurantes forneceram as refeições". O editorial dizia: "O sr. Warner parece estar desfrutando da maior parte dos benefícios. [...] Precisamos nos certificar de que os maiores beneficiários não sejam apenas o sr. Warner e sua família".[5]

Por sua vez, Blatter estava passeando e badalando pelo Caribe, em uma turnê recheada de reuniões, encontros, apertos de mãos e pedidos de votos. Ele passou por Trinidad e garantiu ao *Express* que "Jack Warner é um amigo maravilhoso e leal. Ele é muito competente".

Walter Gagg, do alto escalão de Blatter, perguntou: "Por que as pessoas ainda têm de fazer perguntas sobre o que acontece e por que aconteceu? Sem Jack Warner, creio que nem sequer teríamos conseguido realizar esse campeonato, e temos de nos sentir muito, muito agradecidos por tê-lo na organização".[6]

Contudo, parte da imprensa manteve os violentos ataques a Warner, que acreditava que a Fifa estava fornecendo a munição. Jack não fazia ideia de que em certas áreas da Fifa havia uma tremenda aversão a ele.

Sentado sob um *banner* com o *slogan* da Fifa – "Para o bem do jogo" –, o presidente Blatter estava empalidecendo. O poderoso chefão do mundo do futebol estava entretendo os jornalistas presentes à coletiva de imprensa no Hilton Hotel de Port of Spain com imitações de um peixinho-dourado. Perguntei a ele sobre os contratos com a família Warner. Havia algum conflito de interesses? Blatter remexeu nervosamente nos seus óculos. E ajeitou o microfone.

"Se eu tenho de dar uma resposta, preciso fazer isso por escrito, assim que voltar a Zurique, na semana que vem. O presidente da Fifa não estava encarregado da organização do mundial Sub-17", ele disse, referindo-se a si mesmo na terceira pessoa. E acrescentou: "Vou voltar e então informarei ao senhor [...] porque vou me empenhar pela transparência".[7]

Outros repórteres intrometeram-se na conversa e fizeram perguntas semelhantes. Blatter fez sua imitação de peixe. Até que alguém sentado no fundo do auditório lançou uma pergunta. Durante o torneio, os grupos de calipso e as bandas de metais tinham sido maravilhosos. De agora em diante esse seria o tipo de música favorito da Fifa nos eventos internacionais? O clima mudou. Blatter estava a salvo, tudo graças à perspicácia de um dos membros do Comitê Organizador de Warner.

Depois da entrevista coletiva, o porta-voz do presidente, Markus Siegler, veio falar comigo em meu quarto do Hilton, e que sujeito bacana ele era! Gentil, Markus me ofereceu um de seus cigarros Gauloises e me garantiu que, como ex-jornalista, se ele achasse que havia alguma coisa ilícita no império de Sepp, pediria as contas. "Eu pularia fora", ele anunciou, e arregalou os olhos, espantado com a própria audácia. Tomamos chá da tarde, trocamos um aperto de mãos e nos despedimos.

Pouco depois, meu telefone tocou e um amigo me segredou que Markus estava espalhando para o estafe da Fifa no hotel a notícia de que "tinha dado um jeito em mim e que eu não seria mais um problema".

Blatter tinha prometido me enviar uma resposta por escrito, tinha prometido transparência. Então, escrevi perguntando novamente sobre os numerosos contratos firmados pela Fifa com a família Warner naquele torneio. Não haveria nenhum conflito de interesses?

A resposta de Sepp chegou 17 dias depois, e tinha oitocentas palavras. Acerca do contrato da Semtor, sua resposta era uma lenga-lenga desconexa sobre projetos na Estônia, Armênia e Camarões, e sobre projetos-piloto de internet. Nenhuma menção a Daryll e seus 60 mil dólares de honorários. E nenhuma menção às três palavrinhas: conflito de interesses.

A respeito da alocação da Copa do Mundo Sub-17, Blatter afirma: "A Fifa concede o torneio a uma associação ou federação nacional, que por sua vez assume o controle e submete o orçamento à aprovação da Fifa". Depois a carta exibe um pouco do jargão de Blatter sobre os contratos da família Warner: "Se os serviços terceirizados são ou não lucrativos, é da alçada das respectivas empresas, uma vez que elas são obrigadas a fornecer esses serviços no âmbito do arcabouço contratual acordado".[8]

Como é que é? Leia novamente se quiser. Continua sem fazer sentido. Este é o estilo transparente do presidente Blatter.

Os jornais de Trinidad continuaram com os ataques a Warner e aos contratos obtidos por sua família. Quando a imprensa insiste em ruminar uma mesma história como um cão mastigando um osso suculento, há um truque de relações públicas que às vezes funciona. Jogue outro osso para o cão. Warner e Blatter combinaram uma troca de cartas de apoio mútuo, com cópia para a mídia local.

Warner escreveu palavras afetuosas para Sepp: "Fico feliz de informá-lo de que todas as federações-membros da Concacaf apoiam plenamente sua nova indicação para um segundo mandato na presidência da Fifa, assim como apoiaram sua eleição em 1998".[9]

Citar trechos da carta de Warner ocuparia bastante espaço no jornal, pois a verborragia prosseguia: "Esse apoio tão amplo e irrestrito indica de maneira inequívoca a imensa satisfação com que todos nós vemos o desempenho de suas funções durante o cumprimento de seu atual mandato. Assim, nossa crença mais firme é a de que o senhor merece que lhe seja dada a oportunidade de continuar o bom trabalho em nome do melhoramento da Fifa e, para tanto, a minha confederação inteira já se comprometeu. Por favor, aja em conformidade".

Sepp ficou comovido, e ele também poderia preencher colunas e colunas de jornal. "Caro amigo Jack", Blatter respondeu publicamente. "É com imenso prazer que recebi sua carta datada de 5 de outubro expressando o apoio unânime das federações e associações nacionais da Concacaf e de seu presidente. Como é de seu conhecimento, dediquei minha vida ao futebol e à Fifa com uma diretriz vigorosamente determinada a promover a universalidade do nosso esporte no espírito da solidariedade e da democracia entre os membros da família mundial do futebol. Depois da recente classificação de países como a China para a Copa do Mundo da Fifa de 2002, mais que nunca estou convencido de que este é o caminho certo."[10]

"Sua carta é um estímulo para mim, bem como um incentivo bastante sólido para que eu dê prosseguimento a esse curso de ação, em nome das 204 associações e federações nacionais e de todos os amantes do futebol em todo o planeta."

Rapidamente Blatter escreveu outra carta, afirmando que Trinidad receberia um prêmio especial por ser um país de fãs tão maravilhosos do futebol. Sepp cobriu Warner de elogios pelo sucesso do campeonato mundial Sub-17, demonstrações de carinho que Jack, amavelmente, também tornou públicas.

Na esfera privada, contudo, a troca de correspondências era menos entusiasmada. Três semanas depois que a Seleção Francesa embarcou de volta para casa com o troféu do torneio na bagagem, Warner encaminhou um e-mail a Warner. "De fato, as contas mostram déficit. Ao recebê-las, e em vista dos atuais antagonismos orquestrados contra mim, incluindo mas não se limitando a Andrew Jennings do *Daily Mail*, tenho plena confiança de que, uma vez submetidas, essas contas serão de interesse e uso exclusivo da Fifa. Agradeço sua usual compreensão a esse respeito. Atenciosamente, Jack."[11]

No final de novembro de 2001, Jack escreveu novamente a Zurique. "Já verifiquei e reverifiquei as contas que submeti à Fifa, e o déficit é de 1.529.723 dólares. Portanto, fico agradecido se o erro for corrigido para que possamos dar fim à questão. Agradeço antecipadamente."

E em pouco tempo Warner já estava pronto para fazer tudo de novo. Ele insistiu ao governo da ilha para que fossem torrados 30 milhões de dólares locais em outro mundial similar. Mas algumas coisas tinham mudado em Trinidad – nas eleições, seus amigos foram desalojados do poder.

O novo ministro do Esporte não queria saber de outro torneio da Fifa. Eles ainda estavam tentando descobrir onde tinha ido parar o dinheiro do primeiro. Warner, de acordo com eles, "não atendeu à solicitação do ministro de apresentar um relatório sobre a Copa Mundo Sub-17 da Fifa". E o ministro acrescentou:

"Também queríamos saber qual seria o processo de licitação e quais eram os benefícios para Trinidad e Tobago".

Apesar de todo o sucesso internacional, Jack Warner manteve seu interesse no futebol das categorias de base na ilha. Em setembro de 2002, o técnico da seleção nacional Sub-17 foi demitido, sem aviso ou explicação. Especulou-se que a demissão talvez estivesse ligada ao fato de que o treinador havia sacado do time Jamal Warner – filho de 16 anos de idade de Warner. Jamal foi imediatamente reintegrado ao time titular pelo novo técnico (ex-atleta do time de Warner, Joe Public Futebol Clube).[12]

18
MAIOR, MAIOR, E CADA VEZ MAIOR

Weber infla a bolha da ISL[1]

Depois da devastadora perda das Olimpíadas, Jean-Marie Weber tinha de reerguer novamente a ISL. Em julho de 1996 a empresa conseguiu fechar o contrato com a Fifa, abocanhando os direitos de duas Copas do Mundo. Porém, poucos meses depois, já não havia nada a comemorar. Antes do fim do ano, três dos principais articuladores da ISL debandaram para os braços de Leo Kirch, magnata alemão da mídia que tinha ajudado a ISL a levantar o dinheiro para selar o acordo com a Fifa. Assim, Weber se viu sem três homens brilhantes na área dos direitos de transmissão e marketing esportivo, mercado em que os contatos são tudo. E Kirch tinha passado de parceiro e aliado a um poderoso rival.

E havia mais um motivo de preocupação e mau humor. Depois de todo o júbilo com o contrato da Copa do Mundo, a ISL estava começando a constatar que cometera um erro. Kirch tinha garantido empréstimos bancários em troca dos direitos de exibição dos jogos da Copa na Alemanha, e tinha fixado seu preço, 120 milhões de francos, o que agora parecia um negócio fantástico para Leo e uma péssima asneira cometida por Weber e sua equipe. Em abril de 1997, um executivo da ISL escreveu em um memorando confidencial: "A Alemanha é o mercado número 1 na venda de direitos televisivos do futebol. Esta grave perda vai nos causar dificuldades em outras áreas", alertava o executivo, que calculava um prejuízo de 300 milhões de francos.

Então, outro golpe. Sepp Blatter não estava nada feliz. Os três executivos que tinham saído da ISL – Steven Dixon, Peter Sprogis e Thomas Hipkiss – eram fundamentais para as esperanças da Fifa e da ISL de vender a peso de ouro os direitos das Copas. O mercado mais valioso era a Europa, e em meados de 1997 Blatter insistiu que Weber entregasse os direitos para a nova e turbinada equipe de Leo. Weber ainda ficou com quase metade dos negócios da Copa do Mundo, mas perder a Europa foi realmente um revés muito doloroso. Se Jean-Marie ia transformar a ISL em uma empresa pública, ela teria de ser maior que isso.

Weber saiu às compras. Na primavera ele já tinha abocanhado os direitos da Copa do Mundo de Vôlei e do Mundial de Natação. Depois veio a ginástica, seguida de um naco dos direitos de uma empresa londrina que explorava desenhos animados e personagens de filmes e seriados de televisão, *Star Wars*, *Mr. Men* e *Dennis, o Pimentinha*, juntamente com a Copa do Mundo de Críquete.

Enquanto isso, Weber queria lucrar ao máximo com os direitos que já detinha e elaborou planos para explorar os "valores da marca" Fifa. Haveria lojas da Fifa, cafés da Fifa, licenciamentos da Fifa. "Muitas agências de publicidade sonhariam com isso!", afirmava um relatório confidencial apresentado ao conselho de diretores da ISL em novembro de 1997.

Depois disso, *vrum, vrum*, em junho de 1998 Weber cruzou o Atlântico e torrou 300 milhões de dólares na Championship Auto Racing Team (Cart), categoria automobilística norte-americana criada como dissidência da Fórmula Indy. "A Cart não é apenas um elemento crucial dos negócios da ISL na América do Norte, mas também um importante componente da estratégia de crescimento global da ISL", afirmou a empresa, porém muitas pessoas se perguntavam por que motivo eles se davam ao trabalho de fazer aquele investimento.

No mês seguinte, mais uma viagem de compras. Em julho Weber desembarcou na Califórnia e adquiriu uma empresa chamada En-Linea, que criava sites na internet para a Fifa, e comprou os direitos de comercialização do futebol regional. Dali seguiu para Atenas, onde anunciou um acordo para a compra dos direitos televisivos da Federação Internacional de Basquete Amador (Fédération Internationale de Basketball Amateur – Fiba), que controlava o esporte fora dos Estados Unidos.

Depois, aconteceu uma coisa esquisita. Algo peculiar.

Os rapazes de Weber, obviamente, arregaçaram as mangas e saíram pelo mundo vendendo os direitos da ISL. Em julho de 1998, a empresa negociou uma fatia dos direitos para a brasileira Rede Globo de Televisão, que pagou uma entrada de 60 milhões de dólares. Até aí, nada esquisito. Acontece que um naco de 22 milhões de dólares desse dinheiro supostamente deveria seguir direto para a Fifa, mas não foi o que aconteceu. O adiantamento pago pela Globo parou em Weber.

O pessoal da Fifa começou a se perguntar: "Onde estão os nossos 22 milhões de dólares?".

Em setembro de 1998, Michel Zen-Ruffinen escreveu a Jean-Marie Weber, cumprimentando-o por ter fechado aqueles acordos "excepcionalmente lucrativos", mas perguntando: "Onde está nosso dinheiro? E outra coisa: e esse contrato que você assinou com a Globo? Ficou fora uma cláusula fundamental para proteger a Fifa. Os fundos devem ser depositados em uma conta especial para salvaguardar o dinheiro da entidade em caso de falência da ISL". Zen-Ruffinen queria que Weber refizesse o contrato, de modo a incluir a cláusula, e que entregasse o dinheiro.

Weber não corrigiu o contrato e não pagou a Fifa.

Em vez disso, em novembro de 1998, ele apresentou seu "Plano Estratégico para o Novo Milênio", documento "estritamente confidencial" de 26 páginas, com uma visão utópica sobre o empolgante crescimento da ISL nos quatro anos seguintes.

A empresa matriz, a ISMM, corporação que incluía a subsidiária ISL, a En-Linea, uma empresa de pesquisa de patrocínios e outros negócios, era agora a "líder global na área de mídia e marketing esportivo", afirmava o visionário documento.

"Temos um espírito empreendedor que constantemente questiona, cria e inova", garantia o "Plano Estratégico", e somente depois de "cuidadosa negociação nos certificamos de que os direitos sejam adquiridos pelo preço justo".

O grupo se gabava de praticar "altos padrões éticos" e atacava ferozmente os jornais que questionavam sua "comercialização" e publicavam histórias alegando "imoralidade envolvendo dinheiro, ingressos, consumo de drogas, manipulação de resultados e racismo". A corporação seguia "rigorosos padrões de ética empresarial".

Mas havia um ligeiro indício de perigo. "Ao longo dos últimos anos o desempenho financeiro do grupo não foi satisfatório, em parte devido aos altos investimentos. Agora o grupo está em um ponto crítico."

Ponto crítico ou não, momento decisivo ou não, Weber ainda não tinha devolvido aos cofres da Fifa os 22 milhões de dólares. A Fifa escreveu a Jean-Marie novamente, pouco antes do Natal, pedindo que, por gentileza, ele repassasse o dinheiro. Mas Weber não fez isso.

Será que a situação era constrangedora para Sepp? De vez em quando ele e Jean-Marie Weber tomavam o café da manhã juntos na sala do presidente em Sunny Hill.

Monte Carlo, 23 de abril de 1999. "Champanhe para todo mundo!", anunciaram aos gritos e sob aplausos os exultantes representantes de vendas da ISL, no chique salão do Monte Carlo Country Club, o mais belo clube de campo do mundo. As pessoas tilintavam taças enquanto contemplavam as palmeiras e o Mediterrâneo azul. Lá fora, sob o sol de primavera, tenistas do primeiro escalão davam *smashs* e voleios nas quadras de saibro, disputando o Troféu da República e o polpudo cheque destinado ao vencedor. Hoje eles pareciam estar jogando com especial entusiasmo. Os bons moços da ISL tinham dado ao Aberto de Monte Carlo 1 bilhão de dólares a mais.

Todos os principais diretores da Associação dos Tenistas Profissionais (ATP) estavam lá para celebrar o maior contrato de marketing esportivo de todos os tempos: Charlie Pasarell, de Indian Wells, Butch e Cliff Buchholz, de Key Biscayne, Gunther, de Hamburgo, Sergio e Adriano, de Roma, Paul e Elaine, de Cincinnati, e outras boas pessoas de Stuttgart e Paris.

"Este é um dia histórico e estamos com uma sensação muito boa", declarou o executivo chefe da ATP Mark Miles. Ele comparou as negociações que levaram ao mais estupendo contrato de história do tênis à descrição que Winston Churchill fizera do Dia D, a mais difícil e complicada operação já realizada.

"Precisávamos de parceiros com a experiência certa em âmbito global e dispostos a fazer o aporte certo de capital", ele disse. "Na ISL estamos absolutamente convencidos de que encontramos os parceiros certos."

Radiante, o novo diretor administrativo da ISL, Daniel Beauvois, disse que a ISL faria o tênis ser maior que nunca. Sentado ao seu lado, Jean-Marie concordou com um meneio de cabeça. "Queremos a maior exposição possível [...] a primeira história de sucesso do marketing esportivo do século XXI."

A ISL tinha comprado os direitos de comercialização e transmissão televisiva do tênis por uma década, pagando a exorbitante quantia de 1,2 bilhão de dólares.

Mas para ganhar dinheiro a ISL teria de investir milhões. O problema era que a empresa não tinha dinheiro algum. Por trás dos sorrisos fixos e dos firmes apertos de mãos em Monte Carlo, Jean-Marie Weber sabia que a ISL estava tendo problemas e somente o futebol poderia salvá-los.

Jean-Marie saiu às compras novamente.

E dessa vez ele queria comprar Pelé.

Em dezembro de 1999, Weber assinou um contrato de 15 anos para pagar astronômicos 80 milhões de dólares ao Clube de Regatas Flamengo, o time de futebol mais popular do Brasil, até então cinco vezes campeão nacional e também vencedor da Copa Libertadores da América, principal torneio de clubes sul-americano.

Era um contrato curioso. Weber estava comprando os direitos de comercialização do clube. Ele abriu uma nova empresa, a Latin America Soccer Investments, para gerenciar o dinheiro nas discretas Ilhas Virgens Britânicas. O Flamengo usaria o dinheiro da ISL para pagar dívidas, construir um novo centro de treinamento e contratar novos jogadores. E, inclusive, havia a promessa de erguer um "estádio de primeira classe no Rio de Janeiro, com capacidade para pelo menos 50 mil pessoas".

O nome de Pelé pipocava aqui e ali. A Pelé Sports & Marketing recebeu da ISL uma comissão de 2 milhões de dólares pela ajuda no fechamento do contrato com o Flamengo. Em janeiro de 2000, Weber escreveu a Hélio Viana, sócio de Pelé e gestor da Pelé Sports & Marketing. "Depois de um ano de excelente cooperação envolvendo Pelé, você e Celso Grellet [assessor de Pelé], bem como muitos membros da Pelé Sports & Marketing, escrevo para fazer um breve resumo de nossas conquistas e propor novos rumos para nossas duas empresas, com o objetivo de continuar expandindo nosso relacionamento."

Weber queria atrair Pelé e seu grupo, e esperava "poder continuar contando com sua ajuda e apoio, incluindo uma razoável quantidade de tempo de Pelé em pessoa". Weber ofereceu a Pelé e Viana uma fatia de 5% dos negócios do Brasil. Se a empresa fosse vendida, para investidores privados ou para o mercado de ações, essa fatia poderia chegar a "uma considerável cifra de cinco dígitos em dólar".

No parágrafo final de sua carta de três páginas, Weber expressou com todas as letras seu sonho: "Por fim, mas não menos importante, nosso firme compromisso de propor um conceito global de marketing e licenciamento para o nome e a marca Pelé". Weber queria se apropriar do mais famoso e amado jogador de futebol de todos os tempos. O êxtase do marketing.[2]

Mas o sonho terminou em pesadelo. Em abril de 2002, quando as empresas de Weber passavam por sérios apuros, a ISL e o Flamengo concordaram em romper o contrato, não sem antes que o grupo ISL desse sumiço em 62,6 milhões de dólares. A parceria com o Flamengo acabou em litígio, dívidas enormes e gritos de "Onde foi parar todo o dinheiro?". O acordo com outro clube brasileiro, o Grêmio, também fracassou.

Mas nos adiantamos. Agora ainda estamos em 2002, e a Fifa está ficando nervosa com o dinheiro da Globo. Em maio, Urs Linsi, que dez meses antes tinha substituído Erwin Schmid no cargo de diretor de finanças, foi notificado da carta enviada anteriormente pela Fifa a Weber – a missiva de Zen-Ruffinen, datada de 7 de setembro de 1998, exigindo o pagamento dos 22 milhões de dólares e queixando-se das falhas do contrato. O comunicado ao diretor de finanças enfatizava que nada havia mudado nos últimos dois anos, criticava duramente o comportamento da ISL e exigia medidas urgentes.

Em questões financeiras, como em tantas outras coisas, é melhor prevenir que remediar. Algumas pessoas na Fifa eram da opinião de que Blatter deveria ter sido mais assertivo, deveria ter assumido o controle dos problemas com o grupo ISL e atuado de maneira rápida, decisiva e agressiva, a fim de proteger os interesses da Fifa. Será que agora ele ia endurecer? A empresa de Weber dava sinais de estar em sérios apuros e à beira da ruína, e podia arrastar junto a Fifa. As pessoas esperavam que seu presidente agisse.

19
O BARCO DE WEBER ESTÁ AFUNDANDO

Será que Sepp vai salvá-lo?[1]

Tudo ia muito bem para Jean-Marie Weber. Pelo menos era nisso que ele queria que o mundo acreditasse quando, em julho de 2000, apresentou outro "Plano Estratégico", salpicado de esperanças e oportunidades. Sua empresa, ele alegava, estaria na linha de frente da revolução da internet no que dizia respeito aos esportes, parceiros e fãs de esportes, e era uma boa aposta para os investidores. "O gerenciamento de riscos financeiros, a compreensão e o controle de nossa exposição são parte contínua e integrada da nossa existência", ele afirmou. E o grupo "obedeceria aos altos padrões éticos e de transparência".

"Somos obviamente muito bons no que fazemos", ele disse. "E nossa empresa foi fundada sobre um sólido alicerce de relacionamentos pessoais especiais." E acrescentou: "Ao longo dos anos construímos uma rede de relacionamentos profissionais com boa parte das entidades e dos grandes organismos esportivos, os maiores da indústria... Nós compreendemos e respeitamos as complexas inter-relações políticas e emocionais no âmbito da indústria esportiva".

Mas, pelo visto, a trupe de Weber não conseguiu ganhar dinheiro com o tênis. A ISL vendeu os direitos da ATP para canais via satélite da Europa, e em poucos meses o esporte parecia invisível. Menos de um ano depois da festa regada a champanhe em Monte Carlo começaram a pipocar reclamações no mundo do tênis. Onde estava a grande exposição televisiva que a ISL tinha prometido? Sem audiência era impossível vender os produtos de marca, os jogadores ficavam intranquilos, e os patrocinadores não retornavam aos telefonemas.

Por isso, o futebol passou a ser mais importante que nunca. "A Copa do Mundo da Fifa de 2002 transformará nosso grupo e o próprio marketing esportivo", afirmou Weber. A previsão era a de que, por volta de 2006, o grupo teria um lucro anual de meio bilhão de francos. Escondida em uma única linha de letras diminutas do documento lia-se a afirmativa de que naquele ano, 2000, o lucro seria de apenas 1,5 milhão de francos.

Os bancos estavam se recusando a dar mais crédito e ameaçavam cancelar os empréstimos já firmados. O grupo de Weber estava à beira da catástrofe. Ele tinha de obter emprestada uma pilha de dinheiro o mais rápido possível. Caso não conseguisse, a grande criação de Horst Dassler seria reduzida a pó, sob as cobranças e exigências de credores furiosos. O negócio todo teria de ser aberto à inspeção dos olhos frios e indiferentes dos contadores independentes dos liquidantes.

Na Fifa, os alarmes começaram a soar. No final de 2000, Sepp Blatter também estava enfrentando sua cota de problemas. Seu presente de 250 mil dólares anuais para cada uma das mais de duzentas associações e federações nacionais – mesmo antes da chegada do dinheiro da venda dos direitos de televisão e de marketing para a Copa de 2002 – tinha feito milagres para sua popularidade, mas colocara as finanças da entidade em maus lençóis. Havia temores de que em três meses os cheques da Fifa começariam a voltar. Inacreditavelmente, o esporte mais rico do mundo estava ficando sem dinheiro.

Se o presidente Blatter não pusesse logo as mãos em uma grande quantidade de dinheiro, teria de interromper a distribuição de recursos, o que obrigaria incontáveis associações e federações a abortar seus planos de desenvolvimento. Seria uma catástrofe para a Fifa e para o presidente que deixasse isso acontecer.

Em caráter de urgência, o diretor de finanças Urs Linsi negociou com o banco Credit Suisse um empréstimo de 300 milhões de francos, a baixas taxas de juros. A Fifa não teve dificuldades em conseguir o dinheiro, pois tinha excelentes garantias graças aos contratos de marketing – cujo valor girava em torno de 350 milhões de dólares – assinados com patrocinadores como Coca-Cola e McDonald's. A rede internacional de hambúrgueres era um exemplo típico, comprometida a pagar quase 60 milhões de dólares, em etapas, até a Copa do Mundo de 2006.

A crise financeira tinha sido evitada. Os salários foram pagos, as doações para as associações e federações foram mantidas, e havia bastante dinheiro em caixa para o tipo de generosidade capaz de ajudar Blatter a angariar votos.

Mas Jean-Marie não estava sendo alvo da mesma recepção calorosa dos bancos. Cada vez mais afundado em problemas, ele recorreu ao presidente Blatter – e ele concordou em ajudar.

No mais absoluto sigilo, Weber sentou-se à mesa do diretor de finanças da Fifa, Urs Linsi, e de seus conselheiros. Em 25 de novembro a Fifa e a ISL assinaram um acordo, de codinome "Projeto Alvorada", cujo intento era arrecadar fundos para salvar o grupo ISL. A coisa foi feita assim: a Fifa concordou em reescrever o contrato de marketing de 1997 e permitir que o grupo ISL levantasse dinheiro dando como garantia o valor das contas individuais com os patrocinadores da Copa do Mundo.

A ISL teria de levantar fundos por meio de oferta privada de ações, pois uma oferta pública revelaria as dificuldades financeiras do grupo. Dentro da Fifa pouquíssimas pessoas ficaram sabendo do Projeto Alvorada, e quem soube torceu o nariz.

De repente, mais más notícias para Weber. Jean-Marie e seu executivo chefe Heinz Schurtenberger romperam, e o acordo de resgate da Fifa começou a esfriar. Jean-Marie ficou furioso. Ele escreveu em tom colérico a Sepp: "O Alvorada é de suma importância para o nosso grupo, e por isso solicitamos cortesmente a convocação de uma reunião de emergência entre a Fifa e seu parceiro de longa data, de modo que possamos discutir o tema Alvorada, bem como outras questões importantes ainda em aberto".

Blatter recusou a proposta de reunião. Por um breve período Weber cogitou levar adiante o Projeto Fênix. Depois veio o Projeto Faisal e, por fim, o Projeto Nascer do Sol. Mas o sol estava se pondo abaixo do horizonte da ISL.

Weber tinha de mandar uma caução de 66 milhões de francos para Blatter em meados de dezembro. Isso não aconteceu. A Fifa emitiu um aviso formal de trinta dias: paguem o dinheiro ou todos os negócios do grupo Fifa/ISL serão cancelados. A Dentsu, gigante japonesa da publicidade e do marketing esportivo, veio em auxílio de Weber e disponibilizou o dinheiro.

O acordo insistia que os termos continuassem na confidencialidade. Talvez porque a garantia oferecida tenha sido um contrato de publicidade assinado entre a ISL e a Toshiba para 2002 e 2006. Esse contrato de patrocínio foi firmado por um grupo chamado Lofa, baseado no discreto Principado de Liechtenstein.

Em público Blatter não dava sinais da cada vez mais grave crise financeira, e chefiou uma delegação da Fifa em visita ao Vaticano. Lá eles foram recebidos em audiência pelo papa João Paulo II, que recomendou insistentemente que Blatter usasse seu "imenso poder" para promover os valores morais e a solidariedade. Com um gesto solene, Sepp fez que sim com a cabeça. Na hora de ir embora, deu a um cardeal 50 mil francos suíços.[2] Um membro do Parlamento sueco tentou convencer o comitê do Nobel a dar ao futebol seu Prêmio da Paz. E então chegou o Natal.

O ano de 2001 começou mal. Vazaram notícias de que Weber estava tentando renegociar seu gigantesco contrato com o tênis. Correram boatos de que a ISL estava em sérios apuros. Então, um dos advogados de Weber deixou escapar que a ISL estava à beira da insolvência, e depois passou os três meses seguintes negando ter dito isso.

Em meados de janeiro, Weber implorou a Blatter que lhe desse mais tempo para providenciar o dinheiro que o grupo ISL já tinha transacionado com outra rede de televisão. Blatter concordou em ceder mais tempo. E, depois, mais tempo. Ainda assim, Weber não pagou. Em vez disso, fez nova exigência. A Fifa deveria emprestar o dinheiro para ajudar a liquidar as dívidas do grupo ISL e manter viva a empresa de Weber. E Jean-Marie teve o descaramento de exigir que, caso o grupo não conseguisse ressarcir o empréstimo, a Fifa não devia ir atrás dele nem de seus diretores.

Isso não aconteceria. O artigo 158 do Código Penal suíço impede que esse tipo de assistência seja dado.[3]

No dia 20 de janeiro, Weber escreveu a seu estafe. Ele queria renovar a confiança de sua equipe e garantir a todos que estava fazendo "progressos substanciais no que tange a assegurar o futuro do nosso grupo e para que todas as empresas tenham condições de cumprir suas obrigações financeiras". Infelizmente não haveria bonificações naquele ano. Uma carta semelhante e igualmente tranquilizadora foi enviada aos patrocinadores da Fifa, refutando os rumores de que o grupo estava indo à bancarrota.

À boca pequena, todas as muitas (e caras) firmas que prestavam consultoria à Fifa estavam dizendo a mesma coisa, que o grupo ISL era um caso perdido. E, então, os bancos deram um ultimato a Weber: devolva 277 milhões de francos ou liquidaremos a ISL.

A ISL tentou tranquilizar Blatter, enviando ao presidente da Fifa um pedaço de papel alegando que o grupo estava com um rombo de apenas 115 milhões de francos.

Blatter respondeu: "Por favor, estejam cientes de que seus esforços estão sendo reconhecidos e apreciados". Blatter estava preocupado. Ele tinha pedido uma auditoria independente demonstrando que a saúde financeira da ISL estava em boa forma. Mas não estava. Será que Weber poderia, por gentileza, enviar à Fifa algum relatório reconfortante? Sepp queria que Jean-Marie soubesse que ele entendia a "situação e as dificuldades excepcionais da ISL".

Em meados de março de 2001, Sepp enviou uma carta austera a Jean-Marie – agora tratado de "Caro sr. Weber" –, lembrando-o de que o grupo ISL tinha deixado de honrar um pagamento acordado. Dessa vez o débito chegava a quase 8 milhões de dólares, e a Fifa tinha estipulado um prazo fatal. A mensagem era inequívoca: pagar ou morrer. Jean-Marie deveria pagar o que devia e apresentar um relatório de auditoria atestando que seu grupo era capaz de saldar as dívidas.

Às vezes é preciso admirar o descaramento de Jean-Marie. Ele deve dinheiro. Não paga. E ainda por cima exige que o credor lhe dê mais dinheiro. Além disso, quer que o credor concorde em não ir atrás dele para cobrar a dívida caso insista em não pagar. Sempre esfuziante, ele simplesmente fica jogando a coisa de um lado para o outro, como os cheques sem fundos de sua empresa, que batem e voltam.

Prestes a superar a própria desfaçatez, Weber estava em vias de fazer algo tão fantasticamente desavergonhado, que os mercenários do mundo inteiro aplaudiriam, bateriam os pés e irromperiam em aplausos.

No dia 20 de março, dois dos consultores de Weber sentaram-se à mesa para negociar com os homens da Fifa. A trupe de Weber informou que a ISL estava cogitando a possibilidade de decretar falência na Suíça. O que não seria bom para a Fifa, que talvez tivesse de renegociar todos os contratos de seus patrocinadores. Isso custaria caro demais, em matéria de tempo e dinheiro. Os homens da Fifa ouviram e durante alguns minutos pensaram no assunto, assimilando o golpe.

E, então, eles disseram que não precisava ser assim. Havia uma alternativa.

Jean-Marie podia pegar um avião e seguir para Nova York, contratar um punhado de advogados e recorrer ao capítulo 11 da Lei de Falências norte-americana.* Uma vez que a maior parte dos patrocinadores do futebol era de empresas norte-americanas, isso seria fácil. Assim, a ISL poderia continuar na ativa, livrar-se das piores dívidas e ganhar tempo para encontrar gente disposta a comprá-la. A Fifa sairia ilesa; tudo que a entidade tinha a fazer era enviar uma carta a algum juiz norte-americano dizendo que apoiava o plano.

De que maneira Sepp poderia impedir seu velho amigo Jean-Marie de entrar em um avião com destino aos Estados Unidos? Ele ponderou sobre as opções. Seria necessário haver uma guerra. Talvez uma guerra nuclear. Essa ideia pareceu um pouco dura demais. O que o astro do cinema favorito de Jack War-

---

* O capítulo 11 da Lei de Falências norte-americana permite a uma empresa em dificuldades financeiras continuar funcionando normalmente, dando-lhe tempo para chegar a um acordo com seus credores, já que tem a intenção de se reestruturar, sob o controle de um tribunal. Já o capítulo 7 da mesma lei determina o fim das atividades da empresa. (N. T.)

ner teria feito? John Wayne teria tomado medidas drásticas e exterminado os caras malvados. Será que a Fifa deveria ir até o cantão de Zug, onde a ISL estava baseada, falar com um juiz e pedir a falência da empresa? De repente, chegou um fax. No fim das contas, Jean-Marie não ia mais para os Estados Unidos. Ele tinha encontrado alguém disposto a comprar a ISL.

Uma semana depois, Jean-Marie revelou à imprensa seus novos amigos. "Estamos no processo de aliança com um poderoso parceiro." Tudo corria às mil maravilhas. Haveria tempo para completar um programa de reestruturação. O potencial comprador era o grupo Vivendi, conglomerado de mídia e entretenimento francês. Weber disse que eles precisavam apenas de tempo para examinar a contabilidade. A Vivendi deu uma olhada nas contas da ISL e embarcou no primeiro trem de volta para a França.

Em meados de abril, Blatter convocou uma reunião do Comitê de Emergência da Fifa em Sunny Hill. O idoso Nicolás Leoz não se sentia bem para viajar do Paraguai até a Suíça, mas Julio Grondona, Jack Warner, Lennart Johansson e o desconhecido Adrian Wickham, das Ilhas Salomão, apareceram para ouvir a quantas andava a crise da ISL. Havia poucos motivos de preocupação, explicou o diretor de finanças Urs Linsi quando indagado sobre os pagamentos dos direitos de televisão. "Os pré-pagamentos ficaram protegidos em uma conta conjunta e o dinheiro já foi sacado, de modo que a Fifa está segura", ele declarou.

Enquanto a crise da ISL beirava a catástrofe, Blatter tinha nas mãos outro problema. Aquele empréstimo de 300 milhões de francos negociado pelo diretor de finanças Urs Linsi com o Credit Suisse, o que à época tinha parecido uma dádiva de Deus, agora era um constrangimento. No ano seguinte, em Seul, a família Fifa se reuniria em seu congresso e Blatter apresentaria sua candidatura à reeleição. Não pegaria nada bem revelar que havia um buraco nas finanças. A imagem da Fifa ficaria arranhada. A imagem de Sepp também.

Urs Linsi não tinha se empenhado naquele empréstimo a troco de nada. Havia uma estratégia brilhante para converter o desastre em um aparente sucesso.

Se a Fifa *vendesse* um de seus maiores ativos, os contratos de marketing da Copa do Mundo, os lucros poderiam ser contabilizados como renda, o empréstimo ao banco poderia ser apagado, e o balancete ficaria em ordem. Blatter poderia ser aclamado pelos dirigentes votantes como um líder inspirado, que tinha guiado a Fifa em meio a águas tempestuosas, equilibrado as contas, distribuído formidáveis quantias para todas as mãos estendidas – e que tinha guardado uma fabulosa soma, reservada para manter o dinheiro jorrando.

O plano de Linsi enfrentou furiosa oposição dentro e fora da Fifa. O secretário-geral Michel Zen-Ruffinen e seu assistente, o jovem e alto norueguês Jon Doviken, redigiram um documento salpicado de objeções à venda de ativos.

O argumento de Zen-Ruffinen e Doviken era o de que a venda de ativos não precisava acontecer. Em janeiro de 2002 o dinheiro da venda dos direitos de televisão começaria a entrar e a Fifa teria o fluxo de caixa adequado. Qual era o problema de estender o empréstimo feito com o Credit Suisse? Um empréstimo bancário era mais barato que o esquema de Linsi, conhecido no jargão financeiro como "securitização", a emissão no mercado financeiro de títulos representativos de rendimentos futuros; essa venda de receita futura permitiria à Fifa antecipar recursos e ter em mãos capital de giro.

Linsi contra-atacou com um memorando. O empréstimo que ele já havia negociado "deu ao presidente condições de comunicar uma história de sucesso ao Comitê Financeiro em Roma, no início de dezembro do ano anterior". Isso tinha sido essencial, "depois que o presidente tomara conhecimento de que ele e outros executivos seriam pessoalmente responsabilizados pelos prejuízos após o reconhecimento de que a Fifa estava excessivamente endividada".[4]

Linsi estava com pressa. Ele tinha de cuidar rapidamente dos detalhes da securitização. Em breve a Fifa mudaria seus métodos de contabilidade e prestação de contas, de modo a adequar-se a novos padrões internacionais que não mais permitiam esse uso de fluxo futuro. Se ele não agisse rápido, a janela de oportunidade se fecharia e o relatório de 2002 revelaria a dureza da dívida.

O esquema foi levado a cabo e imediatamente Linsi conseguiu inflar as flácidas finanças da Fifa com a injeção de 690 milhões de francos (420 milhões de dólares). Assim, os balancetes de 2001 e 2002 eram uma visão de encher os olhos dos membros da Fifa do mundo todo.

Para analistas do mercado internacional de ações, a securitização custou à Fifa muito dinheiro. Eles observaram que a entidade tinha feito uma securitização privada e que os pagamentos de juros não seriam divulgados. "O fato de que a Fifa tenha feito um negócio privado diz muito sobre seu julgamento acerca da provável recepção que a transação teria nos mercados", afirma um operador de títulos alemão. "Em uma operação desse tipo, não é muito comum obter um preço melhor em âmbito privado que no mercado."

20
COM UMA AJUDINHA DOS CONSULTORES

A terapia familiar da Fifa, ao estilo McKinsey

Zurique, 18 de maio de 2001. A Fifa e a ISL tinham uma relação comercial bastante íntima, a que "faltavam certas salvaguardas objetivas", estampou o jornal suíço *Weltwoche*.

Essas alegações foram ferozmente rechaçadas pela Fifa.

Então, o *Bilanz*, outro jornal de Zurique, revelou que a ISL mantinha uma fundação secreta de nome espanhol, a "Nunca", no paraíso fiscal de Liechtenstein. Segundo o jornal, a Nunca funcionava como um caixa dois, um "fundo de suborno" para a compra de favores políticos.

O *Berliner Zeitung* e o *Süddeutsche Zeitung* de Munique levaram adiante essas histórias e fizeram suas próprias pesquisas sobre as estranhas atividades entre a Fifa e o grupo ISL. Tiveram acesso a documentos internos e afirmaram ter ouvido de uma fonte de dentro do grupo a confirmação de que a Nunca de fato existia e que servia como canal para o pagamento de propinas para altos dirigentes esportivos. Supostamente, a Nunca fornecia o dinheiro e os cartolas assinavam contratos de marketing e televisão.

Mais uma vez a Fifa respondeu a essas alegações alertando os jornais de que tinha acionado seus advogados.

Um juiz de falências em Zug sepultou de vez a ISL, em 21 de maio. Dias depois, Blatter convocou a imprensa para uma entrevista no auditório de Sunny Hill, escuro e desprovido de janelas. Os jornalistas abarrotaram o recinto e ocuparam as cadeiras de estofado preto. Blatter entrou alvoroçado e nos disse que estava tudo sob controle, que já tinha cuidado pessoalmente da crise desde o início e que a Copa estava a salvo.

"O senhor já recebeu alguma propina da ISL?", perguntei-lhe. A tensão tomou conta do auditório. Blatter parecia ter ficado genuinamente chocado. Ele respirou fundo. "Posso assegurar-lhe de que em meus 26 anos na Fifa houve tentativas de me subornar ou me influenciar de alguma forma. Mas jamais paguei nem recebi propinas", ele respondeu. Outros repórteres aproveitaram a brecha e também fizeram perguntas sobre a probidade de Sepp.

"Por favor, olhem nos meus olhos. Nada tenho a esconder. Não sou um fraudador, não, eu não." Indagado se divulgaria publicamente suas declarações de renda, Blatter vociferou uma resposta irritada, alegando que se estivesse recebendo propina não seria estúpido a ponto de depositar o dinheiro em sua conta bancária.

As revelações ganharam novos contornos. Blatter afirmou ter ficado perplexo quando soube que os milhões de dólares pagos à ISL pela Rede Globo de Televisão tinham sumido. O dinheiro deveria ter ido para uma conta especial, e grande parte deveria ter chegado aos cofres da Fifa havia muito tempo. Mas até poucas semanas antes ele definitivamente, absolutamente, certamente nada sabia do jogo duplo de Weber.

"Acompanhei cuidadosamente os desdobramentos da situação da ISL", garantiu Blatter. "A ISL fazia seus pagamentos em dia, o dinheiro vinha para o nosso bolso, jamais houve atrasos." Depois insistiu: "Foi somente em 21 de abril [de 2001] que tomamos conhecimento de que um dos pagamentos não tinha ido para o lugar certo".[1]

Mas espere aí um minuto. Michel Zen-Ruffinen vinha escrevendo a Weber e exigindo o ressarcimento do dinheiro desde setembro de 1998. Então por que Blatter estava dizendo que a Fifa tinha acabado de descobrir o problema?

Durante dois anos e oito meses houve nos bastidores da Fifa uma disputa secreta para decidir se Jean-Marie devia ou não ser forçado a devolver o dinheiro. Agora que os 60 milhões estavam perdidos, a bolha estourou e começou a troca de acusações e recriminações. Em um memorando secreto, o secretário-geral Zen-Ruffinen culpou o diretor de finanças por não ter tomado nenhuma medida enérgica.

Linsi contra-atacou. Em uma resposta confidencial, afirmou que "A decisão de não pressionar a ISL e de não insistir na retificação do contrato com a TV Globo jamais partiu do Comitê Financeiro. Não pressionar demasiadamente a ISL foi uma decisão de nível hierárquico superior". Quem ocupava um nível acima de Zen-Ruffinen e Linsi era o presidente Blatter.[2]

Assim que a falência da ISL escancarou o segredo do sumiço dos 60 milhões de dólares, a Fifa teve de agir, e a entidade formalizou uma queixa-crime às autoridades de Zug, alegando fraude e apropriação indébita por parte dos executivos do grupo ISL.[3]

Blatter foi ao Japão e pediu aos jornalistas: "Não vamos falar de coisas ruins e sobre dinheiro, mas sim de coisas boas; vamos falar sobre voltar às raízes do futebol". Aquela singela canção, "Veja sempre o lado bom da vida", parecia ecoar no ar.

Blatter continuou: "A ideia de uma Copa do Mundo a cada dois anos não vai mais ficar trancafiada em um cofre do qual perdi a combinação. No ano que vem vou dar uma olhada na questão para ver se devemos abrir a porta do cofre".

Zug, 4 de julho de 2001. Centenas de pessoas viajaram até Zug para a primeira reunião dos credores do grupo ISL. Eu estava lá. Era um dia quente e ensolarado, e a sala de reuniões estava abafada. No intervalo do café, segui o liquidante, Thomas Bauer, até o saguão. Homem alto, com um sorriso pueril, ele passara seis semanas mergulhado nos arquivos da ISL. Para dizer a verdade, eu não esperava que ele respondesse às perguntas de um jornalista, mas nunca se sabe. Valia a pena tentar; afinal, era exatamente para isso que eu tinha tomado um avião em Londres e depois embarcado em um trem de Zurique até Zug.

Eu o alcancei. "Com licença, dr. Bauer. O senhor encontrou alguma evidência de pagamentos ilícitos a dirigentes esportivos?"

Ele sorriu. "Sim, encontrei pagamentos feitos pela ISL a pessoas do futebol. Alguns são bastante vultosos, ultrapassando 1 milhão de francos suíços. Tentei estabelecer conexões entre os pagamentos e contratos específicos, mas não foi possível."

O dr. Bauer acrescentou: "Todos os pagamentos foram para contas no exterior. Não há nenhum pagamento para cidadãos suíços. Já escrevi às pessoas que receberam solicitando que devolvam o dinheiro. Agora estamos em negociação – e, se necessário, litígio – para conseguir o dinheiro de volta".

Perplexo com sua franqueza, perguntei-lhe: "Esses pagamentos serão informados à polícia?". "Não. A minha tarefa é reclamar os bens da empresa. Só isso", ele respondeu.

Naquele mesmo dia, Sepp Blatter estava sobrevoando o Atlântico a caminho do Congresso da Fifa em Buenos Aires. Ele vinha se preparando havia meses. Enquanto Weber, embora proferindo aos quatro ventos uma pretensa confiança e tranquilidade, guiava para o naufrágio o leme do grupo ISL, Blatter já estava fazendo planos para maquiar a situação da melhor maneira possível e esconder a verdadeira natureza de todo e qualquer problema que aparecesse pela frente.

Seu desempenho no congresso teria de ser bom. Mais que nunca, ele precisava de uma cuidadosa presença de palco.

Em 9 de fevereiro de 2001, Blatter escreveu a Jens Abend, chefe do escritório da McKinsey em Zurique, pedindo ajuda com a decoração do cenário e na elaboração dos "conceitos" que ele usaria no congresso. Sepp disse a Abend que dispunha de uma verba de 3,5 milhões de francos suíços (1,5 milhão de libras) que poderia ser gasta na finalização do novo plano comercial da Fifa, a tempo de exibi-lo com toda a ostentação na ocasião.

Blatter precisava de algo extraordinário, que impressionasse a bancada e o ajudasse a esmagar eventuais ataques. Em junho, pouco antes do congresso, Lennart Johansson estava resmungando: "Por um bom tempo eu e outros membros não fomos adequadamente informados acerca de questões estratégicas, sobre as quais foram tomadas medidas sem a devida e apropriada discussão".

Johansson e seus partidários, mais ou menos metade do comitê, tentaram obter respostas para 25 perguntas feitas a Blatter em uma reunião em Zurique. Sepp ficou furioso. "Eu e a administração da Fifa fomos golpeados por trás, isso não é bom", ele disse após a reunião. "Estou triste, a tristeza de alguém que é esfaqueado pelas costas por sua própria família. Não é nada bom lavar toda essa roupa suja em público."[4]

Enquanto a "família" do futebol se dirigia para o congresso em Buenos Aires, as agências de notícias previam que Blatter enfrentaria "a mais acirrada das lutas" pela presidência. Discretamente, as tropas de elite da McKinsey já estavam checando todos os detalhes da ofensiva de Blatter no centro de convenções do Hilton Hotel, localizado na elegante área de Puerto Madero. O batalhão de frente já tinha chegado à Argentina e estava trabalhando na decoração do ambiente interno do centro de convenções. A preocupação era garantir que os técnicos da agência de iluminação Megalux espalhassem luz sobre Blatter da maneira mais lisonjeira.

Um dia antes do congresso, logo nas primeiras horas da manhã, os membros da equipe McKinsey sentaram-se com Sepp em sua suíte para reescrever e ensaiar o discurso. Meia hora depois ele foi levado para uma plataforma na antessala, onde ficou sob os cuidados de um maquiador que viera da Suíça especialmente para a tarefa de embelezá-lo.

Munido de seu discurso habilmente elaborado, Blatter subiu ao palco do Hilton e falou durante mais de uma hora. Foi um show e tanto. A Fifa podia até ter tido alguns problemas, mas agora estava tudo bem. O mais importante de tudo era que as federações e associações nacionais continuariam recebendo sua subvenção anual de 250 mil dólares.

O teatro de marionetes também foi ótimo. O delegado romeno declarou: "Depois de ouvi-lo, sr. presidente, sinto-me aliviado e calmo". "Eu o congratulo, presidente Blatter", disse o novo representante do Haiti. "A nosso ver, o senhor está sucedendo Havelange com mais solidariedade e transparência." O presidente da Federação Indiana de Futebol aplaudiu Blatter e culpou "organizações invejosas" – supostamente a Uefa – de tentarem derrubá-lo. A salva de palmas teve início. O presidente exibiu seu primeiro sorriso.

Blatter chamou outro orador. "Meu nome é capitão Horace Burrell, presidente da Federação Jamaicana de Futebol; muitas pessoas podem não saber, mas a Jamaica é uma pequena ilha no Caribe e também o menor país a participar de uma Copa do Mundo. Isso significa que temos voz no mundo do futebol, portanto estamos tomando a posição de apoiar o sr. Blatter, em quem temos plena confiança." Depois disso, o homem que tinha posto a própria namorada na cadeira vazia do Haiti em Zurique sentou-se sob aplausos retumbantes.

Então foi a vez da Líbia. "Obrigado por tanta transparência, sr. presidente", agradeceu o líbio. "Apoiamos sua integridade e transparência. Sob seu comando a Fifa jamais perderá a força." Os dirigentes pareciam estar lendo uma "cola" com a palavra "transparência" escrita em negrito. Peru e Cuba, Sudão e Congo ofereceram apoio total.

Depois foi a vez de Ivan Slavkov. "A Bulgária aprova tudo que o senhor disse e confia no senhor. É hora de mostrar o nosso reconhecimento, sr. presidente!" O secretário-geral Michel Zen-Ruffinen tinha uma observação a fazer. "As regras requerem que haja uma resolução e depois uma votação", ele disse, tentando se fazer ouvir em meio à avalanche de aplausos, gritos e vivas. Blatter, que presidia a reunião, não ajudou seu secretário-geral. Sepp tinha outras ideias em mente.

"Por que não por aclamação?", ele perguntou, radiante, ao congresso. "Os senhores estão felizes ou não?" Parecia uma pantomima. Ele abriu os braços para envolver todos os dirigentes ali presentes. Os aplausos ficaram ainda mais fortes. Zen-Ruffinen foi esmagado. Os cartolas se levantaram e ovacionaram Blatter.

Depois disso, o ex-presidente Havelange proclamou: "Devemos aplaudir Blatter dia e noite", ao que o sorridente Blatter respondeu: "Sou um presidente feliz porque tenho uma família unida, o Comitê Executivo e o congresso". As críticas de Blatter tinham sido, mais uma vez, ludibriadas. Um jornalista argentino chamou o evento de "festival de conivência".

Durante o congresso a Fifa lançou sua campanha contra o racismo. Nicolás Leoz, membro do Comitê Executivo e presidente da Confederação Sul-Americana de Futebol (Conmebol), lembrou aos colegas dirigentes suas origens humildes. Seu pai era um imigrante espanhol. Ele disse: "Nasci na selva paraguaia, em uma casa modesta, sem piso, em um lugar onde havia apenas trinta pessoas e centenas de índios". E isso é tudo que havia a dizer sobre a luta da Fifa contra o racismo.

Corria à boca pequena o boato de que o sobrinho de Sepp, Philippe Blatter, tinha dado uma mãozinha ao titio. O porta-voz da Fifa, Andreas Herren, foi categórico: "A equipe da McKinsey não atuou diretamente na preparação do congresso em Buenos Aires, nem na elaboração do discurso, e Philippe Blatter não estava presente".

Herren aparentemente não sabia da verdadeira extensão dos serviços prestados pela McKinsey no congresso de Buenos Aires. A equipe de consultores esteve lá trabalhando em conjunto com a Megalux local, que decorou o auditório, e também ajudou na elaboração e na apresentação do discurso. Mais tarde, o presidente da Fifa contaria vantagem, todo orgulhoso: "A família Fifa voltou a se unir mais uma vez".[5]

21
GOL CONTRA!
Cães adormecidos acordam e começam a latir

Zurique, 16 de novembro de 2001. Chocado ao ficar sabendo que os coreanos comem cachorros e vendo aí a oportunidade de deixar um poderoso rival em maus lençóis, Sepp Blatter abraçou a causa de sua nova amiga, Brigitte Bardot, símbolo sexual convertida em ativista dos direitos dos animais. Com uma expressão de preocupação social estampada no rosto, ele veio a público cobrar uma postura de Chung Mong-Joon, anfitrião da Copa na Coreia. Chung devia tomar "medidas imediatas e decisivas para dar fim a essa crueldade".

Blatter alertou que o hábito de servir *poodles* com macarrão passava para o mundo uma imagem danosa da Coreia, e recomendava com insistência que Chung se sensibilizasse diante da "clamorosa opinião pública mundial e rejeitasse a crueldade".[1]

A Fifa, entidade que ficava feliz ao tomar chá com ditadores assassinos e dar a Copa a uma junta militar sanguinária, agora queria cantar de galo em terreiro alheio.

Satisfeito de ter vinculado seu adversário à palavra "crueldade" duas vezes em uma única frase, Blatter voltou suas atenções para edulcorar as finanças da Fifa.

Durante seu showzinho coreografado pela McKinsey cinco meses antes em Buenos Aires, Blatter tinha prometido que a KPMG realizaria uma auditoria nas contas da Fifa a fim de descobrir quanto custara a falência do grupo ISL. E prometeu que a análise comprobatória das atividades contábeis e financeiras estaria concluída em outubro. Não havia dúvida de que ele usara a palavra "auditoria". A equipe da KPMG presente ao auditório ouviu a mesma coisa. Mas quando a KPMG iniciou os trabalhos, recebeu a instrução não de auditar as contas, mas sim de elaborar apenas um breve sumário.

Durante a preparação para a reunião do Comitê Executivo, pouco antes do Natal, Lennart Johansson começou a fazer perguntas de novo. Lennart e seus 12 partidários no comitê tinham compilado outra enfadonha lista de perguntas. E disseram aos jornalistas que não tinham a menor ideia sobre o que estava acontecendo com as finanças da Fifa. "Que negócios de securitização já foram concluídos?", era uma das perguntas. "Haverá mais? Há algum empréstimo de curto prazo? E o que aconteceu com a auditoria?"²

Cinco dias antes da reunião, os dissidentes entregaram outra carta a Sepp. Eles simplesmente não acreditavam nas suas promessas e nas alegações de que ele era um bom administrador. A carta citava uma "contínua falta de transparência", expressava descontentamento contra o poder secreto e os salários pagos ao séquito de consultores e conselheiros, severamente criticados como "uma administração dupla dentro da Fifa". Por fim, e o mais importante, os opositores exigiam a instauração de uma comissão de investigação.³

Eles também queriam informações sobre "contratos de televisão que são parcialmente controlados por membros deste Comitê Executivo". Havia rumores de que, desde a década de 1980, Havelange tinha arquitetado um esquema secreto para que Jack Warner detivesse os direitos de televisão da Copa do Mundo no Caribe. O custo? Enquanto outros pagavam milhões, Jack desembolsava apenas a quantia nominal de 1 dólar. E depois revendia esses direitos para emissoras de televisão regionais.

Jack escreveu a Sepp uma de suas cartas de apoio. "Meu caro presidente, tomei conhecimento de sua dor, sua mágoa, sua decepção e sua desilusão e me solidarizo com o senhor." Em tom que lembrava um pouco o professor de escola primária, que ele de fato era, Jack acrescentou: "Contudo, consola-me o fato de que pelo menos o senhor percebeu que, a despeito da postura histriônica de alguns membros do Comitê Executivo da Fifa, a solidariedade e a fraternidade a que o senhor aspira não passam de um sonho ilusório". E concluía assim: "A Concacaf não deseja tomar parte da desestabilização da Fifa e promete lutar com o máximo de suas forças pela unidade e sobrevivência na entidade". Na reunião, Warner apoiou Blatter, opondo-se a qualquer tipo de investigação. E os dois venceram o primeiro assalto da luta.⁴

"Voltando para casa depois do hospital às cinco da manhã...", Johansson escreveu a Blatter dois dias antes do Natal. Ele tinha perdido a reunião por causa do tratamento de câncer. A bem da verdade, estava mais uma vez decepcionado com Blatter. "Recebemos uma enxurrada de fatos e números", ele se queixou. "O material está muito bem elaborado, mas só o recebemos na véspera da apresentação ou depois que tudo já foi apresentado. Porém essas apresentações não respondem a todas as perguntas para as quais queremos respostas."⁵

Johansson relatou detalhadamente tudo que já tinha acontecido antes, os questionamentos sobre a "sorte grande" de Warner acerca dos direitos de televisão, sobre a administração paralela de Blatter – sua Equipe F. E por que a Fifa precisava pôr as mãos em um dinheiro que só receberia na Copa de 2006? Johansson concluía com uma pergunta: "Por que o senhor se opõe à formação de um grupo de investigação interna?".

Blatter não respondeu. No final de janeiro, David Will tentou escrever ao presidente do Comitê Financeiro Julio Grondona sobre o relatório encaminhado pela KPMG. O que tinha acontecido com a promessa de auditoria? "Sinceramente, eu esperava um documento de duzentas a trezentas páginas e mal pude acreditar no 'resumo' de duas páginas que, por fim, recebemos", reclamou o escocês.[6]

Johansson e Will ficaram furiosos com os segredos obscuros, as evasivas, tergiversações e protelações de Blatter e seus camaradas. No final de janeiro, Johansson e seus 12 dissidentes encaminharam um abaixo-assinado de ultimato a Sepp. Eles estavam cansados de suas "negativas" e exigiam que o presidente convocasse uma reunião extraordinária para discutir uma questão: a instauração de uma investigação.

Blatter não tinha como recusar. Então, deu um passo além: disse "sim", mas a coisa tinha de ser feita do seu jeito. A investigação ao estilo Blatter, com respeito a "certas práticas e considerações racionais". Blatter escreveu às associações e federações nacionais apresentando uma desculpa para os problemas da Fifa: "As consequências financeiras globais de 11 de setembro de 2001".

Perto da data da reunião extraordinária, marcada para ter início na noite de 7 de março de 2002, uma quinta-feira, o Comitê Financeiro leu uma versão preliminar do relatório de auditoria que estava sendo preparado para o congresso que seria realizado dali a três meses. Warner tinha algo importante a dizer: "Tenho plena confiança de que a Fifa está em boas mãos". E acrescentou que a solicitação de uma investigação especial "tinha o intuito de enfraquecer Blatter antes da eleição presidencial".

Blatter arregaçou as mangas e se dedicou à tarefa de aplicar um corretivo nos dissidentes e colocá-los na linha. Encheu a mala de cenouras e porretes – como se os cartolas fossem cavalos que Blatter precisava incentivar a andar ora com comida, ora pela força –, voou até Madri e pôs contra a parede Angel Maria Villar Llona, presidente da Federação Espanhola de Futebol, que não demorou muito a anunciar: "Eu gostaria de manifestar meu sincero apoio à maneira com que Blatter está administrando a Fifa e suas políticas financeiras, pelas quais eu o congratulo entusiasticamente".[7]

Apesar do passo à frente, Blatter sofreu um revés. Aos 76 anos de idade, o costa-riquenho Isaac Sasso, tenente legalista de Jack Warner, mandou avisar que não estava em condições de viajar. Uma vez que os votos postais não eram permitidos, Blatter teve de se contentar com a seguinte declaração de apoio de Sasso: "Acredito no Comitê Financeiro e Julio Grondona, e acredito no sr. Blatter, o presidente. O sr. Blatter é um homem muito bom, limpo e correto. Blatter trouxe a democracia à Fifa. Agora a entidade é bastante transparente".

O problema é que Blatter não conseguiu a maioria dos votos. Ele estava em menor número. Examinou de novo o requerimento de investigação. Não era algo necessariamente fatal. Mas havia uma reivindicação perigosa: o ponto de número 6, o direito de investigar "a presidência". De dentro desse armário podia sair todo tipo de esqueleto. As bonificações secretas de Sepp, seus pagamentos aos cartolas favoritos, a Equipe F e, meu Deus, a Galinha dos Ovos de Ouro podia sair cacarejando.

Chegou o dia 7 de março, e a reunião se estendeu da noite de quinta até a manhã de sexta. Blatter estava acuado. Ele mencionou possíveis violações dos Estatutos da Fifa, falou em tom bombástico sobre ataques pessoais, negou haver corrupção na Fifa. Mas as coisas pareciam estar caminhando segundo a expectativa de Johansson. Durante um intervalo, Lennart disse aos jornalistas: "Temos uma decisão em princípio". Johansson acreditava na vitória.

"Em princípio" era uma coisa. O horário de partida dos aviões era outra. Blatter ganhou tempo e obstruiu os trabalhos ao longo de toda a sexta-feira, e na manhã de sábado jogou sobre a mesa um documento radicalmente novo, com uma proposta que não incluía a investigação do mundo presidencial. As discussões recomeçaram, e a essa altura vários de seus críticos já consultavam o relógio. Um a um, eles começaram a ir embora rumo ao aeroporto de Zurique. À tarde, só restavam 16 dirigentes, e Blatter atacou. Agora ele tinha a maioria, e sua versão venceu. Seria implantada uma auditoria interna, mas nada de investigação, e o orçamento presidencial continuaria sendo um território restrito.

No final da tarde de sábado, Blatter convocou os jornalistas. Estávamos esperando fazia dois dias. O diretor de comunicações Keith Cooper abriu a reunião no auditório em Sonnenberg. "Não há a menor possibilidade de entrevistas individuais com o presidente, ele tem outro compromisso. De nada vai adiantar sair correndo atrás dele, pois vocês não vão alcançá-lo."

Quando falou conosco, Blatter estava cansado mas exultante, alardeando seu sucesso depois de ter jogado um balde de água fria na tentativa de auditoria. "Eles podem inspecionar o secretariado da Fifa. Mas, eu repito, não no nível presidencial", trombeteou. Não pude resistir à vontade de entrar na brincadeira e perguntei: "Por que o senhor não determinou uma investigação sobre a corrupção?".

"Não vou dar combustível à pauta dos que puseram em dúvida os resultados e a justeza da minha eleição em 1998", ele vociferou, espremendo os olhos. "Se alguém quisesse questionar o resultado da eleição teria, de acordo com a lei suíça, trinta dias para registrar o protesto. Então, pare com isso! Fim! Só isso."

Depois ele saiu às pressas para assistir a uma partida do Grasshopper Club, time de Zurique, ótima oportunidade para ser fotografado com uma cara de "Eu adoro futebol!".

Na manhã seguinte Blatter estava em Milão dando uma palestra em uma faculdade de Administração. O novo Comitê Interno de Auditoria tinha sido ideia dele desde o início, ele alegou. "Tomei a iniciativa no fim de janeiro, quando enviei uma carta a todas as associações e federações nacionais comunicando que em nome da total transparência eu propunha a instalação de um Comitê Interno de Auditoria."

O comitê incluía um membro de cada confederação continental. A América do Sul enviou Ricardo Teixeira. No Brasil a notícia soou como uma piada sem graça e foi recebida com sorrisos amarelos. O jornalista esportivo Juca Kfouri escreveu: "Mais uma vez estão colocando a raposa para tomar conta do galinheiro. É muito triste, e nos faz perguntar se dá para confiar em alguma coisa que a Fifa faz".[8] O senador brasileiro Álvaro Dias tinha acabado de chefiar os trabalhos de uma comissão parlamentar de inquérito sobre a Confederação Brasileira de Futebol presidida por Teixeira, e cuja conclusão foi de que se tratava de "um antro de crime, revelando desorganização, anarquia, incompetência e desonestidade".

A presidência do novo comitê ficou a cargo de David Will, que não era um homem submisso, afeito a concordar sempre com o seu superior. Advogado, Will desencavou informações, algumas das quais poderiam causar danos a Blatter. Will estava, inclusive, solicitando a suas testemunhas que registrassem em cartório declarações juramentadas. Agora ele estava se debruçando sobre as atividades de dois outros cargos: o do diretor de finanças Urs Linsi, e o de seu secretário-geral Michel Zen-Ruffinen. Alguma coisa tinha de ser feita.

Chuck Blazer, membro do Comitê Interno de Auditoria, escreveu a Will: "Na sessão de abertura declarei que este comitê era a formação de um processo político".[9] Blazer estava consideravelmente "aflito", e um dos motivos de sua angústia era o fato de que o coreano Chung tinha falado sobre a securitização em entrevista a um programa de televisão australiano. Blazer também tinha flagrado David Will conversando com uma testemunha depois de encerrada a sessão.

Blatter ficou chocado com o relato de Blazer. "De modo a garantir e proteger os interesses da Fifa e do Comitê Executivo da Fifa, sou obrigado a suspender os trabalhos do Comitê Interno de Auditoria", anunciou Blatter em 11 de abril, "enquanto aguardamos a solução de uma investigação sobre a questão de quebra de confidencialidade e a maneira como o comitê lidou com documentos entregues a seus membros."[10]

Soltando fogo pelas ventas, David convocou a imprensa: "Eu me reuni com o presidente e ele não foi capaz de me apresentar um único exemplo de vazamento de informação que tivesse sido dada com exclusividade ao comitê, tampouco um único exemplo de uso indevido de qualquer documento. A meu ver ele não tem justificativa para interromper os trabalhos do comitê".

Johansson declarou: "Deve haver algo de podre quando o presidente faz o máximo que pode para interromper uma investigação que era meramente interna e se restringia ao Comitê Executivo. Isso só pode significar uma coisa: estão escondendo algo".

Não ajudou muito o fato de que, no início de abril de 2002, o império midiático de Leo Kirch, que vendia os direitos de televisão das Copas do Mundo, declarou falência. A Fifa assumiu os direitos de transmissão que pertenciam a Kirch. Felizmente já estava concluída a maior parte das negociações de vendas para as Copas de 2002 e 2006.

A temporada de pingue-pongue da Fifa estava oficialmente aberta. *Pingue!* Os dissidentes do Comitê Executivo escreveram uma detalhada queixa para Blatter. *Pongue!* Blatter respondeu, em seu estilo por vezes rebuscado e cheio de floreios, às vezes amável, às vezes curto, grosso e violento, mas sempre empurrando as coisas com a barriga – e enviou cópias a toda a família Fifa.

Pingue! Os dissidentes: o que Sepp tinha a dizer sobre o assassinato da comissão de investigação? *Pongue!* "Uma campanha maliciosa de insinuações e difamação vem sendo orquestrada há várias semanas – um ataque encetado para manchar minha imagem e semear dúvidas, mas que no fim das contas ameaça prejudicar a própria Fifa e o futebol como um todo."

"Devemos, então, nos contentar com o que já conquistamos? Devemos parar de melhorar o que ainda podemos melhorar e parar de dar retoques e aperfeiçoar nossos programas e competições? Definitivamente não!"

Uma semana depois da tumultuada reunião que decidiu a instauração de um enfraquecido Comitê Interno de Auditoria, Issa Hayatou, presidente da Confederação Africana de Futebol, anunciou no Cairo que concorreria à presidência da Fifa. Johansson estava ao seu lado quando Hayatou declarou que queria "restaurar a integridade, a credibilidade e a transparência" da entidade.

Blatter foi suficientemente esperto para não atacar diretamente Hayatou. Melhor ignorá-lo. O alvo deveria ser Johansson.

"A coisa ficou pessoal, especialmente por causa dos ataques do sr. Johansson a mim", Blatter disse em entrevista à BBC. "Não vi o sr. Hayatou me atacando, e eu tampouco disse algo errado ou ruim sobre ele. É uma sujeira, mas não entre dois adversários. Há um terceiro homem no meio de campo, tentando me derrubar. Ele está do lado de fora, e devia haver um árbitro para evitar que pessoas alheias ao jogo entrem em campo com jogadas sujas."[11]

Essa foi a primeira saraivada de tiros. A segunda rajada foi disparada dias depois, por carta. "Está em suas mãos, Lennart, estabelecer qual será o tom das próximas semanas. Não posso acreditar que você sinta algum prazer no atual conflito."[12]

Chung tinha desistido da candidatura em favor de Hayatou, mas isso não o poupou das chibatadas de Zurique. O coreano recebeu uma carta, distribuída em toda parte: "Caro colega (e o nome do destinatário vinha escrito à mão) Caro MJ". As gentilezas acabavam aí. "Nas últimas semanas, suas tentativas de me jogar no descrédito e manchar minha reputação aos olhos do mundo do futebol aumentaram exponencialmente. E você fez isso não apenas em público, mas também em cartas particulares enviadas a certas pessoas, na esperança de que sua influência seja capaz de persuadi-las a mudar a atitude positiva delas para comigo. Seus ataques difamatórios não me enfurecem e exercem pouquíssimo efeito em mim como pessoa. Mas o dano que estão causando ao futebol é muito maior e mais grave."[13]

E ainda faltavam dois meses para a eleição em Seul.

As associações e federações europeias, cujo apoio a Johansson Sepp tentaria anular, eram os próximos da lista. "Aqueles que me conheceram nos últimos trinta anos sabem muito bem que sou incapaz de perpetrar os atos de que sou acusado: compra de votos, destruição de documentos, medo da verdade, gestão ditatorial da Fifa", ele alegou.

"Essa campanha de calúnia e vilificação atualmente em curso está atingindo novas dimensões de mentiras e níveis inauditos de difamação." Blatter culpava os jornais britânicos – uma "imprensa dirigida", Blatter qualificou – pela criação de "um clima pernicioso e veemente".[14] Ele ainda não tinha experimentado nem a metade.

"Creio que se faz necessário dizer oficialmente que há algumas coisas na Fifa que não estão funcionando", afirmou uma nova e perigosa voz de oposição.

"Eu disse isso em carta ao presidente em quatro ocasiões e não obtive resposta. Então, procurei membros do Comitê Executivo e minha terceira e última tática foi falar com a imprensa." Michel Zen-Ruffinen, o leal *apparatchik*, tinha finalmente cedido à pressão.

Blatter ficou genuinamente perplexo quando Zen-Ruffinen pôs a cabeça acima do parapeito em entrevista ao jornal *Le Temps*. Falando como o advogado que era, Zen-Ruffinen declarou: "Por vários meses notei disfunções no processo financeiro do centro nervoso da Fifa. Está claro que regras deixaram de ser seguidas, tanto da parte do próprio presidente como do diretor de finanças". Como se isso não bastasse, Zen-Ruffinen levou Blatter a ter acessos de ódio ao alardear sua teoria dos motivos pelos quais Blatter tinha dado fim à investigação do Comitê Interno de Auditoria. "Creio que o propósito dessas manobras era impedir que eu fosse intimado como testemunha, porque eu poderia revelar detalhes delicados."

Colegas por quase duas décadas, agora falavam um com o outro por meio de megafones. Cerrando os dentes, Blatter exigiu que Zen-Ruffinen levasse a coisa adiante ou calasse a boca. "Ele devia apresentar por escrito essas alegações a meu respeito. O que aconteceu na Fifa nos últimos dias é intolerável. O dossiê receberá prioridade máxima na reunião do Comitê Executivo no dia 3 de maio."[15]

Um dossiê? Salivando de ansiedade, nós jornalistas mal podíamos esperar a reunião em Zurique, marcada para dali a dez dias.[16] Zen-Ruffinen aguçou ainda mais a nossa curiosidade com a misteriosa insinuação de que "Coisas foram encontradas durante o trabalho do Comitê Interno de Auditoria". Blatter jogou mais lenha na fogueira ao determinar que seu secretário-geral estava proibido de ler ou manusear qualquer documento financeiro.

Zurique, 3 de maio de 2002. Blatter entrou pela porta da sala de reunião da diretoria trazendo um novo amigo. "Por favor, recebam o dr. Hans Bollman. Ele tem um importante conselho a nos dar. Devemos ouvir." Imediatamente alguns membros do Comitê Executivo mostraram hostilidade e começaram a vaiar.[17] Bollman, advogado de Zurique, se impôs e recomendou aos dirigentes que não dessem ouvidos ao secretário-geral Michel Zen-Ruffinen.

Então, Zen-Ruffinen tomou a palavra. "Eu decidi me manifestar e tomar posição pelo bem do futebol. Por tempo demais fui leal ao presidente. A Fifa está manchada pela má administração geral, por disfunções estruturais e irregularidades financeiras", disse Zen-Ruffinen, que tinha preparado um dossiê confidencial de 22 páginas. Na raiz dos problemas da Fifa, ele argumentou, estavam a administração paralela e a Equipe F. A nomeação de Markus Siegler como assessor de imprensa e porta-voz pessoal de Blatter e a de Jerome Champagne para "interferir ostensivamente nos assuntos das associações e federações nacionais", com o intuito de ganhar votos para o chefe, estavam solapando o moral da entidade.

Os membros do Comitê Executivo sabiam que o presidente estava interferindo no andamento adequado da burocracia e tinha assumido o controle pessoal dos contratos de marketing?

E olhem só isso – consultorias para os amigos íntimos de Blatter, pagamentos em dinheiro a Havelange. E que diabos Blatter pensava estar fazendo ao usar o dinheiro do Projeto Goal para conseguir votos?

Uma revelação picante era a de que Blatter pagara, secretamente e sem autorização, 100 mil dólares ao russo Viacheslav Koloskov – quantia equivalente a dois anos de salário dos membros do Comitê Executivo, paga quando o russo estava em licença por um período de dois anos. O nome disso era "corrupção". Pagamentos feitos à "Família Blatter" enchiam uma página; outra tratava da recusa de Blatter em revelar para quem estava enviando dinheiro.

Depois da apresentação de Zen-Ruffinen, cinco vice-presidentes da Fifa levaram Blatter a uma antessala e o aconselharam a deixar o cargo. Issa Hayatou, um dos cinco, disse depois: "Ele parecia perplexo, bastante chocado. Mas se recusou a pedir demissão e disse que só devia satisfações ao congresso".[18]

A reunião do Comitê Executivo prosseguiu ao longo de dez horas. Johansson e outros dissidentes levaram o relatório de Zen-Ruffinen ao gabinete do magistrado em Zurique, que disse que a investigação levaria meses. Blatter aproveitou a oportunidade para atacar Hayatou. "No início, eu o considerava um homem justo", ele disse. "Mas agora, depois de assinar a petição para a instauração de um processo contra mim, e ao usar na imprensa alguns termos que não correspondem à verdade, ele abandonou o jogo limpo."[19] Então, o presidente da Fifa saiu em campanha no quintal de Hayatou. A eleição de 1998 tinha sido vencida na África. Será que poderia ser decidida lá mais uma vez?

22
A CASA DA FIFA ESTÁ PEGANDO FOGO

Quem acendeu o fósforo?

Monróvia, 23 de novembro de 1999. O sol brilhava, a multidão reunida no estádio nacional da Libéria aplaudia, e o presidente Blatter inaugurou o primeiro projeto financiado pelos 100 milhões de dólares do Projeto Goal. O presidente Charles Taylor apertou calorosamente a mão de Blatter e concedeu a ele a mais alta honraria do país, a Ordem Humana da Redenção Africana.[1]

"Joseph S. Blatter manteve a palavra e nos apoiou", disse Taylor. O favor seria retribuído em 2002, pelo genro do ditador, o parrudo Edwin Snowe, presidente da Associação Liberiana de Futebol. Para ajudar Blatter em sua campanha no torrão de Hayatou, Snowe criou a "Amigos de Blatter na África" e atacou seu conterrâneo: "Hayatou nada fez por país africano nenhum".[2]

Depois da eleição Snowe deixou a África e foi para os Estados Unidos, onde se matriculou na universidade privada Johnson & Wales, em Denver, Colorado, que tem cursos de administração, hotelaria, culinária e tecnologia. A Fifa deu a ele 50 mil dólares para estudar gestão desportiva e eventos de entretenimento. Andreas Herren, um dos porta-vozes de Blatter, comentou: "É normal sob este programa que bolsas de estudo e crédito educativo sejam dados para os executivos de associações e federações nacionais interessados em complementar sua educação".

Os 50 mil dólares de Snowe representavam um quinto da subvenção anual de 250 mil dólares destinada pela Fifa à Libéria, país tão pobre que tinha dificuldade de comprar material esportivo para a seleção nacional.

Edwin não queria abrir mão da presidência da associação enquanto estudava nos Estados Unidos. Você não precisa fazer isso, disse-lhe Herren. O ex-jogador George Weah, eleito melhor jogador do mundo pela Fifa em 1995, era um liberiano leal. Ele ganhou muito dinheiro como atacante do clube italiano A. C. Milan, e fazia o que podia para ajudar o futebol de seu país. E não via muita graça na licença sabática de Edwin. "É injusto para o futebol do país. Se o presidente da associação se ausenta por um período de três ou quatro anos para estudos acadêmicos, as eleições deveriam ser antecipadas para outra pessoa assumir seu lugar."[3]

Apesar do apoio do presidente Charles Taylor (que se autonomeou Benfeitor dos Esportes da Libéria), a seleção nacional parecia permanentemente falida, os técnicos não recebiam seus salários, e era difícil ver em que estava sendo aplicado o dinheiro da Fifa destinado ao desenvolvimento do esporte do país – exceto pelo custeio dos estudos de Edwin no exterior. Charles Taylor ofereceu a Weah os serviços de seus guarda-costas pessoais, e o ex-jogador, que não é bobo nem nada, rapidamente foi embora do país.

Quando Edwin voltou para a Libéria, deu as costas ao mundo do esporte, pediu demissão da associação nacional e, usando seu caro diploma em administração esportiva, tornou-se diretor executivo da Liberia Petroleum Refining Company. Em janeiro de 2006 a ONU proibiu-o de viajar, sob a alegação de que estava envolvido no financiamento do exilado Charles Taylor.[4]

Taylor, responsável pela morte de centenas de milhares de civis nas guerras que ele mesmo iniciou na Libéria e em Serra Leoa, fugiu para a Nigéria e agora enfrenta processo de uma corte especial da ONU. É acusado de crimes de assassinato, escravidão, de ordenar estupros em massa, amputações e mutilações, transformar crianças em soldados e lançar ataques contra voluntários humanitaristas. A ONU calcula que ele roubou pelo menos 100 milhões de dólares dos cofres de seu país.

Taylor aprendeu suas habilidades militares em campos de treinamento na Líbia, país em que foi orquestrada outra operação de apoio a Blatter em 2002. O abastado presidente da Federação Líbia de Futebol, Al-Saadi Gaddafi, filho do coronel Gaddafi, convidou dirigentes de vinte federações e associações africanas, incluindo Uganda, Ruanda, Líbia, Sudão, Zimbábue e Mauritânia, para uma visita a Trípoli no final de abril, uma semana antes da revelação do explosivo dossiê de Zen-Ruffinen. Os cartolas africanos passaram uma semana de alegria celebrando Blatter, e cada um deles recebeu de Gaddafi 4 milhões de dólares.[5]

Enquanto isso, Blatter estava em Abidjan, na Costa do Marfim, dando uma passadinha em uma reunião de ministros do Esporte de países francófonos. Jerome Champagne se encarregou da diplomacia, explicando que "O presidente Blatter não está aqui em campanha. Mas este é um bom lugar para renovar o contato com velhos amigos. Ele tem amigos em toda parte. Eles sabem o que ele vem fazendo pelo mundo do futebol".[6]

Os jornalistas africanos deviam estar em uma convenção diferente. Um deles escreveu: "Blatter aproveitou a oportunidade para fazer *lobby* e caçar votos. Ele sabe muito bem que na África os ministros do Esporte exercem grande influência nas federações de futebol, e solicitou com insistência que os ministros apoiem sua candidatura a um segundo mandato".[7] A caminho de casa, ele passou algumas horas no Senegal.

Aeroporto de Moshoeshoe, Lesoto, 7 de abril de 2002. O jato Gulfstream do presidente Blatter chegou, vindo de Botsuana, a meio caminho de sua turnê por dez nações no Sul da África. Faltavam seis semanas para a eleição, mas ele não estava fazendo campanha. Estava apenas servindo à Fifa e parando para visitar alguns dos amigos que ele tinha "em toda parte".

A assessoria de imprensa da Fifa estava ocupada abastecendo o mundo com notícias sobre como as nações africanas tinham se desgarrado de Hayatou. "A Associação Ruandesa de Futebol apoia plenamente a reeleição de Joseph S. Blatter" não era uma frase muito interessante nem muito empolgante, mas isso pouco importava depois do acréscimo de Markus Siegler: "Manifestações de apoio da Associação Ruandesa e da Associação Sudanesa encontram eco em declarações já feitas pelas Associações de Lesoto e de Zâmbia, e pela Federação Moçambicana".

Blatter cortou fitas de inauguração de novas instalações financiadas pelo Projeto Goal nos três países. Em Lusaka ele relatou aos dirigentes detalhes de sua árdua e aflitiva labuta em Zurique: "Após a realização de investigações, todas as alegações foram desmentidas. Aqueles que fizeram acusações terão de prestar contas à Justiça".[8]

Mas quem estava pagando a viagem no jato fretado que levava Blatter de um aeroporto ao outro? Um de seus acompanhantes, Mohamed Bin Hammam, revelou em Lesoto: "Este jato foi oferecido por um amigo meu, Saleh Kamel. Nós dois financiamos juntos a viagem. Ele é um amigo saudita".[9]

O xeque Saleh Abdullah Kamel, então com sessenta anos de idade, figurava nas listas dos duzentos homens mais ricos do mundo, com uma fortuna pessoal estimada em 2,2 bilhões de dólares e um império de 9 bilhões de dólares. Seu grupo bancário Dallah Albaraka ia muito bem, mas sua rede de rádio e televisão (ART – Arab Radio and Television) era, segundo a definição de analistas financeiros, "uma máquina de perder dinheiro".

A rede via satélite, que exibia a Premier League inglesa e a Bundesliga alemã, precisava desesperadamente adquirir direitos esportivos de primeira linha, porque os filmes de Hollywood, salpicados de ação e sexo, eram inaceitáveis no mundo islâmico. Por que um bilionário interessado em transmitir a Copa do Mundo não daria uma carona ao presidente da Fifa em um de seus jatinhos?

O apoio da Associação Inglesa de Futebol a Hayatou trazia pouco consolo ao africano. Sabendo que algumas de suas associações e federações continentais seriam eternamente vulneráveis a Blatter e Bin Hammam, Hayatou foi fazer campanha na Ásia, prometendo mais vagas na Copa do Mundo. Elas seriam tiradas da América do Sul, onde dez países disputavam cinco vagas nas eliminatórias.

Hayatou despachou seus emissários para o Caribe com a missão de tentar rachar o voto em bloco controlado por Warner. Eles visitaram as Ilhas Cayman e fizeram *lobby* com o presidente da associação local, Jeff Webb. Os enviados de Hayatou mal tinham saído da sala e Jeff já estava ao telefone relatando a Warner detalhes do encontro: Webb tinha deixado os lobistas falarem por cinco minutos e fazerem uma apresentação. O que era mais importante para Jeff? Por acaso Hayatou pagaria mais que o dobro dos atuais 400 mil dólares para cada Projeto Goal, chegando a quase 1 milhão de dólares? Eles não souberam responder.

Jeff afirmou que foram feitas certas alegações acerca do presidente da Fifa e do presidente da Concacaf, mas que ele se recusara a ouvir. Warner ficou contentíssimo.

Nem todo mundo no Caribe e na América Central estava contente com o presidente de sua confederação de futebol. Depois de 12 anos no comando da confederação, Warner subitamente sentia que o sólido terreno sob seus pés começava a tremer. Ele estava ameaçado de sofrer uma derrota nas urnas. Edgardo Codesal era o árbitro mexicano que tinha mostrado o primeiro cartão vermelho em uma final de Copa do Mundo, em 1990, no jogo entre Argentina e Alemanha, em Roma. O argentino Pedro Monzón foi expulso aos 20 minutos do segundo tempo; pouco depois, seu colega de time Gustavo Dezotti, aos 42 minutos do segundo tempo, também deixou o campo de jogo. Agora Codesal queria mostrar o cartão vermelho a Warner e substituí-lo na presidência da Concacaf.

Na condição de diretor de arbitragem da Concacaf, Codesal recebia ajuda de custo para cobrir suas despesas e, por causa disso, ganhou um cartão vermelho do secretário-geral Chuck Blazer. "Nossos estatutos proíbem que membros remunerados da confederação concorram a cargos eletivos no âmbito da entidade", disse Blazer, rejeitando a candidatura de Codesal à eleição presidencial. Alberto de la Torre, presidente da Federação Mexicana de Futebol, contra-atacou: "O sr. Codesal não é remunerado. Ele não recebe salários, a ajuda de custo que cobre suas despesas não é salário; se fosse, o sr. Warner também seria inelegível, pois também tem as despesas pagas. Apresentaremos uma queixa formal à Fifa".

Warner imediatamente tirou Codesal do Comitê de Arbitragem da Fifa. Depois, ficou furioso quando descobriu que nem ele nem Blatter poderiam intervir. "Gostaríamos de chamar a sua atenção para o fato de que o membro de um comitê da Fifa somente pode ser substituído pela instância que o nomeou, o Comitê Executivo", escreveu a Warner o secretário-geral Michel Zen-Ruffinen.[10]

Quando tinha sido a última vez que alguém disse "não" a Warner? Era difícil lembrar. "Que mundo estranho este em que vivemos!", foi a melhor coisa que ele conseguiu escrever em um raivoso e-mail a Blatter, com cópia para todo mundo. A carta ficava mais estranha e mais enfurecida. Zen-Ruffinen solicitou ao Comitê Jurídico da Fifa que arbitrasse o desejo de Codesal de concorrer com Warner. Blazer teve uma explosão de indignação e exigiu que Zen-Ruffinen fosse ou demitido ou suspenso por "interferir em assuntos da Concacaf. Essa atitude de Zen-Ruffinen esticou sua credibilidade até o limite", berrou Blazer de sua sala na Trump Tower.[11]

Zen-Ruffinen convocou seus advogados. "Esses ataques são uma tentativa de desestabilizar a função de secretário-geral, simplesmente porque ele foi fiel aos estatutos", declarou, enquanto ações judiciais por difamação estavam sendo elaboradas. "O fato de que os ataques emanaram da Concacaf, cujos principais dirigentes invariavelmente estão envolvidos em controvérsias, é prova que corrobora uma campanha de desestabilização!" Depois Zen-Ruffinen fez uma revelação intrigante. Ele descobrira que caixas contendo a correspondência entre Warner e a Fifa de 1989, 1990 e 1991 tinham desaparecido, bem como uma volumosa pilha de documentos da era Havelange.

Deviam ter vendido ingressos de primeira fila para esse evento. É costume que o presidente e o secretário-geral da Fifa participem dos congressos das confederações continentais, e Jack era esperado em Miami no final de abril. Com todo o seu charme natural, Jack escreveu a Zen-Ruffinen: "Quero alertá-lo para o fato de que, com base nas circunstâncias atuais existentes entre sua pessoa e a liderança e a administração da Concacaf, não será prudente que o senhor compareça ao congresso da confederação".

Isso não caiu bem em Zurique, e Jack teve de se explicar: "Embora eu saiba que o inglês é a língua oficial da Fifa, sei que não é sua primeira língua, portanto compreendo o que parece ser sua inabilidade de entender o significado da palavra 'prudente'. De modo algum, por mais alto que seja o voo de imaginação, é possível inferir em minha carta alguma intimidação ou ameaça, e sou uma pessoa que sempre fala com franqueza e sem ambiguidades".[12]

Chuck e Jack me baniram de seu congresso em Miami, mas usei o saguão do Hotel Loews em South Beach como base de operações e ponto de encontro. Às escondidas, alguns dirigentes encontravam-se comigo e me relatavam o que tinha acontecido lá dentro. O candidato Blatter teve permissão para discursar pedindo votos, mas ao candidato Hayatou foi negado direito de voz. Jack, por fim, permitiu que Codesal subisse ao palco, depois de anunciar que a eleição seria aberta, por levantamento das mãos. Apenas dois países, México e El Salvador, ousaram erguer as mãos a favor de Codesal. Jack foi eleito para mais quatro anos.

Hayatou ofereceu um modesto coquetel – oportunidade para conversar com os dirigentes sobre suas esperanças de uma nova Fifa. Ele falou para uma sala quase vazia. Um delegado caribenho me segredou: "A maioria sente tanto medo de Warner que não tem coragem nem de aparecer para ouvir o homem". Os demais julgavam mais seguro ficar na praia.

Blatter levou sua campanha para Dubai, durante a convenção esportiva Soccerex; diante da simpática plateia da feira de negócios do futebol, Sepp disse que seus críticos não passavam de um "bando de rivais amargurados dispostos a me pegar [...] suas acusações de corrupção e má gestão financeira estão prestando um desserviço ao futebol". Ele se recusou a falar com a imprensa britânica, mas a jornalistas locais disse que "mais transparência que a que estamos oferecendo à Fifa agora não é possível". Depois, olhou à sua volta e declarou: "Eu sou o último romântico do futebol".

As cidades e os países iam ficando para trás. Blatter esteve no Bahrein, a convite do príncipe herdeiro; passou por Pequim e depois por Pyongyang, onde bateu um animado papo com o recluso ditador Kim Jong-Il. Esta viagem foi inútil, pois os norte-coreanos não apareceram no congresso. Em Nuku'alofa, Tonga, ele dividiu o palco com Hayatou no congresso de futebol da Oceania. Ainda irritado com a insubordinação de Zen-Ruffinen, Blatter disse a um jornal suíço: "Meus oponentes estão só esperando que eu os demita, para que possam dizer que eu me livrei da última pessoa dentro da Fifa que sabia a verdade".

Ele conseguiu convencer o Comitê de Emergência a proibir o secretário-geral de falar com a imprensa e deu ordens a Urs Linsi que não mais prestasse contas a Zen-Ruffinen, mas que encaminhasse relatórios ao presidente do Comitê Financeiro, Julio Grondona, que disse a uma estação de rádio de Buenos Aires: "Zen-Ruffinen não serve nem para comandar um grupo de escoteiros. Sem querer desrespeitar os escoteiros".[13]

Todos marcharam rumo a Estocolmo, no final de abril, para o Congresso da Uefa, e foi o melhor dia do ano para Blatter. Depois de meses de confabulação e politicagem, o resultado foi a eleição de Michel Platini para o Comitê Executivo da Fifa, com Gerhard Mayer-Vorfelder, da Bundesliga. Um dos principais tenentes de Johansson, o norueguês Per Omdal, foi alijado do cargo, e subitamente Blatter estava de volta ao jogo. A ligeira maioria de Johansson tinha desaparecido.

Blatter instruiu uma equipe a responder às alegações feitas por Michel Zen-Ruffinen em 3 de maio. Ele precisou de 15 dias para aparecer com um documento-resposta de trinta páginas que chamou de "Retificação", palavra que soa dolorosa (pois lembra "reto", aquela parte da anatomia humana), mas de acordo com meu dicionário quer dizer "o ato de tornar reto, alinhar; endireitar".

"Senhoras e senhores, caros amigos do futebol", começava a resposta. "Por muitos meses uma campanha vem sendo engendrada contra mim, em larga medida por meio da imprensa. Esse ataque se intensificou à medida que se aproximava o dia das eleições presidenciais. Essa campanha difamatória é bizarra e incompreensível e está causando um grande estrago ao futebol."

E Blatter seguia em frente: "Este documento vai desfazer as dúvidas de que sou inocente e de que as alegações feitas contra mim são falsas e infundadas. Elas voltarão para assombrar meus acusadores, sobretudo o secretário-geral. A Casa da Fifa está pegando fogo. Assim que lerem esses documentos, os senhores saberão quem acendeu o fósforo".

Ele queria que o mundo do futebol soubesse outra coisa: "A gravíssima alegação de corrupção eu nego totalmente".[14]

Mas como Blatter respondeu às acusações de Zen-Ruffinen? Por exemplo, sobre salários e regalias, Zen-Ruffinen tinha feito a seguinte denúncia: "Ele jamais revelou nada disso ao Comitê Executivo nem ao secretário-geral". O que a força-tarefa de retificação de Blatter tinha a dizer sobre o tema?

"A questão concernente à remuneração do presidente já foi respondida, em mais de uma ocasião, durante reuniões do Comitê Executivo."

Bom, na verdade não foi respondida.

Zen-Ruffinen tinha feito uma pergunta sobre o papel da McKinsey. Os retificadores insistiam que o Comitê Financeiro tinha tomado a decisão de usar os serviços da McKinsey e que essa decisão fora aprovada pelo Comitê Executivo em sua reunião em Buenos Aires no início de julho de 2001.

Mas, espere aí um minuto, a equipe de Philippe Blatter já estava dando um duro danado no galinheiro um ano antes de Buenos Aires, e o titio Sepp prometera 3,5 milhões de francos (1,5 milhão de libras) para, entre outras coisas, a elaboração de uma vistosa apresentação do presidente no crucial congresso.

Os retificadores de tio Sepp cobririam de elogios a equipe de consultores, exaltando seu "senso de missão, visão e desenvolvimento estratégico, definição de planos de negócios, organização e implementação de complexos projetos de grande escala, criação de valores por meio de melhorias operacionais etc.". Que linguagem inspirada! Talvez tenha sido surrupiada de algumas das presunçosas "declarações de missão e princípios" dos próprios consultores.

Michel Zen-Ruffinen tinha alegado que Blatter poderia ter impedido o grupo ISL de Jean-Marie Weber de ficar com os 60 milhões pagos pela Rede Globo de Televisão.

"Infundado", insistiram os retificadores. E, para provar seu argumento, eles tinham uma revelação que isentava completamente o presidente. "Foi o Comitê Financeiro da Fifa que chamou a atenção para os riscos que a entidade corria com os dispositivos dos contratos de TV. No dia 1º de junho de 2001 o executivo chefe de finanças (Urs Linsi) escreveu um memorando aos cuidados do presidente e do secretário-geral."

Espere aí um minuto. Esse foi o memorando que Urs Linsi escreveu depois da bancarrota, depois da queixa-crime, quando o mundo inteiro já sabia que o dinheiro tinha sumido. Foi um memorando atordoante em que Linsi afirmou: "A decisão de não pressionar a ISL e de não insistir na retificação do contrato com a TV Globo jamais partiu do Comitê Financeiro. Foi uma decisão de nível hierárquico superior não pressionar demasiadamente a ISL".

Talvez os retificadores não tenham atentado para o detalhe de que o memorando de junho de 2001 foi escrito 22 meses *depois* da carta enviada pela Fifa a Weber, em setembro de 1998, sobre o sumiço do dinheiro e o problema no contrato com a Globo. Talvez não tenham visto os vários lembretes adicionais que a Fifa enviara a Weber em maio de 2000, 13 meses *antes* do impressionante memorando de Linsi.

Que desculpa dariam os retificadores para tamanha omissão, para o fato de que desconheciam essas provas? Muito fácil. Esses documentos eram todos secretos, estavam escondidos nas profundezas recônditas dos arquivos, e só estão vendo a luz do dia pela primeira vez aqui, neste livro.

Depois de ter julgado a si mesmo inocente, Blatter voltou para a estrada, com um alerta: "Aqueles que fizeram acusações que não podem provar vão para a cadeia".[15]

Já estava quase na hora de fazer as malas e partir para o congresso de Seul, as eleições presidenciais e a Copa do Mundo. No caminho Blatter foi saudado por Robert Contiguglia, mandachuva do futebol dos Estados Unidos. "Quando deixamos de lado toda a retórica negativa, o histrionismo e o comportamento constrangedor, só podemos chegar a uma conclusão: o presidente Blatter deve continuar no comando da Fifa." Caso os dirigentes com direito a voto ainda não tivessem entendido seu argumento, ele acrescentou: "Blatter é um ícone do humanitarismo".[16]

Enquanto Blatter, Hayatou e boa parte da Fifa percorriam o mundo à cata de votos, um velho funcionário de Sunny Hill, com importantes responsabilidades relativas à Copa do Mundo, estava tratando de outros assuntos. "Eu me senti maravilhosamente bem depois da massagem e toquei e beijei toda a extensão do seu corpo quente – acho que você também gostou muito", era o conteúdo do e-mail que ele enviou a sua nova namorada, uma dirigente do futebol que ele tinha conhecido durante uma viagem. "Não penetrei você – você não me pediu – e você também não tocou meu sexo com as mãos, o que eu respeitei totalmente, e é por isso que dei prazer a mim mesmo, pois meu desejo era muito intenso."

Não era a primeira vez que o sr. Massagem aparecia nas sagas de Sunny Hill. Alguns anos antes, uma belíssima mulher do estafe, que podemos chamar de srta. Sublime, estava tendo um caso com um dos mais renomados dirigentes da Fifa. O sr. Grandão viajava muito, às vezes ficava semanas fora em missões oficiais, por isso a srta. Sublime passava suas longas e solitárias noites acompanhada do total respeito do sr. Massagem.

Juntos, o sr. Massagem e a srta. Sublime se divertiam a valer, até que chegou uma noite em que, durante uma turnê da Fifa pela Europa Central, todos os figurões ficaram hospedados no mesmo hotel. Algum colega solícito cochichou algo no ouvido do sr. Grandão no exato momento em que a srta. Sublime estava brincando de "rala e rola" com o sr. Massagem. Então, o sr. Grandão pegou o telefone e ligou para o quarto do sr. Massagem, às duas da manhã, e rosnou: "Você sabe o paradeiro da srta. Sublime?".

"É para você", disse o sr. Massagem, passando o telefone para a mulher.

O sr. Massagem implorou e se explicou para o sr. Grandão – sem dúvida com total respeito – e salvou seu emprego. A srta. Sublime foi demitida.

23
BLATTER, EM NOME DA TRANSPARÊNCIA

"Para que todas as perguntas possam
ser feitas e respondidas!"

Centro de imprensa da Copa do Mundo, Seul, 27 de maio de 2002. Nenhum dos jornalistas ali presentes jamais tinha visto uma federação esportiva se desintegrando a olhos vistos, ao longo de meses de disputas internas. Naquela manhã, estávamos sentados em outro auditório, em outro continente, vendo os cinco dissidentes atacarem mais uma vez seu presidente. A seu ver, a imprensa era a última esperança de fazer com que suas desesperadas mensagens chegassem diretamente aos dirigentes votantes, que naquela semana decidiriam os rumos da presidência.

Julio Grondona e Jack Warner, os dois leais vice-presidentes, estavam em uma suíte de hotel, em conferência secreta com Blatter, preparando-se para o show do dia seguinte. À nossa frente, sentados a uma mesa simples em um palco de tamanho mediano e bem iluminado, o sério e grandalhão Lennart Johansson, o pequenino David Will e nosso anfitrião coreano, o alto e magricela dr. Chung Mong-Joon.

Johansson nos disse: "Blatter vendeu as joias da família da Fifa. Isso não pode continuar. O presidente levou a Fifa à beira do desastre com sua farra de gastos, uso indevido de recursos e interferência no dia a dia da administração da entidade". Fazia meses que ouvíamos as mesmas coisas, e mesmo assim Blatter continuava passeando pelo mundo, negando tudo e angariando votos. O site fifa.com, descaradamente tendencioso, acabara de publicar que mais dez associações e federações nacionais tinham assegurado seus votos a Blatter. Mais uma vez não havia espaço para notícias de países que apoiavam Hayatou.

A *performance* daquela manhã foi em parte uma confissão, em parte uma palestra. Os vice-presidentes dissidentes disseram que deveriam ter agido melhor, de modo a descobrir de que maneira Blatter estava pilhando o baú do tesouro da Fifa. Sepp tinha escondido de nós a verdade, eles alegaram. A estrela do palco era o grisalho David Will, agora ex-presidente do Comitê Interno de Auditoria, que tinha em seu poder um punhado de documentos perigosos.[1]

No dia anterior, um comunicado de Blatter afirmava, mais uma vez: "A Fifa está em posição confortável para saldar suas obrigações financeiras atuais e futuras". David Will tinha uma opinião diferente. "Sinto que tenho o dever de esclarecer a situação financeira." A renda referente à comercialização da distante Copa do Mundo de 2006 já tinha sido enxertada nas contas atuais. Ele explicou que o alegado "lucro" do período contábil mais recente, na realidade, correspondia a uma perda de 536 milhões de francos suíços. A federação esportiva mais rica do mundo podia estar insolvente, disse Will, e talvez devesse declarar a verdade aos tribunais suíços.

Mas Blatter alegava que o dinheiro continuava pingando da árvore da Fifa. Como ele podia estar errado? Fácil, disse Will. Blatter omitiu 1 bilhão de francos de custos operacionais estimados para o orçamento do quatriênio seguinte e – *abracadabra!* – a Fifa voltou a ter um rio de dinheiro vivo, e Blatter era o homem em quem votar.

Will contou uma curiosa história sobre Blatter e o ex-jogador Roger Milla. Em seu aniversário de cinquenta anos, o ex-atacante camaronês, fenômeno da Copa de 1990, esperava arrecadar algum dinheiro para sua aposentadoria organizando um jogo de estrelas em seu país natal. Milla pediu ajuda a Blatter. Três meses depois, recebeu uma carta comunicando que a Fifa "não participaria e não patrocinaria o evento".

Mais tarde, chegou aos ouvidos de Milla a notícia de que Blatter estava alardeando em sua campanha eleitoral o apoio ao evento do ex-jogador. Milla não ficou nada feliz. Telefonou para Zurique e exigiu falar com Blatter, que se desculpou, meteu a mão no bolso e sacou o talão de cheques. David Will distribuiu uma cópia de um comprovante do banco suíço UBS revelando o pagamento de 25 mil francos suíços a Roger Milla.

Seul, que fora praticamente varrida do mapa na Guerra da Coreia, cinquenta anos antes, era agora o triunfo do concreto projetado e a quinta maior cidade do mundo. Rodovias amplas, engarrafadas e fumacentas estendiam-se sobre pilastras, entre blocos de torres. Em cima de altíssimos guindastes, atarefados grupos de operários trabalhavam erguendo mais torres, a uma velocidade de tirar o fôlego. Do lado de fora do centro de imprensa, centenas de policiais da tropa de choque, usando capacetes pretos e empunhando escudos e bastões, acompanhavam com os olhos ansiosos a pacífica manifestação de sindicalistas do outro lado da rua. Depois que os jornalistas fossem embora talvez houvesse pancadaria.

Nós entrávamos no táxi, dizíamos o nome do hotel e torcíamos por um final feliz. Não havia um único taxista em Seul com coragem de admitir que não sabia onde ficava o Hilton. Ao constatar que o táxi pegara a rodovia e rumava para fora da cidade, muitos jornalistas eram obrigados a protestar aos berros: "Eu não quero ir para ao aeroporto! Volte, me leve de volta!".

Em todos os postes da cidade havia cartazes com anúncios dos patrocinadores da Copa do Mundo, e pilares adicionais tinham sido erguidos para exibir mais propaganda. As calçadas fervilhavam de moradores locais, torcedores e delegados do Congresso da Fifa, todos identificados com seus crachás plastificados em volta do pescoço, ainda intrigados por terem sido obrigados a mudar de planos e chegar um dia antes para participar não de um, mas de dois congressos.

Dez semanas antes, quando Blatter parecia estar ficando sem argumentos acerca da questão do dinheiro da Fifa, ele anunciou que recebera cartas de 54 associações e federações exigindo a realização de um congresso extraordinário, um dia antes do congresso originalmente marcado. Elas representavam um quarto do número de membros de todas as seis confederações continentais e queriam um debate público sobre as alegações de prejuízos, sobre os empréstimos, gastos e balancetes.

Era uma notícia alvissareira e reconfortante. Todos os escalões da Fifa tendo a chance de ser ouvidos. Diversidade! Democracia! Talvez a entidade não estivesse tão mal das pernas assim. Mas aí alguém me passou sorrateiramente cópias de antigos fax do escritório de Jack Warner em Port of Spain, e comecei a ter dúvidas.

O dia crucial tinha sido 5 de março de 2002, uma sexta-feira, quando o Comitê Financeiro estava reunido em Sunny Hill e o sólido bloco pró-Blatter formado por Grondona, Warner, Bin Hammam e Adrian Wickham, das Ilhas Salomão, entrou em desacordo com Senes Erzik, da Turquia, e Ismail Bhamjee, de Botsuana, por conta da situação das finanças da Fifa.

Depois que membros da Uefa rapidamente informaram à imprensa sobre o desentendimento, o porta-voz da Fifa Andreas Herren respondeu: "Dois membros manifestaram reservas, mas quando o presidente perguntou formalmente se o comitê chegara a um consenso para que o relatório fosse submetido de maneira unânime, não houve registro formal de divergência".

Warner deixou a reunião e ligou para casa. Harold Taylor, secretário da União Caribenha de Futebol (CFU), disparou um fax para todas as federações e associações da região: "Por favor, leia correspondência anexa solicitando a realização de um Congresso Extraordinário da Fifa, para o qual peço seu apoio.

Por gentileza, como questão de urgência, envie um fax ao secretariado da CFU comunicando seu apoio a essa iniciativa. Espero obter sua resposta até às 15 horas de hoje. O mesmo para a Fifa, até às 17 horas".

Mais tarde, naquele mesmo dia, Richard Groden, secretário da Federação de Futebol de Trinidad e Tobago, enviou fax a Zurique: "Caro secretário-geral, de acordo com o artigo 11 dos Estatutos da Fifa, nós abaixo assinados solicitamos que um congresso extraordinário seja convocado em conformidade com as cláusulas do anteriormente mencionado artigo".

Mais tarde, o porta-voz da Fifa Herren admitiu: "A União Caribenha de Futebol de fato entrou em contato com suas associações e federações em 5 de março, solicitando que expressassem seu apoio à Fifa". Apenas um membro da Uefa, a Romênia, atendeu ao chamado. Mas dez países latino-americanos subscreveram o abaixo-assinado. Da Oceania, Fiji e as Ilhas Salomão assinaram, com Tunísia e Edwin Snowe da Libéria. O Catar, o Nepal, Omã, Jordânia, Líbano, Bahrein, Turcomenistão e Uzbequistão deram seu apoio.

Uma semana depois, Jack Warner, presidente da União Caribenha de Futebol, disse a dirigentes reunidos em um seminário no Centro de Excelência dr. João Havelange: "Em 90 minutos consegui fazer com que 54 países exigissem um Congresso Extraordinário da Fifa. Desses 54 países, 30 eram da Concacaf e 24 do Caribe. Fiquei orgulhoso de ver que na minha confederação havia 30 membros que em 90 minutos atenderam ao meu chamado".

Liguei para alguns dos tenentes de Warner, perguntando por que o haviam apoiado. Jim Fleming, presidente da Associação Canadense de Futebol, disse que decidiu apoiar Jack Warner sem consultar seu comitê porque "nós apoiamos Sepp Blatter". Perguntei a Tony James, da Jamaica, um dos vice-presidentes da Concacaf, por que motivo a exigência de um congresso extraordinário tinha sido feita tão às pressas, sem tempo para debates locais. Ele explicou: "Não havia necessidade de consultas adicionais. Isso é uma reafirmação de nossa aceitação em Buenos Aires da explicação dada pelo presidente Blatter sobre a situação das finanças". James acrescentou: "Esses países têm fé absoluta na liderança de Jack Warner".

Duas semanas depois, começou a ficar claro para o sobrecarregado estafe do Comitê Financeiro da Fifa o quanto ia custar o congresso extraordinário. Vincent Monnier escreveu a Jerome Champagne, Blatter e Urs Linsi prevendo gastos de 500 mil francos – sem troco. As despesas adicionais alterariam os planos de viagem e acomodação de milhares de delegados e suas comitivas.[2]

Hotel Grand Hilton, Seul, 28 de maio de 2002. Os estilistas de Blatter escolheram uma camisa branca bem cortada, com um belo colarinho branco, e uma gravata em tom pastel azul. Isso era tudo que a audiência veria dele, que estaria protegido atrás do alto pódio nos momentos cruciais em que precisasse encarar o auditório à sua frente – então era melhor estar bonito.

As roupas pareciam perfeitas, mas o presidente não. Será que ele tinha dormido mal? A noite tinha sido ruim? Muito *kimchi* e vinho de arroz? O prato de carne de *poodle* com macarrão não tinha caído bem? A pele das bochechas estava esticada, quase tão tensa quanto os olhos sob os holofotes acima do palco, e ele estava falando de maneira arrastada, com frases lentas; seu habitual carisma tinha desaparecido.

O ambiente não era nada animador. Uma sala de conferências sombria, de pé-direito alto, que podia ser usada como hangar. Blatter estava emoldurado ao fundo por uma parede azul-escura; abaixo dele e de um dos lados havia uma plataforma e mobília cor de café. A luz azul fluorescente refletia o rosto cansado de Blatter. No fim das contas Issa Hayatou deve ter ficado feliz de ver seu rival aparentemente tão deprimido e com a aparência tão exausta.

O presidente ajeitou seus óculos e examinou a plateia à meia-luz. Falando lentamente, como um padre ou pastor em um funeral, anunciou: "Bom-dia a todos. Bem-vindos à Ásia. Bem-vindos à Coreia. Bem-vindos ao Congresso Extraordinário da Fifa. Bem-vindos ao grande evento... a Copa do Mundo da Fifa de 2002".

Lado a lado, no balcão superior, estavam sentados os 16 membros do Comitê Executivo, Teixeira, Bin Hammam, Blazer, Leoz, Per Omdal, o saudita Abdullah Al-Dabal e os demais. Em um nível abaixo, todos juntos, os sete vice-presidentes. Warner era o mais próximo do pódio de Blatter, estava afundado desajeitadamente no assento e parecia sentir vontade de tapar o nariz, porque a seu lado estava Antonio Matarrese, representante da Itália, e os dois não se davam bem. Em mais de uma ocasião Warner deixou bem claro que não dava a menor importância para o que Matarrese pensava ou dizia e, viva!, era o último congresso do italiano, que dali a dois dias estaria fora do Comitê Executivo. Depois vinha a dupla Johansson e Grondona, que também não tinham muito a dizer um ao outro. E o restante da oposição interna, David Will, Issa Hayatou e, por fim, Chung, sentado no ponto mais distante possível de Blatter sem ter de sair do auditório.

Abaixo deles, a primeira fila estava ocupada por alguns velhos senhores, os membros honorários, incluindo o presidente de honra João Havelange, que, a duas semanas de completar 86 anos, encarava com expressão carrancuda os jovens que tomavam conta de sua federação. Atrás dele, no escuro, fileiras e mais fileiras de delegações, 197 delas, de países grandes e pequenos, cada qual ocupando três cadeiras em volta de uma mesinha oblonga coberta com uma toalha verde, sobre a qual havia três bolas da Adidas e três garrafas de água mineral.

A duras penas, o presidente lia seu *script*, pouco inspirado e pouco inspirador. "Alguns de nós não estão felizes. Eu não estou feliz. Estamos tensos, nossas emoções estão inquietas e sentimos falta dos sentimentos de alegria. O que aconteceu com nossa orgulhosa e bem-sucedida entidade?"

Ele fez um resumo do colapso do grupo ISL e depois proferiu seu *slogan* de campanha. "Temos centenas de milhões de francos suíços em nossa conta bancária." Outra pausa. "Estou feliz com o fato de que 54 associações nacionais tenham reivindicado este congresso extraordinário, 54 federações fazendo uso de seu direito. Isso é bom para a Fifa."

"Façam perguntas e daremos respostas. Não temos nada a esconder. Todas as informações financeiras estarão à sua disposição." Pausa. "Espero que este congresso transcorra de maneira limpa, de acordo com os princípios do nosso esporte." Depois de encerrar seu discurso, Sepp permaneceu no pódio.

Zen-Ruffinen percorreu a passos largos a plataforma e se posicionou em um pódio idêntico, no lado oposto do palco. "Eu gostaria de aproveitar esta oportunidade para fazer uma declaração pessoal", ele anunciou. Blatter franziu o sobrolho e olhou para ele. "Hoje não participarei ativamente na condução dos trabalhos deste congresso. A razão é que fui impedido pelo diretor financeiro e pelo presidente de ter acesso às finanças da Fifa. O relatório sobre as finanças que está sendo apresentado aos senhores não propicia uma imagem transparente do que pretende mostrar; pelo contrário, alguns números parecem melhores do que de fato são." Ele voltou para o seu lugar e sentou-se.

Durante a chamada descobriu-se que sete federações estavam ausentes: Afeganistão, Cabo Verde, Djibuti, Nigéria, Ilhas Turks e Caicos, Eritreia e Coreia do Norte. Blatter tirou os óculos e deu início à sua explicação sobre as finanças; quando chegou à securitização, esclareceu os motivos pelos quais ela era necessária. "É assim que podemos continuar a atender às federações e associações, custeando as competições, os programas de desenvolvimento, as atividades humanitárias, os congressos, simpósios, o diálogo com as autoridades."

Todo mundo no auditório – Blatter, seu comitê atrás dele, Issa Hayatou, os delegados, os jornalistas que zanzavam no fundo do auditório, os intérpretes, garçons, dirigentes e funcionários usando *blazers* da Fifa – sabia que cada palavra tinha sido cuidadosamente escolhida para influenciar o resultado da eleição do dia seguinte.

"Não queremos apenas falar em transparência. Eu acredito em transparência, nós começamos a construir a transparência tijolo por tijolo, a partir de 1999", disse Blatter. Então ele tirou do bolso um tijolinho e o brandiu no ar. Quem tinha tido aquela ideia brilhante?

Ao longo do minuto seguinte Blatter mencionou "transparência" três vezes, depois encaminhou seu discurso para o desfecho. "Podemos nos orgulhar do que conquistamos sob a responsabilidade do Comitê Financeiro, do Comitê Executivo e, por fim, sob a responsabilidade do seu presidente."

O auditório reagiu explodindo em uma calorosa salva de palmas. Com os aplausos Blatter sorriu pela primeira vez. "Obrigado, obrigado." Ele trocou os óculos e mereceu mais palmas. Agora era a vez de Linsi. Observando atentamente seu *script*, ele leu de modo canhestro e enfadonho, fazendo pausas a cada palavra, em uma voz surpreendentemente aguda. "Estamos todos empolgados com o futebol e a Copa do Mundo. Acreditem, em meses recentes estes fatos e números suscitaram muitas emoções. Os senhores acabaram de ouvir o secretário-geral dizer que o relatório da KPMG – firma de renome mundial – não apresenta um relatório verdadeiro e honesto. Contudo, eu asseguro que a realidade é diferente."

Os óculos de Linsi tremelicaram sobre o nariz. O solitário tufo de cabelos no topo da testa estremeceu em sinal de que ele foi ficando entusiasmado com o próprio discurso. "Quero relatar 11 fatos sobre as finanças da Fifa." E no enorme telão verde brilharam seus dados em PowerPoint. Havia gráficos circulares (também conhecidos como gráficos de pizza ou de torta), colunas, barras, linhas e muitos números, números grandes. Ele falou de "valor potencial" e "recapitalização"; enquanto usava e abusava do jargão, em sua boca abria-se um sorriso afetuoso, em sinal de amor por aqueles poemas.

Linsi adorava tanto seus 11 pontos que fez uma pausa e depois repassou um por um. E de novo. E pela quarta vez. Nosso cérebro foi enrolado em algodão e golpeado com halteres. Foi um alívio quando ele parou e soltou sua frase-clímax do discurso. "Boas notícias para a família Fifa. Haverá dinheiro para o nosso crescimento."

Mesmo com o cérebro esmagado com a lenga-lenga sobre valor recapitalizado e valor potencial, todo mundo ali sabia o que isso queria dizer. Oba!

Todo orador tem uma piada, e Linsi quis compartilhar conosco sua hilariante descoberta do lado engraçado da securitização. "Estamos poupando dinheiro por meio do nosso programa Score." Pausa para efeito dramático.

"Smart Cost Optimisation and Revenue Enhancement" [Otimização inteligente de custos e aumento da receita].* Ninguém na plateia morreu de rir.

Blatter voltou ao microfone – seu segundo longo discurso político na manhã, enquanto Hayatou permanecia sentado, impedido de falar – e nós saímos para tomar café.

O presidente tinha recuperado sua confiança. Ombros para trás, cabeça altiva, o rosto corado. O que será que ele tinha tomado no intervalo? Com autoridade, estabeleceu as regras para a segunda metade do dia: "Temos de obedecer às normas de conduta. O estatuto prevê que o presidente ocupe a cadeira – e dê aos delegados permissão para falar".

Mas não ainda. Blatter apresentou sua banda de apoio. Ali estava Fredy Luthiger. Fredy ergueu a cabeça e sorriu. Os dois funcionários do departamento de finanças. Eles sorriram. Os membros do Comitê Financeiro. Eles estavam com expressão carrancuda. Por via das dúvidas, havia inclusive um advogado suíço presente.

"Teremos disciplina no recinto e pararemos às duas da tarde." Blatter perscrutou o auditório. "Levantem as mãos", pediu, e, sem hesitar, gritou "Jamaica!". Enquanto a poderosa figura do capitão Horace Burrell, usando uma gravata púrpura de seda e lenço da mesma cor, foi caminhando de modo afetado até o pódio, as lembranças de sua contribuição em Buenos Aires voltaram à tona. Será que havia uma nova manipulação em jogo?

Qual era a pergunta de Burrell? Ele tinha assinado a petição de Warner exigindo aquela sessão de consultas. O que o estava incomodando? Horace disse que havia três pontos importantes que ele queria salientar. Lá vinha o primeiro.

"Lennart Johansson teria dito que países pequenos como Jamaica e Tonga não se importam com as finanças da Fifa desde que estejam na lista de pagamento de auxílios. Senhoras e senhores, considero que estes comentários sobre países pobres e pequenos são rudes, despropositados e bastante insultuosos." Burrell prosseguiu com seu discurso violento e bombástico, cheio de indignação, repetindo "pequenos e pobres", até que, por razões insondáveis, disse que a Jamaica era "o menor país a se classificar para três Copas do Mundo". Quando viu nossas caretas de descrença, ele completou: "Em três diferentes faixas etárias".

---

* O suposto efeito cômico da sigla de Urs Linsi se explica pelo fato de que em inglês um dos significados da palavra *score* é "gol", ou "marcar um gol". (N. T.)

O segundo ponto do capitão era uma sincera manifestação de apoio aos auditores da KPMG. "Eles foram indicados pelo congresso! O que dá a algum membro do Comitê Executivo o direito de querer arruinar o processo?" Horace estava em uma solitária viagem para algum lugar distante. "A KPMG é uma empresa que demonstrou integridade e que, de fato, tem reputação de seriedade e honestidade em todas as partes do mundo, e por isso a minha federação também usa seus serviços." Legal, Horace, mas qual é a sua pergunta?

"Sr. presidente, estou preocupado com algumas declarações que ouvi de membros veteranos, que sabem das coisas. Eu me pergunto se a KPMG vai tomar medidas jurídicas contra a Fifa." E fez uma pausa dramática. Alguns de nós, sentados nas últimas fileiras, ficamos imaginando se durante o intervalo Horace tinha ido para trás da cozinha do hotel e experimentado aquela coisinha que colocava um sorriso no rosto de Bob Marley. A KPMG processando a Fifa? Meu Deus.

O bravo capitão jamaicano voltou-se para os documentos de David Will e demonstrou que não tinha entendido o ponto principal do debate. "A Fifa deu assistência a Roger Milla – 25 mil francos para seu jogo beneficente, e isso agora é um problema? Peço aos senhores que não envolvam o grande Roger Milla nessa tolice política!"

Os confusos sofismas de Burrell pareciam estar deixando o capitão perturbado e desvairado, e era cada vez mais difícil acompanhar seus pensamentos. "Para concluir minha apresentação aqui, eu gostaria de pedir às pessoas que continuem a mostrar respeito pelas pequenas nações e respeito pelas conquistas dos embaixadores do futebol como Roger Milla."

Ainda havia tempo para uma pergunta, mas não era para isso que ele tinha subido ao palco. "Mais uma vez, permitam-me agradecer ao presidente Blatter por tudo que fez pela maior parte – se não por todos – dos países pobres de todo o mundo. Vamos apoiar o presidente Blatter. Obrigado!"

Horace marchou de volta para seu lugar, depois de usar nove minutos do escasso tempo disponível para as perguntas sobre as finanças. Olhei para a mesa do Haiti a fim de ver se Vincy Jalal estava aplaudindo, mas dessa vez ela não estava lá. Dessa vez os haitianos tinham conseguido comparecer a um congresso da Fifa.

Um presidente independente teria interrompido a arenga do jamaicano e ido direto ao ponto: "Qual é a sua pergunta?". Já Blatter disse: "Agora é a vez da Líbia".

E ali estava o "Príncipe do Deserto". Rosto estreito e barbado, de terno preto, gola olímpica preta e gorro preto, Al-Saadi Gaddafi era o comandante da estratégia de Blatter na África. Como Horace, discursou violentamente, usou linguagem bombástica e ofensiva, e não tinha perguntas. Enfiou a sandália nas costelas de Hayatou ao bradar que "A Confederação Africana de Futebol não nos ajudou. A Fifa nos ajudou, especialmente as nações pequenas". Ele falou por mais de quatro minutos e contei quatro irrupções de assovios, gritos e vaias dos africanos presentes.

Blatter, que tinha permitido que o segundo orador saísse do palco sem fazer perguntas, disse ao auditório que era melhor não haver campanha em nome do presidente. Ele chamou o homem do Irã, que elogiou a KPMG e acrescentou: "Agradeço ao sr. Blatter por tudo que ele fez".

Franco Carraro, presidente do futebol italiano e longevo membro do COI, nada tinha de ruim a dizer sobre Blatter. Tampouco o representante da Colômbia. Na plateia as pessoas já estavam ficando inquietas, contando piadas. Estávamos em Seul, mas o clima era de um comício político ao norte da fronteira, na estalinista Pyongyang.

Blatter esquadrinhou o auditório, e nós, no fundo, nos perguntávamos: Onde está o debate público? Será que ouviríamos alguma voz crítica? Onde estavam as perguntas que os 54 países disseram que fariam? Qual era o propósito daquele gasto de tempo e dinheiro?

"Ilhas Cayman", chamou Blatter. E subiu ao palco o sócio do capitão Burrell em uma padaria, Jeff Webb. Outro grandalhão. "Meu pequenino país não é conhecido pelo futebol, mas pelas finanças. As Ilhas Cayman têm mais de 600 bilhões de dólares em depósitos. Somos o quinto maior centro financeiro do mundo." Jeff não mencionou o fato de que a maior parte do dinheiro depositado na ilha era de tubarões do mercado financeiro em busca de isenção de impostos.

Jeff tinha uma pergunta, e todos nós esticamos o pescoço para a frente, atentos. "É justo dizer que a Fifa reduziu drasticamente seus riscos?" Será que Linsi daria conta de uma pergunta difícil como aquela? Com tranquilidade, o diretor financeiro deu algumas respostas e a fé de Jeff se manteve inabalada. Ao deixar o palco ele gritou bem alto: "A Fifa é uma família e a família deve permanecer unida!". Warner aplaudiu.

"Seychelles", chamou Blatter, e seu representante disse que não concordava com a auditoria interna da Fifa.

"Índia", chamou o presidente, e o dirigente que tinha sido tão útil em Buenos Aires subiu ao palco. Houve vaias e assovios, pois os delegados começaram a registrar seu desgosto por terem sido convocados para um congresso em que apenas os fãs de Blatter tinham permissão para falar.

O representante da Índia cobriu Blatter de elogios. "Vamos indicá-lo para o Prêmio Nobel da Paz!" Ninguém deu muita atenção ao resto de sua fala desconexa, porque a diversão estava toda na parte de trás do auditório. Farah Addo, da Somália, estava de pé, pedindo para ser chamado. Imediatamente atrás dele, nos lugares reservados à imprensa, o propagandista de Blatter Emmanuel Maradas começou a vaiar Addo. Outro membro da delegação somali se virou, encarou nos olhos o barulhento Maradas e ameaçou: "Se algum dia você for a Mogadício, eu o mato com um tiro!".

Mais vaias, assovios, gritos e escassos aplausos. Não ia pegar bem com os patrocinadores nem ia sair bonito nos noticiários da televisão. Talvez fosse melhor permitir que uma voz divergente se levantasse. "Noruega", chamou Blatter, e subiu alvoroçadamente ao palco uma mulher de rosto sério, a secretária da Federação Norueguesa de Futebol, Karen Espelund. "Eu gostaria que David Will tivesse permissão para dar seu parecer sobre a situação financeira. E gostaria que os outros quatro vice-presidentes da Fifa tomassem a palavra. Eu gostaria de ouvir Michel Zen-Ruffinen. Eu gostaria que este debate fosse ampliado para que, nas palavras do presidente, 'todas as perguntas possam ser feitas e respondidas'."

Solitária voz crítica, ela arrancou urros de apoio da plateia.

Blatter a ignorou. "Peru." Mais vaias. Blatter encerrou o congresso de emergência sob os protestos de Hayatou, que lhe apontou um dedo furioso, e de David, que tremeu de ódio.

Lá fora, no saguão do hotel, as equipes de televisão cercaram Karen, que foi engolida por uma nuvem de câmeras e microfones. Alguns jornalistas subiram em cadeiras para ler seus lábios. "Hoje ficou provado que não há democracia na Fifa, não há transparência", ela disse. Era óbvio o que tinha acontecido. Blatter ignorou totalmente quem tinha críticas a fazer.

Irritado, David Will afirmou: "Ele me disse que eu não teria direito de falar, simples assim, e eu fiquei enfurecido".

Lá fora, Leo Mugabe, presidente da Associação de Futebol do Zimbábue, me segurou pelo braço e disse: "É chocante. Isto aqui é uma caricatura de democracia". Será que o sobrinho de Robert Mugabe estava dizendo o que ele achava que eu queria ouvir? Ou pensava que Blatter tinha sido tolerante demais ao permitir aquela voz dissidente?

Hotel Hilton, Seul, quarta-feira, 28 de maio de 2002. A decoração tinha cores semelhantes, caramelo cremoso e azul intenso. O show teve de ser transferido da noite para o dia porque nem o Grand Hilton nem o Hilton tinham condições de receber dois Congressos da Fifa, em dois dias consecutivos, com tão pouco tempo de antecedência para a preparação. A confusão entre os taxistas sobre qual dos dois hotéis Hilton era o destino certo não contribuía em nada para a harmonia internacional e o respeito dos horários.

Então era isso. O congresso do dia anterior tinha sido falso. Agora era o congresso com votação. O presidente Blatter contemplou sua família Fifa; estava usando a mesma gravata azul do dia anterior, e mais uma vez tinha o semblante preocupado; talvez as manhãs não sejam a sua melhor hora do dia. "Devemos manter a solidariedade", disse o presidente, "no sentido de que devemos estabelecer limites às intervenções dos oradores, de modo que possamos conduzir corretamente as obrigações do congresso." Vaiado na véspera por limitar as "intervenções", Blatter prometeu um dia extra, se necessário, para que todos fossem ouvidos. De um dia para o outro ele tinha perdido o ar de confiança do tipo "acreditem em mim".

O primeiro orador foi o coreano Chung, usando seu chapéu de anfitrião. Esperávamos os usuais lugares-comuns de boas-vindas e depois mais horas de conflito até a eleição.

"A Fifa vive hoje uma crise operacional", disse o alto Chung. A batalha teve início com a máxima rapidez, a que era humanamente possível. "O orgulho da Fifa, o nosso orgulho está abalado. A Fifa está dividida. Nós, as federações preocupadas, tentamos esclarecer esses problemas por meio do nosso Comitê Interno de Auditoria, que foi unilateralmente suspenso em março."

Blatter cerrou os olhos de novo. Agarrando seu pódio com mãos rechonchudas, ele encarou com ferocidade seu elegante oponente do outro lado do palco. Dava para ver a nuvem de inveja pairando sobre sua cabeça. Não era justo. No caminho que Blatter tinha percorrido, até chegar ao topo do mundo do futebol, havia passado por cima de corrupção, sujeira e hipocrisia, e agora estava irritado e cansado daquelas críticas malignas.

Do outro lado do palco Sepp via um homem alto e bonito, descendente da família Hyundai, rico e privilegiado, tranquilo e em paz consigo mesmo. Blatter podia ser perdoado por pensar "O que *ele* sabe sobre dançar com Havelange, ajoelhar-se em submissão e reverência diante de Dassler, arquitetar esquemas e negociatas com o sombrio André Guelfi?".

Chung continuou. "Acredito que este congresso decidirá o destino de longo prazo da Fifa e do mundo do futebol. Os problemas reais da Fifa não vão desaparecer com a eleição. A questão é: a Fifa terá condições de restaurar nosso prestígio e respeito? Espero que todos os senhores aproveitem sua estada na Coreia. Obrigado."

"Obrigado, dr. Chung, por este incomparável discurso de boas-vindas", agradeceu Blatter, rangendo os dentes.

A chamada tomou 40 minutos. E finalmente chegou a vez de David Will. Will apresentou seus argumentos. "No último mês de setembro ficou claro que o dinheiro de 2006 já estava incluído nas contas de 2000-2001." Blatter ouvia sem demonstrar emoção. Will prosseguiu: "Então começamos a ficar cada vez mais preocupados com a situação financeira da Fifa".

Qual era a verdade sobre o dinheiro? E, por que, por que, por que aquela entidade rica estava enfrentando tantos problemas a ponto de ter de fazer malabarismos com números e tratar rendimentos futuros como se fossem atuais?

Ele continuou: "Perdemos 470 milhões de francos nos últimos quatro anos, e se o colapso da ISL nos custou apenas 36 milhões, conseguimos perder 433 milhões! Se fôssemos uma empresa, e não uma federação, seríamos legalmente obrigados a declarar insolvência financeira perante uma corte suíça".

Em quem Blatter poderia confiar para subir ao palco e demolir David Will? No presidente do Comitê Financeiro, Julio Grondona? Não. Seu vice Jack Warner? Não. "Chuck Blazer", chamou o presidente, e lá veio seu valentão.

"Estou surpreso que David Will tenha entrado em um teatro lotado e gritado 'Fogo!'", disse Chuck.

"Não há incêndio. Muitos chegaram a uma conclusão diferente. Não são perdas. Esta é apenas uma interpretação. São investimentos que concordamos em fazer nos senhores."

Blazer estava apelando para a cobiça. Naquele auditório havia 197 delegações, e cada uma delas recebera da Fifa um primeiro subsídio de 1 milhão de dólares, com pouca ou nenhuma necessidade de prestação de contas. Destas, 177 tinham recebido 400 mil dólares de recursos do Projeto Goal. Algumas tinham embolsado montes de dinheiro vivo. Quantas federações e associações ali presentes se importavam com o fato de que a Fifa estava vivendo a crédito?

As críticas não eram justas. "O fato é que seu presidente dirige um Comitê Executivo em que tudo é decidido por unanimidade. Ele vem sendo alvo de uma campanha baseada em 'Vamos jogar lama, um pouco vai acabar grudando'."

Agora Blatter estava sorrindo, confiante de que tinha passado ileso pela pior parte da tempestade.

Adam Crozier, da Associação Inglesa de Futebol, mostrou apoio a Will e seus números e acrescentou: "Ontem passamos a acreditar que a credibilidade da Fifa foi destruída diante do mundo todo. Nossa confiança na Fifa está fundamentalmente estremecida".

A seguir falou Des Casey, da Irlanda, que afirmou: "A securitização é roubar de Pedro para pagar Paulo". Olhou para Blatter e lamentou, com voz triste: "Em Buenos Aires o senhor disse que isso não ia acontecer".

O rosto de Blatter ficou rígido. Casey se aposentaria dali a poucas semanas. Ele cuidaria dos ingleses depois.

Agora, finalmente, depois de meses de insultos, ódios, e acusações, chegou a hora de votar.

Blatter abriu seu carismático sorriso e olhou, radiante, para a fileira de dirigentes. "Vocês são pessoas maravilhosas", ele disse e pediu a Grondona, como vice-presidente mais velho, que assumisse a cadeira presidencial durante a votação.

Issa Hayatou caminhou até o pódio, abaixou a cabeça e leu um discurso enfadonho. Ele queria perder? O homem parecia exausto.

Depois foi a vez do velho mestre da dança. Um endiabrado Blatter era todo sorrisos travessos, o porte ereto, a cabeça erguida; ele falou à vontade, esquadrinhou com os olhos cada canto do auditório, e terminou com um grito de guerra: "Vamos melhorar o jogo!". As cabines portáteis de votação estavam posicionadas dos dois lados do palco, e a chamada foi novamente iniciada.

Grondona foi o primeiro a abraçar o presidente reeleito e cumprimentá-lo com uma baboseira sentimental. Helen Petermann veio correndo dos bastidores com um buquê e beijou Sepp nas bochechas. A filha Corinne apareceu no palco segurando no colo sua filhinha Serena, de 15 meses de idade. O vovô abraçou a netinha, que imediatamente começou a chorar.

Hayatou e Johansson ficaram com cara de tacho. Eles não tinham imaginado a possibilidade de uma derrota tão acachapante por 139 X 46, uma maioria mais expressiva que a que Blatter conquistara em Paris, quatro anos antes. Era devastador. E isso era visível no rosto de cada um dos dissidentes. Os delegados formaram uma fila disciplinada atrás do palco, cumprimentaram Blatter e pediram que ele autografasse suas bolas Adidas.

Blatter agarrou Zen-Ruffinen e gritou para o auditório: "Cumprimentem-se, todos! Apertem-se as mãos! Façam isso, por favor! Pela unidade do futebol!".

Depois que o auditório esvaziou, Blatter concedeu uma entrevista coletiva da vitória. "Hoje a vitória é do futebol. O futebol é o jogo do povo. As pessoas não podem mentir. As pessoas têm a verdade. Então hoje é também a vitória da verdade. Vocês não podem imaginar o que isso significa para mim, depois de meses sendo acusado por certa imprensa dirigida, dizendo que sou um homem ruim."

Depois de uma pausa, ele arrematou: "O secretário-geral diz que está em apuros. Ele está em apuros".[3] Mais tarde, Blatter declarou a um jornalista de Zurique: "Amanhã a gente cuida do sr. Limpinho".[4]

24
UMA CALOROSA RECEPÇÃO AO SR. BLATTER...

Vaias por toda parte

Estádio Sangam, Seul, 31 de maio de 2002. As vaias começaram em um canto da arquibancada principal e se alastraram pelo estádio inteiro, feito uma *ola* mexicana. Alguns torcedores berraram insultos, outros assoviaram, houve gritos e ruídos de desagrado e desaprovação. Sepp ficou com cara de pateta. Ele tinha se levantado para fazer o discurso de abertura da Copa do Mundo de 2002, e aquela explosão de ofensas não estava nos planos.

Ele tinha manipulado os congressos, ganhara a eleição e esmagara seus críticos; agora, sentado no camarote *VIP*, estava rodeado por seus favoritos, membros da realeza, presidentes e primeiros-ministros; abaixo deles, o populacho do futebol, as pessoas comuns, 65 mil delas, berrando, vaiando, mostrando o dedo médio, abafando a lenga-lenga de Sepp sobre o "festival esportivo da aldeia global".

Os torcedores não tinham esquecido os meses de alegações sobre corrupção. A mensagem dada pelos congressos era a de que Sepp tinha saído ileso. Os fãs de esportes sabiam disso e sabiam que nas semanas seguintes seriam extorquidos pagando preços altíssimos pelos ingressos.

E ali estava a chance das pessoas comuns de mandar uma mensagem das arquibancadas: elas podiam ter sido ferradas pela Fifa, mas não tinham sido enganadas. Blatter tentou usar seu habitual discurso sobre harmonia, mas a multidão aumentou o volume. Constrangido e furioso, Blatter fez uma pausa e pediu: "*Fair play*, por favor".

Aos trancos e barrancos, seguiu em frente. Aquele era "o mais esplêndido e perfeito evento de todos os tempos". À sua volta, membros do Comitê Executivo assistiam à cena. Alguns pareciam chocados, outros davam risadas. Bem-vindos à Copa do Mundo.

Seul, junho de 2002. Os torcedores que chegavam em bandos ao Aeroporto Internacional Incheon para a Copa do Mundo passaram pelo vice-presidente da Fifa Jack Warner e sua comitiva, que estavam indo embora da Coreia, da Ásia, do hemisfério, voltando às pressas para Trinidad a fim de tratar de algo bem mais importante.

Steve Ferguson, amigo de Jack Warner, tinha sido preso pela Agência de Investigação Anticorrupção, sob a acusação de fraudar o governo em milhões de dólares durante a construção do Aeroporto Internacional de Piarco, perto de Port of Spain. A fiança era enorme, e sem a intervenção de Warner o pobre Steve corria o risco de passar bom tempo trancafiado na cadeia com a gentalha das classes baixas.

Ferguson, ex-diretor de uma empresa de serviços financeiros, tinha militado ombro a ombro com Warner no partido UNC. Era um camarada. Outro amigo e sócio de Warner também tinha sido preso e solto sob fiança, o ex-ministro das Finanças do governo do UNC, Brian Kuei Tung. Steve foi detido, e o tribunal queria 800 mil dólares de Trinidad e Tobago (67 mil libras) para abrir sua cela.

Acompanhado de Ollie Camps, presidente da federação nacional, Warner passou toda a noite de verão do lado de fora do presídio de Port of Spain rosnando ao telefone na tentativa de levantar o dinheiro.[1] Mas não conseguiram libertar Ferguson, pois o magistrado não aceitou suas garantias. Os advogados de Ferguson continuaram fazendo pressão, e pouco depois das 13 horas do dia seguinte foram até a prisão cuidar da soltura do seu cliente.

O carcereiro, conversando através de uma janelinha no enorme portão, disse aos advogados que não tinha autorização para abrir e receber a ordem judicial. Um dos advogados exigiu que ele se identificasse. O carcereiro disse: "Esperem 1 minuto. Tenho de pedir permissão para revelar meu nome e meu número regimental". Fechou a janelinha e eles nunca mais o viram. Na hora da troca do turno, ao amanhecer, Ferguson foi solto e Warner viajou de volta para a Coreia.

"Meu caro presidente e amigo, agradeço por seu gentil convite para a Copa do Mundo da Fifa de 2002", escrevera Warner no início do ano.[2] E começou a fazer a lista de parentes, amigos e funcionários que levaria consigo e que a Fifa teria de bancar. Havia a sra. Maureen Warner e, "por favor, peça a seu estafe que providencie dois quartos adicionais para meus dois filhos". A lista incluía também Hubert Johnson, que tiraria uma folga de seu trabalho de carregador no Aeroporto Internacional de Piarco para ser assistente pessoal de Jack.

Herbert ocuparia o lugar de Harold Taylor, que Jack tinha posto em um comitê e que também teria as despesas pagas. "Além disso, minha secretária pessoal, a srta. Patricia Modeste, irá conosco, e antecipadamente agradeço sua assistência no que tange a providenciar acomodações para ela na Coreia, bem como no Japão."

Jack nem sempre era tão esbanjador com o dinheiro da Fifa. Em uma viagem anterior ao Oriente, ele comunicou: "Viajarei para o Japão com uma acompanhante para a qual não será necessário um quarto separado".[3] Mas quando o assunto era a Copa do Mundo, era como se Jack precisasse de um andar inteiro do hotel. O grandalhão Melvin Brennan, capanga de Blazer que tinha barrado minha entrada no congresso em Miami, ganhou viagem grátis para Seul e lugar garantido nos congressos. Além de Pat Modeste havia outra ajudante, Marina. Sem esquecer também Cheryl.

Alan Rothenberg, representante da Concacaf, levou consigo seus velhos aliados Hank Steinbrecher e Bob Stiles. Jack levou a tiracolo 27 de seus dirigentes, incluindo a dupla Horace Burrell, da Jamaica – que no torneio tinha a incumbência de dar lições de moral aos jogadores, por ser do Comitê Disciplinar da Fifa –, e Jeff Webb, sócio do capitão em uma padaria e restaurante de grelhados nas Ilhas Cayman e gerente da agência local da Western Union. Jeff estava na comissão de protocolo do Comitê Organizador da Copa do Mundo. Entre suas tarefas, fiquei sabendo, estava a de distribuir aquelas plaquinhas com os nomes das pessoas sobre as mesas do jantar e garantir que todos os dignitários se acomodassem na ordem certa nos camarotes *VIP*.

Quando Jack ficou sem ideias, ele inventou a categoria "Tarefas Especiais", e foi assim que Chet Greene, de Antígua, e Colin Klass, da Guiana, ganharam uma viagem para o Extremo Oriente com todas as despesas pagas. Aproveitando uma brechinha de suas árduas tarefas, Colin e Chet foram até uma gigantesca concessionária de carros usados em Kawasaki, Japão, onde tomaram chá com o proprietário e prometeram importar seus veículos para o Caribe. Uma fotografia feliz de Colin e Chet ao lado da família do dono da loja de carros foi postada no site da concessionária.

No Japão, Chet estava ocupado demais com a compra de carros usados para ir buscar seus ingressos no escritório da Fifa. Por isso, mandava em seu lugar um sueco chamado Osten Carsson. Alto, loiro, bronzeado, com quilos de pulseiras e cordões de ouro pendurados, o sueco tornou-se uma figura familiar dos britânicos ávidos por ingressos ao longo da Copa. Mas não há evidências de que ele estivesse vendendo os bilhetes de Chet.

Antes do torneio a Fifa havia prometido solenemente que dessa vez seria mais esperta que os cambistas. Todo ingresso comprado ou pedido sairia com o nome da pessoa estampado.

Era bom que, de vez em quando, a Fifa abandonasse sua regra de verificação dos nomes nos ingressos. Caso contrário, os guardas na porta do estádio poderiam ficar um pouco confusos. O que é isto aqui? Um britânico ruivo portando um ingresso em nome de Mohamed Bin Hammam? Não é um daqueles *VIPs* da Fifa? Depois passaria pela roleta um loiro de Glasgow. O nome escrito no bilhete? Mohamed Bin Hammam, do Catar.

Na partida de 2 de junho entre Inglaterra e Suécia havia uma fileira inteira de ingressos de Bin Hammam. Um furioso torcedor inglês me disse: "Quando entrei no Estádio Saitama, conversei com torcedores da minha fileira e todos eles tinham ingressos com o mesmo nome. É uma desgraça".

Então, ele descobriu através de um torcedor sentado ao seu lado que o nome de Bin Hammam estava no bilhete que ele tinha comprado na rua para o jogo contra a Argentina, em Sapporo, dali a cinco dias. Todos compraram dos cambistas pagando o exorbitante ágio de 550 dólares sobre o valor nominal do ingresso. Alguns chegaram a pagar 700 libras por ingressos que originalmente valiam 100 libras.

A venda de bilhetes era invariavelmente planejada com bastante antecedência. Alguns torcedores disseram ter obtido seus ingressos de Bin Hammam na agência RazorGator, de Los Angeles. Durante a Copa a RazorGator operou em uma sala no 15º andar da Torre Imperial, no distrito de Ginza. Um turista me disse que o escritório estava "abarrotado" de ingressos. Um porta-voz da empresa explicou: "O nome que aparece no ingresso pode ser de uma empresa, de um patrocinador, de uma federação ou de uma pessoa. Nas sete Copas do Mundo em que trabalhamos jamais tivemos problemas relativos à permissão para a entrada dos clientes em estádios".[4]

A RazorGator estava vendendo ingressos que haviam sido emitidos pela Associação de Futebol Argentino e pela Associação de Futebol do Catar. Será que o membro do Catar no Comitê Executivo sabia disso? "O sr. Bin Hammam está tão chocado e desapontado quanto nós", afirmou o porta-voz da Fifa Andreas Herren.[5] Bin Hammam não podia falar por si, porque não estava lá. Era a primeira semana da Copa, mas ele tinha ido embora para casa. Herren disse que talvez Bin Hammam tivesse distribuído seus bilhetes a amigos, que por sua vez venderam os ingressos sem o seu conhecimento. A explicação de que Bin Hammam não sabia da venda de bilhetes com o seu nome estampado era plausível. Ele era dono de uma considerável fortuna, e não estava exatamente precisando de dinheiro.

Desesperados para ver o jogo contra a Argentina, torcedores ingleses estavam comprando ingressos com o nome de patrocinadores, que haviam ido parar no mercado negro. Um deles foi para os meus arquivos: tinha sido emitido em nome de "C Cola", com valor nominal de 60 dólares, e fora vendido pelos cambistas por 400 dólares. Outro torcedor me mandou um e-mail do Japão falando da compra de ingressos originalmente emitidos pela Federação Equatoriana de Futebol. Ele encerrava assim sua mensagem: "A Fifa é tão desonesta!".

As vaias dos torcedores na cerimônia de abertura em Seul diminuíram, mas as pessoas sabiam que o protesto tinha sido exibido por quase todas as telas de televisão do planeta. E vaiar o presidente da Fifa passou a ser a coisa certa a fazer toda vez que Blatter aparecia em alguma partida. Em dezembro do ano seguinte, quando ele foi assistir a um jogo beneficente em Basel, mais de 32 mil torcedores suíços deram a ele a mesma recepção rouquenha.

Se os suíços podiam fazer isso, os britânicos também podiam. Mais de 74 mil torcedores lotaram o Estádio Millennium, em Cardiff, em fevereiro de 2004 para a final da Copa da Liga Inglesa no País de Gales. Blatter entrou em campo para apertar a mãos dos jogadores, mas foi ovacionado por vaias e assovios. Um jornalista veterano me disse: "É claro que os torcedores adoram vaiar os jogadores e os árbitros, mas nunca vi pegarem no pé de um dignitário antes".

E se os britânicos podiam fazer isso, os chineses também podiam. Acompanhado de Mohamed Bin Hammam, Blatter chegou ao Estádio dos Trabalhadores em Pequim para a cerimônia de abertura da Copa da Ásia. O presidente da Fifa foi vaiado por 72 mil pessoas. Está se tornando um hábito globalizado.

O Brasil venceu a Copa do Mundo (mais uma vez). Depois de assistir à final em Yokohama, Blatter voltou correndo para seu gabinete em Sunny Hill e iniciou uma limpeza na Fifa, eliminando alguns dos funcionários mais leais da entidade. Sepp "deu um jeito" no secretário-geral, e demitiu também o assistente de Zen-Ruffinen, Jon Doviken, o jovem e alto norueguês de óculos. Por culpa de sua associação com Zen-Ruffinen, também foi para a rua a veterana administradora Doris Valasek, que recebeu as contas após 18 anos de serviço.

Enquanto se livrava de funcionários respeitados e estimados, e com longo tempo de casa, Sepp conseguiu de uma só vez solapar a eficiência da Fifa, causar mal-estar entre os funcionários que sobreviveram e jogar no lixo a memória institucional. Ele também estava traçando uma linha divisória que deixava para trás o seu próprio passado, porque sobrou pouca gente capaz de reconhecer a importância e o significado de nomes como Horst Dassler, Jean-Marie Weber e André Guelfi ou que tinha algum conhecimento de como esses homens haviam moldado a Fifa.

Blatter atribuiu a Urs Linsi o título de secretário-geral "interino" por seis meses, e depois, em dezembro de 2002, o Comitê Executivo efetivou-o no cargo e também deu carta branca para que ele continuasse na chefia da diretoria financeira, destruindo assim a separação de poderes que supostamente deveria garantir a salvaguarda do dinheiro da Fifa. O que o secretário-geral faria se julgasse que o diretor de finanças estava escondendo alguma coisa? Falaria consigo mesmo? Jerome Champagne, o muito bem remunerado consultor de Blatter, que talvez cobiçasse o emprego de Zen-Ruffinen, teve de se contentar em ser o vice de Linsi.

Foi um golpe duro para o chefe de comunicações Keith Cooper. "Fui chamado pelo secretário-geral interino – não pelo presidente, que me conhecia havia quase trinta anos, mas não teve coragem de me dar a notícia pessoalmente – e ele me disse que eu estava sendo dispensado a partir daquela data. Foi realmente muito brutal. Perguntei a razão e me foi dito que não havia razão alguma. Aparentemente, sob a lei suíça não é preciso apresentar justificativa para demitir alguém."[6]

Keith Cooper tinha impressionado a imprensa internacional com sua competência. Sua demissão abriu caminho para que o ultraleal Markus Siegler, porta-voz pessoal de Blatter, se tornasse diretor de comunicações.

Cooper saiu com a garantia de salários pagos até o final do ano. Mas nada da generosíssima indenização que Blatter insistiu em dar a seu protegido Flavio Battaini quando o italiano foi demitido por Zen-Ruffinen. Blatter interveio e enfiou no bolso de Battaini cerca de 600 mil libras do dinheiro da Fifa.

O próximo da lista a ser demitido por Blatter foi Roger Feiner, que tinha supervisionado os contratos de televisão. Cinco outros altos funcionários veteranos foram dispensados e outros tantos mais pediram as contas quando viram a maneira como a Fifa estava sendo reorganizada.

O consultor presidencial Guido Tognoni tivera uma carreira cheia de altos e baixos, semelhante a uma montanha-russa, e que agora parecia prestes a dar outra guinada ladeira abaixo. Em 1994, depois do malogrado golpe contra Havelange, Blatter precisou de bodes expiatórios e escolheu Guido para pagar o pato. Sepp não teve coragem de dar a notícia diretamente, por isso a missão ficou a cargo de Erwin Schmid. Depois, na primavera de 2001, quando o grupo ISL naufragou, Blatter recrutou Tognoni novamente, agora para trabalhar como consultor de marketing. Sepp devia mesmo precisar muito dele, porque o contrato secreto de Guido – que eu vi com meus próprios olhos – prometia um salário anual de 150 mil libras, mais um bônus anual de 25 mil, e a coisa toda valia até depois da Copa do Mundo de 2006. Uma cláusula afirma que o contrato "é baseado no relacionamento pessoal de confiança entre o presidente Blatter e Guido Tognoni". Essa confiança acabou em março de 2003, e Blatter demitiu-o de novo, mas dessa vez foi Urs Linsi quem lhe deu a notícia.

Com um sorriso estampado no rosto, Guido foi viver no Golfo e alegou: "Fiz um bom acordo para sair e assinei um contrato de confidencialidade, então não falo publicamente sobre isso".[7]

Em Sunny Hill correu a versão de que ele tinha tido um desentendimento com Linsi, que agora começava a flexionar seus músculos de secretário. De tempos em tempos Linsi demitia algum dos favoritos de Blatter. Cada demissão era uma mensagem para Sepp, um recado tão aterrorizante quanto uma cabeça servida em uma bandeja de prata.

Sunny Hill, 5 de março de 2003. Blatter e seu time financeiro tiveram uma reunião secreta com os novos sete membros do Comitê Interno de Auditoria, que substituiu a equipe original que tinha sido desfeita um ano antes. Ele fez questão de lembrar que o promotor de Zurique decidira não instaurar processo contra a Fifa, depois das alegações feitas por Johansson e seus colegas dissidentes do Comitê Executivo, às vésperas da Copa do Mundo de 2002. Com um vigoroso meneio de cabeça, Urs Linsi concordou. Ele tinha uma equipe reserva: o vice de finanças Markus Kattner e os contadores Michael Meier e Christoph Bollhalder.

Blatter prosseguiu: "Isso nos mostra a importante responsabilidade e dignidade de comissões como esta". Andreas Herren, porta-voz da Fifa, também assentiu. Do outro lado da sala estavam sentados dois representantes da KPMG, Patricia Bielmann e Markus Ackermann.

Outro que concordava com tudo era o novo presidente do comitê, Franco Carraro, tarimbado sobrevivente da política do COI e presidente da Federação Italiana de Futebol. Blatter enfatizou a independência do Comitê Interno de Auditoria; ele e Linsi só assistiriam às reuniões por meio de convite. Então, o presidente Carraro propôs: "Vamos nomear Urs nosso secretário!".

Linsi, que já era o secretário-geral e também o diretor de finanças, agora seria alçado ao posto de secretário do "independente" Comitê Interno de Auditoria? Mas teoricamente a função do comitê era inspecionar as atividades dele! Era para isso que ele estava ali.

"Este comitê", continuou Blatter, "vai aumentar de maneira significativa a transparência financeira, para o bem da família do futebol e para o bem do jogo." O dr. José Carlos Salim, membro brasileiro do novo e melhorado comitê, não poderia discordar. Ele gostava de Blatter, e os dirigentes do Brasil eram gratos ao apoio que recebiam de Blatter.

No Brasil, em 2000, o Congresso brasileiro iniciou uma investigação conjunta de seus deputados e senadores a partir de alegações de que três importantes figuras da Confederação Brasileira de Futebol eram corruptas. Blatter condenou a investigação e declarou que o trabalho da Comissão Parlamentar de Inquérito (CPI) era uma interferência no futebol. E ameaçou: "O Brasil será suspenso de todas as atividades internacionais. O Brasil não participará da Copa do Mundo de 2002, nem do mundial Sub-20, nem do mundial Sub-17, nem da Copa do Mundo Feminina de Futebol, nem do torneio de Futsal na Guatemala".[8]

As investigações resultaram, em 2001, em um relatório que definiu a Confederação Brasileira de Futebol (CBF) como "um antro de crime, anarquia, incompetência e desonestidade". O relatório fala em corrupção, suborno, lavagem de dinheiro, despesas inadmissíveis, desfalques, desvios, fraudes, salários generosos. Havia comprovantes de aluguel de limusines em Nova York por 2 mil dólares a diária, contas de restaurante de mais de 12,5 mil dólares, falsificação de documentos, distribuição de dinheiro para políticos em campanha, para uma associação de criadores de cavalos, e até mesmo para um torneio de futebol de policiais. A CBF comprava poder e influência, e tinha enviado um "bonde da alegria" de cinco juízes e suas esposas para a Copa da França – via Londres, Budapeste, Praga, Nova York e Los Angeles. Ao comentar o relatório, um senador integrante da comissão de investigação disse: "Esta foi só a ponta do *iceberg*".

Os três dirigentes mais incriminados pelas alegações foram o presidente da confederação, Ricardo Teixeira (genro de Havelange), seu tio Marco Antonio Teixeira, e o melhor amigo de Ricardo e Marco, o dr. José Carlos Salim, homem encarregado das finanças. Salim? E agora Blatter o tinha colocado no Comitê Interno de Auditoria da Fifa.

Também sentado à mesa e concordando harmoniosamente com tudo estava Justino José Fernandes, chefe da Federação Angolana de Futebol, ex-prefeito de Luanda, a capital do país, e amigo próximo do presidente angolano José Eduardo dos Santos – padrinho de um de seus filhos. O presidente de Angola é muito sensível a sugestões que grandes nacos dos lucros gerados pelas reservas petrolíferas do país acabem nas mãos de contas dos políticos em bancos privados estrangeiros, deixando três quartos dos cidadãos angolanos à míngua, pelejando para sobreviver com menos de 1 libra por dia.

Policiais empunhando armas bateram à porta da frente da casa de Rafael Marques ao amanhecer de um dia de outono de 1999 e arrastaram o jornalista a uma das mais famosas prisões do Sul da África. Durante dez dias ele foi proibido de receber visitas de amigos, parentes ou advogados. Rafael se recusou a assinar um papel eximindo seus carcereiros de responsabilidade em caso de sua eventual morte sob custódia.

Rafael tinha escrito um artigo na revista semanal angolana *Agora* acusando o governo do país de "incompetência, apropriação indébita e corrupção".[9] Quem foi ao gabinete do promotor público em Luanda e assinou a petição para que Rafael Marques fosse acusado de difamação do presidente? À página 43 da denúncia consta o nome: "sr. Justino José Fernandes".

O "julgamento" de Marques foi realizado a portas fechadas. Ele corria o risco de receber a pena máxima de oito anos na prisão, e para acelerar as coisas um juiz escolhido a dedo excluiu a presença de seu advogado. Quando a audiência terminou, o réu não foi informado de qual tinha sido o veredicto. Ele ouviu no rádio que fora condenado a cumprir seis meses de prisão, pagar as custas do processo e desembolsar uma indenização de 6,5 mil dólares, valor altíssimo para os padrões de seu país pobre. Ele também foi impedido de deixar o país, ao contrário de Justino José Fernandes, que continuou livre para viajar com a seleção nacional, comparecer a reuniões da Fifa com Sepp Blatter em Sunny Hill e às sessões do novo e melhorado Comitê Interno de Auditoria.

Talvez o sr. Fernandes não seja tão esperto como seu amigo Blatter pensa. Acontece que Rafael atuava como representante angolano do Open Society Institute, entidade sem fins lucrativos criada e financiada pelo bilionário filantropo norte-americano George Soros. O governo dos Estados Unidos exigiu a imediata libertação de Rafael, gesto logo seguido pela Inglaterra e a União Europeia. Em poucos dias Rafael passou de jornalista de uma terra distante a símbolo internacional do heroísmo na luta pela liberdade de expressão. Foi transferido de prisão, mas ainda assim permaneceu trinta dias atrás das grades.

Dois meses depois, um colega do sr. Fernandes disse no Parlamento angolano, durante um debate sobre liberdade de expressão, que se Marques, que tinha 28 anos de idade, continuasse criticando o governo, devia ser "avisado" de que talvez nunca chegasse a completar quarenta anos.

Rafael Marques me enviou um e-mail confirmando: "Fernandes é um dos que apresentaram uma queixa-crime contra mim, em nome do presidente, o que resultou nas 'belas' férias que passei na cadeia. Obrigado por contar ao mundo a verdade sobre Fernandes. Espero que ele se lembre do que fez comigo".

Mais meneios de cabeça em sinal de assentimento, mais gente leal a Blatter. O próximo sentado à mesa do Comitê Interno de Auditoria era Jeff Webb, das Ilhas Cayman, amado por Jack Warner porque, nas palavras do próprio Jack, Jeff sabe "manter a fé". No ano anterior, em Seul, Jeff dissera ao congresso extraordinário que seu país era o quinto maior centro financeiro do mundo. É uma maneira de ver as coisas. A outra é que com sua política de isenção de impostos as Ilhas Cayman roubam dinheiro de outras economias e funcionam como paraíso para a lavagem de dinheiro.

Jeff nada tem a ver com esse tipo de coisa, pois atua no ramo de padarias com seu sócio Horace Burrell. Ambos já deram provas de sua assombrosa lealdade a Warner e Blatter. O general Farouk Bouzo, presidente da Associação Síria de Futebol, está sentado ao lado do único homem da sala que poderia causar problemas, Mathieu Sprengers, presidente da Associação Holandesa de Futebol.

Ele parecia estar fazendo perguntas importantes, tais como: "Podemos emitir um comunicado à imprensa sobre padrões de governança corporativa?". Carraro parecia chocado. Esse tipo de decisão deveria ser deixado para o presidente Blatter e seu Comitê Executivo. Completando o grupo estava Basil Scarsella, da Austrália, que tinha muito a agradecer a Blatter. Três semanas antes o presidente ajudara a dar à Oceania sua própria vaga na Copa do Mundo. Se a Austrália conquistasse a vaga, isso daria ao país o aporte de dinheiro necessário para pagar suas crônicas dívidas.

O melhorado Comitê Interno de Auditoria reuniu-se três vezes em 2003. No Congresso da Fifa em Paris no ano seguinte, Salim, Webb, Bouzo, Sprengers, Carraro e o secretário Urs Linsi informaram que tudo estava absolutamente às mil maravilhas. Os delegados podiam acreditar.

O processo de limpeza prosseguiu. Assim que neutralizou o Comitê Interno de Auditoria, Blatter se dedicou ao trabalho de recriar a Fifa inteira à sua imagem e semelhança. Havia pessoas leais a serem promovidas, contas a acertar e rebeldes de quem ele queria se livrar. Mais de trezentas vagas a serem preenchidas em cerca de trinta comissões e comitês.

Primeiro, um acerto de contas. A Inglaterra era o berço do futebol – o *beautiful game*, "jogo bonito" – e de Adam Crozier, o executivo chefe da Associação Inglesa de Futebol que ousara falar contra Blatter no congresso de Seul. Os ingleses tinham seis vagas em comissões e comitês. Agora não tinham mais.

Blatter sacou seu machadinho e podou cadeiras inglesas no Conselho Consultivo de Marketing e Televisão, no Comitê de Clubes, na Câmara de Resolução de Disputas e no Comitê Técnico e de Desenvolvimento. Sobreviveram o presidente da Associação Inglesa de Futebol Geoff Thompson, que manteve seu posto no Comitê Organizador da Copa do Mundo de 2006, e Sir Bobby Charlton, que ocupava uma cadeira no Comitê de Futebol, instância decorativa que rendia boas fotografias de Sepp ao lado de pessoas que realmente tinham feito verdadeiras contribuições ao esporte. A Inglaterra também tinha uma cadeira no não tão importante Centro de Pesquisa e Avaliação Médica da Fifa.

Então, quem ficaria com os cargos poderosos? Blatter sondou os candidatos mais improváveis. Tonga é um conjunto de ilhas da Oceania que tinha sido admitido na Fifa em 1994 e que ocupava a posição de número 176 no *ranking* de desempenho futebolístico das 203 nações da entidade. Perfeito! Blatter deu ao chefão do futebol local, Ahongalu Fusimalohi, uma cadeira no Comitê Executivo, no Comitê Financeiro e no Comitê de Mídia.

O Taiti, que só passara a integrar a Fifa em 1990 e ocupava a modesta posição 113 no *ranking* das seleções, ficou com duas vagas em comissões. Uma no dispendioso Projeto Goal e outra no Comitê Técnico. A Samoa Americana, cuja população é de 69 mil habitantes, entrou para a Fifa em 1998 e ocupava a posição 201 no *ranking*, obteve uma cadeira no importante Comitê de Federações.

Puxar o saco de Blatter valeu a pena para a Alemanha, que ficou com 13 vagas em comissões e comitês, para a Argentina, que ficou com nove, e para os Estados Unidos, a Itália e a Suíça, que ganharam oito cada um.

Blatter podia negar com o máximo de suas forças as alegações de corrupção. Mas uma coisa ele tinha de admitir: elas haviam feito estrago. Quem ele poderia convocar para limpar sua imagem manchada? Quem era o mágico que tinha ajudado a livrar a barra do velho pilantra Juan Antonio Samaranch? Ora, Henry Kissinger!

Em 1999, quando Samaranch estava afundando sob o peso das acusações de corrupção no COI, Kissinger foi recrutado para promover um pacote de "reformas" criado pela consultoria de imagem Hill & Knowlton. Kissinger chegou inclusive a comparecer a uma audiência do Congresso em Washington, em 2000, para apoiar Samaranch. Henry tinha ajudado Juan. Será que poderia ajudar Sepp?

No início de 2003, uma organização norte-americana pouco conhecida, chamada Associação Atlética Amadora Internacional, concedeu a Blatter seu Prêmio Global da Paz. Aparentemente Sepp tinha, sozinho, dado fim a décadas de inimizade entre Japão e Coreia. No dia 18 de fevereiro Blatter chegou ao hotel Waldorf-Astoria em Manhattan acompanhado de sua terceira esposa, Graziella, com que sem casara recentemente.

Kissinger disse aos 260 convidados que seu amigo Sepp tinha a vocação para estabelecer a solidariedade entre pobres e ricos. Sepp respondeu que a Fifa contava com 25 milhões de jogadores registrados no mundo, todos embaixadores da paz. Então o site fifa.com anunciou: "a paz e o futebol mais uma vez caminham de mãos dadas".

Buenos Aires, 5 de julho de 2003. Julio Grondona não gostava muito de fazer esse tipo de coisa, mas em breve haveria eleições na Associação do Futebol Argentino e já fazia algum tempo que ele não aparecia na televisão. Por isso, Grondona concordou em conceder aquela entrevista, e agora estava sentado no estúdio do canal argentino TyC Sports enquanto os técnicos cuidavam dos ajustes finais para a gravação agendada para o horário do almoço daquele sábado.

Os cabelos grisalhos e cada vez mais ralos estavam penteados para trás e bem aparados na nuca. O rosto relaxado, o nariz protuberante e a papada no pescoço eram indícios de sete décadas de boa vida.

Ele era o mais velho de todos os vice-presidentes da Fifa. Presidente do Comitê Financeiro, vice do Comitê de Emergência que se aglutinava em torno de Sepp toda vez que o império se via sob ameaça, presidente da comissão de marketing que monitorava os contratos bilionários que faziam a vida ser tão boa. O segundo homem mais poderoso do mundo do futebol encarou a câmera e abriu seu sorrisinho de lado, desconcertantemente afável.

"Boa-noite, hoje temos um convidado especial...", anunciou o jovem entrevistador, e os dois entabularam um bate-papo interminável, sobre todos os assuntos previsíveis: clubes, jogadores, Maradona, Menotti, Carlos Bilardo – técnico da Seleção Argentina, campeã da Copa do Mundo de 1986 no México –, os tempos felizes vividos na área rural do país, com árvores, ar puro e bons vinhos. O programa corria muito bem, como é de esperar quando o convidado é amigo do dono do canal, Carlos Ávila, a quem o entrevistado vendeu os direitos de transmissão televisiva da Copa (acordo válido de 1986 a 2014 – sim, isso mesmo, 28 anos em um mesmo canal).

Bom, isso era tudo, hora de encerrar. Uma última pergunta: "Don Julio", quis saber o entrevistador Ramiro Sánchez Ordóñez, "e quanto aos mitos que temos no futebol do país? Por exemplo, por que não há nenhum árbitro judeu apitando na primeira divisão?".

Grondona sabia a resposta para essa pergunta: "Não acredito que um judeu consiga algum dia ser um árbitro nesse nível, porque isso exige trabalho duro, e como você sabe os judeus não gostam de trabalhar com afinco".[10]

Depois disso foi só "Obrigado e boa-noite".

"Está feliz, don Julio?", perguntou um dos dois figurões que assistiram das sombras do estúdio à gravação do programa. "Quer mudar alguma coisa?" Os produtores tiveram a gentileza de oferecer a Grondona a oportunidade de editar algum erro, deixar de fora algo que ele não tenha tido a intenção de dizer. "*Muchachos, todo bien*", ele os tranquilizou. "Rapazes, está tudo bem."

O TyC Sports é um canal a cabo e não teve muita audiência naquela noite de sábado. Na segunda-feira seguinte, o programa *Televisión Registrada* (TVR) exibiu alguns dos melhores momentos da entrevista, incluindo o insulto aos judeus. Um jornalista radiofônico comentou a gafe de Grondona, o advogado especialista em direitos humanos Ricardo Monner Sans ouviu e ficou chocado. Antes do fim do dia o escritório local da Liga de Defesa Judaica estava citando as duras leis antidiscriminatórias argentinas.

Grondona achou por bem não recusar a convocação feita pela Rádio Jai, estação de rádio judaica de Buenos Aires, para que ele fosse ao estúdio dar uma explicação no ar. Mas talvez tivesse sido melhor ter recusado. "Bem, você sabe, os judeus são um povo especial", ele disse, de maneira irrefletida, e quando o entrevistador, sem sorrir, perguntou: "O que o senhor quer dizer com 'povo especial'?", o segundo homem mais importante do mundo do futebol não soube ou não pôde dizer o que se passava em sua cabeça.

Mais tarde, como às vezes fazem os racistas, Grondona declarou que muitos de seus melhores amigos eram judeus. Os judeus eram um povo brilhantemente talentoso. "Fui mal interpretado, me rotularam como nazista, coisa que eu não sou, nunca fui", ele se queixou.

Três semanas depois, Grondona recebeu a visita do rabino Abraham Cooper, que viajou de Los Angeles a Buenos Aires especialmente para vê-lo. O rabino era um homem altivo e grandalhão, cujo olhar penetrante dava a entender que ele estava sentindo um ódio profundo e incandescente. Na "fotografia de reconciliação", tirada na sede da Associação do Futebol Argentino (AFA), Grondona aparece com um sorrisinho de soslaio e sem graça que parece dizer: "Por favor, posso ir me esconder dentro do armário?". Ao lado de Grondona e do rabino estão dois representantes judeus de cara fechada, que aparentemente não ouviam uma piada havia meses.

O rabino Cooper e sua equipe, uma delegação do Centro Simon Wiesenthal, queriam mais que um mero pedido de desculpas. Se eles não deixassem o prédio mais felizes do que tinham entrado, registrariam uma queixa-crime formal, que talvez condenasse o dirigente a passar até três anos chutando uma bola no pátio da cadeia. Sob suas ordens, Grondona encaminhou às pressas uma carta ao presidente Blatter "rejeitando as tentativas das federações e associações árabes de expulsar Israel da Fifa".

O programa esportivo *El Sello* e Ramiro Sánchez Ordóñez foram tirados do ar e só retornaram seis meses depois. O canal TyC cancelou um programa comemorativo do 25º aniversário da Copa do Mundo da Argentina, realizada pela antiga junta militar.

Três meses depois, em novembro de 2003, a Associação do Futebol Argentino elegeu Grondona para mais um – o sexto – mandato de quatro anos. Por unanimidade, os quarenta clubes concordaram em mantê-lo na presidência, e ele era muito amado em Zurique.

Pela Rádio Rivadavia de Buenos Aires, a voz de Blatter disse aos argentinos: "O sr. Grondona é um monumento – e não apenas do futebol argentino. Ele desempenha um papel muito importante na América do Sul, e somos amigos eternos. Juntos defenderemos o futebol e a transparência da Fifa".

O que o presidente pensava dos comentários antissemitas do seu vice? Por e-mail, fiz essa pergunta a Blatter. Quem respondeu foi o advogado Lawrence Cartier, contratado por Blatter e pela Fifa.

O sr. Cartier escreveu: "O senhor se esquece de comentar (fato, todavia, do qual sem dúvida o senhor tem conhecimento) que subsequentemente aos comentários o sr. Grondona formalizou um pedido de desculpas e pouco depois, em reunião *com o* Centro Simon Wiesenthal [sic] em Buenos Aires, o sr. Grondona declarou: 'Minha posição e de toda a executiva da Associação do Futebol Argentino sempre foi a de apoiar políticas antidiscriminatórias. O futebol promove uma irrestrita união entre os povos, sem diferenças de raça, cor de pele, religião ou bandeira". Aparentemente Grondona leu tudo isso em algum cartão de lembrete, sem fazer pausa para respirar.

O sr. Cartier prosseguiu: "Os comentários originais foram feitos sem nenhuma referência e sem o conhecimento dos meus clientes. Não foram feitos em nome dos meus clientes e não representam os pontos de vista dos meus clientes. O senhor bem sabe que meus clientes não aprovam comentários discriminatórios ou raciais".

Sim, sr. Cartier, mas o que Sepp pensava dos comentários antissemitas de Grondona?

Eu pedira especificamente ao sr. Blatter que comentasse a gafe de seu amigo Grondona à luz dos dois bombardeios terroristas contra judeus na Argentina na década de 1990, que resultaram em mais de cem mortos e quinhentos feridos. O sr. Cartier respondeu: "Meus clientes consideram que não havia a menor necessidade de que o senhor tentasse, em seu e-mail, exacerbar uma situação (pela qual já houve um pedido de desculpas) vinculando os comentários a eventos trágicos ocorridos na comunidade judaica argentina".

25
O IMPÉRIO CONTRA-ATACA

Revolução no Caribe

"Estou chocado!", disse Sepp Blatter quando ouviu alegações de que alguns dos colegas em quem ele mais confiava tinham comprado ingressos para a Copa do Mundo diretamente da Fifa e vendido os bilhetes a cambistas. "Isso é algo que nos deixa perplexos", reiterou o presidente. "Nosso Comitê Disciplinar tem o poder de intervir e até mesmo de impor sanções aos envolvidos."[1]

Blatter estava discursando em Paris em julho de 1998. Seis meses antes, o gabinete do secretário-geral tinha recebido um fax de Chet Greene, com "o pedido final e completo de ingressos da Associação de Futebol de Antígua e Barbuda para a Copa do Mundo da França". Anexo, o formulário oficial da Fifa para o encaminhamento de pedidos de ingressos, em três páginas. Aparentemente, boa parte dos 70 mil habitantes das ilhas gêmeas de Antígua e Barbuda, renda mensal média de 93 libras por semana, queria comprar ingressos e viajar para a França. Ao todo, o secretário-geral encomendou 2.964 bilhetes, incluindo 147 para a partida final.[2] A encomenda de Chet foi rapidamente encaminhada para a bilheteria da Fifa. Tão rapidamente que o recebimento do pedido foi confirmado por fax no mesmo dia.

No final de fevereiro de 1998 Chet recebeu más notícias. A demanda por ingressos estava tão grande que os pedidos tinham de ser reduzidos. Chet podia contar com apenas 613 ingressos. Ele recebeu uma fatura no valor de 57.526,70 francos suíços (39.763,33 dólares).

Chet tentou conseguir mais bilhetes da Copa do Mundo... com Lennart Johansson! O presidente da Uefa esperou duas semanas antes de responder. "O sr. Johansson pede para informá-lo de que infelizmente não está na posição de auxiliá-lo no que tange à compra de ingressos para a final da Copa do Mundo em Paris."[3]

Chet era íntimo da família Bird – dinastia que tinha liderado a luta pela independência em Antígua e Barbuda – e deu um jeitinho para que o primeiro-ministro Lester Bird e o ministro do Esporte e sua esposa tivessem lugar garantido para assistir ao torneio. Já na França, Chet conseguiu mais bilhetes, incluindo outros quatro para a final. Ele – ou melhor, a Associação de Futebol de Antígua e Barbuda – ainda devia à Fifa 57.526,70 francos por seus 613 bilhetes. Quem iria pagar? Em maio de 2002 a conta ainda não tinha sido paga.[4]

"Caro sr. Chet Greene", começava o fax do empresário norte-americano da Pacific North West, exportadora de uniformes esportivos para associações e federações nacionais de todo o mundo. "O senhor me falou do Programa de Assistência Financeira da Fifa e do quanto o senhor ficou empolgado com ele. Eu tirei proveito desse programa e me beneficiei pessoalmente. Eu gostaria de trabalhar em conjunto com o senhor no programa de 250 mil dólares anuais. Tenho certeza de que o senhor entende que há aí um grande lucro à espera de homens de negócios vorazes como o senhor e eu. Por favor, me telefone, e vou falar da minha experiência na Associação Liberiana de Futebol e de quanto dinheiro ganhei com eles. O senhor não vai acreditar."[5]

Errado, sr. Homem de Negócios Voraz. Chet acreditou e começou a preencher cheques por conta do subsídio de 1 milhão de dólares da Fifa a ser recebido por quatro anos. O dinheiro começou a chegar em 1998. Ele comprou uma nova unidade de ar-condicionado para o seu escritório, depois mudou de ideia e instalou o equipamento em sua casa. Estava tão ocupado gastando o dinheiro, que perdeu toda a papelada do primeiro ano, e por isso foi impossível auditar as contas do período. Também não guardou documentos e comprovantes.

No ano seguinte, ficou decidido que Chet receberia um salário de mil dólares por semana – um quinto do total do subsídio da Fifa e cinco vezes a renda média local – pelo trabalho de meio período para administrar as ligas amadoras da ilha. O salário era pago por ordem bancária, e o dinheiro era transferido diretamente de Zurique para a conta de Chet no Banco de Investimento de Antígua e Barbuda, onde disputava espaço com o salário que ele recebia do governo pela função de comissário de Esportes.

Além de seus dois salários, Chet era dono de sua própria empresa de importação e distribuição de *kits* de uniforme esportivo. A Umbro achava que tinha comprado os direitos exclusivos de venda de uniformes nas partidas internacionais na ilha. E se queixou com Chet quando, em julho de 1997, descobriu que produtos da concorrente Admiral também estavam à venda em Antígua.

A Admiral também não estava muito feliz da vida. Em março de 1998, a empresa afirmou que Chet era um homem de negócios voraz, que não pagava suas contas, e se recusou a continuar fornecendo material esportivo a crédito.[6]

Mais um ano, mais um torneio internacional de prestígio, mais uma oportunidade para Chet usar seu poder de influência com a Fifa. Durante a Eurocopa 2000, um dos sócios de Chet, um antiguano que mantinha com a esposa um escritório em Tilbury, Essex, tinha elaborado uma lista de fãs de futebol ávidos por ingressos. Eles queriam 480 bilhetes, incluindo quarenta para cada uma das partidas das quartas de final, semifinais e a final, e enviaram a lista por fax para Chet. Escrevendo em papel timbrado da Associação de Futebol de Antígua e Barbuda, Chet encaminhou sua encomenda ao escritório da Uefa em Nyon, Suíça. A Uefa ofereceu apenas quarenta ingressos para a primeira fase, exigindo que o pedido de bilhetes fosse acompanhado de pagamento em dinheiro.

Na primavera de 2000, sob a direção de Chet, a Associação de Futebol de Antígua e Barbuda não apenas já tinha torrado todo o dinheiro dado pela Fifa desde o outono de 1998, como também gastara outros 108 mil dólares. O destino dado ao dinheiro era um verdadeiro mistério.

Só havia uma solução: pedir mais. A Fifa concordou, mas com uma condição. Chet devia abrir uma nova conta bancária separada para o dinheiro da Fifa, e devia submeter sua prestação de contas ao escrutínio de uma firma de contadores antiguanos. O dinheiro só poderia ser gasto de acordo com um orçamento previamente submetido por Chet e aprovado pelo chefão das finanças, Urs Linsi.

"Tudo bem", concordou Chet. A Fifa indicou a firma de auditoria C.A.S. Hewlett & Co. Ltd. e concordou em pagar os honorários. A Fifa concordou também em enviar o subsídio à associação nos próximos dois anos.

O esbelto guianense Raymond Doorgen tinha quarenta e poucos anos e trabalhava na Hewlett. Nomeado signatário único da conta da subvenção da Fifa, ele celebrou seu novo cargo esticando os dedos, abrindo a caneta e preenchendo polpudos cheques. Ele sabia qual era o melhor lugar para guardar o dinheiro da Fifa, e ao longo de dois anos transferiu 200 mil libras para suas contas pessoais. Por fim, parte do dinheiro foi devolvida à associação, mas a contabilidade da associação era tão caótica que ninguém saberia dizer quanto. A mão de Doorgen jamais se cansava e ele preencheu mais de sessenta cheques em benefício próprio. Restaurantes e cervejarias como Premier Beverage, Epicurean, Southern Fry e Food Court sempre ficavam felizes de receber uma visitinha de Raymond Doorgen munido de seu talão de cheques da Fifa.

O orçamento submetido à Fifa foi logo esquecido. Chet escreveu a Doorgen pedindo um empréstimo de 10 mil libras à associação. Depois Chet e Ralph Potter quiseram montes de dinheiro para fazer uma viagem ao Brasil. "Aqui está", disse Doorgen, e resolveu ir junto, tudo pago pela Fifa. Doorgen levava suas responsabilidades tão a sério que insistiu em viajar a Miami, usando dinheiro da Fifa, para examinar um tipo de grama que poderia ser usado nos campos de futebol do país.

Doorgen era brilhante com dinheiro. Ele aprovou um cheque de 15 mil dólares para a Simpaul, agência de viagens de Jack Warner em Trinidad, referente à compra de passagens aéreas. Aprovou um prêmio de 400 libras para um jogador de críquete de Antígua que tinha sido selecionado para... a seleção de críquete das Índias Ocidentais. De acordo com o orçamento aprovado pela Fifa, ele devia estar usando o dinheiro para pagar os salários pendentes dos técnicos de futebol locais. Orçamento? Que orçamento? Ele já tinha rasgado o cálculo de receitas e despesas fazia tempo.

O dinheiro jorrava da Suíça e abastecia as contas particulares de Doorgen. Não demorou muito para que a associação ficasse novamente no vermelho, e os salários dos funcionários locais, uma fração dos honorários de Chet, que faziam parte do orçamento da Fifa, ficaram três meses atrasados. Chet pagou a si mesmo 10 mil dólares de "auxílio", o que definitivamente não havia sido autorizado pelo orçamento da Fifa.

Agora que todo o dinheiro tinha sumido, Chet encerrou temporariamente o programa nacional de futebol. Ele instruiu os times – de adultos e de categorias de base – a pendurarem as chuteiras, e alguns técnicos ficaram sem receber salários. A medida serviu para "aliviar as atuais dificuldades financeiras". Os técnicos não ficaram surpresos com a alegação de que era um tempo de vacas magras, mas a maioria não fazia ideia da quantidade de dinheiro que a associação tinha recebido de Zurique. "Nunca ficamos sabendo que havia um subsídio da Fifa, disse-me um técnico. "Jamais falaram nada sobre isso." E depois Chet foi assistir *in loco* à Copa do Mundo no Japão e na Coreia.

Chet tinha solicitado ao Projeto Goal outro generoso auxílio financeiro com o propósito declarado de criar um centro de treinamento, sob a promessa de chamá-lo "Centro de Desenvolvimento do Futebol Jack Austin Warner". Em meados de 2002 a Fifa enviou a primeira parcela do subsídio: 161.439 dólares. Um ano depois, visitei o lugar onde supostamente deveria ter sido construído o campo e só encontrei cavalos pastando ao lado da carcaça de uma carreta abandonada. Fui ao quartel-general de Chet, que ocupava salas em um prédio do governo em Cassada Gardens, para perguntar sobre as mesadas da Fifa, e ele se ofereceu para me atirar escada abaixo.

A associação não tinha dinheiro sequer para pagar a conta do hotel em que a seleção nacional se hospedara na Inglaterra, e o futebol estava caindo aos pedaços em Antígua. Em novembro de 2002, um corajoso repórter local,

Ian "Mágico" Hughes, começou a investigar as encomendas de ingressos feitas por Chet e a perguntar o que tinha acontecido com o milhão de dólares pagos pela Fifa.

Pouco antes do Natal, Chet foi até Nassau, nas Bahamas, para se casar, e retornou a tempo de participar da assembleia da associação, realizada a cada quatro anos para novas eleições. Chet pressupôs que Ralph Potter seria reeleito presidente e que ele seria automaticamente nomeado secretário-geral.

Mas não teve tanta sorte assim. Muitos dos partidários de Potter não conseguiram provar que estavam com o pagamento das mensalidades em dia e seu direito a voto foi contestado pela oposição; por causa disso, a assembleia foi adiada.

O repórter Ian Hughes publicou outra matéria muito bem documentada sobre a manipulação do dinheiro da Fifa. Isso instalou a crise. Alguma coisa precisava ser feita rapidamente para refutar os ataques. Ralph teve uma ideia brilhante. Ele disse a uma estação de rádio local que o dinheiro da associação e os milhões de dólares da Fifa estavam a salvo porque os recursos tinham sido gerenciados pelo contador Raymond Doorgen em sua função de "sócio" do confiável escritório local da C.A.S. Hewlett & Co.

"Isso é novidade para nós", afirmou o diretor da Hewlett em uma carta furiosa endereçada a Potter. "Jamais recebemos a incumbência, por acordo verbal ou por escrito, de gerenciar os recursos fornecidos pela Fifa. Raymond Doorgen o fez por conta própria, sem informar seu empregador." Certamente era o fim de jogo.

Na verdade, não. Cinco dias depois, o vice-secretário-geral Jerome Champagne socorreu Chet com uma carta assegurando a todo mundo que não havia motivos para preocupação. Ele fazia questão de lembrar como, dois anos antes, Chet, Jack e a Fifa tinham chegado a um consenso acerca de um pacote de medidas para proteger os recursos da Fifa. Em tom calmo e tranquilizador, escreveu: "Fico feliz que os procedimentos tenham ajudado a cumprir nosso objetivo conjunto de estabilizar a situação financeira da ABFA" [Associação de Futebol de Antígua e Barbuda]. Ele confirmou que o "sr. Raymond L. Doorgen, sócio da C.A.S. Hewlett, submeteu regularmente relatórios de prestações de contas trimestrais". E enviou cópia de sua carta ao escritório da Hewlett.

Nas 24 horas seguintes as linhas de telefone e de fax entre Antígua e Zurique não pararam. Jerome ficou sabendo da verdade. Raymond Doorgen não era nem nunca tinha sido "sócio" da C.A.S. Hewlett & Co. Ltd. O homem não passava de um auxiliar de contabilidade.

Portanto, Linsi e a Fifa tinham sido vítimas de uma mentira. O que Jerome faria agora? Entraria no primeiro avião para Antígua, para bater a cabeça de Ralph contra a cabeça de Raymond e salvar o que havia restado do dinheiro da Fifa?

Jerome refez a carta que tinha enviado 24 horas antes, em que descrevera Doorgen como "sócio" da Hewlett. Apagou a palavra "sócio", escreveu "funcionário sênior", e despachou-a para o arquivo de Chet. Nenhuma reclamação, nenhum protesto. Tudo continuava às mil maravilhas.[7]

Mas em Antígua nem tudo era um mar de rosas. O repórter Ian Hughes publicou mais investigações devastadoras no jornal *Sun*, revelando entre outras coisas o gigantesco salário de Chet. Chet e Ralph estavam encrencados. Quem mais poderia salvá-los?

Jack Warner ditou uma carta. "Caro sr. Greene. Sua associação seguiu as diretrizes da Fifa e, em muitos aspectos, representa um modelo para o restante do continente. Quanto à questão do seu salário, que foi recomendado e pago pela Fifa, está claro que as pessoas estão agindo movidas por inveja e maldade, e não tenho a intenção de dignificar com nenhum tipo de comentário as tolices que venho lendo."

"Basta dizer que em muitas das decisões administrativas que sua associação tomou nos últimos quatro anos há mais afeição e boa vontade do que seus detratores jamais serão capazes de imaginar", insistiu o vice-presidente da Fifa, referindo-se de passagem a "meu amigo", o primeiro-ministro Lester Bird.

"Em conclusão", disse Warner, "quero afirmar que, em todo caso, o presidente Ralph Potter e o senhor representaram sua associação, seu país e seu continente com orgulho e, além disso, seu desempenho e representação, em nível regional e internacional, não foram senão exemplares. Conforte-se em saber que as pessoas só atiram pedras nas árvores que dão frutos."[8]

A assembleia geral da associação foi reiniciada no Centro Multiuso de Perry Bay no dia 18 de fevereiro e chegou ao fim depois de cinco horas de discussão e nada de votação. Houve uma nova reunião no dia 6 de março, e mesmo sem chegarem a um consenso sobre quem era e quem não era elegível decidiu-se que alguém tinha de manter a associação funcionando. A assembleia nomeou um comitê interino de três membros, encabeçado pelo respeitado sindicalista Clarence Crump.

Essa nova equipe escreveu a Chuck Blazer em Nova York e a Urs Linsi em Zurique pedindo dinheiro para manter o futebol vivo na ilha. Blazer e Linsi não responderam. O secretário-geral da Concacaf e o diretor de finanças da Fifa só negociavam com Chet.

Eles gostavam de fazer acordos com Raymond Doorgen também, mas isso tudo mudou quando, em março de 2002, Raymond recebeu uma carta de seus chefes. "As recentes revelações, por meio da imprensa e outras fontes, deixaram claro, sem sombra de dúvida, que o senhor se envolveu em atividades ilícitas quando se permitiu nomear gerente de contas por um de nossos clientes, em competição direta conosco, enquanto ainda exercia as funções de auxiliar de contabilidade."

A Hewlett não ficou nada feliz. "Fomos informados de que o senhor se apresentou como sócio sênior, e como resultado obteve o contrato para atuar como contabilista credenciado ou técnico oficial de contas, o que obviamente o senhor não é. O senhor também tem consciência de que o contrato firmado com o cliente é fraudulento, e, portanto, está sujeito a ações legais." Raymond foi mandado embora; em lugar do aviso prévio, recebeu um mês de salário.

Nesse ínterim, o comitê interino estava ficando desesperado. "Somos obrigados a entrar em contato novamente", escreveram a Linsi, "para humildemente pedir informações acerca da situação de nossa solicitação de financiamento sob o Programa de Assistência Financeira."

Por fim a Fifa respondeu, não com ajuda, mas com um golpe devastador para os futebolistas, torcedores e dirigentes honestos de Antígua.

Zurique, 20 de maio de 2003. "O Comitê de Emergência da Fifa decidiu suspender a Associação de Futebol de Antígua e Barbuda", anunciou Markus Siegler. O porta-voz de Blatter alegou que "a caótica situação atual na administração do futebol nesse país estava impedindo que a associação nacional assumisse corretamente suas obrigações". Ele não explicou o que isso significava.

Assim que a notícia da suspensão se espalhou pela ilha, muitos jovens choraram, tristes e incrédulos. A seleção Sub-23 do país disputaria as eliminatórias para as Olimpíadas de Atenas. Agora seus sonhos olímpicos estavam arruinados. Os entusiastas do futebol na ilha encaminharam uma petição ao presidente do COI, Jacques Rouge. Afinal, o COI não alegava defender os direitos dos atletas de competir em suas respectivas modalidades?

A petição dizia: "Os atletas da seleção Sub-23 de Antígua e Barbuda, que por motivos alheios à sua vontade foram arbitrariamente banidos das partidas qualificatórias para as Olimpíadas, estão profundamente desesperados. A maioria já terá ultrapassado o limite de idade para disputar futuros Jogos Olímpicos. O treinador do time, o sr. Thadeus Price, define bem a situação ao dizer, 'O time está sofrendo. Antígua e Barbuda está sofrendo'".

Antígua é pequena, mas produz esportistas de primeira classe. O requerimento foi assinado pelo ex-capitão do time de críquete das Índias Ocidentais, Sir Viv Richards, um dos maiores batedores que o esporte já viu, e por seus colegas de time Curtly Ambrose, Kenny Benjamin e Andy Roberts. O ex-campeão mundial dos pesos médios Maurice Hope assinou também, bem como Maritza Martén García, a cubana medalhista de ouro em Barcelona no lançamento de disco, que trabalhava como técnica na ilha. Boa parte dos líderes religiosos e membros de todos os partidos políticos acrescentaram assinaturas ao abaixo-assinado, juntamente com representantes da maioria dos clubes de futebol do país.

O presidente do COI enviou uma carta bastante meiga a Blatter pedindo que explicasse por que aqueles atletas estavam sendo excluídos e deixados naquela condição. Blatter, ele próprio membro do COI e que como tal havia jurado defender os direitos dos atletas, respondeu que enviaria uma delegação a Antígua e Barbuda "para investigar a situação". Mas não disse quando. Assim, uma geração dos melhores jogadores da ilha foi tolhida da chance de competir nas Olimpíadas. Sepp estava em Atenas, radiante e sorrindo como sempre, em seu camarote *VIP*.

"Sérios níveis de má administração, conflito de interesses, abuso de poder, negligência, irregularidades financeiras e possível atividade criminal que deve ser informada às autoridades relevantes" era o sumário da investigação empreendida pela comissão de três membros.

O presidente Clarence Crump e seus dois colegas publicaram seu relatório em junho de 2003, e a coisa não ficou nada boa para Chet Greene. Crump e seus pares acusaram Chet de "conduta inaceitável e abusiva travestida de liderança eficiente". A comissão solicitou que Chet apresentasse os recibos de suas compras e dos pagamentos feitos aos patrocinadores. Subitamente Chet se lembrou de que seu escritório havia sido arrombado por ladrões que roubaram os arquivos. O crime fora informado à polícia? Ora, claro que não. Chet estava traumatizado demais para isso. Tudo tinha sumido: os recibos, os registros dos pagamentos aos patrocinadores, tudo.

Em janeiro de 2001 Chet tinha solicitado reembolso de 5 mil libras referentes à compra de "equipamentos". Ele não apresentou um único recibo. E por que deveria? Doorgen sempre pagou sem precisar de recibos. Indagado mais tarde sobre qual era o equipamento, ele não se lembrava. Anos depois, milagrosamente, o recibo apareceu. Um recibo de uma empresa da qual Chet era o dono.

Crump e seus colegas de comissão descobriam que o futebol de Antígua não tinha estatuto atualizado, apenas uma pilha de papelada rabiscada que não tinha sido sequer mostrada aos membros. De fato, Chet passou quatro anos sem convocar uma assembleia geral anual.

Eles terminavam o relatório com um sutil mas claro e manifesto juízo de censura: "Nós nos perguntamos como tal situação pode ter perdurado por um período tão longo, tendo em vista que a Fifa supostamente supervisiona as associações e federações nacionais". Os amigos de Chet na Concacaf e em Zurique ficaram furiosos.

Depois de completar sua tarefa, Clarence Crump e seu comitê interino abdicaram do cargo e anunciaram que eleições para a escolha de novos dirigentes seriam realizadas na próxima semana.

Na manhã seguinte receberam outra carta do vice-secretário-geral Jerome Champagne: "Caros senhores. Fomos informados de que uma assembleia geral eletiva de sua associação nacional está marcada para 23 de junho de 2003. Dada a atual situação em Antígua e Barbuda, gostaríamos de informá-los de que não reconheceremos eleições antes que uma delegação da Fifa/Concacaf visite seu país e elabore uma avaliação global do litígio entre as partes envolvidas".

"Consequentemente", acrescentou Jerome, "insistimos para que os senhores não tomem nenhuma medida que possa levar ao agravamento da situação. Obrigado por sua atenção."

E quanto à promessa feita por Blatter a Jacques Rouge do COI de que enviaria uma delegação a Antígua? O país foi suspenso em maio e a delegação só chegou à ilha em setembro. O primeiro a descer do avião foi Jerome Champagne. A seguir desceu Harold Taylor, secretário-geral da União Caribenha de Futebol e testa de ferro de Jack Warner. Taylor já tinha tentado intimidar Crump e seus colegas, dizendo a eles que se quisessem ganhar algum dinheiro, bastava estampar em suas solicitações as palavras "Secretário-Geral Chet Greene", mesmo que ele já não estivesse mais no cargo. O último integrante da comitiva era o turco Senes Erzik, homem pacato e que não causava problemas.

Depois de três dias, a delegação deixou o país e Jerome prometeu que em 48 horas a Fifa enviaria uma lista com propostas de nomes para uma "comissão de normalização", para guiar o futebol de Antígua de volta à normalidade. Reservadamente Jerome segredou que o nome de Chet não estaria na lista.

Antes que Jerome pudesse voltar para sua mesa em Zurique, o capanga de Warner, Harold Taylor, interveio e distribuiu uma fartura de convites para potenciais membros da comissão. Os primeiros da lista eram Chet, Ralph e seus camaradas, em número suficiente para superar em votos os opositores. O braço de ferro entre Warner e Jerome durou dias, depois semanas.

Enquanto isso, os dirigentes recomendaram à Promotoria Pública de Antígua que Chet fosse indiciado por roubo do dinheiro da Fifa, mas nenhum processo criminal foi instaurado.

A comissão de normalização foi anunciada. Clarence Crump seria o presidente. E o secretário? A notícia foi recebida com risos amargos em toda a ilha. O secretário era o próprio Chet Greene. O que salvou a honra de Jerome, livrando-o de uma humilhação, foi o fato de que Chet não teria direito a voto. Chet e Ralph seguiram para Doha, no Catar, em uma viagem com todas as despesas pagas, para "representar" Antígua no Congresso da Fifa de 2003. A suspensão foi revogada, mas era tarde demais para os jovens que tinham a esperança de disputar as eliminatórias das Olimpíadas.

Depois de um ano tentando fazer as coisas funcionarem, Clarence Crump ficou farto. Convidado a discursar na cerimônia anual de entrega de prêmios da federação, em março de 2003, exatamente quando a associação se preparava para as eleições em Antígua – a essa altura já atrasadas em 15 meses –, ele desferiu um violento e devastador ataque a Chet e seus comparsas.

"Ocultação de informações, preenchimento deliberadamente incorreto de atas e minutas, tomada unilateral de decisões, promoção do vazamento seletivo de informações e contínuos ataques veiculados pela imprensa por meio de falsos jornalistas foram algumas das tentativas para solapar e desestabilizar a comissão de normalização e o futebol", ele disse, furioso.

"Antes que a comissão fosse oficialmente formada, os vírus tentaram com todas as forças envenenar os espíritos, formando uma falsa comissão, e isso evitou o anúncio da verdadeira comissão, que deveria ser criada pela Fifa", afirmou Crump.[9]

A resposta de Chet Greene foi qualificar as acusações contra ele como "infundadas e desesperadas".

Chegou o dia da eleição para presidente da associação e Chet foi derrotado por 23 X 14 votos por Merv Richards, ex-jogador, técnico da seleção nacional e irmão de Viv Richards.

Todos acharam que Chet estava fora do futebol. Mas, então, como era possível que ele estivesse presente – usando um *blazer* da Fifa – no Congresso Centenário da Fifa em Paris, em maio de 2004, e na festa de entrega do prêmio de melhor jogador do mundo em Zurique, em dezembro? Warner criou um novo cargo na União Caribenha de Futebol para manter Chet no jogo. O homem que tinha sido decisivo para que o sonho olímpico fosse roubado dos jovens atletas de seu país agora era "responsável por todo o futebol das categorias de base da região" e estava em uma posição sólida e estratégica, aguardando a oportunidade de pegar de surpresa Merv Richards e sua nova e honesta equipe, e reaver o controle do dinheiro.

Do outro lado do Caribe, a oeste, estava a Jamaica, o reino futebolístico do capitão Horace Burrell, que jamais perdia a chance de apregoar sua crença de que o futebol deveria demonstrar os mais elevados padrões éticos. Assim, quando Jamie Lawrence, novo membro da seleção nacional, declarou em entrevista que uma década antes tinha sido preso por roubo, acabou caindo em desgraça e foi tirado do time.

"É política da Federação Jamaicana de Futebol que, se alguém ligado a algum esporte foi condenado por algum crime, ele ou ela não mais poderão representar a Jamaica", sentenciou Burrell assim que ouviu a notícia em junho de 2000.[10]

Aos trinta anos de idade, Jamie Lawrence, nascido em Londres, tivera uma bem-sucedida carreira jogando pelo Bradford City e outros clubes da primeira e segunda divisões da Inglaterra, quando foi convocado para a seleção nacional na Jamaica. Também era famoso por suas palestras aconselhando as crianças e não enveredarem pelo mundo do crime. "O fato de que desde então ele tem levado uma vida exemplar nada quer dizer", acrescentou Burrell.

Quatro semanas depois, o capitão Burrell estava em Zurique recebendo das mãos do presidente Blatter a mais alta honraria da Fifa, a Ordem do Mérito, no mesmo auditório em que, quatro anos antes, sua namorada havia votado no lugar do dirigente haitiano ausente, Jean-Marie Kyss.

O capitão Burrell dispensou um técnico da seleção nacional porque "houve uma deterioração do padrão de disciplina entre os atletas". Blatter ficou tão impressionado que nomeou Burrell para o Comitê Disciplinar da Copa do Mundo de 2002.

Um ano depois, Burrell se deu conta de que em breve haveria eleições e que o futebol jamaicano parecia estar se cansando dele. "Burrell não nos respeita", disse um dirigente. "Ele não nos dá ouvidos." Outros dirigentes o consideravam distante e arrogante.

Burrell pediu ajuda.

Blatter largou tudo, pegou um avião e foi até Kingston, acompanhado de Jack Warner, para ser fotografado ao lado do capitão celebrando o sexto aniversário da classificação da Jamaica para a Copa do Mundo de 1998. Blatter distribuiu prêmios especiais e inspecionou o terreno onde seriam construídas novas instalações a serem custeadas pelo Projeto Goal. "O que estamos fazendo hoje é para o bem do país", disse Blatter. "O futebol pode ser usado como escola para a vida." A imprensa local descreveu Burrell como "radiante de alegria".[11]

Blatter e Warner bem que podiam ter ficado em casa, porque oito dias depois a família do futebol jamaicano dispensou os serviços de Burrell. O veterano dirigente Crenston Boxhill venceu por 54 X 49 e prometeu um mundo novo de transparência. Alijado do poder depois de nove anos, Burrell manteve a altivez mesmo na derrota. "Tenho outros compromissos no futebol", ele zombou. "Sou membro do Comitê Disciplinar da Fifa; também sou o primeiro vice-presidente da União Caribenha de Futebol e também membro do Comitê Disciplinar da Concacaf. Então ainda tenho muita coisa a fazer, e talvez até mais agora."

E acrescentou, rapidamente: "Acima de tudo, amo meu país e o coloco além dos meus interesses pessoais, e se houver alguma coisa que possa fazer por ele, eu farei".

Três meses se passaram até que fosse articulada uma campanha para destruir as bases da "equipe de limpeza" de Crenston Boxhill. Warner desembarcou novamente em Kingston em março de 2002 para o lançamento da nova campanha de marketing da União Caribenha de Futebol. "Sob a astuta liderança do capitão Horace Burrell e seu dedicado estafe", disse Warner, "nós caribenhos temos agora de aproveitar as energias comerciais da região em benefício do futebol."

Os dirigentes regionais suspeitaram tratar-se de uma manobra para afugentar os patrocinadores da Federação Jamaicana de Futebol, que Burrell deixara com dívidas de mais de 300 mil libras. O vice de Burrell era Horace Reid, que anteriormente ocupara a função de secretário-geral. Embora os dirigentes tivessem mostrado nas urnas sua rejeição a Burrell e Reid, Warner estava ali para manifestar apoio aos dirigentes de sua preferência – e deixar bem clara a mensagem de que quem se opusesse a eles ou a seus cupinchas seria defenestrado. Enquanto aguardavam para voltar do exílio, Jack ficaria do lado de Burrell e Reid, assim como tinha apoiado Chet Greene e Ralph Potter em Antígua.

Enquanto Boxhill e seu grupo trabalhavam para reduzir as dívidas que haviam herdado, Burrell e Reid foram passear em Nova York e depois Zurique, em uma viagem de "negócios vitais" da Fifa. Na Suíça, farrearam com o desacreditado Chet Greene em uma das festas de Sepp.

E então vieram as falsas histórias. No início de 2005, ecoando a queixa feita por Clarence Crump no ano anterior acerca de "ataques veiculados pela imprensa por meio de falsos jornalistas", foi plantada na mídia jamaicana a falsa notícia de que Boxhill estava prestes a ser expulso do cargo por uma "resolução de não confiança". Nenhuma resolução jamais viu a luz do dia. Era tudo besteira.

A seguir, em fevereiro de 2005, uma carta enviada pela Fifa a Boxhill chegou simultaneamente à imprensa do país. A Fifa tentava barrar o plano de Boxhill de vender os escritórios da Federação Jamaicana de Futebol (FJF) em Kingston, em um esforço para reduzir as dívidas que Burrell deixara atrás de si. Burrell gastara no prédio 1 milhão de dólares do subsídio da Fifa.

"Caso venha a se confirmar o fato de que sua federação vendeu o prédio como parte de uma resposta à sua atual situação financeira, por favor esteja avisado de que a Fifa vai considerar tal medida uso indevido de recursos da Fifa, e [...] levará a questão a todas as instâncias necessárias para que sejam tomadas contra a FJF as mais severas medidas legais, incluindo a expulsão."

No dia seguinte, véspera da assembleia geral da federação, Horace Reid e outro aliado de Burrell anunciaram, em tom dramático, que tinham sido ameaçados de morte caso comparecessem à reunião. Heroicamente, Reid disse: "Prefiro morrer por meus princípios e pelas coisas em que acredito com convicção, mas estou profundamente desapontado por esse tipo de tática obscena e desonesta. Ao que parece, perdemos todo senso de decência e decoro na arena do futebol".[12]

Em março de 2005 a Federação Jamaicana de Futebol perdeu de vez a paciência com as críticas e os ataques verbais de Burrell e divulgou um comunicado à imprensa acusando-o de "tentar constantemente solapar a entidade". O texto prosseguia: "O capitão Horace Burrell continua empreendendo um irrefreável esforço para lançar dúvidas sobre a liderança da FJF"; o comunicado fazia questão de lembrar o país de que o legado de Burrell era "uma organização profundamente endividada e presa a acordos que limitam as possibilidades de erguer uma federação financeiramente viável".

No final de 2005 a padaria do capitão Burrell estava patrocinando quase metade das ligas de futebol locais da ilha. Na véspera de Natal ele anunciou: "Fui procurado por gente de todas as esferas do futebol. [...] Se meus colegas na fraternidade do futebol me chamassem reivindicando a minha liderança, eu não hesitaria em aceitar".

No início de janeiro de 2006, à medida que se aproximava a assembleia anual, Burrell continuou na mesma toada e manteve o discurso: "Se me pedirem que assuma a liderança da federação, eu ficarei verdadeiramente honrado e não terei reservas em aceitar a oferta. Com base na minha experiência e em minhas realizações e meus contatos no cenário mundial, sei que estou pronto para ser bem-sucedido no cargo". O presidente Boxhill respondeu: "O pequeno grupo de detratores está tentando com o máximo empenho, mas apenas por razões pessoais. Eles não se importam minimamente com o desenvolvimento do esporte no país".

Dois dias antes da assembleia, ecoando a intervenção ocorrida 12 meses atrás, a Fifa escreveu novamente à FJF. Dessa vez, em uma carta descrita pela imprensa local como "severa" e "pungente", a Fifa instruiu a Federação Jamaicana de Futebol a fornecer "informações completas, detalhadas e legalmente relevantes, no prazo máximo de cinco dias úteis, ou o Projeto Goal da Jamaica seria cancelado".

A administração de Boxhill queria mudar o local de instalação do Projeto Goal para uma área diferente do terreno escolhido por Burrell e Blatter três anos antes. De acordo com a carta da Fifa, "O presidente da Fifa foi enganado – e, consequentemente, a Fifa como um todo". Boxhill comentou: "O tempo todo vínhamos cumprindo os prazos e recebíamos a informação de que tudo estava em ordem; por isso, quando chegou aquela carta do alto escalão, fiquei surpreso e decepcionado".

Na manhã da assembleia a manchete do *Jamaica Observer* perguntou: "A Fifa está fedendo?", e o próprio jornal respondeu: "Estamos começando a sentir cheiro de tramoia, de algo podre – um fedor dos diabos [...] a administração não deveria ser alvo de táticas de guerrilha internacional, o que parece ser o caso".

Naquela tarde, quando uma moção de não confiança foi colocada em pauta, os adversários de Boxhill não conseguiram os dois terços dos votos necessários – o resultado foi 53 X 51 –, e a moção foi derrubada. Boxhill comentou: "A eleição foi entre Burrell e o futebol, e o futebol venceu".

Mas Boxhill tinha apenas começado a limpar a sujeira que a federação herdara. Ele não estava feliz com a cota que a Jamaica vinha recebendo dos direitos de transmissão televisiva do futebol caribenho, negociados por Jack Warner. Ele queria desfazer o acordo, pois julgava que a Jamaica ganharia mais dinheiro no mercado aberto. Outras federações e associações caribenhas criaram coragem e disseram que seguiriam o exemplo jamaicano e fariam o mesmo.

As primeiras rachaduras estavam começando a aparecer na mão de ferro com que Warner controlava seu império e na crença arraigada de que ele e Blatter jamais seriam desafiados.

Os entusiastas honestos do futebol estavam fartos de Jack e seus comparsas de Zurique. O império estava começando a contra-atacar.

26
SEPP BLATTER PARTE O CORAÇÃO DE MANDELA

Duas vezes!

Em 1998 Blatter roubara votos africanos de Lennart Johansson prometendo que a Copa do Mundo de 2006 seria realizada na África. Essa promessa, entre tantas outras, ornamentadas com propinas e distribuição de "incentivos" por parte de pessoas que queriam vê-lo eleito, assegurara a presidência a Blatter.

No início de 2000, faltando apenas poucos meses para o anúncio da sede escolhida para a Copa de 2006, era hora de Sepp começar a cumprir sua promessa – ou planejar sua aposentadoria. Se quisesse contar com os mais de cinquenta votos africanos nas próximas eleições presidenciais, marcadas para Seul em 2002, Sepp precisava ser visto em ação fazendo tudo que podia para levar o torneio para a África. Ele já tinha deixado bem claro que apoiava a nação de Mandela contra o grande gorila da disputa para sediar a Copa, a Alemanha. Atuando em papéis secundários do drama, entrando e saindo de cena, estavam o Marrocos, a Inglaterra e o Brasil.

Mas se Blatter cumprisse o prometido e levasse o torneio para a África do Sul, a Alemanha poderia arquitetar uma terrível vingança, organizando votos na Europa para tirá-lo da presidência. O desafio era convencer a Alemanha e a África do Sul de que ele estava apoiando *ambos os países*.

De acordo com minhas fontes em Sunny Hill, Jerome tinha uma estratégia. Deixe que todo mundo *acredite* que você está apoiando a África do Sul. Assim, aconteça o que acontecer, você garante os votos africanos. Diga aos alemães que você acredita que eles são mais capazes de organizar uma Copa com êxito. Assim, aconteça o que acontecer, eles votarão em você. Lembre Franz Beckenbauer – que não é dirigente, mas é tremendamente influente – e o membro alemão do Comitê Executivo, Gerhard Mayer-Vorfelder, que você precisa dar a impressão de que está fazendo *lobby* pela África do Sul. Dessa maneira, no longo prazo você ganha de um jeito ou de outro, qualquer que seja o resultado. Apenas reze para não ter de usar seu voto de minerva.

Nelson Mandela era o maior e mais ardoroso defensor da África do Sul. Seu povo tinha conquistado a democracia, mas os tempos continuavam difíceis – o desemprego beirava os 40%. Se seu país ganhasse, disse Mandela, "isso não apenas vai levantar o ânimo do nosso povo, mas também vai contribuir para o desenvolvimento da economia".

Segundo cálculos de seus analistas, sediar o torneio criaria 13 mil empregos e renderia aos cofres do governo meio bilhão de dólares em impostos. Quem poderia discordar e dizer "não" ao Prêmio Nobel da Paz quando Mandela afirmou que "A Copa do Mundo de 2006 deve ser realizada na África do Sul, e se isso acontecer será a realização não apenas dos meus sonhos, mas de uma toda uma nação".

A África tinha os argumentos, mas contava com menos votos que a Alemanha. O continente negro tinha apenas quatro membros no Comitê Executivo da Fifa. A Europa tinha oito dos 13 votos necessários para uma vitória por maioria. David Will, da Escócia, apoiaria a Inglaterra na primeira rodada de votos, mas quando começasse a votação para valer juntaria forças com seus aliados da Uefa.

Não dava para ser de outro jeito. Blatter tinha dividido a Europa na eleição presidencial de 1998, e depois da debacle os europeus sabiam que deviam votar em bloco para recuperar a credibilidade como grupo mais poderoso do futebol. Eles precisavam mostrar a seus 52 membros que tinham o poder de influência para ganhar o direito de realizar a Copa do Mundo e assegurar os empregos e as regalias para os dirigentes europeus.

A disputa pelos votos se intensificou nos meses que antecederam a decisão, marcada para a primeira semana de julho. O magnata das comunicações Leo Kirch colocou o talão de cheques a serviço da candidatura da Alemanha. Ele já detinha os direitos de transmissão televisiva da Copa de 2006, direitos que valeriam muito mais dinheiro caso o torneio fosse realizado em solo alemão.

Uma de suas empresas subsidiárias teve uma grande ideia: colocar o principal clube alemão, o Bayern de Munique, para jogar amistosos contra a Tailândia, Malta, um clube da Tunísia e um de Trinidad. E pagar 300 mil dólares a cada federação pelos direitos de exibição dessas partidas, independentemente se alguém teria ou não interesse em assistir.

Isso deixaria felizes quatro dirigentes votantes do Comitê Executivo: Joseph Mifsud, de Malta; o tunisiano Slim Aloulou; Jack Warner, de Trinidad, e o tailandês Worawi Makudi. "Tudo foi feito de maneira limpa", disse o ex-astro alemão Günter Netzer, gerente de Kirch. "O dinheiro foi pago às federações nacionais, e não aos membros do Comitê Executivo."[1]

Nove dias antes da votação o conselho de segurança alemão se reuniu secretamente. O chanceler e quatro outros ministros concordaram em reverter sua política de exportação de armas e decidiram vender aos sauditas 1,2 mil mísseis antitanque. Boa notícia para Abdullah Al-Dabal, membro do comitê com direito a voto na escolha da sede da Copa.

Agora a Alemanha estava muito perto da vitória. Os quatro votos da Ásia – Arábia Saudita, Coreia do Sul, Tailândia e Catar – já eram favas contadas. Era quase certo que os asiáticos, zangados com Blatter porque achavam que mereciam mais vagas na Copa do Mundo, votariam contra quem fosse o candidato favorito de Sepp. Isso dava aos alemães 12 votos. Mais um e a vitória estava assegurada.

Mas Mandela não seria um candidato fácil de derrotar. Admitindo que sua campanha vinha sendo despropositada e letárgica, o Brasil retirou a candidatura. Os três votos latino-americanos – Grondona, Teixeira e Leoz – foram prometidos a Mandela. Isso dava aos africanos sete votos – e o número estava aumentando.

A África do Sul tentou seduzir Jack Warner. "Já cuidamos de todos os detalhes e providenciamos acomodações para que o senhor venha participar de um dos nossos principais safáris, o Mala Mala", prometia um fax enviado por um dos membros da equipe que pleiteava a Copa do Mundo na África, o dr. Robin Petersen.[2] Mais boas notícias para Warner: "O sr. Mandela expressou o desejo de encontrar-se pessoalmente com o senhor". E aparentemente também o presidente Mbeki.

Quando a África do Sul fez com que Jack se sentisse suficientemente importante, ele anunciou que estava "aconselhando" a Inglaterra a retirar sua candidatura. Jack daria seu voto, mais o de Blazer e de Sasso, à África do Sul. Com o voto ordinário de Blatter, Mandela agora chegava a 11.

Então a África do Sul ouviu dizer que a Oceania instruíra seu representante, o neozelandês Charlie Dempsey, a votar na África. Eles tinham conseguido! Se Blatter mantivesse a promessa, rejeitando os alemães e dando seu voto de minerva à África, Mandela entregaria a taça aos campeões em 2006.

Mandela se empenhou de corpo e alma. O velho homem se pendurou ao telefone e fez campanha por seu país até o último minuto.

Sunny Hill, 6 de julho de 2000. O Marrocos foi descartado da disputa na primeira rodada de votação, seguido pela Inglaterra. Mandela, que tinha ficado em casa, certamente começou a sorrir quando chegaram as notícias de Zurique. Estava sendo realizada a terceira rodada de votos... aqui está o resultado... e eles perderam!

O que havia de errado com os números? Faltava um voto. Confusão. Por que não houve empate 12 X 12? Onde estava Charlie, o homem com a ordem de votar na África do Sul? Como a África podia ter perdido por 11 X 12?

O voto de minerva não tinha sido necessário. Charlie tinha morrido?

Em algum lugar, em meio às nuvens, Charlie estava vivo e sorrindo, a caminho de uma partida de golfe em Cingapura. Ele não tinha votado. Quando os jornalistas o localizaram e conseguiram falar com ele, Dempsey declarou: "Não tenho arrependimentos – nenhum. Eu tive fortes razões para fazer o que fiz, mas não vou falar sobre o assunto".

Ele resmungou alguma coisa sobre ter sido ameaçado por influentes interesses europeus para não votar na África do Sul. E se queixou de ter recebido um telefonema de Mandela, ligação com a qual a maioria das pessoas sonharia receber. Como esse tipo de pressão poderia abalar ou amedrontar o durão Charlie, nascido em Glasgow?

Pouco tempo depois, Dempsey teria declarado: "Eu estava sendo pressionado dos dois lados para votar tanto em um quanto em outro, então me abstive... O xis do problema é que falei com meus advogados em Auckland... Tenho aqui comigo a carta que me foi enviada e eles me disseram: 'Não vote, pois seja qual for o resultado você será acusado de aceitar favores e propinas'".

Blatter não tinha sido obrigado a fazer uma escolha. A África acreditou que ele tinha dado seu melhor por eles. A Europa conseguiu o que queria e retribuiria o favor mais tarde, com votos para Sepp. O resultado era um triunfo.

Dois anos depois da abstenção, apesar do escárnio e do descrédito internacional de que Dempsey passou a ser alvo, a Fifa nomeou-o membro honorário, garantindo viagens na primeira classe, ingressos e generosa hospitalidade em futuras Copas do Mundo.

Warner, que empenhara sua reputação no compromisso pessoal de dar a Mandela a Copa do Mundo, foi menos piedoso. Um mês depois da votação que escolheu a sede, ele escreveu a Dempsey e anunciou: "Eu me distancio formalmente de você". Dempsey tinha aceitado a incumbência de procurar alguns livros para o amigo Jack. "Não se dê ao trabalho, não se incomode. Não quero contar com sua ajuda nem agora nem no futuro. Contudo, aproveito esta oportunidade para desejar a você tudo de bom no ocaso de sua carreira no futebol."[3]

Perugia, agosto de 2003. "Blatter sabe que fomos apenas eu e Bin Hammam que o ajudamos a assegurar a cadeira de presidente da Fifa", contou vantagem o meio-campista árabe, magro e com uma barba rala. Depois de uma sessão de treinamento do Perugia, seu time da série A do campeonato italiano e que leva o mesmo nome da cidade medieval a 170 quilômetros de Roma – percurso que ele fazia voando em seu Ferrari –, Al-Saadi Gaddafi declarou à imprensa: "Blatter me procurou e pediu ajuda contra Hayatou. Bin Hammam e eu devemos ganhar o crédito por sua vitória nas eleições presidenciais".

O bilionário de trinta anos, que aceitara jogar sem receber salários, uma vez que seu clube corria o risco de rebaixamento, estava promovendo a candidatura de seu país como sede da Copa do Mundo de 2010, a primeira a ser prometida exclusivamente a uma nação africana. Depois que a Alemanha fora escolhida para sediar o torneio de 2006, Blatter e seu Comitê Executivo tinham decidido que no futuro haveria um revezamento de continentes; para 2010, somente países africanos poderiam se candidatar.

Mas qual escolher? Líbia, Tunísia, Marrocos, Egito e África do Sul queriam sediar a Copa. E Blatter queria que todos pensassem que tinham chance.

Os críticos achavam risíveis as pretensões da Líbia, país que não possuía um único estádio de nível internacional. Gaddafi insistiu: "Não se trata de infraestrutura. Trata-se de relações, e as nossas relações com o pessoal da Fifa são muito fortes. Afinal de contas, eles nos devem muito. Tenho certeza de que a Líbia vai vencer".

Seu pai, o coronel Muammar Gaddafi, ditador da Líbia desde que tomou o poder em 1970, tinha prometido gastar 14 bilhões de dólares em novos estádios e tudo que fosse preciso para agradar a seu terceiro filho, que era presidente da federação de futebol do país. E, a despeito da opinião dos analistas sobre as chances da Líbia, Blatter e seus amigos sempre ficavam felizes de conversar com o garoto.

"Acredito piamente que as minhas relações pessoais com figuras proeminentes da Fifa serão um impulso à nossa candidatura", afirmou o jovem Gaddafi. "Temos relações fabulosas com o sr. Blatter, Julio Grondona e Franz Beckenbauer. Isso será fundamental para a nossa campanha."[4] O presidente Blatter chegou a viajar a Trípoli como convidado de honra em agosto de 2003, quando a equipe Juventus, clube do qual Al-Saadi possuía 5% das ações, venceu o Parma por 2 X 1 na decisão da Supercopa da Itália, partida da pré-temporada do campeonato italiano.

O técnico Francesco Scoglio levou a Seleção Líbia a uma série de impressionantes vitórias. Mas, depois, "Fui demitido porque eu não o deixava jogar [Al-Saadi]", relatou Scoglio ao jornal *Corriere dello Sport*. "E eu jamais o colocaria em campo, nem por um minuto. Ele é imprestável como jogador. Com ele no time, só perdíamos. Quando ele não jogava, ganhávamos."

Al-Saadi não era exatamente uma estrela no Perugia, mesmo tendo recrutado como seu treinador pessoal o velocista canadense Ben Johnson, que caíra em desgraça no mundo dos esportes. O jovem Gaddafi ainda estava no banco de reservas do time quando o exame *antidoping* deu positivo para o uso de esteroides. Ele alegou que a culpa devia ser do remédio que um médico alemão lhe receitara para dores nas costas. Ou um médico italiano. Ou um médico líbio. O presidente do Perugia falou em "razões políticas". Al-Saadi foi suspenso por três meses.[5]

Quando finalmente entrou em campo, os ouvintes das rádios italianas o elegeram o segundo pior jogador em atividade no país. A melhor frase dita sobre ele – aquela que Al-Saadi guardaria em seu livro de recortes sobre os tempos que passou no Perugia – foi esta: "No campo, assim como na vida, ele passa a maior parte simplesmente parado, esperando ser servido".

Não fazia muito sentido convidar jornalistas para visitar as instalações da Líbia, porque não existia nenhuma. A Líbia abasteceu seu site de candidatura a sede da Copa com imagens de ruínas romanas, camelos e espetaculares paisagens desérticas. Alguém aí topa uma partidinha de futebol de areia?

Al-Saadi concedeu algumas entrevistas coletivas na Suíça, acompanhado por um séquito de jornalistas líbios que saudavam cada frase "vitoriosa" com uma demorada salva de palmas. "Não temos doenças no nosso país, ao contrário de outras nações africanas, e nossos níveis de segurança são altíssimos", foi uma de suas cativantes declarações.

Os líbios tinham boas razões para acreditar que receberiam pelo menos um dos 24 votos do Comitê Executivo. Em 1995, Ricardo Teixeira e sua Confederação Brasileira de Futebol (CBF) aceitaram meio milhão de dólares para levar a Seleção Brasileira campeã do mundo para jogar uma partida amistosa contra a Líbia, em Trípoli. Menos de um mês depois da assinatura desse contrato, outros 500 mil dólares, pagos por um agente da Líbia, pousaram em uma conta-corrente *offshore* (no paraíso fiscal das Bahamas) em nome de Mário Jorge Zagallo. O jogo nunca foi realizado, os generosos líbios não pediram o ressarcimento, e a CBF ficou com o dinheiro. Jornalistas investigativos tiveram acesso aos documentos e perguntaram a Zagallo o que ele tinha feito para merecer tamanha bolada.

"Foi para uma entrevista a um jornal", respondeu Zagallo. Isso faz do *Daily Soccer News* de Trípoli o jornal mais rico e gastador do mundo![6]

Não demorou muito para que os líbios constatassem que todo o dinheiro que poderiam prometer à Fifa não era suficiente. Então, a Líbia juntou forças com um país vizinho, a Tunísia, outro aspirante a sede da Copa do Mundo com um histórico de desrespeito aos direitos civis (a organização não governamental Repórteres sem Fronteiras elabora um *ranking* dos países, tendo como critério a liberdade de imprensa. Entre os últimos colocados estão a Coreia do Norte, na posição 139, e a Tunísia e a Líbia, respectivamente nas posições 128 e 129).

Quando a dupla anunciou sua candidatura, Blatter hesitou. Ele precisava de diversos concorrentes e azarões para montar um show para a mídia. A sede conjunta era a última coisa que ele queria. A Copa da Coreia-Japão quase tinha quebrado a banca da Fifa. Sepp não queria magoar os sentimentos de Al-Saadi nem entristecer o presidente Ben Ali. Assim, ele declarou que se as candidaturas dos outros três rivais africanos caíssem por terra, aquela seria uma grande ideia.

Sepp Blatter não tem muito interesse na natureza dos regimes políticos dos países com pretensões de sediar a Copa (democracia, autocracia, quem se importa?), mas prefere que sejam estáveis. Ben Ali, que tinha chegado ao poder com um golpe de Estado em 1987, fez uma manobra em nome da estabilidade, persuadindo o Parlamento a estender seu mandato na presidência até a Copa do Mundo de 2010.

A ONG de defesa dos direitos humanos Human Rights Watch, baseada em Nova York, alertou para o recrudescimento da repressão na Tunísia. O regime estava demitindo juízes honestos e favorecendo e protegendo juízes que faziam vistas grossas às alegações de tortura. Blatter estava preocupado? Em uma rápida visita ao país em 2003, ele afirmou: "Sua infraestrutura esportiva é impressionante".[7]

Impressionante também foi o desempenho da Tunísia na Copa das Nações Africanas do ano seguinte. O primeiro gol na vitória por 2 X 1 contra o Marrocos na partida final foi marcado pelo brasileiro Francileudo dos Santos, que obteve o passaporte tunisiano pouco antes do torneio. O segundo gol se originou em um cruzamento do também brasileiro Clayton, igualmente repatriado.

Na Copa das Nações Africanas, realizada em janeiro de 2004, nós, os jornalistas, procuramos os porta-vozes da Tunísia, mas não conseguimos encontrá-los. Naquele mesmo mês, Blatter – nadando em publicidade gratuita para 2010 – anunciou o inevitável: não seriam aceitas candidaturas conjuntas.

Em março de 2004 Sepp Blatter desembarcou no Egito – outro país que sempre figura na rabeira dos *rankings* de liberdade de imprensa e direitos civis – com seu amigo Mohamed Bin Hammam, do Catar. Ambos passaram dois dias apreciando as pirâmides, o show de sons e luzes na Esfinge, e desfrutando do respeito e da calorosa hospitalidade de multidões de pessoas genuinamente ávidas para receber a Copa do Mundo.

Ninguém mais aprecia uma acolhida generosa que Jack Warner. Ele incentivou a ideia e depois aceitou de bom grado o convite para levar a Seleção de Trinidad e Tobago ao Egito para um amistoso. "O seu país está mais que qualificado para receber a Copa do Mundo", ele disse a seus anfitriões, o que não correspondia exatamente à opinião dos avaliadores técnicos da Fifa, para quem "o orçamento do Egito precisa de uma completa revisão".

"Ajudaremos a erradicar a Aids na África, a melhorar a educação, e a enfrentar o terrorismo", anunciou Saad Kettani, líder da candidatura marroquina. "Nosso plano se chama 'Futebol sem Fronteiras' e tem como objetivo usar o esporte em geral e o futebol em particular como meio de combater a desesperança em todo um continente assolado por problemas e doenças."

Era comovente ver o sr. Kettani, um abastado banqueiro, demonstrando a preocupação marroquina com seus vizinhos menos afortunados. Se o Marrocos conquistasse o direito de sediar o torneio, disse ele, o país pagaria todos os custos do evento e transferiria a contribuição de milhões de dólares da Fifa para um fundo especial de ajuda à África. "Sim", insistiu Kettani, "o Marrocos pode usar a Copa como instrumento para a paz".

A notícia foi recebida entre risos amargos pelos cerca de 150 mil expatriados espalhados pelos campos de refugiados no Saara, forçados ao exílio pelas tropas marroquinas desde 1975. O Marrocos é o único país da África que não faz parte da União Africana, organização da qual se retirou – antes de ser expulsa – em 1985 por se recusar a conceder a independência à última colônia remanescente na África.

Na fronteira setentrional do Marrocos, limitado a Leste pelo Atlântico, estende-se o Saara Ocidental, território pouco maior que a Grã-Bretanha e invadido pelo Marrocos em 1975, depois que a Espanha abandonou a sua antiga colônia. A Corte Internacional de Justiça apoiou a luta dos saarauís pela independência, mas o Marrocos construiu um muro de areia de 2,7 mil quilômetros, guarnecido com minas terrestres, no centro do país, e começou a saquear as ricas reservas de peixes, petróleo e fosfato do Saara Ocidental.

Mariem Hmada, ministro da Cultura e do Esporte da República Árabe Saaurí Democrática, escreveu para a Fifa alegando que o "Marrocos continua ocupando ilegalmente territórios do Saara Ocidental, sujeitando seu povo ao desaparecimento forçado, assassinatos e execuções sumárias, detenções arbitrárias, tortura, maus-tratos e julgamento sumários". A Anistia Internacional expressa regularmente sua preocupação com a prática de tortura e confissões forçadas na região.

Em janeiro de 2004 a equipe de promoção da candidatura marroquina convidou equipes de jornalistas esportivos para explicar o plano do país para levar a paz ao continente. Ao mesmo tempo, em Bradford, um tribunal de apelações concedeu asilo político na Inglaterra à ativista saarauí Aicha Dahane, decretando que seu temor de perseguição no Marrocos estava "bem fundamentado".

Os jornalistas voltaram para casa e escreveram entusiasmadas matérias sobre a candidatura marroquina. Saad Kettani era "carismático".[8] O plano de usar como sede do comitê da Fifa um hotel que Winston Churchill "adorava" era notável e valia a pena ser noticiado.[9]

Dizia-se que Kettani era homem de confiança do jovem rei Mohamed, o que não chega a surpreender, já que o banqueiro tinha acabado de vender uma boa fatia de suas empresas a um fundo privado de propriedade da família real. A imprensa marroquina, ciente do fato de que seu país ocupa uma humilde 89ª posição no *ranking* de nações com liberdade de imprensa, usou de cautela ao publicar que a venda concentrava a maior parte do sistema bancário nas mãos da realeza, com o controle acionário de outros importantes setores da atividade econômica. Uma Copa do Mundo bem-sucedida deixaria a família real e a elite do país mais ricas que nunca.

Um dos entraves do Marrocos era o problema do terrorismo. Em maio de 2003, cinco jovens homens-bomba mataram 45 pessoas em um ataque suicida em Casablanca – entre os alvos estavam os judeus do país. Outros infames atentados internacionais também estavam sendo atribuídos a terroristas marroquinos.

Havia um homem capaz de reverter a situação para o Marrocos. "Eles sabem que sou judeu, e isso diz muita coisa sobre o lugar especial que é o Marrocos. É um farol de luz no mundo muçulmano", insistiu Alan Rothenberg, consultor da equipe de Kettani, minimizando os temores de ataques terroristas. Rothenberg era um trunfo fantástico, pois atuava como chefe da comissão de avaliação das candidaturas para a sede da Copa do Mundo de 2006.[10]

O falecido Tony Banks, ex-ministro do Esporte do Reino Unido, definiu a avaliação de Rothenberg como "uma absoluta trapaça [...] se ele acredita que as nossas instalações futebolísticas eram inferiores às dos alemães, e apenas iguais às dos sul-africanos, obviamente é daqueles que acreditam que Elvis Presley está vivo e morando na Lua".[11]

Quem o xeque Saleh Kamel estava apoiando? Aos 62 anos de idade, o bilionário saudita, que tinha duas esposas e ostentava um bigodinho fino, levava um estilo simples de vida. Kamel tinha investimentos em petróleo e *resorts* no Marrocos, empreendimentos turísticos na Tunísia, bancos no Egito. Se seu Grupo Dallah Albaraka ainda não tinha filiais na Líbia, provavelmente era mera questão de tempo. As empresas do xeque eram os maiores empregadores da Arábia Saudita, e seu nome figurava na lista da *Forbes* como um dos bilionários do mundo árabe.

É dele o primeiro canal fechado do Oriente Médio, detentor dos direitos de transmissão de quase todos os filmes árabes já produzidos. Sua rede via satélite de rádio e televisão (ART – Arab Radio and Television) patrocina a Liga dos Campeões Árabes, possui os direitos de transmissão da Premier League inglesa e da Bundesliga alemã; Kamel aprendeu muito com Rupert Murdoch sobre como converter a televisão aberta em televisão paga.[12] "Se não damos pão de graça aos pobres, por que devemos dar a eles de mão beijada jogos de primeira classe?", perguntava o xeque.[13] Kamel precisa desesperadamente de eventos esportivos para exibir, porque as restrições culturais da região o impedem de mostrar as grandes produções hollywoodianas salpicadas de decotes e outras coisas mais.

Fora das quatro linhas, o xeque Kamel é um dos mais importantes "jogadores" da Copa do Mundo. No verão de 2003, o empresário saudita usou sua subsidiária de Roterdã para comprar 20% da Infront, empresa suíça que tinha adquirido os direitos de exibição da maior competição futebolística do mundo – herança do falido império de mídia do alemão Leo Kirch, que por sua vez comprara os direitos quando da ruína do grupo ISL em Zug.

A revista alemã *Spiegel* noticiou que Blatter tinha apresentado pessoalmente o xeque Kamel a Günter Netzer e outros donos da Infront. Era o mínimo que Blatter podia fazer depois que o xeque, amigo de Bin Hammam, tinha sido tão gentil e emprestara seu jatinho Gulfstream – um dos muitos brinquedinhos de seu hangar repleto de aeronaves – para a campanha à presidência da Fifa em 2002.

De acordo com a *Spiegel*, Kamel disse: "Esperamos conseguir os direitos não apenas para a Copa de 2010, mas para sempre". Com suas conexões comerciais com a família real marroquina, é razoável supor que Kamel estivesse apoiando o rei Mohamed e seu colega banqueiro Saad Kettani. Uma Copa realizada no mundo árabe certamente daria a ele a possibilidade de aumentar seus lucros.

Um dos candidatos a sede da Copa de 2010 tinha algo que Jack Warner queria mais que qualquer outra coisa. A África do Sul tinha Nelson Mandela.

E se os sul-africanos quisessem seu voto, Jack precisava conseguir seu naco da carne de Mandela.

Dez membros do Comitê Executivo da Fifa assistiram à posse do presidente Thabo Mbeki em seu segundo mandato, no final de abril. Jack e sua comitiva sentaram-se em lugares melhores que os de muitos líderes mundiais, e conseguiram, inclusive, dar um jeito de fazer um passeio pela residência particular de Mbeki. Há uma fotografia feliz da ocasião: Warner, com os braços repletos de pulseiras de ouro, aperta a mão de Mbeki, que reluta em soltá-la. É quase possível ler um balãozinho acima da cabeça do sorridente Mbeki com o seguinte pensamento: "Posso continuar sorrindo se este cara trouxer para cá a Copa do Mundo".

Jack passou a noite na suíte presidencial que tinha sido de Mandela. Dormir na cama de Mandela! O que mais os africanos tinham de fazer para agradá-lo?

Muito mais. Warner exigiu uma hora do tempo de Mandela e prontamente o convidou e a seu colega, o arcebispo Desmond Tutu, também vencedor do Prêmio Nobel da Paz, a visitar Trinidad. "Assim como fui recebido aqui, ele pode esperar do povo de Trinidad a mais calorosa recepção." Será que agora Jack ousava considerar Mandela seu igual?

Mandela estava com 85 anos e seus médicos queriam que ele abrisse mão das viagens internacionais. Desmond Tutu estava sendo submetido ao tratamento contra o câncer. Se Mandela e Tutu queriam mesmo que a África do Sul sediasse a Copa, literalmente não podiam recusar o convite de Jack...

"É uma pena que Mandela tenha sido enredado em uma coisa como essa", disse o primeiro-ministro de Trinidad e Tobago Patrick Manning. "Essa visita está ganhando um tratamento desnecessariamente político."[14] Manning era líder do Movimento Nacional do Povo (People's National Movement, PNM), partido que tinha tirado do poder os amigos de Jack Warner do UNC. Agora Jack tinha encontrado uma maneira de impingir aos adversários políticos a mais doce e vistosa das vinganças.

Quem receberia o grande superastro Nelson Mandela e dividiria com ele o esplendor dos *flashes* quando seu avião tocasse o solo em Trinidad? Jack Warner. Quem decidiria o itinerário de Mandela no país? Jack Warner. Quem elaboraria as listas de pessoas cujas mãos Mandela deveria apertar se quisesse a Copa do Mundo? Jack Warner.

Era isso que Jack Warner queria, mas o governo de Trinidad e Tobago não. Um ex-presidente deveria ser recebido no aeroporto pelo primeiro-ministro do país. "Não", respondeu um dos asseclas de Warner. "Ele é nosso convidado. Não vamos ceder. O sr. Warner deve receber o sr. Mandela. Depois disso ele pode ser apresentado a quem quer que seja no aeroporto."[15]

Quem levaria Mandela de carro para Port of Spain? "Manning pode ir ao aeroporto, mas nós levaremos Mandela", acrescentou o testa de ferro de Warner. Warner exigiu que Mandela discursasse para as duas casas do Parlamento, mas depois descobriu que apenas chefes de Estado tinham esse privilégio.

"O governo representa a República de Trinidad e Tobago. Não sei se existe a República da Concacaf", zombou Manning. Warner teve de "baixar a bola" quando o governo sul-africano teve o cuidado de declarar que Mandela estava fazendo uma visita oficial, e não uma visita particular.

Com a ajuda de assistentes e uma bengala, Mandela levantou-se da poltrona e saiu de casa em Joannesburgo para mais uma batalha em nome de seu amado país. Chegou tarde da noite ao Aeroporto Internacional de Piarco; Manning, aparentemente intimidado por conta da reverência ao sul-africano, foi o primeiro a cumprimentá-lo. A seguir, um radiante Warner agarrou a mão de Mandela e, sorrindo de orelha a orelha, posou para as fotos. Com o apoio de uma bengala de madeira entalhada, Mandela percorreu o tapete vermelho. Depois foi direto para a cama. O arcebispo Desmond Tutu chegara antes e fora recebido por uma multidão em êxtase de sacerdotes e congregações religiosas locais.

No dia seguinte o plano de Warner era levar Mandela para almoçar no chique clube de campo de Trinidad e Tobago. Ativistas locais, que no passado tinham saído às ruas para fazer campanha contra o *apartheid*, protestaram, alegando que o clube era historicamente um enclave branco, que barrava a entrada de negros. Jack teve de desistir da ideia.

Sepp Blatter também queria seu naco de carne de Mandela. Um dia depois da chegada do sul-africano, ele foi às pressas para Trinidad e deu um "chega pra lá" em Jack para ocupar ele mesmo o centro das atenções. Quando Mandela chegou ao Oval, o maior campo de críquete das Índias Ocidentais, para ser exibido publicamente, Sepp agarrou a mão do homem e posou para as fotos. Meses antes Blatter declarara que os dois tinham muito em comum, "como, por exemplo, o nosso trabalho para o bem dos jovens do mundo". Outro homem da Fifa colocando-se em um pedestal junto com Mandela. Haveria espaço para todos eles? Dividindo o palco com Sepp estavam também os animadíssimos Warner, Chuck Blazer e seus puxa-sacos.

Com a ajuda de um assistente, Mandela subiu ao palco. Diante da multidão ali reunida, disse que tinha desafiado ordens médicas para viajar até Trinidad e Tobago. "Esta é a minha última viagem ao exterior – e estou aqui para pedir." Depois de 15 minutos ele teve de ir embora para descansar em seu quarto de hotel.

Jack desprezou a oferta do governo de oferecer uma recepção livre, em que os trinitário-tobagenses comuns poderiam ver Mandela nem que fosse de relance. Em vez disso, levou Mandela para o Centro de Excelência dr. João Havelange, onde organizou um jantar para mil pessoas – cobrando 100 libras por cabeça. Mandela discursou sentado e teve de parar após sete minutos.

Warner tinha insistido que depois que seus dois cativos anciãos fossem exibidos em Trinidad, ambos deveriam seguir até a ilha de Granada. Se Mandela e Tutu realmente queriam seu voto e os outros dois que ele podia obter, teriam de apresentar seu pedido novamente, dessa vez diante do Congresso da Concacaf. Duas das figuras mais amadas do mundo, símbolos da bondade e da luta heroica, teriam de apertar as mãos de Horace Burrell, Chet Greene e dos demais tenentes de Warner.

Então, Mandela recebeu a triste notícia de que sua primeira esposa, Evelyn, tinha falecido. Ele teve de voltar para casa para o funeral. Desmond Tutu viajou sozinho para Granada, para continuar sendo exibido como atração no circo de Warner.

O pagamento de propinas a dirigentes da Fifa era um assunto tabu, mas uma semana antes da votação os sul-africanos se manifestaram. "Se tivermos de escolher entre corromper as pessoas e perder, preferimos simplesmente perder", disse Essop Pahad, um dos ministros de Mbeki. "Não vamos dar dinheiro a ninguém por baixo do pano."

Zurique, 14 de maio de 2004. Acompanhado do ex-presidente da África do Sul e vencedor do Prêmio Nobel da Paz Frederick Willem de Klerk, o presidente sul-africano Mbeki chegou ao hotel Dolder Grand pouco depois das 7 horas, um dia antes da escolha da sede da Copa do Mundo. Mandela chegou pouco depois. Os dois tinham viajado a noite inteira e deviam estar cansados. Mas assim que se registraram no hotel, Warner já estava em seu encalço no saguão.

Warner alegou que precisava de outra rodada de pedidos, porque "infelizmente a Concacaf ainda não se decidiu".[16] Adorando a atenção pública e seu lugar no centro dos holofotes, Warner acrescentou: "É uma ocasião histórica para mim. Em certo sentido isso vai decidir o futuro de um país". Ele conseguiu mais uma hora de conversa pessoal com Mandela.

Alan Rothenberg não resistiu à tentação de desferir um último golpe a favor do Marrocos, sem se importar com o estrago que isso poderia causar. "Todos no Comitê Executivo sabem quem Mandela é, e tudo que ele disse, fez e realizou", declarou aos jornalistas. "Todos somos gratos a ele e apreciamos seu lugar na História, mas isso é tudo – Mandela não é um homem do futuro. É um homem que já era, que faz parte da História."[17]

A candidatura do cliente de Alan também já era. O Marrocos perdeu para os sul-africanos por 10 X 14 na primeira votação. A África do Sul ganhou o direito de sediar a Copa do Mundo de 2010.

E Blatter saiu mais forte que nunca de duas batalhas consecutivas de países interessados em ser a sede do torneio.

Tunisianos, marroquinos e egípcios cumprimentaram a África do Sul e voltaram a se perguntar se tinham gastado de maneira sábia seu orçamento. As pessoas começaram a trocar histórias sobre qual dos colegas de Blatter havia embolsado as maiores propinas, quem tinha aceitado dinheiro prometendo apoio e depois mudara o voto, quem tinha virado a casaca para lucrar mais. Uma das histórias falava de um membro do Comitê Executivo que tinha pedido 10 milhões de dólares. Não para si mesmo, que fique bem claro. Para ele a ninharia de 1 milhão estava de bom tamanho. O restante ele usaria para comprar os votos de seus colegas.

Jornalistas egípcios receberam a informação de que durante uma sessão a portas fechadas da comissão parlamentar que investigava as razões pelas quais o Egito saíra da eleição sem obter um único voto, o chefe da comissão de candidatura – Ali El-Din Hillal – alegara que os líbios tinham recebido pedidos de pagamento de propina que chegavam a 67 milhões de dólares.[18] Outro integrante da equipe afirmou desconhecer o fato e que essa notícia era uma novidade para ele.

A Líbia desistiu nos últimos dias porque sua candidatura não era digna de crédito. "Os países pobres, que compõem a maioria dos 204 membros da Fifa, agora deveriam pensar seriamente na ideia de formar sua própria Fifa, que possa satisfazer suas ambições", esbravejou o jornal líbio *Al-Shams*.

O diário *Al-Zahf al-Akhdar* qualificou o Comitê Executivo como "uma verdadeira máfia, com toda sua corrupção, conspirações, panelinhas internas, tráfico de drogas e esteroides, lavagem de dinheiro e jogatina secreta. Esta é a doença da Fifa". Al-Saadi Gaddafi descobriu que cortejar o presidente Blatter, ajudá-lo em sua campanha presidencial e convidá-lo a Trípoli só tinha servido para conseguir algumas manchetes, em sua maioria negativas.

Quatro meses depois, o presidente Mbeki anunciou que a África do Sul estava reconhecendo oficialmente a República Árabe Saarauí Democrática (RASD) como governo legítimo do Saara Ocidental. "Para nós, não reconhecer a RASD seria contribuir para negar ao povo seu direito de autodeterminação", ele disse. "Isso constituiria uma grave e inaceitável traição da nossa própria luta, da solidariedade prestada a nós pelo Marrocos, e do nosso compromisso com a Carta das Nações Unidas e a União Africana."

Um mês depois de sua árdua viagem a Trinidad, Nelson Mandela convidou alguns jornalistas a visitar sua casa e disse: "Daqui a algumas semanas completo 86 anos, uma vida mais longa do que a maioria das pessoas vai chegar a viver. Tenho certeza de que nenhum dos presentes aqui me acusará de egoísmo se peço a oportunidade de passar mais tempo com a minha família, meus amigos – e também comigo mesmo". Ele queria a primazia de "poder chamar vocês e perguntar se sou bem-vindo, em vez de ser chamado para fazer as coisas e participar de eventos".

E então concluiu: "Portanto, meu apelo é não me chamem, eu chamo vocês".[19]

27
ENVENENAMENTO, APREENSÃO DE DROGAS E SEQUESTRO

Conheçam o novo relações-públicas de Blatter

Madri, 18 de dezembro de 2002. A família Fifa estava reunida no Hotel Ritz para mais uma farra "o-futebol-paga-a-conta". Dessa vez o pretexto era o Fifa Gala, evento que elege o melhor jogador do ano. Lá estavam Jack Warner sussurrando com Chuck Blazer em um canto, Ricardo Teixeira cochichando com Julio Grondona no outro. O ex-presidente do Comitê Olímpico Internacional Juan Antonio Samaranch estava usando uma camisa em sua tonalidade favorita de azul, mas nada de botas hoje. Porém quem era aquele? Um rosto novo na multidão, e estava olhando na minha direção.

"O senhor é Andrew Jennings?"

Usando um casaco esportivo informal, a careca brilhante, tufos esparsos de cabelos na lateral da cabeça cobrindo o colarinho, papadas de meia-idade e bigodão de pontas caídas, ele parecia mais um cambista do jóquei interessado em me vender uma dica para o próximo páreo que um hóspede do esplendoroso Ritz.

"Quem é você?"

"Meu nome é Peter Hargitay", ele respondeu com um sotaque grave da Europa Central, "consultor especial do presidente Blatter. Podemos almoçar qualquer hora? Aqui está meu cartão."

Sr. Peter J. Hargitay, "Consultor especial do Gabinete Presidencial", dizia o cartão. Sua empresa era a European Consultancy Network Ltd. [Rede Europeia de Consultoria Ltda.], a ECN, com escritórios na Noel Street, no Soho londrino. Sua firma "prestava serviços de consultoria para o presidente da Fifa". Parecia impressionante.

Nós marcamos um encontro no El Pirata, bar de *tapas* em Londres, e o novo consultor especial me contou sua história de vida. Sua família tinha fugido da Hungria em 1956 e ele fora criado na Suíça. Tinha trabalhado como repórter para publicações internacionais – que nunca chegou a me dizer quais eram – e usava como frequência a expressão "foda-se", como fazem alguns repórteres durões. A certa altura, ele se tornou "consultor de negócios corporativos", e agora estava trabalhando para Sepp.

Peter é o tipo de relações-públicas que sabe como bajular um jornalista. Ele demonstrou estar bastante impressionado por meu trabalho, referia-se a mim de maneira respeitosa como "escritor sênior", e estava tão empolgado comigo que, sem avisar, abriu seu telefone celular e tirou uma fotografia de mim – *clique!* –, a poucos centímetros do meu rosto. Não gostei nada daquilo. Ele me garantiu que apagaria a foto.

Quando eu expressava uma opinião, ele concordava comigo. Mencionei um jornalista preguiçoso que gostava de ganhar mimos. Preguiçoso, mimado. Realmente! Peter achava a mesma coisa. Quanto a Jack Warner, que problemão para a imagem da Fifa! De fato, sim, isso mesmo. Ele concordou. E chegou a me segredar que achava que alguns dos executivos da ISL de Jean-Marie Weber seriam indiciados por terem supostamente roubado o dinheiro da Globo.

Peter fez fofocas sobre seus colegas. Não perdeu muito tempo com o jovem assessor de imprensa Markus Siegler. Já a respeito do consultor de marketing de Blatter, Guido Tognoni, ele sentenciou: "Não espere vê-lo por aí por muito mais tempo". E ele tinha razão. Três semanas depois Guido estava desempregado. Portanto, Hargitay era um homem que sabia das coisas. Sabia inclusive (e disso quase ninguém sabia) que Blatter estava prestes a se casar com sua namorada, uma treinadora de golfinhos, que ia se mudar para a casa dele levando junto sua cadelinha de orelhas caídas chamada Queenie.

Peter tinha planos de montar um "grupo internacional de consultoria de mídia" e me convidou para ser o primeiro a entrar no time. Contei a ele sobre episódios em que agentes do presidente Samaranch, enfurecido por minhas revelações sobre corrupção de membros do COI e seu próprio passado fascista, recorreram a truques sujos contra mim e minhas fontes. Peter pareceu ter ficado chocado. Saímos juntos do bar, dividimos o mesmo táxi. Generosamente, ele pagou a corrida. Eu estava ansioso para nossas prometidas reuniões no começo do ano.

Tínhamos acabado de nos conhecer, mas Hargitay dava a impressão de que gostava de mim, de que se preocupava com a minha saúde, meus entes queridos. Em e-mails afetuosos ele me incentivava a "descansar um pouco, junto da família". Depois do Natal ele voltou a entrar em contato, desejando-me um Feliz Ano-Novo e, "acima de tudo, boa saúde e muita satisfação em seus projetos profissionais". Era uma bem-vinda mudança na habitual frieza do gabinete de Zurique.

Meu novo amigo não tinha descansado no feriado de Natal. "Andei pensando um pouco nos tópicos que discutimos e me sinto bastante confortável com a ideia de um Conselho Consultivo de Mídia." Peter me assegurou de que sua prioridade era garantir minha "completa e irrestrita independência editorial".

Ele parecia sentir-se pessoalmente responsável pelo bom nome da Fifa. "Na minha opinião não pode (e não deve) haver nenhum tipo de 'mídia hostil'. Isso leva a mal-entendidos e possivelmente à interpretação errada dos 'fatos' obtidos de fontes alternativas." Fontes não oficiais, denunciantes e informantes e dedos-duros só sabiam parte da verdade. Peter ia curar feridas, me aproximar da Fifa – e me conseguir boas histórias.

Cobrir a Fifa ficaria muito mais fácil para mim. "Você não teria de 'caçar' informações nem confiar em fontes secundárias em seu trabalho de reportagem." Isso iria me poupar tempo e esforço. Eu poderia ficar sentado esperando um telefonema de Peter, que me contaria histórias sensacionais que eu só teria de colocar no papel. "Podemos retomar nosso diálogo no início de janeiro", ele propôs.

Talvez ele pudesse me ajudar. Havia uma coisa em que eu vinha tentando colocar as mãos: a cópia do relatório do magistrado de Zurique a respeito da investigação sobre Sepp Blatter. Então pedi o documento a Peter. Esperei. Esperei. Para minha tristeza, a Fifa não podia ceder sua cópia. Peter disse-me: "Eu me sinto bastante confortável com a troca de opiniões que tivemos até aqui e espero levar adiante essas conversas intelectualmente instigantes e, portanto, recompensadoras".

Peter me disse que a Fifa estava contente com o fato de eu estar escrevendo este livro e que podia tomar providências para me propiciar "acesso a Zurique, incluindo o presidente, sem o qual – ou seja, o acesso direto – qualquer livro seria o que os franceses chamam de 'boataria', não é?". Finalmente! Blatter iria me fazer confidências, abrir sua intimidade, dizer coisas que ele jamais tinha revelado a nenhum outro jornalista. Que triunfo para mim. Eu ganharia todos os prêmios e rios de dinheiro.

"Uma criança nasceu. À meia-noite, dentro da úmida sala de parto do Hospital Sultania Janada, em Bhopal. Três enfermeiras lavam o recém-nascido e o seguram no colo para que a mãe o veja pela primeira vez.

'*Tumhara ladka paisa hua haia*' [Você teve um menino], diz uma das enfermeiras enquanto dá palmadinhas no bebê para fazê-lo chorar. Não há resposta. Sob a luz fraca, a pele da criança parece macerada e azulada. Um médico é chamado. Ele olha para a figura encolhida, pede o prontuário da mãe e, na coluna sobre detalhes do nascimento, rabisca: Natimorto pesando 1,8 quilo.

Lá fora, em silêncio, o pai olha ansiosamente para as figuras de branco lavando as mãos na sala de espera. De repente, ouve um som de choro que vem do outro lado das cortinas verdes da sala de parto.

'*Yeh bhi gas kand ka baccha paida hua hai*' [Eis aqui outro filho da tragédia do gás], diz a enfermeira, mostrando ao pai o rosto ressequido e contraído do recém-nascido."

Foi isso que a repórter Ritu Sarin da revista *Sunday* do *Daily Times* descobriu ao visitar Bhopal, capital do estado de Madhya Pradesh, na Índia, em julho de 1985, sete meses depois do maior acidente industrial do mundo.

O Greenpeace calcula que, vinte anos depois da tragédia, 16 mil pessoas morreram e outras 500 mil ficaram debilitadas e sofrendo por problemas de saúde depois que uma nuvem de gás tóxico escapou da fábrica de pesticida da transnacional norte-americana Union Carbide. As vítimas do desastre continuam lutando para provar a culpa da Union Carbide e receber uma indenização justa.

Quando os responsáveis pela catástrofe saíram à procura de alguém capaz de maquiar e encobrir a verdadeira natureza do estrago, chamaram Peter Hargitay. Ele sente orgulho de seu trabalho. Em 2002, no site de sua firma de relações-públicas, ele se gabava: "Algumas de nossas frases ganharam reconhecimento internacional por sua profundidade, inesperada mensagem ou conteúdo simples. 'Nós aceitamos a responsabilidade moral' foi o lema de uma campanha publicitária na televisão, quando milhares de pessoas morreram por causa de um terrível acidente. Com isso, criamos um lema com o qual até mesmo advogados corporativos conseguiam viver [...] porque expressava luto, mas rejeitava *prima facie* a responsabilidade corporativa e financeira".[1]

Quando os defensores da supremacia branca na África do Sul precisaram de combustível para alimentar seu regime de *apartheid*, um homem chamado Marc Rich os ajudou. Negociante de *commodities* inescrupuloso, foragido da Justiça norte-americana e com o nome estampado na lista dos "Dez Mais Procurados" do FBI, Rich gostava de desacatar leis e sanções internacionais. De seu esconderijo no cantão suíço de Zug, ele comprava petróleo e despachava para o Sul.

Na década de 1980, Rich foi condenado em ausência em Nova York por evasão fiscal e extorsão. Por fim, pagou uma multa de 133 milhões de dólares, mas em 2001 o estado de Nova York tentou receber mais 137 milhões. O prefeito Rudolph Giuliani disse: "Foi a maior evasão fiscal da história dos Estados Unidos".

Peter Hargitay ganhou um bom dinheiro alardeando os méritos do sr. Rich. Quando perguntei ao consultor do presidente da Fifa sobre aquela época, ele respondeu que Rich "foi acusado de evasão fiscal, o que é crime nos Estados Unidos, mas não na Suíça".

Depois de promover os aspectos adoráveis do fora da lei Marc Rich, Peter investiu na produção do musical *King*, baseado na vida de Martin Luther King, no Teatro Piccadilly, em Londres. Ele me disse que o espetáculo "ficou aproximadamente três meses em cartaz e pagou todas as despesas". Na verdade, o musical estreou em 23 de abril de 1990 e saiu de cena em 26 de maio.

Em 1995, o jornal de Zurique *Blick* alegou que Hargitay tinha se envolvido em um esquema ilícito de venda de ações na Hungria. Peter me disse que era cônsul honorário da Hungria na Suíça e que por isso "tinha feito muitos inimigos". Um deles era um "coronel comunista flagrado em um esquema de pirâmide". Para salvar sua pele ele alegou que "a minha consultoria húngara – não eu – tinha vendido ações que depois jamais foram entregues. Mais tarde, o homem foi para a cadeia. Eu não".

Peter contou-me que o repórter por trás dessas acusações estava sendo tendencioso e parcial porque Hargitay se recusara a dar-lhe emprego.[2]

Peter teve outra maré de azar em agosto de 1995, quando detetives jamaicanos apreenderam cocaína em um navio pertencente a uma de suas empresas. Segundo a imprensa local, havia 16 quilos de cocaína no navio. Peter diz que eram "sete quilos de açúcar e meio quilo de alguma coisa misturada com um pouquinho de cocaína". Ele passou alguns dias preso, foi julgado e inocentado.

Os jornais jamaicanos noticiaram que Hargitay era "ex-diplomata e membro do serviço de inteligência do exército suíço". Hargitay atribuiu seus problemas ao governo dos Estados Unidos, porque ele se recusara a ajudar a CIA a sequestrar Marc Rich.

Em carta ao *Herald* da Jamaica, J. Michael Houlahan, diretor do serviço de informações dos Estados Unidos, afirmou: "As ridículas e interesseiras acusações do sr. Hargitay, vinculando-se à CIA em um suposto plano de sequestro envolvendo um internacionalmente conhecido fraudador, são apresentadas sem o menor respaldo e sem provas. Pelo contrário, parece que sr. Hargitay está orquestrando uma campanha organizada de vilificação".[3]

Segundo Hargitay, ainda hoje se arrasta nos tribunais um processo movido por ele contra o governo jamaicano por falsa prisão e perseguição dolosa.

Apareceu na internet uma organização até então desconhecida, o Grupo AD HOC pelos Direitos Humanos. O site da entidade anunciava: "Somos um grupo de jornalistas investigativos, advogados, padres e freiras, donas de casa e professores universitários, músicos e compositores, administradores e artistas, estudantes e professores, adolescentes e idosos, homossexuais e heterossexuais, religiosos e ateus". Infelizmente, nenhum deles se sentia à vontade para revelar seu nome, embora o "escritório de contato no Reino Unido" ficasse em Linden Gardens, no chique distrito londrino de Notting Hill, coincidentemente o bairro onde morava o filho de Hargitay, Steven.

Na parte central do site havia um pedido de dinheiro, a ser enviado para uma conta no vilarejo de Allschwill, perto de Basel. Aos potenciais doadores eram oferecidas algumas opções. "Não fique aí sentado consumindo até se tornar um obeso mental. [...] Escreva para nós se quiser trocar o conforto de sua poltrona predileta por um choque de realidade. [...] Ou fique gordo e feio e morra de ataque cardíaco."

Mas eles também sabiam ser durões, disso não resta dúvida. "Assim que desencavamos a injustiça de todo e qualquer país que se diz democrático, nós trazemos a sujeira a público, e não hesitamos em usar todo tipo de método, tampouco nos preocupamos em ser polidos nem gentis. Nós coletamos informações. [...] Invadimos um sistema de injustiças e operamos de dentro do olho do furacão. [...] Puxamos o tapete debaixo dos pés corruptos que dançam ao som da propina. [...] Investigamos os opressores e divulgamos suas contas bancárias no exterior."[4]

Hargitay não revelou como tinha acesso a contas bancárias particulares.

Quanto à tragédia de Bhopal, Marc Rich e a apreensão de cocaína na Jamaica, isso tudo era "material datado, sem relevância para ninguém, a não ser para aqueles que adoram fofocas e chafurdam na lama". Tudo que Peter queria era gerar confiança e entendimento entre a imprensa internacional, a Fifa e seu cliente, o sr. Blatter.

28
SEDUZIR E DESESTABILIZAR

Hargitay faz a imprensa entrar na linha

Em meados de 2003, Peter Hargitay enviou um e-mail convidando-me para participar de uma "mesa-redonda de mídia" com ninguém mais, ninguém menos que Sepp Blatter em pessoa. O local, um requintado hotel na Park Lane, em Londres. Peter disse: "Esta é a primeira de uma série de conversas que tem como intuito 'desmistificar' algumas questões e oferecer informações relevantes sobre qualquer tema que você julgar que vale a pena, e que seja importante para a Fifa e seu presidente". Seria um diálogo "contínuo e significativo [...] estamos convidando apenas um grupo pequeno de jornalistas proeminentes".[1]

E outra coisa – o promotor de Zurique tinha constatado que "todas as alegações contra o presidente da Fifa foram desmentidas, em todos os aspectos".

Em um finzinho de tarde da semana seguinte, apareci no Hotel Metropolitan com os outros "jornalistas proeminentes", repórteres esportivos do *Daily Telegraph*, *Guardian*, *Financial Times*, *The Scotsman*, da agência Reuters e do irlandês *Sunday Independent*. Steven, o filho de Peter, nos conduziu até uma sala de reuniões no décimo andar, com janelas gigantescas e uma vista maravilhosa do Hyde Park no crepúsculo.

O presidente entrou alvoroçado, seguido de perto pelo porta-voz Markus Siegler, que carregava a obrigatória sacola de brindes da Adidas.

O bate-papo estava tão agradável que eu corria o risco de pegar no sono. Em vez disso, perguntei a Blatter o que ele faria sobre a compra e manipulação de votos nos Congressos da Fifa em 1996 e 1998.

O sorriso simpático caiu do rosto de Blatter e desabou ruidosamente no chão. Ele respondeu com uma fala precipitada, gaguejando: "Eu não estava envolvido nessa questão, mas fiquei sabendo da publicidade a respeito. Talvez erros tenham sido cometidos no passado e ações devessem ter sido tomadas. Talvez devêssemos ter aberto uma investigação sobre essas questões antes, mas não é tarde demais para fazer isso agora". Ele disse que dali por diante as acusações seriam arbitradas pelo Comitê Disciplinar da Fifa. Até que enfim.

Eu disse: "É de supor que o sr. Burrell terá de se desligar do Comitê Disciplinar?" (a namorada de Burrell ocupara a cadeira do haitiano Jean-Marie Kyss em 1996). Blatter respondeu: "Neste caso, ele definitivamente não fará parte do Comitê Disciplinar".

A reunião chegou ao fim, os jornalistas foram embora. Será que Blatter foi de Londres a Zurique dando pontapés no traseiro de Siegler? Talvez, mas não sem que antes Siegler divulgasse um comunicado à imprensa congratulando a Fifa e seu presidente pela iniciativa de Hargitay. Blatter disse: "Quando, após minha reeleição em Seul dois anos atrás, falei em transparência, não era um mero floreio de retórica, mas sim uma promessa que vou cumprir". E acrescentou: "Nem a Fifa nem seu presidente têm algo a esconder, nem é isso que desejam".

Escrevi uma matéria para o *Daily Mail* noticiando que o Comitê Disciplinar estava finalmente investigando os escândalos de fraude eleitoral e manipulação de votos em Zurique e Paris. Citei Blatter, que tinha afirmado com todas as letras que Burrell seria mantido longe das investigações.

Na manhã seguinte, recebi um e-mail trovejante de Siegler: "O presidente Blatter jamais afirmou que o capitão Burrell seria afastado da investigação do Comitê Disciplinar. Ele não chegou a mencionar absolutamente nenhum nome". Siegler encaminhou cópia da mensagem a Burrell na Jamaica.

Rebobinei minha fita:

Jennings: É de supor que o sr. Burrell terá de se desligar do Comitê Disciplinar?

Blatter respondeu: Neste caso, ele definitivamente não fará parte do Comitê Disciplinar.

Na semana seguinte, ofereci a Siegler meu dossiê com anotações de entrevistas, documentos e videoteipes, provando de maneira irrefutável os dois episódios de roubo de votos. Siegler não quis. Perguntei a ele como as provas seriam coletadas e quem faria isso. Quem colheria os depoimentos, quem elaboraria as listas de suspeitos, como a Fifa poderia assegurar uma investigação imparcial quando pelo menos três membros de seu Comitê Executivo – Blatter, Warner e Blazer – poderiam, potencialmente, estar envolvidos? Siegler não me respondeu.

Então, Peter voltou a entrar em contato comigo, chamando-me de "querido" e contando-me sua última ideia. Ele conhecia um repórter investigativo na Jamaica. Eu deveria entregar a ele todo o material das minhas pesquisas sobre Burrell. Recusei a proposta.

Março de 2002. A guerra era iminente. Tropas norte-americanas e inglesas estavam prontas para invadir o Iraque. Quem poderia impedir a carnificina? Peter Hargitay tinha um plano de paz.

Ele reservou um quarto de hotel em Londres e reuniu suas potenciais pombas da paz: Charles Clarke, então secretário da Educação britânico, Sepp Blatter, o embaixador suíço dr. Bruno Spinner, e três animadores de torcida, todas de empresas suíças. Do futebol inglês compareceram três presidentes: Geoff Thompson, da Associação Inglesa de Futebol, John Madejski, do Reading F. C., e Daniel Levy, do Tottenham Hotspur F. C. O restante das cadeiras estava ocupado por um par de advogados comerciais e uma velha amiga de Peter, Claire Lewis, editora de artes da BBC, que arrastou consigo o jornalista de televisão Mark Gregory, também da BBC.

Outras "pombinhas brancas" eram Richard Pulford, da Sociedade do Teatro Londrino, Leo Cavendish, velho amigo de Peter e diretor de sua firma de relações-públicas, a European Consultancy Network, e Marc Berlin, da London Management Ltd., empresa do ramo de negócios teatrais e também diretor da ECN de Hargitay.

Markus se apressou em divulgar um comunicado em que se lia o seguinte: "A mesa-redonda do presidente da Fifa avalia o papel dos esportes no apaziguamento da tensão política". Presentes estavam "figuras proeminentes dos negócios, das artes, da política e do mercado esportivo, buscando identificar maneiras pelas quais o esporte, em particular o futebol, poderia ajudar a esvaziar as tensões políticas e sociais".

Markus disse que "Charles Clarke elogiou a Fifa por seus esforços no sentido de usar o poder do esporte para fomentar a compreensão entre os povos de todo o mundo. Ele também congratulou o presidente da Fifa por sua iniciativa de realizar tais mesas-redondas".

Isso se deu em 17 de março de 2003. Apenas 48 horas mais tarde, depois que Charles Clarke tinha votado no gabinete de guerra, os mísseis Tomahawk desabaram sobre Bagdá.

Enquanto isso, Peter lançava um novo site. Saiu de cena sua "European Communications & Research Think Tank" [Grupo Europeu de Discussão, Pesquisa e Comunicações], que fornecia aos clientes "informações investigativas sensíveis",[2] e entrou em cena sua "European Consultancy Network", que se vangloriava de que "o fundamental é uma nova atitude". Indispensáveis também são os "meios não oficiais, pelos quais informações relevantes podem ser obtidas. E podem ser obtidas diariamente, a cada hora, a cada minuto". E acrescentou: "Os assuntos mais privados de um cidadão, qualquer cidadão, podem ser invadidos simplesmente digitando-se em um formulário seu número de inscrição na Previdência Social".

Sepp Blatter tinha nos prometido verdade, transparência e honestidade. E aqui estava seu relações-públicas, que tinha sido escolhido a dedo, dizendo: "A pré-seleção e retenção totalmente intencional de informações relevantes por parte de uma empresa ou indivíduo de estatura, renome, projeção e importância pública deve ser o Novo Objetivo de qualquer líder corporativo de hoje".

Peter estava oferecendo "disseminação sob medida de informações [...] e às vezes 'sob medida' pode significar informação nenhuma". Se o cliente estava com muitos problemas para resolver, a resposta era "estratégias poderosas para 'ficar fora da mídia', e preparar manchetes, pautas e notícias alternativas para distrair, desviar a atenção e desestabilizar o iminente interesse da mídia".

E aqui entrava em jogo mais uma vez a frase criada quando da tragédia de Bhopal sobre aceitar a responsabilidade moral – mas não os gastos com despesas médicas e outras responsabilidades. Por que Sepp Blatter tinha se entusiasmado tão rapidamente com Peter Hargitay?

Enviei um e-mail a Peter com algumas perguntas sobre as afirmações que ele tinha usado para promover sua empresa. Em questão de horas o site desapareceu da internet. Peter quis me convencer de que tinha sido vítima do ataque de algum *hacker*. Dias depois, o site da ECN voltou ao ar, bastante estropiado. Das vibrantes 2.456 palavras de antes, agora só restavam minimalistas 739. Algumas das frases mais intrigantes tinham se perdido no ciberespaço.

Hargitay me disse que deplorava a invasão de privacidade e que obviamente tinha um compromisso com a sinceridade e a transparência. E que "a política de comunicações da Fifa jamais foi tão aberta e transparente como agora".

Graças a suas conexões com Blatter, o nome de Hargitay aparece como produtor executivo do filme *Goal! The Dreams Begins* (no Brasil, *Gol! O sonho impossível*), de 2005, em parte financiado por alguns dos patrocinadores da Fifa.* Seu filho Steven conseguiu um cargo na área de marketing e aparece como produtor associado do filme.

Eu fiquei curioso para saber por que motivo o nome de três dos camaradas de Hargitay do mundo teatral britânico (um deles agraciado com a Ordem do Império Britânico) apareciam como diretores no papel timbrado e no site da ECN, mas não constavam do Registro de Sociedades. Eles alegaram que isso era um

---

* O filme faz parte de uma trilogia que tem ainda *Goal II: Living the Dream* (*Gol 2: Vivendo o sonho*), lançado em 2007, e *Goal III: Taking on the World* (*Gol 3*), de 2009. (N. T.)

erro ou estupidez de alguém que se esquecera de dar entrada nos papéis. O site seguiu o mesmo destino de tantos outros sites de Hargitay e desapareceu nas profundezas do ciberespaço.

Sobre a afirmação que aparecia no velho site de que ele obtinha informações bancárias das pessoas, Hargitay não tinha muito mais a acrescentar, a não ser insistir que jamais fizera nada ilegal. Ele me escreveu dizendo que eu sou "profundamente desonesto", tenho uma "ética seletiva" e sou "nojento e asqueroso [sic]".

Em junho de 2004 eu estava em Mayfair visitando amigos quando encontrei por acaso Hargitay na Daves Street. Eu disse que enviaria perguntas quando este livro estivesse perto de ser concluído. Ele respondeu: "Não dou a mínima para o que você vai escrever sobre mim". Depois fez uma pausa e acrescentou: "Mande-me uma cópia da sua certidão de nascimento". Deu uma gargalhada, virou as costas e saiu andando.

Aquele comentário me deixou preocupado. Será que ele estava ameaçando me espionar? Sabe-se muito bem que uma certidão de nascimento é o ponto de partida para qualquer investigação profissional sobre a vida particular de uma pessoa. Eu já tinha sido vítima de espionagem duas vezes – primeiro quando estava investigando acusações de corrupção de policiais, depois quando examinei o passado fascista de Juan Antonio Samaranch, presidente do COI. Os dois episódios vieram à tona porque os bisbilhoteiros tinham deixado rastros. Os policiais tinham me fotografado secretamente e mais tarde as fotos foram descobertas por agentes anticorrupção. E o próprio presidente Samaranch cometera um deslize constrangedor. Ele pretendia telefonar a um chefe de polícia a fim de fazer perguntas sobre minhas ligações telefônicas para um amigo meu, um jornalista de Barcelona. Por engano, Samaranch ligou para o amigo e deu com a língua nos dentes, em uma tremenda bola fora.

Por isso eu sabia uma ou outra coisa sobre ser alvo de investigações particulares, e não gostei nem um pouco. Talvez a piada de Hargitay sobre a certidão de nascimento não significasse nada, mas aquilo me deixou com uma pulga atrás da orelha. Por via das dúvidas, liguei para a British Telecom e pedi que verificassem meus registros telefônicos.

"Acho melhor mandar uma equipe agora mesmo para fazer uma varredura na sua casa", sugeriu o homem da equipe de Computação Forense e Crimes Eletrônicos da British Telecommunications. Ele disse que ficou chocado com o que descobriu. Não faço ideia nem tenho provas do envolvimento de Hargitay, mas o fato é que em 2003, todo santo dia, desde meados da manhã até a noite, pessoas se passando por mim telefonaram para *call centers* tentando obter detalhes acerca das minhas ligações internacionais. Em uma data específica, segundo me relatou o funcionário da empresa de telefonia, "houve uma atividade frenética na sua conta – ao longo de todo o dia. Eles foram bloqueados várias vezes, mas tentaram, tentaram e tentaram sem parar".

A equipe de varredura começou por minha central telefônica local, rastrearam a linha até minha casa e depois instalaram um equipamento de monitoramento em todos os cômodos, esquadrinhando tudo à procura de transmissores secretos. Fitas com os registros dos grampos foram guardadas para posterior análise mais detalhada, assim que houvesse mais informações.

Hargitay tinha dito a seus colegas de Sunny Hill que Blatter o contratara para "impor a ordem na imprensa britânica", e de fato ele podia se gabar de um relativo sucesso. O *Financial Times* tinha sido sublime. O *Guardian* e o *Sunday Times* publicaram perfis bem pouco críticos, e o *Daily Telegraph* foi bastante simpático.

E, então, o velho e diabólico Blatter veio à tona novamente. No início de 2004, incapaz de conter suas ocultas propensões ao voyeurismo da cinta-liga, ele tagarelou a um jornal suíço que preferia que as jogadoras de futebol usassem *shorts* mais justos, que definissem melhor as nádegas. O *Guardian* publicou a declaração na primeira página, apimentando a manchete com a palavra "calcinhas", e o mundo do futebol deu risadas de escárnio.[3]

29
ALGUMAS PERGUNTAS AO SR. BLATTER
... algumas respostas de seu advogado

"Sob o pretexto de jornalismo investigativo", esbravejou Sepp Blatter em uma carta furiosa a mim, enviada no final de março de 2005, "o senhor fez uma série de acusações contra minha pessoa, que foram respondidas de maneira completa e satisfatória".

Isso me encheu de dúvidas e me fez coçar a cabeça. Eu tinha tentado de todas as maneiras possíveis arrancar dele a resposta para a Grande Pergunta, o gorila de 150 quilos que pairava sobre a relação dele com Jean-Marie Weber e o modo como a ISL conseguira os contratos de marketing e de televisão.

Quem tinha recebido da ISL a propina de 1 milhão de francos suíços, aquele embaraçoso pagamento que acabou indo parar por acidente na conta bancária da Fifa depois que o último grande contrato foi fechado na década de 1990? Quem tinha recebido o dinheiro?

Em janeiro de 2004 fui ao encalço de Blatter em uma coletiva de imprensa em Túnis, para ver se ele falaria sobre o assunto. Fiz a pergunta sobre a suposta propina e ela foi gravada por uma equipe de filmagem alemã.[1] Dez meses depois, o programa sobre Blatter foi exibido, incluindo a minha pergunta. Durante a entrevista o jornalista pergunta: "A soma de 1 milhão de francos suíços foi depositada em uma conta da Fifa e depois transferida?".

Blatter encolheu ligeiramente os ombros, fez uma expressão séria e respondeu: "Eu não sei".

O entrevistador perguntou para quem foi o dinheiro.

Blatter fez uma careta, resmungou alguma coisa ininteligível e o entrevistador nada disse.

Houve um longo silêncio.

Em março de 2005 eu tentei de novo. Encaminhei as perguntas por escrito. O que aconteceu na manhã em que Erwin Schmid chegou à sala de Blatter com a informação do banco UBS? Para quem o dinheiro foi transferido? E a quem Blatter reportou o caso? Ah, será que ele poderia, por favor, me mandar uma cópia do documento bancário?

A resposta de Blatter, enviada por Markus Siegler, estava escondida no meio de uma carta de quatro páginas, áspera, ríspida e em alguns momentos ameaçadora. Depois de quase novecentas palavras, eu a encontrei.

"O presidente da Fifa não tem conhecimento do assunto a que o senhor faz referência."

Ele não disse que não era verdade. Não negou que tinha acontecido. Não atacou minhas fontes, não deu explicações. Não esclareceu por que tinha se esquivado do assunto em Túnis.

Tudo que conseguiu dizer foi: "O presidente da Fifa não tem conhecimento do assunto a que o senhor faz referência".

Será que Blatter sabia alguma coisa sobre os "pagamentos inapropriados" que a ISL tinha feito a dirigentes do futebol, o que o liquidante Thomas Bauer me revelara durante o intervalo da primeira reunião dos credores em Zug em julho de 2001? Perguntei ao presidente da Fifa se a entidade tinha recebido alguma solicitação de devolução de dinheiro – e se ele sabia o nome de alguma pessoa que tinha.

"Em momento algum os administradores da falência solicitaram ao sr. Blatter alguma espécie de ressarcimento", foi a resposta glacial. Blatter devia saber que Bauer desencavara provas de que dinheiro sujo havia sido pago a dirigentes. Então, certamente devia ter se empenhado em descobrir quem estava embolsando propinas. Como presidente da Fifa, ele não estava interessado em saber quem eram os corruptos, para que pudesse expulsá-los do futebol?

Seja lá o que Blatter sabe, ele não diz nada. "Quaisquer outras perguntas a esse respeito devem ser encaminhadas aos administradores da falência", foi tudo o que ele disse. E concluiu: "Espero que o senhor reflita em qualquer eventual futura publicação que eu posso afirmar ter desempenhado um papel fundamental para assegurar que o futebol seja hoje um esporte verdadeiramente global e a linguagem universal de centenas de milhões de pessoas em todo o planeta".

Acabou? Isso era tudo? Sepp também me deixou de sobreaviso: se eu continuasse a minha "totalmente injustificada campanha difamatória", tomaria as devidas medidas legais.

"A Fifa vai processar Andrew Jennings", berrava a manchete da página de abertura do site fifa.com, dois anos antes, em uma manhã de março de 2003. Eu jamais tinha visto os nomes de Pelé, Bobby Charlton, Franz Beckenbauer e

Ronaldo receberem tanto destaque nas páginas diárias da Fifa antes. O que será que eu tinha feito para tirar Blatter da cama tão cedo?

O restante do texto era curto e pouco gentil. "A Fifa, entidade que dirige o futebol no mundo, e seu presidente Joseph S. Blatter instruíram seus advogados a entrar com um processo contra o jornalista esportivo Andrew Jennings e seu empregador, o tabloide inglês *Daily Mail*." Aparentemente eu tinha escrito alguma coisa caluniosa, e Blatter "decidiu que uma corte britânica era o fórum apropriado para estabelecer os fatos e expor a ficção do *Daily Mail*".

Ficção? Naquela manhã eu tinha publicado uma matéria exclusiva que jogava alguma luz sobre o quanto a Fifa pagava a Blatter. As poucas pistas e indiretas que Sepp tinha dado em público sugeriam que ele recebia apenas um salário e nada mais. Eu tive acesso a provas documentais de que ele estava pagando a si mesmo um astronômico e sigiloso bônus anual, uma "bonificação por lealdade", que tinha sido autorizada pelo ex-presidente Havelange pouco antes de se aposentar.

Tentei obter respostas de Urs Linsi, o diretor de finanças, que não perdia a oportunidade de elogiar seu próprio compromisso com a transparência. Será que ele poderia me colocar a par do pacote de pagamentos de Blatter, incluindo salário, bonificações, benefícios e plano de pensão, informações que seriam de conhecimento geral mesmo que Blatter fosse o executivo chefe da menor das empresas públicas? Linsi ignorou minhas perguntas. O assessor de imprensa Markus Siegler também tinha me esnobado. A simples menção ao tema dos rendimentos de Blatter fazia com que o departamento de comunicações da Fifa voltasse à era glacial.

A velocidade da madrugadora resposta de Blatter era um indício de que ou a minha história estava redondamente equivocada – ou eu tinha acertado o alvo na mosca e ele estava fazendo o melhor que podia para impedir outros jornalistas de seguirem o rastro das minhas revelações.[2]

Uma semana depois, cumpri a habitual rotina pré-entrevista coletiva e enviei um e-mail ao assessor de imprensa Markus Siegler para dizer que faria perguntas sobre as finanças da Fifa. Ele respondeu: "Quero informá-lo de que o senhor não terá acesso ao recinto".[3] O quê? Banido de uma entrevista coletiva? O que estava acontecendo? Talvez eles não quisessem que eu mostrasse meus documentos a um punhado de jornalistas suíços e estrangeiros. Nem que eu fizesse mais perguntas embaraçosas sobre os pagamentos e benefícios do chefe.

O que é isto na minha correspondência? Uma carta de Lawrence Cartier, advogado de Sepp Blatter, datada de 25 de março de 2003. "Caro senhor [...]

Nossos clientes consideram que o artigo contém afirmações seriamente difamatórias". Havia mais. "A promoção desta campanha por parte do senhor propicia fundamentação para que nossos clientes entrem com ação cível (por danos morais) ou ajuízem ação penal de indenização punitiva."[4]

Esse tipo de linguagem consegue deixar os jornalistas nauseados de tanta preocupação. Enfiei os dedos dentro do envelope. Onde estava a intimação? Voltei a ler a carta. "A contínua publicação de afirmações difamatórias contra nossos clientes constitui conduta que nossos clientes não estão dispostos a tolerar [...] nossos clientes solicitam que o senhor pare imediatamente de publicar artigos da natureza que constitui o objeto desta denúncia", insistiu o sr. Cartier. Onde estava a intimação? "Estamos no processo de obter instruções acerca dos detalhes da apresentação das queixas de nossos clientes, conforme requerido pelo Protocolo da Pré-Ação Judicial". Este era o jargão jurídico para "Em breve enviaremos uma intimação".

Chegou um pesado envelope enviado por Lawrence Cartier. Era a intimação? Não, era uma carta de dez páginas sobre a minha "ficção". Muito antes de chegar ao final eu já tinha perdido a conta de quantas vezes apareciam as palavras: injustificado, inverídico, infundado e impreciso. Havia também fatos deturpados e o recorrente difamatório. Só depois Lawrence falava de coisas sérias.

"No entendimento dos nossos clientes o artigo é o oposto do que se espera do trabalho de um jornalista responsável, razão pela qual estão justificavelmente ofendidos [...] por uma aparente disposição de publicar falsas alegações sem levar em consideração a verdade."

"Exigimos uma completa e inequívoca retratação pública e um pedido de desculpas em termos a serem submetidos à nossa aprovação e a serem publicados em posição proeminente, com uma declaração por escrito em que o senhor se comprometa (a) a não repetir estas ou semelhantes alegações; e (b) cessar imediata e intencionalmente essa injustificada e hostil campanha contra nossos clientes."

"Também solicitamos que o senhor encaminhe suas propostas de reparação, a que os nossos clientes têm direito por conta dos substanciais danos causados, incluindo indenizações punitivas e exemplares." Além de tudo, eu teria de arcar com as custas processuais e os honorários de Lawrence para retificar minha "ficção".

Mas espere aí 1 minuto. Reli um parágrafo soterrado em meio às dez páginas, que dizia: "O sr. Blatter jamais recebeu uma bonificação por lealdade". Lawrence era inflexível. Minha história era ficção.

Depois Lawrence admitiu: "O sr. Blatter de fato recebeu um bônus (não uma bonificação por lealdade) por conta de seu excepcional trabalho como secretário-geral da Fifa, o que foi devidamente registrado pelo Comitê Financeiro da entidade e auditado". Mas Lawrence e Sepp estavam insistindo no fato de que se tratava de um pagamento único e não antedatado. Eu tinha obtido um documento registrado em cartório datado de 2 de maio de 2002, com a declaração juramentada de um ex-funcionário do Comitê Financeiro da Fifa, atestando que "Por meio deste confirmo que o sr. Joseph S. Blatter, ato contínuo à sua eleição à presidência da Fifa, apresentou-me um documento assinado por seu antecessor no cargo, concedendo a ele um *prime de fidélité*, de seis dígitos, a ser pago todo dia 1º de julho, e datado retroativamente de 1º de julho de 1997 [...]".[5]

Em que eu deveria acreditar?

De seu escritório da Lincoln Inn em Londres, Lawrence falou grosso e deu um prazo-limite. Tínhamos quatro dias para nos rebaixarmos e apresentar nossa retratação. Caso contrário... Nós não nos rebaixamos. Não nos retratamos. E nunca recebemos intimação alguma. Passaram-se 12 meses, e Sepp Blatter e Lawrence Cartier perderam a chance de ir aos tribunais por conta da matéria que eles descreveram como "ficção".

No final de novembro de 2003 Blatter me enviou um e-mail para informar que dali em diante todas as perguntas deviam ser encaminhadas a Lawrence Cartier, que atuaria como seu porta-voz/assessor de imprensa.

Um mês depois, Lawrence me mandou uma carta, prefaciada com sua usual trinca de palavras – "difamatório", "hostil" e "injustificado" – e arrematada com uma solicitação bastante surpreendente: "O senhor também deverá me informar sobre a organização que se propõe a publicar seu artigo e, em nome dos meus clientes, providenciar antecipadamente uma cópia do referido artigo, com tempo suficiente para que meus clientes possam responder antes da efetiva publicação".[6]

Uma cópia do artigo? Em meus 35 anos como repórter, nem eu nem os jornais, estações de rádio, canais de televisão ou editoras para quem trabalhei jamais tiveram de submeter uma história, artigo ou matéria para a aprovação de alguma pessoa, quem quer que fosse, de fora da empresa. Qualquer jornalista iniciante sabe que não se mostra o artigo, antes da publicação, a ninguém que não seja do jornal. E, obviamente, não se mostra um artigo para a aprovação do objeto ou tema do artigo. Isso simplesmente não acontece em países com imprensa livre e liberdade de expressão. Talvez Sepp estivesse tendo ilusões de grandeza e se imaginasse o mandachuva de um Estado totalitário. Ou, talvez, após tantos anos lendo boletins bem pouco críticos, ele genuinamente não tivesse entendido a diferença entre um comunicado de imprensa (pago para expressar um ponto de vista) e uma matéria jornalística (independente, livre).

Mas Lawrence foi mais longe ainda. "Caro sr. Jennings [...] padrões de jornalismo responsável requerem que os originais do seu livro nos sejam enviados antes da data de publicação." Isso para que ele e o sr. Blatter pudessem corrigir "quaisquer incorreções e juízos falsos". De fato, "deixar de atender a esta solicitação levará nossos clientes a acreditar que o senhor e seu editor não estão genuinamente preocupados com a validade de certas críticas a eles feitas no referido livro".[7] Mas estou genuinamente preocupado. Razão pela qual eu vinha fazendo tantas perguntas.

Mostrei os originais do meu livro ao meu editor, ao meu advogado, ao meu agente e à minha esposa. Mas não a Sepp. Eu não me sujeitaria à ridícula exigência de ter de enviar o resultado de minhas perfeitamente legítimas investigações jornalísticas a um advogado comercial em Londres, e não ao bem organizado e bem remunerado estafe da assessoria de imprensa de Zurique, que existe, surpreendentemente, para responder às perguntas da imprensa.

Lawrence escreveu novamente. "O senhor parece não ter entendido o sentido do envolvimento da minha firma. A esse respeito não cabe ao senhor decidir passar ao largo da minha firma e contatar diretamente meus clientes. Quando os serviços de um advogado são solicitados, é direito do cliente esperar que as comunicações sejam feitas com o advogado, e não diretamente com o cliente. Estou instruído neste caso porque meus clientes consideram que o senhor violou suas obrigações. Meus clientes esperam que o senhor respeite o direito de que as comunicações sejam enviadas para a minha firma. Por favor, observe esta prática."[8]

A coisa estava ficando meio boba. Comunicar-me por meio de advogados? Por acaso Sepp achava que eu e ele estávamos nos divorciando? Será que tinha se esquecido de que eu era jornalista e ele era alguém sobre quem eu escrevia? Realmente, não havia a menor necessidade de envolver advogados. A coisa era bastante simples. Ele era uma figura pública. Eu era jornalista. Meu trabalho era fazer perguntas. Ele dava emprego a uma equipe de assessores de imprensa e porta-vozes cujo trabalho era responder a perguntas como as minhas. Onde estava o problema? Por que tanto estardalhaço? Será que ele tinha algo a esconder?

Continuei encaminhando perguntas a Sepp. Perguntei sobre suas despesas, seu salário, sua declaração de imposto de renda e quem pagava os custos de sua campanha eleitoral. Tudo isso tinha sido examinado pelo promotor de Zurique; ele respondeu rispidamente, acrescentando que "o senhor sabe que o resultado dessas investigações é que não há a menor substância nem verdade nas acusações implicadas pelas perguntas que o senhor vem fazendo".

Blatter citou trechos cuidadosamente selecionados dos resultados das averiguações do promotor. "Não se pode afirmar que Joseph Blatter incorreu em conduta ilícita [...] não cabe instauração de processo."

E acrescentou: "Fui informado por meus advogados suíços que configura violação da lei suíça sua insistência em levantar acusações que foram objeto de investigação do promotor público e por ele inteiramente descartadas, como ocorreu neste caso".

Era verdade que o promotor de Zurique, Urs Hubmann, tinha encerrado a investigação sobre Sepp Blatter. Imediatamente depois, Peter Hargitay e Lawrence Cartier trombetearam aos quatro ventos que o promotor concluíra que todas as acusações eram "inteiramente infundadas". Essa afirmação foi reproduzida em todos os jornais de Blatter.

Era verdade?

Pedi uma reunião com Urs Hubmann. Ele concordou em me ver. Perguntei a ele: "O senhor realmente disse que as alegações contra Sepp Blatter eram completamente infundadas?".

Ele me passou a xícara de café. Hubmann era um homem de quarenta e poucos anos, magro e musculoso, e trabalhava usando jeans em seu moderno escritório no centro de Zurique. Escolhia cuidadosamente as palavras, e chegou a consultar um dicionário alemão-inglês de sua estante para assegurar-se de que tinha dito o que queria dizer. E o que ele disse foi isto: "Não podemos afirmar que todas as alegações eram infundadas".

Hubmann disse que havia 12 denúncias contra Blatter. Seis delas eram ridículas. Os membros do Comitê Executivo que tinham apresentado as denúncias à promotoria se esqueceram de que seis questões tinham sido resolvidas de maneira conclusiva nos congressos a que eles compareceram.

Quanto às outras alegações, Blatter tinha mostrado documentos que respondiam a algumas. Hubmann fez uma pausa. Duas delas, ele disse, tinham carne no osso. Não era verdadeiro afirmar que ele havia concluído que todas as acusações eram infundadas. Pelo contrário, "O que eu disse, em ambos os casos, foi que eu tinha evidências insuficientes para dar prosseguimento aos trâmites. Sob essas circunstâncias eu não podia instaurar um processo. Cheguei à mesma constatação acerca de um par de outros pontos das denúncias".

Hubmann acrescentou: "Eu não concluí que Herr Blatter é inocente. Ele é inocente em relação a certas coisas. Isso não é o mesmo que dizer que nada aconteceu. Simplesmente quer dizer que eu não tinha provas suficientes".

Enviei mais perguntas a Blatter e fiz uma indagação sobre outra coisa que me intrigava. Em 1998 as pessoas perguntaram se a Fifa estava pagando parte de suas despesas de campanha. "Absolutamente não", ele respondeu, com bastante veemência. Então perguntei por que, logo após a vitória na eleição de 1998, ele voltou para sua sala e prontamente preencheu dois formulários de despesas em nome de "Campagne Présidentielle" de 12.527,70 e 56.032 francos, respectivamente?

Blatter se recusou a compartilhar comigo a súmula confidencial do promotor sobre o caso. Ele continuou afirmando que tinha reembolsado integralmente a Fifa, mas qualquer que tenha sido o valor devolvido por Blatter à entidade, Sepp em geral demorava muito tempo para pagar. O promotor me disse: "A pergunta que permanece em aberto é se o 'crédito' usado pelo acusado por meio da Fifa se justifica por tão dilatado período de tempo em vista de seu salário. Contudo, isso não basta para processá-lo".

Perguntei mais uma vez se ele teria a gentileza de revelar seu salário, bonificações de várias fontes, auxílios, carros, contribuições para o plano de aposentadoria, os termos de seu contrato e qual seria sua indenização caso fosse demitido. Nenhum comentário. Eu tinha informações de que ele recebia da Fifa um auxílio-moradia de 8 mil francos mensais, mas ele nada comentou.

Blatter nada tinha a dizer sobre as matérias publicadas pela imprensa suíça sobre suas pendengas tributárias em três diferentes cantões.

Blatter restringiu sua resposta a: "Eu sempre paguei todos os meus impostos em meu local de residência, e as autoridades estão inteiramente satisfeitas com a minha conduta". Sim, mas e quanto ao seu salário, presidente, e é verdade que a Fifa paga seus impostos para o senhor?

"Todos os salários e outros pagamentos são devidamente determinados pelas comissões relevantes da Fifa", Blatter respondeu. Mas por que ele se recusava terminantemente a revelar os detalhes? Blatter alegou: "Conforme a lei geral suíça e a prática reconhecida no país, detalhes individuais acerca de salários e pagamentos não são divulgados. Os custos gerais de pagamento dos funcionários (incluindo o presidente e o secretário-geral) são publicados pelo Relatório Financeiro Anual da Fifa".

O Relatório Financeiro da Fifa arrolava despesas de 39 milhões de francos para todo o estafe da Fifa. O número projetado para 2005 era de 51 milhões. Isso é tudo.

Fiz perguntas sobre outras coisas, sobre o grandioso plano de Havelange e Jean-Marie Weber para que a Fifa endossasse um negócio de apostas de 8 bilhões de dólares por ano no início da década de 1990. O que Sepp sabia sobre isso? E quando tinha ficado sabendo? A resposta: ele de nada sabia. Eu estava curioso para saber se ele tinha ouvido falar da história engraçada da minha linha telefônica, o roubo profissional de detalhes telefônicos que, segundo a expectativa dos larápios, poderiam revelar meus contatos e fontes dentro da Fifa. Blatter tinha alguma coisa a dizer sobre isso? Uma única palavra: "Não".

Jean-Marie Kyss devia ser um dos homens mais corajosos do mundo do futebol. Quando não estava atendendo mulheres pobres nas piores favelas do Ocidente, lutava contra os capangas do governo que tentavam tomar conta da Federação Haitiana de Futebol e roubar o estádio nacional e o dinheiro da renda dos jogos. Ele até que tentou cumprir seu papel no Congresso da Fifa em Paris em 1998 – que elegeu Sepp presidente –, mas no aeroporto de Porto Príncipe foi impedido por pistoleiros do governo de embarcar no avião.

Quando entrevistei Kyss no estádio em 2002, ele me disse que tinha ligado a Jack Warner pedindo que chamasse a atenção do congresso para a cadeira vazia do Haiti, para mostrar ao mundo que o governo estava interferindo no futebol. "Aquela cadeira vazia simbolizaria a interferência do nosso governo no esporte. Era nosso gesto de rebeldia e oposição. A cadeira vazia mandaria ao mundo uma poderosa mensagem."

Bem, na verdade não foi isso que aconteceu, como vimos. Mas o dr. Kyss jamais ficou sabendo que seu lugar fora fraudulentamente ocupado por Neville Ferguson, amigo e assistente de Warner, e não um delegado do congresso.

Se o Comitê Disciplinar da Fifa fosse justo e generoso, poderia ter investigado adequadamente o escândalo da votação, convidado o dr. Kyss para ir a Zurique e agraciá-lo com a Ordem do Mérito. O Comitê Executivo deveria aplaudi-lo por ter enfrentado um governo corrupto. Os nomes dos ladrões da Fifa, cúmplices do roubo da cadeira do dr. Kyss no congresso, deveriam ser estampados em todas as manchetes em letras garrafais e também ser banidos do futebol por terem corrompido o parlamento da Fifa. E deveria constar dos registros que a eleição de Blatter tinha sido manipulada.

Mas não foi isso o que aconteceu.

Para Blatter, tudo isso era notícia velha, coisa do passado. Em uma entrevista coletiva em Zurique, em março de 2002, ele foi enfático: "Se alguém quisesse atacar ou questionar o resultado da eleição de 1998 teria, de acordo com a lei suíça, trinta dias após 8 de junho de 1998 para registrar o protesto. Então, pare com isso! Fim! Só isso".

No mês seguinte os vice-presidentes Lennart Johansson e Issa Hayatou exigiram uma investigação sobre o sequestro do voto do dr. Kyss. Johansson escreveu a Blatter: "Peço que você investigue com urgência esta questão e informe o Comitê Executivo". No mesmo mês, Blatter disse a Warner e seu congresso em Miami: "Este assunto agora está encerrado".

A guinada se deu na mesa-redonda com jornalistas organizada por Peter Hargitay, em Londres, no dia 28 de janeiro de 2003.

Blatter tinha reunido um punhado de repórteres que estava tentando impressionar com sua transparência e honestidade. Perguntei se ele ia investigar a compra e a manipulação de votos. O que ele podia dizer? Aquela era sua mesa-redonda da transparência, ele tinha de dizer algo para nos impressionar. Ele nos assegurou de que submeteria as alegações ao Comitê Disciplinar e seu presidente, o advogado suíço Marcel Mathier.

Escrevi a Mathier perguntando o seguinte: já que tantos dirigentes da Fifa estavam potencialmente envolvidos, desde o nível mais alto até os delegados que estavam sentados ao lado de Ferguson e que sabiam que Kyss não poderia ter autorizado seu voto por procuração, ele iria determinar a abertura de uma investigação independente, encabeçada por pessoas de fora do futebol? Ele seguiria o exemplo do Comitê Olímpico Internacional que, enredado no escândalo de corrupção em Salt Lake City, tinha contratado investigadores particulares e divulgado os resultados no site do COI?

"Estou certo de que o senhor entende que quando uma investigação está em andamento, o Comitê Disciplinar da Fifa não pode tecer nenhum comentário acerca do objeto de tal investigação", respondeu Mathier. "Muito obrigado por sua compreensão."

Eu não compreendi, mas ofereci a Markus Siegler meu dossiê com videoteipes, depoimentos e documentos, e não obtive resposta.

Será que Blatter tinha mesmo determinado uma investigação? Não parecia. O advogado Lawrence Cartier entrou em cena em nome de Blatter no dia 19 de março de 2003, insistindo: "Não houve conduta imprópria na eleição, tampouco conduta imprópria em que Blatter tenha se envolvido ou que resultou em sua vitória no pleito". Se Blatter dizia que nada tinha acontecido, com certeza estava prejulgando e potencialmente influenciando a investigação – se é que de fato havia alguma.

Em julho de 2033 Cartier mudou de tom, confirmando que havia uma investigação em curso. Quatro meses depois, em novembro de 2003, ele revelou: "O Comitê Disciplinar concluiu a primeira fase de sua investigação. O Comitê Disciplinar apresentará um relatório quando suas investigações estiverem totalmente encerradas, e a seguir as conclusões serão divulgadas".

Então, chegamos a 2004. Os meses foram se passando e nenhuma notícia da investigação que havia sido iniciada em fevereiro de 2003. Em março de 2005 perguntei a Blatter que diabos estava acontecendo. Sua resposta foi assombrosa. O Comitê Disciplinar tinha chegado a seu veredicto vinte meses atrás, quatro meses *antes* das declarações de Cartier, dadas em novembro de 2003, de que as investigações ainda estavam em curso.

Aparentemente Cartier tinha sido enganado, repassando informações incorretas dadas a ele por seu cliente Sepp ou seus subordinados.

Então, houve uma audiência disciplinar. Secreta. E o resultado foi mantido em sigilo. Mesmo para alguém acostumado com a visão que a Fifa tinha de conceitos como verdade e justiça, isso era espantoso. Mas o que veio depois quase me nocauteou.

Blatter me escreveu. "Reunido no dia 27 de junho de 2003 em Paris, o Comitê Disciplinar da Fifa decidiu, com respeito às acusações de compra e manipulação de votos, o que se segue:

Os senhores Jean-Marie Kyss e Neville Ferguson infringiram o artigo 12 dos Estatutos da Fifa.

Uma vez que Jean-Marie não está mais sujeito à jurisdição da Fifa, não pode sofrer sanções.

Neville Ferguson foi advertido.

1. Neville Ferguson (Federação de Trinidad e Tobago) foi notificado desta decisão e a Concacaf recebeu uma cópia.

2. As custas deste processo disciplinar serão divididas entre Neville Ferguson e a Fifa (artigo 122 do Código Disciplinar da Fifa).

O dr. Kyss tinha sido investigado, agora estavam dizendo que ele infringiu as leis da Fifa, e que se ainda fosse dirigente da Federação Haitiana de Futebol teria sido punido? Eu não podia acreditar no que estava lendo. Essa era a recompensa por arriscar a vida no violento Haiti para proteger o patrimônio e a independência do futebol?

E Neville Ferguson, que tinha ludibriado o congresso, recebeu uma advertência. O que era isso? Não podia ser mais que uma carta gentil de Blatter aconselhando-o a não ser pego novamente, porque Ferguson permaneceu atuando como dirigente de várias associações e federações controladas por Warner no Caribe, e continuou ganhando seus honorários como comissário de partidas internacionais na região. E por que a Fifa tinha de dividir os custos da investigação com Neville? Se ele tinha feito algo errado, que pagasse a conta.

Na concisa carta de Blatter estava faltando a usual apresentação dos fatos que a Fifa publica quando julga jogadores, clubes e bandeirinhas que cometem erros e transgridem as regras. A prática normal – o site fifa.com tem páginas e páginas de exemplos – é informar qual é a acusação ou a suposta infração das regras da Fifa, expor um sumário de provas – súmulas de árbitros e relatórios de comissários de partidas – e relatar a defesa do acusado. Por fim, consta também a punição e a quantia em dinheiro equivalente às multas e despesas.

Aquele tinha sido um julgamento feito em segredo, e, ao contrário de qualquer outra investigação empreendida pelo Comitê Disciplinar, nenhuma palavra sobre ele havia sido publicada em parte alguma, e certamente não no site da Fifa. Se eu não tivesse exigido respostas, será que algum dia Blatter e Mathier revelariam o veredicto de sua corte canguru e a agressão ao bondoso dr. Kyss?

Faltava outra coisa no veredicto de Marcel Mathier. O que ele havia feito com relação ao caso anterior, a usurpação do dr. Kyss dois anos antes, no Congresso da Fifa em Zurique, por parte de Vincy Jalal, namorada do capitão Horace Burrell? Para sempre o nome dela constará como delegada credenciada do Haiti. O dr. Kyss nem sequer ficara sabendo disso.

Quando Blatter admitiu na mesa-redonda em Londres, "talvez devêssemos ter aberto uma investigação sobre essas questões antes, mas não é tarde demais para fazer isso agora", ele tinha concordado que Burrell, um membro do Comitê Disciplinar de Marcel Mathier, "definitivamente não fará parte do caso".[9] Mais tarde o porta-voz Markus Siegler negou que essas palavras haviam sido pronunciadas.[10]

O dr. Kyss dissera claramente ter comunicado aos dirigentes da Concacaf que não poderia comparecer ao Congresso da Fifa em 1996. Meu colega filmou a ocasião em que ele me disse, no estádio em Porto Príncipe: "Telefonei para a Concacaf e avisei que não tinha condições de ir".

Marcel Mathier possuía bons motivos para estar especialmente zangado com Horace Burrell. Antes que as minutas do congresso de 1996 pudessem ser publicadas, elas precisavam ser examinadas. Cinco federações nacionais foram escolhidas para a tarefa de escrutínio, incluindo a Jamaica. A delegação jamaicana, que havia se sentado perto de Vincy Jalal no congresso, aprovou as minutas. Agora Marcel tinha a oportunidade de consertar as coisas e colocar tudo em pratos limpos. Nada aconteceu.

Como Burrell vem se saindo desde que ajudou a manipular votos no mundo do futebol? Nada mal. Em 2000 Blatter agraciou-o com a Ordem do Mérito da Fifa; em 2002 Blatter nomeou-o membro do Comitê Disciplinar[11] para a Copa do Mundo da Coreia e do Japão, e em 2004 Blatter conferiu a ele o cargo de instrutor do Programa de Cursos Com-Unity. Burrell viaja pelo mundo dando conselhos a dirigentes. Para o bem do jogo.

30
OS CONTOS DE FADAS DA FIFA

Reavendo o dinheiro

Outono de 2002. E todos viveram felizes para sempre. Reeleito, o presidente Blatter declarou que continuaria trabalhando "para o bem do jogo". Os jornalistas esportivos assistiam aos jogos, redigitavam os comunicados de imprensa de Blatter, apertavam alegremente a tecla ENVIAR e voltavam correndo para o bar. Uma equipe de professores alemães e ingleses dava os últimos retoques no livro da Fifa, agradecidos pela generosa ajuda de Jerome Champagne, e felizes por deixar bem claro de uma vez por todas que na Fifa não existia corrupção nem compra de votos. E como poderia haver? Afinal, todas as acusações não tinham sido retiradas?[1]

Mas havia um homem que não conseguia compactuar com o final de conto de fadas. O magistrado suíço Thomas Hildbrand estava investigando o que os executivos da ISL tinham feito com mais de 50 milhões de libras pagos pela Rede Globo de Televisão à ISL pelos direitos de televisão das Copas de 2002 e 2006. O dinheiro deveria ter sido repassado à Fifa. Não foi. Hildbrand obteve cópias das cartas enviadas pela Fifa a Jean-Marie Weber sobre o dinheiro, incluindo a orientação legal que a Fifa ignorou, insistindo para que obrigassem Weber a respeitar o contrato e pagar.

Depois que a ISL faliu, na primavera de 2001, já não era mais possível esconder o fato de que o dinheiro tinha sido surrupiado. A Fifa tentou minimizar o sumiço, mas não é fácil ocultar um segredo desse tamanho por muito tempo. Por fim, a Fifa informou o escândalo ao departamento de crimes financeiros do gabinete do magistrado no cantão de Zug, onde a ISL estava baseada. Hildbrand foi nomeado para chefiar as investigações.

No dia 4 de novembro de 2002, Jean-Marie Weber e diversos outros ex--diretores da ISL foram presos por Hildbrand e interrogados ao longo de vários dias; seus escritórios foram vasculhados. Após ser solto, Weber manteve a boca fechada. Eu o encontrei três semanas depois na Cidade do México, durante uma reunião do COI, e perguntei-lhe o que estava acontecendo. Ele disse-me que tinha ficado sob custódia em Zug. "Mas agora está tudo bem", me assegurou.

"Olhe só, estou com meu passaporte, estou livre para viajar, só estávamos ajudando nas investigações." Ele sorriu, encolheu os ombros e saiu andando.²

Enquanto isso, o liquidante Thomas Bauer, tentando reaver o dinheiro dos credores após o colapso da ISL, encontrou uma coisa curiosa nas contas da empresa. Por muitos anos a ISL tinha obtido sucessivos e lucrativos contratos com a Fifa, e por anos a empresa fez pagamentos secretos a dirigentes do futebol, incluindo a própria Fifa.

Encontrei Bauer na primeira reunião dos credores do grupo ISL em Zug, em julho de 2001, sete semanas depois da bancarrota; ele estava animado e seus olhos brilharam quando ele me disse: "Encontrei pagamentos feitos pela ISL a pessoas do futebol. Alguns são bastante vultosos, ultrapassando 1 milhão de francos suíços. Já escrevi às pessoas que receberam solicitando que devolvam o dinheiro. Agora estamos em negociação – e, se necessário, litígio – para conseguir o dinheiro de volta".

Bauer passou meses a fio negociando obstinadamente com Weber, mas depois de quase dois anos de contenda sua paciência se esgotou. No dia 20 de maio de 2003 Bauer foi à corte de Zug e entrou com uma ação judicial de cobrança contra os diretores da ISL. Bauer queria que eles devolvessem o dinheiro pago à cartolagem. E queria que entregassem documentos que revelassem os nomes dos diretores, recebedores e outras partes envolvidas naquelas curiosas transações. De acordo com os usos e costumes em Zug, a demanda de Bauer foi mantida em sigilo.

Passaram-se alguns meses, e visitei Bauer em seu pequeno escritório em Basel, abarrotado, do chão até o teto, de caixas cheias de documentos que continham a história da ascensão e queda da ISL. O que eu não daria por uma espiadinha naquela papelada! Bauer estava sentado em meio ao seu tesouro e riu da minha frustração. Ele não quis me contar a história. Ainda não. Em novembro de 2003 ele sabia que estava perto de fechar o acordo graças ao qual talvez fosse possível recuperar todos aqueles milhões pagos a cartolas, incluindo a propina de 1 milhão de francos que acidentalmente tinha ido parar na conta bancária da Fifa.

No início do ano seguinte, em 18 de fevereiro de 2004, uma conta especial foi aberta em um banco de Zurique, sob o nome "Garantia Número 1/ Weber", canal para que os dirigentes devolvessem as propinas recebidas da ISL. Quem abriu a conta e negociou a devolução do dinheiro por parte de um número não especificado de cartolas foi Peter Nobel, um dos mais respeitados advogados suíços, e que anteriormente já havia representado Blatter e a Fifa.

Nobel e Bauer negociaram tudo no mais absoluto sigilo. Aquela era uma questão delicada. Em todo o mundo, os jornalistas continuaram refletindo o rosto alegre da Fifa, e nem uma vírgula dos problemas da Fifa chegou ao público. Bem, talvez uma única vírgula. Em uma coletiva em Túnis, em janeiro de 2004, perguntei a Blatter sobre a propina que tinha se extraviado. Ele não ficou nada feliz.

O professor Nobel garantiu um belo acordo para seus clientes secretos. Ele conseguiu reduzir a demanda em 1 milhão de francos, ou seja, para 2,5 milhões. E arrancou de Bauer a promessa de que o liquidante encerraria o caso e adiante não voltaria pedindo mais dinheiro. O preâmbulo do acordo, datado de 27 de fevereiro de 2004, diz: "É desejo do sr. Weber que todos aqueles que receberam dinheiro pago pela ISL ou que estão direta ou indiretamente envolvidos no futebol (*Fussballgeschäft*) não sejam mais incomodados com a solicitação de ressarcimento de dinheiro". Também ficou claro que o próprio Weber não estava devolvendo o dinheiro. Ele era apenas o veículo para que os cartolas que haviam se deixado subornar restituíssem sub-repticiamente parte de suas propinas.

Um ano depois os mais altos juízes da Suíça examinaram o documento e concluíram, de maneira glacial, que o dinheiro foi "pago por pessoas que tinham interesse em que Bauer jamais tivesse ingressado com ação judicial".[3]

Em um dia de abril de 2004, Blatter e seu Comitê Executivo se registraram no hotel Claridge's em Mayfair – que se gaba de oferecer "um dos maiores menus de champanhe de Londres" – para começar a celebrar o centenário da Fifa no país que inventou o esporte.

Sentado na minha poltrona no saguão do hotel vi Chuck Blazer e Peter Hargitay conversando atentamente enquanto tomavam café em um canto discreto. Blatter passou apressado, seguido por respeitosos dirigentes ingleses. O grupo estava indo para o Palácio de Buckingham, onde Jack Warner disse à rainha Elizabeth e ao príncipe Philip que não estava nada contente com o nível de investimento dos britânicos no futebol de Trinidad. Blatter visitou Tony Blair na Downing Street e de lá seguiu com sua comitiva para a Cidade do Amor.

Por quê? Bem, estávamos em 2004, e a Fifa tinha sido fundada em Paris em 1904, e todo mundo adora festejar, então a Fifa convidou todos os cartolas do mundo para uma farra.

O presidente Chirac deu início aos festejos, congratulando Blatter por sua "brilhante carreira", exaltando sua "visão humanista do futebol" e concedendo a ele a Ordem Nacional da Legião de Honra. A Fifa esbanjou e ofereceu um suntuoso banquete em um castelo; depois, Blatter distribuiu Ordens do Mérito do Centenário.

Foram agraciados a Adidas, a Coca-Cola, Havelange e Jack Warner. E havia uma para Charlie Dempsey. Sim, Dempsey! O homem que, seguindo orientação legal, não tinha votado na rodada final da disputa para a escolha da sede da Copa do Mundo de 2006. Mais vivas e honrarias para o bilionário Henry Fok, Isaac Sasso, Julio Grondona, Nicolás Leoz e Bin Hammam, e Denis Obua. Denis quem? Denis Obua, presidente da Associação Ugandense de Futebol, que no ano seguinte estaria atrás das grades no presídio Luzira em Kampala, acusado de apropriação indevida de recursos de sua associação.

Blatter concedeu uma Ordem do Mérito a seu homem nos Bálcãs, Ivan Slavkov, presidente da União Búlgara de Futebol e membro do COI. Seis semanas depois, jornalistas do programa *Panorama* da BBC, investigando o processo de escolha da sede dos Jogos Olímpicos de 2012, filmaram Ivan dando o preço para vender seu voto. O COI o suspendeu. Blatter rapidamente foi a público defender seu acólito, proclamando: "Para a Fifa ele continua sendo o presidente da União Búlgara, e enviaremos a ele uma carta confirmando isso". Na condição de presidente da Fifa, Blatter é automaticamente membro do Comitê Olímpico Internacional e, em uma votação do COI para decidir se Ivan deveria ser expulso, Blatter foi um dos poucos a votar contra.

Os problemas da Fifa iam se acumulando. No dia 29 de junho de 2004 a Fifa fez uma coisa curiosa: escreveu ao magistrado-investigador Hildbrand retirando discretamente o apoio às investigações criminais sobre os diretores da ISL e o sumiço dos milhões da Globo. Nenhum pronunciamento público foi feito. Se os figurões da Fifa achavam que isso bastaria para deter Hildbrand, estavam redondamente enganados. Hildbrand tinha outras informações e fontes que ele considerava suficientemente fortes para dar continuidade a suas investigações. Hildbrand continuou cavando.

Oito semanas depois, no dia 24 de agosto, Hildbrand notificou o professor Nobel exigindo que ele informasse os nomes dos dirigentes que haviam devolvido os 2,5 milhões francos a Bauer. Hildbrand queria também os registros bancários, informações relevantes que ele considerava tão importantes e delicadas que instruiu Nobel e seus funcionários de que estavam proibidos de relevar isso a terceiros. Hildbrand parecia estar coletando provas para instaurar um processo criminal por suborno comercial. Péssimas notícias para os vilões.

Nesse ínterim, Blatter estava dando um duro danado para ser o mocinho da história. O *Financial Times* tinha dado a Sepp uma coluna, que ele usou habilmente – depois que Hildbrand despejou sua bomba sobre o professor Nobel – para proclamar o quanto se opunha absolutamente a um mundo do futebol em que "o dinheiro é a lei e a consciência social tem relevância limitada". Em tom solene, ele disse aos leitores do *FT*: "Sempre foi minha filosofia pessoal que aqueles que têm devem dar aos que não têm".

Em poucas semanas ele mediou um debate em Sunny Hill sobre "a importância do futebol hoje". No dia seguinte, apresentou o novo Código de Ética da Fifa. Aleijado e desdentado, como qualquer pessoa inteirada no assunto. Crucial, de acordo com Markus Siegler, que asseverou: "Há muito dinheiro no futebol. As pessoas podem sentir tentação".

O solícito Jack Warner declarou: "Sou vice-presidente do Comitê Financeiro da Fifa. Supervisiono um orçamento de 2 bilhões de dólares, e jamais vi um pingo de corrupção".[4]

As festas do centenário continuaram em Mônaco, em agosto, e logo após Blatter levou sua equipe de caça aos votos em uma turnê pela Ásia Central, visitando países como Uzbequistão, Turcomenistão, Cazaquistão, Quirguistão Tadjiquistão, lugares em que as pessoas viviam em meio à pobreza, prisões arbitrárias e tortura. Mas o time de Blatter não viu nem sinal disso. Na verdade, eles chegaram a se referir ao fato de que lá "todo dia é uma celebração de tolerância, graças à harmoniosa coexistência de islâmicos e cristãos ortodoxos, turco-mongóis e eslavos".

Bauer realizou uma segunda reunião dos credores, novamente em Zug. Os credores não ficaram nada contentes ao saber que dos bilhões sendo reclamados, apenas 20 milhões tinham sido recuperados.

Blatter, que ia computando suas diárias de 500 dólares para as despesas, percorreu a América Latina cumprimentando correligionários, e então empreendeu outra rodada de cerimônias de inauguração de obras do Projeto Goal na África. Enquanto Blatter viajava, o professor Nobel aguardava notícias dos juízes de Zug. Ele tinha recorrido da exigência de Hildbrand de apresentar nomes e documentos. No dia 29 de novembro de 2004 os juízes determinaram que Nobel deveria acatar a exigência de Hildbrand e entregar os nomes. Nobel entrou com uma petição de recurso.

De volta a Sunny Hill, a Fifa despejou um caminhão de dinheiro na sua mais recente loucura. Dirigentes de todos os cantos do mundo viajaram para Zurique, em dezembro, a fim de acompanhar a cerimônia de premiação do melhor jogador do ano – o prêmio Bola de Ouro.

"O futebol encontra a ópera em meio ao opulento esplendor da fabulosa Casa de Ópera de Zurique", relatou o site fifa.com. "Em uma noite de inigualável pompa, o grande vencedor foi o próprio futebol." O brasileiro Ricardo Teixeira, acossado por acusações de corrupção em sua terra natal, ficou feliz de receber das mãos de Sir Bobby Charlton o Troféu Fair Play da Fifa. Entre os milhares de convidados, com todas as despesas pagas, estavam o capitão Horace Burrell e seu chapa Chet Greene. A enorme tenda erguida do lado de fora da Casa de Ópera de Zurique para a grande noite teria custado 3,5 milhões de francos.

Lausanne, 17 de janeiro de 2005. O professor Nobel apresentou um requerimento à mais alta instância judicial da Suíça, o Tribunal Federal de Lausanne, para anular a decisão da corte de Zug, que determinava que os nomes, registros bancários e outras informações envolvidas na devolução de propinas fossem revelados para a investigação criminal empreendida pela equipe de Hildbrand. No dia 21 de fevereiro a corte federal concordou em ouvir a apelação. Todas essas manobras legais foram, como sempre, mantidas em sigilo. No mesmo dia irrompeu a guerra fratricida em Sunny Hill.

Urs Linsi não tinha achado muito fácil a transição do mundo bancário para o esportivo. Executivo do departamento de arrendamento mercantil do banco Credit Suisse até meados de 1999, quando Blatter o contratara como diretor de finanças, Linsi caminhava sem firmeza, aos trancos e barrancos, no mundo do futebol.

O carismático vice de Linsi, Jerome Champagne, lançou mão de sua longa experiência no futebol, sua fluência em línguas e seu fácil trânsito com os dirigentes para construir uma base política junto às associações e federações nacionais. Será que Jerome estava fantasiando sobre suas chances de substituir Sepp na presidência quando o velho se aposentasse? O futuro não parecia nada animador para Linsi.

Zurique, 21 de fevereiro de 2005. Linsi enviou um memorando ultrassecreto a Blatter queixando-se "do comportamento e da atitude" de Champagne. Ele queria seu vice fora do prédio, fora do cargo.[5] A resposta de Blatter foi dura: "No momento não posso aprovar sua solicitação". Dias depois, Sepp aprovou outra coisa: dobrou o salário de seu Comitê Executivo para 100 mil dólares por ano, isentos de impostos.

Escrevi a Blatter e Linsi no final de março de 2005, com um punhado de perguntas para este livro sobre sua aparente inação desde setembro de 1998, quando a Fifa tomou conhecimento de que o dinheiro da Globo tinha sido desviado.

Eu disse a eles que tinha lido as cartas enviadas pela Fifa a Weber e que sabia que os dois tinham sido informados em maio de 2000 sobre a maneira completamente inaceitável com que Weber lidou com o contrato e o dinheiro. Eu queria respostas para as seguintes indagações: Eles sentiam alguma responsabilidade pessoal pela perda do dinheiro? Tinham comunicado o Comitê Executivo? Eu estava curioso para saber por que razão Blatter anunciara, em abril de 2001, que tinha acabado de tomar conhecimento do problema. Não sabia desde 1998?

Enviei minhas perguntas via assessoria de imprensa da Fifa. Depois de protelar por cinco semanas, Markus Siegler me escreveu no início de maio dizendo que eu devia "encaminhar pessoalmente a Urs Linsi as perguntas dirigidas a ele". Mandei de novo as perguntas, agora diretamente a Linsi, mas muitos meses se passaram, este livro foi para a gráfica, e ele ainda não me respondeu.

Siegler conseguiu passar minhas perguntas a Sepp Blatter, e o presidente respondeu com a mais breve das declarações: "O pagamento feito pela Globo a que o senhor faz referência é objeto de uma queixa-crime apresentada pela Fifa em Zug com relação à falência da ISL".

Mas essa não era a história completa. Na surdina, a Fifa tinha retirado o apoio à investigação da denúncia, dez meses antes. Mas Hildbrand perseverou.

No dia 11 de maio de 2005, uma quarta-feira, Hildbrand indiciou Weber e vários de seus camaradas por fraude, falsificação e peculato, por conta do desvio de 118 milhões de francos do dinheiro da Globo e outros 15 milhões de francos pertencentes à Dentsu, empresa japonesa de marketing. Hildbrand divulgou um comunicado revelando que suas investigações haviam se estendido por cinco países.

Hildbrand concedeu uma entrevista a um canal de televisão. Ele parecia tranquilo, em paz consigo mesmo, um homem sem nada a esconder. Seu rosto só se contraiu uma única vez – quando ele revelou que a Fifa tinha retirado o apoio à investigação da denúncia, no ano anterior. E acrescentou que "as acusações feitas pela Fifa" não foram as únicas alegações que ele tinha ouvido. Em tom agourento, Hildbrand disse também ter levado em consideração "outros fatos e circunstâncias".

Não demorou muito e Blatter foi para a frente das câmeras a fim de responder. Ele tinha tentado sabotar a investigação de Hildbrand? Com certeza não, Blatter explicou, eles não tinham *retirado* a queixa, de jeito nenhum. Simplesmente tinham mudado o foco da questão: "Nós deixamos de mostrar interesse porque nesse ínterim constatamos que [...] tínhamos mais chances de reaver o dinheiro na esfera cível".

Dois meses depois, Urs Linsi atacou novamente seu vice Jerome Champagne com outro memorando a Blatter, listando uma série de "incidentes" que, segundo Linsi, "não me deixam outra opção a não ser solicitar a demissão de Jerome Champagne do cargo de vice-secretário-geral, bem como a notificação do término de seu contrato de trabalho".

Por quê? Jerome vinha agindo de maneira terrível. Dirigentes de federações africanas e europeias estavam furiosos com sua interferência em seus assuntos. Um dirigente da Uefa chamou-o de "espião". Outro tinha dito que não queria ver o francês em seu congresso em Tallinn.

Em Sunny Hill, "o comportamento e a atitude de Champagne para com membros da administração da Fifa tornou-se um problema sério", disse o secretário-geral.

Seis chefes de departamento da Fifa queriam que fossem tomadas medidas contra Jerome. "Desconsiderar a vontade deles levaria a um racha na administração da Fifa." Linsi disparou mais algumas flechas nas costas de Champagne e depois colocou o chapéu de coveiro.

"A conduta imprópria, a falta de profissionalismo, a deslealdade e inabilidade de J. Champagne em meses recentes não me deixam outra opção a não ser tomar as devidas ações – o que obviamente eu já deveria ter feito há muito tempo."

"Caro presidente, com base nos fatos disponíveis, recomendo que sejam dispensados os serviços de Champagne e, para o bem da Fifa, peço que o senhor apoie e acate a minha decisão. Cumprimentos, Urs Linsi, secretário-geral, Fifa."

Lausanne, 11 de julho de 2005. O presidente do Tribunal Federal de Lausanne, Féraud, juntamente com os juízes Nay, Aeschlimann, Fonjallaz e Eusebio anunciaram seu veredicto. A sentença tinha 4.980 palavras e versava sobre a apelação do professor Peter Nobel contestando a determinação de entregar ao magistrado-investigador Hildbrand os nomes de dirigentes do futebol que tinham recebido propinas.

Por enquanto, os nomes dos cartolas que receberam suborno da ISL poderiam continuar em sigilo. O liquidante Thomas Bauer disse que não havia cidadãos suíços envolvidos. Os contribuintes de Zug pagaram os 3 mil francos das custas do processo.

Marrakesh, 12 de setembro de 2005. O 55º Congresso da Fifa apoiou a proposta de Blatter de designar uma força-tarefa especial – "Para o bem do jogo" – a fim de atacar a manipulação de resultados, o *doping*, o racismo e outras "ameaças" que prejudicavam e punham em perigo o futebol. O presidente lamentou que "algumas partes do mundo do futebol de hoje infelizmente não são tão maravilhosas como deveriam ser".

No meio do seu discurso, Blatter posou as mãos sobre o pódio, parou de falar e simplesmente encarou, com um sorriso radiante, a plateia. Pelos alto-falantes ouvia-se o som meloso e agradável da voz de Louis Armstrong cantando *What a Wonderful World* ["Que mundo maravilhoso"]. Ouvindo na galeria estava o magro e desajeitado Jean-Marie Weber, convidado da Fifa, aguardando julgamento sob acusação de ter roubado mais de 100 milhões de francos da Fifa. Um homem para quem "céus azuis e rosas vermelhas" da canção, em breve, poderiam ser coisa do passado.

Blatter voltou para Sunny Hill e encontrou Linsi ainda se rebelando contra Champagne. Blatter mudou Champagne de lugar, levando-o para seu próprio gabinete presidencial, onde Linsi não podia pegá-lo. Deu a ele o cargo de "delegado presidencial" e colocou-o no comando da força-tarefa anticorrupção. Assim, a tentativa de Linsi de enfraquecer seu rival deu com os burros na água.

No fim do ano o dr. Thomas Bauer afastou-se das funções de liquidante da ISL e foi substituído por Karl Wüthrich, o formidável liquidante da Swissair, agora rebatizada Swiss. Então, aconteceu algo quase inacreditável. Por volta das 10h30 de 3 de novembro de 2005, Thomas Hildbrand apareceu, sem anúncio prévio, na sede da Fifa acompanhado de um esquadrão de investigadores e de um mandado para vasculhar os escritórios de Blatter e Linsi. De acordo com fontes do gabinete de Hildbrand em Zug, ele recebeu permissão para iniciar uma nova investigação, um "desmembramento", com base em informações obtidas durante a investigação da ISL.

Blatter informou Johansson e outros membros do Comitê Executivo, mas não o público. Quem divulgou notícias da incursão repentina foi o jornalista suíço Jean-François Tanda, três semanas depois, no *SonntagsZeitung*. Tanda escreveu que a razão dada como justificativa para o mandado de busca e a devassa foi *ungetreue Geschäftsbesorgung* – deslealdade com o empregador. O porta-voz da Fifa, Markus Siegler, alegou: "Ninguém da Fifa foi acusado de coisa alguma. A nosso ver Hildbrand teve uma reação desmedida. Documentos foram levados, e até certo ponto foram devolvidos". Hildbrand se recusa a comentar.[6]

No dia 16 de novembro o povo de Trinidad e Tobago prendeu o fôlego quando sua seleção nacional viajou ao Golfo para enfrentar o Bahrein na disputa por uma vaga na Copa do Mundo de 2006. Aos 45 minutos de jogo Dwight Yorke cobrou um escanteio e o gigante Dennis Lawrence cabeceou com força para as redes. A população de Trinidad e Tobago foi à loucura. Pela primeira vez na história do país os Guerreiros Soca tinham se classificado para a Copa do Mundo. Os torcedores que tinham esperado uma vida inteira por essa proeza estavam dispostos a dissipar suas economias para assistir pessoalmente ao evento.

Mas como conseguiriam ingressos? Semanas depois, a resposta apareceu em espalhafatosos anúncios na imprensa local.

"EXCLUSIVO: Ingressos para os jogos de T&T da primeira fase na Alemanha! Somente a Simpaul Travel Service leva você aos primeiros jogos dos Guerreiros Soca." Enfatizando a mensagem, o texto anunciava: "Ingressos! Agora ou nunca". Os fãs que não tinham condições de pagar à vista podiam obter empréstimos a "taxas de juros interessantes" do banco First Citizens.

Por 30 mil dólares, de Trinidad e Tobago, os fãs de futebol podiam comprar ingressos para os três jogos da primeira fase e 12 noites de acomodação em um quarto compartilhado. O pacote da Simpaul incluía uma bolsa de viagem, uma camiseta, uma bandeira do país e uma munhequeira.

Aparentemente a Simpaul parecia deter o monopólio dos bilhetes da Copa do Mundo. Era isso mesmo? Lasana Liburd, repórter *freelance* a serviço do jornal *Trinidad Express*, começou a investigar a história. Ele perguntou a Oliver Camps, presidente da Federação de Futebol de Trinidad e Tobago (TTFF). Camps respondeu que a federação o proibira de falar sobre a alocação de ingressos.

"Não sei o que está acontecendo", disse Camps quando indagado se Warner estava desviando os bilhetes para sua própria empresa. "Você sabe quem é o dono da Simpaul? Não vamos falar disso."

Não era surpresa alguma. A agência de viagens Simpaul era de propriedade de Jack Warner, de sua esposa Maureen e de seus filhos Daryan e Daryll. Liburd entrou em contato com hotéis alemães e calculou que a Simpaul estava lucrando mais ou menos 1,7 mil libras a cada pacote vendido.

O *Trinidad Express* publicou os resultados das investigações de Liburd ao longo de três dias, no período de Natal. O repórter revelou que Warner, ex-bandeirinha, embora não fosse dirigente da Federação de Futebol de Trinidad e Tobago, aparentemente controlava todas as atividades da entidade que comandava o futebol no país. Os estatutos foram alterados em 1994 para destituir os poderes dos clubes das ilhas gêmeas. Apenas associações regionais e "entidades devidamente constituídas", como a Associação dos Técnicos de Futebol de Trinidad e Tobago e a Associação dos Árbitros, tinham direito a voto.

O jornal *Trinidad Guardian* – que em geral costumava apoiar Warner – foi o próximo a entrar na briga. "Há também a preocupação de que o sr. Warner esteja usando sua posição de supremacia no futebol local e internacional para se beneficiar financeiramente da classificação de Trinidad e Tobago."

As matérias tiveram uma tremenda repercussão; um jornalista especulou que Warner estava desrespeitando o artigo 2 do Código de Ética da Fifa, de acordo com o qual "Sob nenhuma circunstância os dirigentes podem abusar de seu cargo para obter benefícios pessoais".

No dia 1º de janeiro, o *Mirror* de Trinidad deu sua contribuição publicando a notícia de que um homem de negócios trinitário-tobagense baseado em Londres tinha feito uma pergunta à comissão encarregada do patrocínio da seleção do país que disputaria a Copa da Alemanha: quanto ele teria de gastar para produzir suvenires e objetos oficiais do time?

A resposta veio de uma empresa registrada como Comissão Local de Organização da Copa do Mundo de 2006 (LOC 2006 Ltd.) – criada pela Federação de Futebol de Trinidad e Tobago –, assinada por um homem do qual já ouvimos falar antes, Daryll, filho de Jack Warner, em nome de "Merchandising, Licensing and Marketing, LOC 2006 Ltd.". Como em 2001, quando os contratos para a Copa do Mundo Sub-17 em Trinidad e Tobago tinham ficado nas mãos da família Warner, eles pareciam estar dispostos e preparados para tomar conta do evento de 2006.

Daryll escreveu: "O senhor e sua firma pagariam à TTFF via LOC 2006 Ltd. o valor imediato de 80 mil dólares via cheque certificado, saque bancário ou transferência eletrônica no total de 80 mil dólares, e a TTFF teria direito a 5% das vendas brutas da sua proposta de *merchandising*".

O mistério dos ingressos ficou ainda mais grave e obscuro quando Warner explicou que seus ingressos dà Simpaul não faziam parte da alocação da Fifa, mas tinham sido comprados por meio de uma operadora de turismo não especificada, muitos antes da classificação da seleção para a Copa da Alemanha. Ele não esclareceu de que maneira essa outra empresa tinha adquirido os bilhetes.

Na manhã de 3 de janeiro, acompanhado do filho Daryan, Warner convocou a imprensa para uma coletiva no Crowne Plaza Hotel em Port of Spain. "Warner pronto para a briga", foi a manchete do *Trinidad Guardian*. "Estou aqui hoje diante de vocês para defender meu bom nome e o da minha família contra a injúria e a difamação", ele começou seu discurso.

"Acredito que a matéria em três partes publicada no fim de semana do Natal faz parte de uma cuidadosa e bem orquestrada campanha de difamação." Warner queria que as pessoas soubessem que os textos não passavam de uma conspiração do governo contra ele e seu partido, o UNC. Era um ataque político "venenoso, vitriólico, com uma clara agenda política".

Os artigos escritos por "uma criatura chamada Liburd" – no seu comunicado à imprensa o nome saiu erroneamente grafado "Lie-bard", em um trocadilho com a palavra "*lie*", mentira – eram parte de uma "Operação pegue o Warner". Para Jack, Liburd era um "mentiroso, impenitente, e inveterado", que escrevia "invencionices, distorções" e "informações falsas".

Em vista disso... "Ninguém deve tentar imputar a mim práticas comerciais escusas e conflitos de interesses". O longo discurso de 5 mil palavras de Warner foi publicado no site da Federação de Futebol de Trinidad e Tobago.

Sem se abalar com os insultos, Liburd escreveu calmamente na edição do dia seguinte que Warner tinha dado uma "resposta pouco usual" e que, na verdade, confirmara alguns fatos que ele havia descoberto em suas investigações para escrever as matérias.

O escândalo dos ingressos foi alardeado pela imprensa internacional e acabou aparecendo em jornais e emissoras de rádio e televisão do mundo inteiro. O maior estrago para a imagem da Fifa ocorreu na Alemanha: o *Berliner Zeitung* estampou nas manchetes sua própria versão do "Prêmio para Jack, o Estripador"; o *Süddesutsche Zeitung*, de Munique, seguiu a mesma linha, e o serviço de notícias DPP abasteceu virtualmente todas as salas de redação do país.

Patrick Manning, primeiro-ministro de Trinidad, disse que seu governo interviria para garantir justiça e *fair play* para todos os fãs de futebol do país. Warner devolveu: "Nenhum governo do mundo pode intervir nos negócios da Fifa e ponto final". Tentando encerrar o escândalo, Warner acrescentou: "Este troço não me interessa, não tem valor para mim. Quero seguir em frente".

Pouco depois, Liburd voltou ao teclado e noticiou que o site da Simpaul estava voltando atrás no seu pacote promocional, agora anunciando que "Os ingressos para os jogos não estão inclusos, e você precisa adquiri-los diretamente da TTFF ou via site da Fifa".

Ele ligou para a Simpaul e um solícito funcionário assegurou-lhe de que não tinham mais ingressos. Quando o jornalista pediu que o funcionário explicasse a discrepância, ele sugeriu que a agência tinha vendido sua "cota da internet", fosse lá o que isso quisesse dizer. O *Independent* de Londres juntou-se à brincadeira e telefonou para a TTFF solicitando ingressos, e a federação o redirecionou para a Simpaul. Segundo estimativas de Nick Harris, repórter do jornal, Warner poderia lucrar mais de 10 milhões com a alocação de bilhetes no seu país.

Enquanto o escândalo ia ganhando repercussão cada vez maior, a Fifa ficou de cabeça abaixada e boca fechada. Mas quando Liburd pediu que Zurique comentasse, o porta-voz John Schumacher teve de admitir: "A venda de ingressos incluída em pacotes com outros serviços não é permitida. Isso está previsto no artigo 3.7 do Documento B (Regulamento da Fifa sobre Ingressos) dos Termos e Condições de Alocação de Ingressos por parte das federações-membros participantes, que declara: "Os ingressos não podem ser vendidos como parte de um pacote, nem podem ser utilizados para publicidade, promoção de vendas ou quaisquer outros fins comerciais (incluindo, mas não limitado a, oferecer à venda, como parte de um pacote de hospitalidade – incluindo alimentação, acomodações ou transporte –, a utilização como um prêmio, brinde ou prêmio em um concurso ou sorteio) sem a aprovação prévia por escrito da Fifa".

Então, o vice-presidente Warner estava zombando das regras da Fifa, criadas para proteger os fãs do futebol e evitar o lucro de aproveitadores sobre a venda de ingressos.

Lasana Liburd passara uma década escrevendo sobre o futebol de Trinidad e Tobago, tanto nas ilhas como na Inglaterra. Naturalmente ele planejava cobrir *in loco* a Copa do Mundo da Alemanha e encaminhou devidamente à Fifa o requerimento de suas credenciais de imprensa. Isso foi antes da publicação das matérias sobre Jack. Depois que os artigos vieram à tona, Liburd ficou espantado ao descobrir que a Fifa tinha decidido que era melhor bani-lo da Copa.

Shaun Fontes, porta-voz da Warner, anunciou: "Fomos alertados pela Fifa de que ele (Liburd) não receberia credenciais para cobrir o torneio. Aparentemente ele está na lista negra da Fifa, não posso afirmar com certeza".

A notícia do banimento também pareceu uma surpresa para a própria Fifa. O assessor de imprensa Andreas Herren começou a tentar reverter a situação e escreveu um e-mail a Liburd: "Por favor, saiba que a Fifa não tem uma lista negra e jamais teve uma. Há alguns anos um jornalista (Andrew Jennings, que acredito que o senhor conheça) foi declarado *persona non grata* nos eventos da Fifa, por conta das várias alegações levantadas contra a Fifa e seu presidente. Por outro lado, todos os jornalistas e fotógrafos estão qualificados para solicitar seu credenciamento, de acordo com os procedimentos". Mas a Fifa não sinalizou nenhuma esperança de que o banido Liburd ainda conseguiria ir para a Alemanha.

E, certamente, era tarde demais. O credenciamento de jornalistas tinha terminado oito dias antes. As listas já estavam fechadas. Liburd teria de se contentar em assistir à Copa do Mundo pela televisão, em casa. No fim das contas, Sunny Hill cedeu e Andreas Herren pediu que Liburd solicitasse suas credenciais diretamente a eles. Ele fez isso e conseguiu as credenciais que jamais deviam ter sido tiradas dele.

No dia 27 de setembro de 2005 Peter Nobel entrou com uma petição em um tribunal de Meilen, subúrbio de Zurique. Nobel, o leitor deve se lembrar, é o advogado que abriu a conta bancária através da qual os dirigentes poderiam devolver ao liquidante da ISL as propinas recebidas.

Dessa vez os clientes do Nobel eram a Fifa e seu presidente Sepp Blatter. Em sigilo, Nobel pediu à corte que a publicação deste livro fosse proibida na Europa. O advogado requeria a expedição de uma ordem judicial determinando que eu e meu editor encaminhássemos uma cópia dos originais do livro. Caso contrário, sofreríamos processos criminais e civis sob as leis suíças.

Nobel alegou que a publicação deste livro causaria "tremenda injúria pessoal" a seus clientes. O requerimento se estendia por dezenas e dezenas de páginas e solicitava o banimento permanente da disseminação de alegações envolvendo a Fifa e os dirigentes da Fifa. A lista era interminável.

Nobel afirmou que por muitos anos eu vinha atacando a Fifa e Blatter com reportagens "dúbias" e era considerado "um crítico agudo e particularmente parcial". Aparentemente, às vezes eu era "estridente". Havia ecos de Lawrence Cartier na afirmação de que as minhas acusações eram "injustificadas", com "juízos difamatórios e afirmações falsas".

O professor Nobel tinha algumas provas para tentar convencer o tribunal. Ele apresentou diversos artigos que eu tinha publicado e textos de palestras que eu havia proferido. Isso me surpreendeu. Um deles era o artigo sobre o bônus secreto de Blatter de março de 2003, pelo qual Blatter e Cartier haviam ameaçado me processar – mas depois desistiram. Sobre os outros ele não reclamara – embora sejam textos facilmente encontrados na internet.

O tribunal de Meilen também recebeu a solicitação de que, assim que o livro fosse "publicado e colocado à venda na Suíça ou no exterior" – incluindo o Reino Unido –, devia ser confiscado "pela autoridade competente". E se desrespeitássemos as ordens da corte – devíamos ser multados e cumprir pena de prisão de três meses.

O juiz S. Zurcher negou o apelo de Nobel – mas determinou que apresentássemos nossos argumentos. Minha intimação foi entregue um par de meses depois por um oficial de justiça atuando por minha corte local e à custa do contribuinte britânico.

No dia 3 de março de 2006, o juiz Zurcher rejeitou todas as solicitações de Blatter e da Fifa, que foram condenados a pagar as minhas despesas e as dos meus editores. Mas eles ainda poderiam entrar com recurso.

Mais tarde, naquele verão, foi realizada a Copa do Mundo... e a história continua...

31
PSIU, QUER UM INGRESSO PARA A COPA DO MUNDO?

Jack Warner tem milhares para vender[1]

A vida da família Warner continua um mar de rosas. O filho de Jack, Daryan, segue cuidando da agência de viagens Simpaul, compra e vende milhares de ingressos para a Copa do Mundo, administra várias empresas do pai e, nos fins semana pisa fundo no seu Porsche Gemballa. Daryan também é diretor do clube de futebol da família, o Joe Public, que joga no Centro de Excelência dr. João Havelange – financiado pela Fifa –, entre Port of Spain e o aeroporto, do qual às vezes consta como executivo chefe.

O irmão, Daryll, foi promovido. Hoje ele é uma autoridade de desenvolvimento da Fifa e gasta uma fortuna na região. Isso é bastante conveniente para a família. Daryll aprovou uma subvenção de 600 mil dólares da Fifa para a construção de um gramado de nível internacional no estádio do Centro de Excelência em que o Joe Public manda seus jogos. O Sepp Blatter Hall, com capacidade para 3,5 mil lugares, recebe shows, casamentos e eventos corporativos. O hotel Le Sportel Inn e sua atração especial – o Salão Nelson Mandela – são chamarizes para o turismo de negócios.

Jack Warner parece ter esquecido há muito tempo que a Fifa bancou o centro e ainda é proprietária dele. Maquinando com um político local em 2006, Jack prometeu dar ao sujeito as chaves do centro caso ele mantivesse sua cadeira parlamentar nas próximas eleições.[2]

Quando a Seleção de Trinidad e Tobago se classificou para a Copa do Mundo da Alemanha em 2006, os peitos ficaram inchados de orgulho. Shaka Hislop, Dwight Yorke e o restante do time juntaram-se ao panteão de heróis nacionais das ilhas. Jack Warner marcou a ocasião instruindo seu hagiógrafo – Tino Singh, do *Trinidad Guardian* – a fazer uma rápida revisão de sua biografia com um novo título, *Zero to Hero* [De zero à esquerda a herói]. Herói? É mesmo? Se você pedisse aos trinitário-tobagenses que nomeassem seus heróis, teria de percorrer três vezes as ilhas, de ponta a ponta, até encontrar alguém que votasse em Jack. Tino deu um jeito de enfiar no meio do livro uma menção a um herói de verdade, C. L. R. James. Mas é uma vergonha que ele não tenha citado corretamente o título do clássico texto de James sobre críquete. Tino, meu chapa, é *Beyond a Boundary* [Além dos limites].

Pobre Jack. Todo aquele atropelo e ninguém deu a ele crédito pela vitória da seleção. Depois, quando finalmente recebeu alguma atenção, foi do tipo errado. Lembram-se do escândalo dos ingressos revelado no capítulo 30? Bem, em fevereiro de 2006 a coisa ganhou ares de notícia internacional. O governo de Trinidad decidiu examinar mais de perto as atividades de Jack. Keith Rowley, ministro de gabinete do governo do Movimento Nacional do Povo (PNM), revisou o extraordinário orçamento da Copa do Mundo Sub-17 de 2001. Ele passou os olhos pelos contratos de construção... hummmm... interessante... De acordo com Rowley, os colossais aumentos nos custos tinham sido atribuídos a itens que claramente poderiam e deveriam ter sido previstos antecipadamente nos cálculos orçamentários iniciais.

Pressionada e acossada pelas matérias que pipocavam na imprensa internacional, a Fifa estava começando – embora com relutância – a demonstrar interesse pela fraude dos ingressos de Warner. Agora Rowley convidou a Fifa a examinar o que ele chamou de "custos inflacionados de estádios".

Quando o PNM esteve pela última vez no poder, em meados da década de 1990, aprovou um orçamento de 26,4 milhões de dólares. Depois, disse Rowley, quando os amigos de Warner do UNC chegaram ao poder, os contratos foram concedidos de uma maneira estranha, e o cálculo dos custos mais que dobrou para 58,4 milhões de dólares. "*Warner enfrenta nova acusação de corrupção*", foi a manchete da agência de notícias Associated Press. Em Zurique, Sepp Blatter e seu círculo enfiaram o dedo bem fundo nas orelhas.[3]

De vez em quando a minha caixa de correio mostra um sorriso feliz em seu rosto de metal. No dia em que chegaram as minutas secretas do Comitê de Ética da Fifa, minha caixa de correio abriu um sorriso de orelha a orelha.

O implacável interesse da imprensa pelos negócios ardilosos de Jack tinha obrigado Jack e a Fifa a fazer alguma coisa. Jack teve uma ideia brilhante: esquivar-se de toda a artilharia apresentando-se de livre e espontânea vontade ao Comitê de Ética. A Fifa pegou o Código de Ética, espanou as teias de aranha e se reuniu para decidir se Jack tinha ou não violado as regras. De acordo com o código, os membros não poderiam abusar de sua posição para obter benefício próprio, deviam declarar seus interesses comerciais e agir com completa integridade.

As regras da Fifa dizem especificamente que os ingressos não podem ser revendidos visando ao lucro e não podem ser vendidos como parte de pacotes.

Jack era ético? Tinha violado alguma regra?

No dia 15 de fevereiro de 2006, o Comitê de Ética se reuniu na Casa da Fifa para discutir a atuação desonesta de Jack – com a presença do próprio Jack. Presidindo os trabalhos estava Senes Erzik, da Turquia. Em volta da mesa, sete homens das confederações continentais. O presidente Blatter participou durante alguns minutos, mas deixou o secretário-geral Urs Linsi, o marqueteiro Markus Siegler e o advogado Heinz Tannler a postos, de prontidão para garantir que as coisas não saíssem do controle.

De acordo com as minutas que chegaram à minha caixa de correio, Warner admitiu que sua agência de viagens vinha vendendo ingressos da Fifa havia 19 anos. Também admitiu que "a empresa pertencia a ele, sua esposa e seus dois filhos – e que um de seus filhos era responsável pela administração do negócio".

E quanto às acusações de que ele tinha ficado com um lote de ingressos para revender a um preço bem mais alto e obter lucro? Completamente inverídicas, respondeu Jack, e parte de uma campanha de difamação contra ele em Trinidad.

Quem estava por trás dessa conspiração? Warner disse que era... eu!

O presidente Erzik prontamente rejeitou essa bobagem conspiratória, se disse surpreso com o fato de Warner ainda estar vendendo ingressos e recomendou condená-lo por conflito de interesses. Mohamed Bin Hammam concordou que as atividades de Warner eram antiéticas e que um vice-presidente da Fifa não deveria vender ingressos para a Copa do Mundo. O australiano Les Murray disse que era "uma questão grave", de decisão simples e clara. A seu ver, o comitê deveria agir com firmeza. O uruguaio Juan Pedro Damiani concordou. Warner vinha agindo de maneira antiética fazia 19 anos. O francês Dominique Rocheteau era da opinião de que Warner tinha de obedecer às regras.

Um membro do comitê divergiu. O advogado nova-iorquino Burton K. Haimes (indicado para a comissão por um certo Jack Warner) explicou que não estava ali para apoiar Jack Warner – mas foi o que ele fez. De acordo com as minutas, ele alegou que se tratava "claramente de um conflito político". Se Warner era culpado de conflito de interesses, nada havia no Código de Ética da Fifa sobre isso. De fato, ele "não conseguia ver como violação do Código de Ética o que Warner supostamente tinha feito". Era tudo um juízo falso.

Obrigado, sr. Haimes, agradeceram os demais membros do comitê, que divulgou um comunicado declarando que Warner tinha violado o Código de Ética da Fifa e solicitando que o Comitê Executivo, que se reuniria em meados de março, decidisse sua punição. Ele estava sujeito a uma suspensão e a possível expulsão da Fifa.

Depois que Warner foi dispensado, o secretário-geral Urs Linsi propôs que o jornalista berlinense Jers Weinreich fosse declarado *persona non grata* – como eu. Linsi não gostou da insistente investigação de Weinreich sobre o que tinha acontecido naquela manhã de novembro de 2005 quando o magistrado-investigador Thomas Hildbrand deu uma batida em Sunny Hill e apreendeu documentos financeiros. Certamente o Comitê de Ética, ciente do fato de que Weinreich é bastante respeitado na Alemanha, país que dali a quatro meses seria palco da Copa do Mundo, lançaria por terra essa censura maluca, não?

Pelo contrário. As minutas registram: "O comitê aprovou por unanimidade a moção do secretário e encaminhou a questão ao Comitê Executivo para ratificação".

Quando a recomendação do comitê chegou à mesa de Blatter, ele viu o tamanho do problema que o banimento do jornalista causaria na Alemanha e se recusou a incluir a questão na pauta da próxima reunião do Comitê Executivo. Linsi foi repreendido e o assunto morreu.

Li e reli as minutas várias e várias vezes. Isto aqui, pensei eu, é o tipo de coisa que os fãs de futebol gostariam de ver com os próprios olhos. E a Fifa não tinha um compromisso com a transparência? Carreguei os documentos no meu site.[4]

Um mês depois, o Comitê Executivo se reuniu em Zurique – mas Warner tinha respostas para tudo. Ele disse que aquela história já não existia mais: "Vendi minha parte, não sou mais dono da empresa". Eles o inocentaram.

Enquanto isso, a Ernst & Young, sob ordens da Fifa, estava realizando uma auditoria nas vendas de ingressos. Não demorou muito para que o volume de negócios de Jack chamasse a atenção dos auditores.

Às escondidas, ao longo de quase um ano, Warner e seu filho Daryan tinham chefiado um esquema de vendas de ingressos no câmbio negro, em escala industrial, negociando sub-repticiamente milhares de valiosos bilhetes para agências de turismo, que os incluíam em pacotes casados com quartos de hotel na Alemanha. Os Warner também tinham reservado milhares de quartos de hotel, e a venda dos pacotes rendia lucros exorbitantes para a Simpaul – as estimativas giravam em torno de 500 mil libras.

Os Warner tinham solicitado novecentos ingressos para os jogos da primeira fase da Seleção Inglesa. Venderam 1,5 mil bilhetes para uma empresa mexicana. Depois fecharam um impressionante acordo de venda de 3 mil ingressos para o Japão. Todas as encomendas eram feitas por intermédio dos irmãos Jaine e Enrique Byrom, cuja empresa com base em Manchester detinha o contrato da Fifa para a distribuição de ingressos da Copa do Mundo.[5]

As negociações cotidianas com os Byrom na Inglaterra ficavam a cargo de Daryan. Mas, afinal, quanto dinheiro a Simpaul estava de fato ganhando?

Quando a primeira edição deste livro foi para a gráfica, eu me juntei à equipe do *Panorama* da BBC, emblemático programa de documentários de temas da atualidade, para investigar mais a fundo as alegações de corrupção na Fifa. Passamos várias semanas filmando na Suíça, e em maio de 2006 fomos para o Caribe a fim de examinar o império futebolístico de Jack Warner. Ele se recusou terminantemente a nos dar uma entrevista.[6]

Ficamos sabendo que Jack compareceria a um comício político. Jack é vice-líder do UNC, um partido que estava encrencado. Três semanas antes, o ex-primeiro-ministro do UNC, Basdeo Panday, tinha sido condenado por corrupção e sentenciado a uma pena de dois anos de trabalhos forçados. O partido precisava de motivação. Assim, algumas centenas de correligionários e simpatizantes do UNC se reuniram em uma quente noite tropical em volta da iluminada plataforma na praça do mercado de Rio Claro, cidadezinha no Sul de Trinidad.

A equipe do *Panorama* – um homem fazendo as vezes de vigia, dois com câmeras e eu – estava na calçada à espera de Jack. A limusine de Warner encostou. Ele desceu e foi caminhando na direção da praça. Eu dei um passo à frente para cumprimentá-lo.

"Boa-noite, sr. Warner. Andrew Jennings, *Panorama* da BBC. O senhor me concederia uma entrevista?"

Warner continuou andando.

Refiz a pergunta.

"Quanto o senhor espera lucrar este ano com as vendas de ingressos para a Copa do Mundo?" Warner estacou o passo, me encarou, depois passou por mim roçando meu braço. "Vá se f...", ele resmungou. Nós fomos embora.

Dirigimos a noite inteira. Dentro do mercado Jack subiu ao palanque. Centenas de intimidados partidários do UNC esperavam ouvir palavras de encorajamento, talvez um ataque ao governo. Em vez disso, ele desconcertou a plateia ao vociferar: "Nenhum estrangeiro, especialmente um estrangeiro branco, virá ao meu país me importunar, me intimidar e me provocar".[7]

Os trinitário-tobagenses orgulham-se de sua mistura étnica. É impossível identificar um tobaguiano pela cor de sua pele. O mundo inteiro está ali. Em

Trinidad, apelar para a questão racial é considerado um truque sujo, um golpe baixo. Pior que isso, é um insulto ao espírito da nação. O acesso de fúria de Warner foi parar nos noticiários, causando profundo constrangimento em todo o país. Ao longo de todo o período da nossa permanência na ilha, pessoas desconhecidas se aproximavam de nós e pediam desculpas pelo comportamento de Jack. Nós nos sentíamos seguros em Trinidad. Quanto mais Jack nos acusava, mais os tobaguianos comuns manifestavam seu apoio e sua hospitalidade. Alguns diziam que já estavam acostumados à grosseria e às explosões irracionais de Jack, mas que dessa vez ele tinha passado dos limites.

Acontece que Jack tinha suas razões para perder as estribeiras. Na ocasião eu ainda não sabia, mas ele sabia. Os investigadores da Ernst & Young estavam fechando o cerco. (Uma vez que depois de ir embora de Trinidad e Tobago eu tive acesso aos relatórios confidenciais da Ernst & Young, posso contar aos leitores um pouco mais sobre o que tinha acontecido.)

Em março de 2006 os auditores da Ernst & Young Peter Coats e Christian Winter deixaram suas mesas na Suíça e foram de avião até Manchester para conversar com os irmãos Byrom. Daryan também estava lá. E alegou transparência total. Coats e Winter disseram que precisavam ver certos documentos específicos. Claro, ele disse, sem problema. Mas os documentos estão em Trinidad. Vocês terão de viajar até lá.

Uma semana depois os investigadores estavam sentados no Hilton Hotel de Trinidad, à espera dos prometidos arquivos. Daryan apareceu e entregou aos auditores um único documento e se recusou a fornecer mais. Coats e Winter lembraram que o contrato da Simpaul com a Fifa estipulava que ele era obrigado a providenciar toda e qualquer informação solicitada pela auditoria. Daryan disse que a Fifa deveria apresentar uma solicitação formal, e mesmo se o fizesse ele buscaria orientação jurídica a fim de se certificar de que realmente precisava aquiescer. E isso não era tudo.

No relatório subsequente a Urs Linsi, em abril de 2006, os investigadores citaram Daryan, afirmando que "Sua decisão de não fornecer informações adicionais foi motivada pelo fato de que no passado ele realizou transações semelhantes". Em outras palavras, qual era o motivo para estardalhaço? É assim que sempre lidamos com a Fifa. Os investigadores disseram que Daryan alegava que "não teria iniciado essas transações sem a confirmação de que receberia os ingressos". Em outras palavras, Daryan estava confiante de que a Fifa forneceria os bilhetes, porque é isso que a entidade sempre havia feito.

Então, muito antes de eu e a equipe do programa *Panorama* chegarmos a Trinidad, Jack já era um homem preocupado. E não estava preocupado apenas com as gigantescas encomendas de ingressos da Simpaul. Eu sei, porque li parte de sua correspondência eletrônica, que ele estava ansioso com o tamanho de suas encomendas pessoais de ingressos. Tão ansioso que olhou de novo para o volume de seus pedidos e tentou voltar atrás.

No início de maio (por acaso, poucas horas antes de esbarrar comigo e a equipe do *Panorama* na praça do mercado em Rio Claro), Jack disparou um e-mail para os Byrom solicitando o cancelamento de sua encomenda pessoal.

Jamie respondeu: Tem certeza?

Jack escreveu de novo: "Eu gostaria de comunicar formalmente que não tenho interesse em adquirir ingressos por meio de encomenda pessoal. [...] Por favor, esteja ciente de que minha decisão é DEFINITIVA, mesmo que eu já tenha efetuado algum pagamento, do qual também estou disposto a abrir mão". Ele enviou cópia a Urs Linsi, Chuck Blazer e Jerome Champagne, como se quisesse convencê-los de que estava eliminando seus erros e se emendando.

Então, vamos ver a situação do ponto de vista de Jack. Lá está ele, sob pressão, trancando freneticamente as portas do estábulo muito depois de os cavalos já terem fugido. Ele aparece para fazer um discurso em um evento político, e meu Deus, dá de cara com o *Panorama* e comigo, fazendo perguntas difíceis. Coitado do Jack, não é de admirar que ele tenha respondido com aquela feia sugestão do que eu deveria fazer comigo mesmo.

Naquela noite, em Rio Claro, eu nada sabia sobre Coats e Winter e os irmãos Byrom. Eu estava seguindo uma trilha diferente. Lembram-se de que Jack tinha dito que não era mais dono da Simpaul? Eu pensei com meus botões, será que Jack realmente tinha se desvencilhado de um negócio que ele construiu ao longo de duas décadas? Fui investigar com as autoridades do governo e obtive acesso aos documentos de registro da Simpaul, que atestavam que no dia 6 de março de 2006 Warner e sua esposa Maureen tinham vendido suas ações a duas pessoas: a srta. Princess Rose Campbell, uma veterinária, e a srta. Margaret Fletcher, dona de casa. Essas mulheres deram o mesmo endereço, avenida Kitchener, 177, município de Barataria.

Uma veterinária e uma dona de casa? O que elas poderiam entender do ramo de viagens, companhias aéreas, redes de hotéis, descontos e pacotes? E onde tinham conseguido dinheiro para comprar aquela lucrativa empresa? Liguei para elas. Atendeu uma voz de mulher. Tratava-se da srta. Fletcher, mas quando perguntei sobre a Simpaul, a linha ficou muda. Liguei de novo, e dessa vez atendeu uma voz masculina. A srta. Fletcher "tinha saído". A linha ficou muda novamente.

Dez minutos depois, enquanto o sol se punha, cheguei a um modesto bangalô no número 177 da avenida Kitchener. Vi uma mulher de meia-idade no portão, conversando com uma vizinha.

Eu me aproximei e perguntei: "Srta. Fletcher?". Ela se virou e saiu correndo pelo jardim, entrou na casa feito um raio e bateu com força a porta da frente. Só tive tempo de ver as cortinas da sala sendo fechadas às pressas.

É verdade que essas duas mulheres são donas de uma ação da empresa cada uma, mas a secretária ainda é Pat Modeste, assistente pessoal de Jack. Nos documentos, o endereço fornecido por Pat é rua Edward, 133, Port of Spain. É onde fica o escritório de Warner. E Daryan continua sendo o diretor-gerente, cuidando da venda de ingressos e da reserva de quartos de hotel.

O país inteiro queria se despedir da seleção, que jogaria uma partida amistosa contra o Peru no Estádio Haseley Crawford, dias antes de embarcar para a Alemanha. Era uma rara oportunidade de ver os rapazes em ação.

Quando os Guerreiros Soca disputaram as eliminatórias, os torcedores pagaram 100 dólares de Trinidad e Tobago por um ingresso, ou 200, se quisessem lugares melhores. Agora Jack tinha aumentado os preços para 300 e 500 dólares.[8] O povo ficou furioso e desalentado. Aquela era a última chance de ver os Guerreiros, que iriam para a Copa pela primeira vez na história do país, e Jack tinha fixado preços tão exorbitantes que os trinitário-tobagenses não poderiam ver sua seleção jogando. O governo protestou.

No nosso último dia na ilha, fomos de carro até o Aeroporto Internacional de Piarco para tirar fotos da seleção, que iniciava uma excursão de ônibus pela ilha a fim de agradecer ao povo e se despedir dos torcedores antes de seguir viagem para a Alemanha. Não fazíamos ideia de que encontraríamos Jack, mas lá estava ele, na porta do ônibus, pronto para juntar-se ao grupo e entrar na festa.

Eu caminhei até ele: "Sr. Warner, olá novamente".

Ele não ficou nada contente em me ver.

"Deixe-me em paz, garoto!", ele berrou, e me acertou em cheio no peito.

Não sou um garoto. E não sou um homem de briga. Tenho 62 anos de idade e ganho a vida escrevendo. Jack tinha um soco forte. Recuei, cambaleante. Consegui me manter de pé.

Os seguranças de Warner entraram em ação. Um deles bloqueou o operador de câmera Steve Foote. Outro empurrou o produtor Roger Corke. As câmeras continuaram ligadas.

Warner entrou correndo no ônibus da seleção e se afundou em uma poltrona. Mas ainda dava para vê-lo. Chamei pelo vidro da janela: "Olá, sr. Warner, sei que o senhor está aí... Olá... sr. Warner?". Ele virava a cabeça e olhava para o outro lado. Eu pulava feito canguru. Bati no vidro.

Apesar de toda a encrenca que parecíamos estar causando, fizemos ainda mais amigos em Trinidad. Os jogadores sacaram seus celulares e ligaram para a BBC perguntando se eu estava bem. Jack também entrou em contato, mas por um motivo diferente.

Seu advogado Om Lalla escreveu para a BBC e me acusou de "me aproximar de nosso cliente de maneira agressiva e enfiar violentamente o microfone no rosto do nosso cliente, assim causando ferimentos no lábio superior do nosso cliente".

Que estranho. Achei que *eu* era a vítima. E eu não tinha sido agressivo. Usei minhas melhores maneiras de repórter ao estilo BBC. E que história era aquela de ter enfiado o microfone no rosto dele? Eu nem sequer estava usando um microfone de mão, mas apenas uma coisinha acoplada ao colarinho da minha camisa. E o leitor não precisa acreditar na minha palavra. Estava claro para qualquer um dos milhões de pessoas do mundo todo que assistiram ao programa *Panorama* e para todos os tobaguianos que viram o noticiário da noite. Por que Jack estava fazendo alegações comprovadamente inverídicas? Qual era o problema dele? Estava tendo um colapso mental?

Talvez. Ele declarou à imprensa local: "Quando ele bateu nos meus lábios com o microfone, a câmera não mostrou o fato, a imagem não apareceu na televisão e isso não foi noticiado nos jornais".[9] Mas era preciso admirar a coragem e a determinação de Jack. Apesar dos terríveis ferimentos no lábio superior, ele de alguma maneira conseguia continuar falando.

E não contente de me esmurrar no peito, ele instruiu o advogado Om Lalla a me bater onde doía. Lalla escreveu aos distribuidores deste livro alertando-os de que Jack planejava processá-los (bem como ao autor) por "calúnia e difamação" e "falsas acusações". E acrescentou: "Já informamos ao nosso cliente de que ele tem direito a uma substancial compensação". Ainda estamos aguardando o próximo passo de Jack.

Berlim, junho de 2006... Copa do Mundo da Alemanha. Os Guerreiros Soca estavam jogando com o coração na ponta da chuteira. Os Warner também estavam trabalhando com afinco, dando um duro danado. Daryan entrava e saía de aviões, percorrendo o país de ponta a ponta, negociando ingressos – alguns dos quais estampavam o nome da Associação de Futebol de Granada. Poucos meses antes, ele tinha dado uma banana para Coats e Winter da Ernst & Young, atitude que aparentemente não lhe causara nenhum dano.

No dia 14 de junho de 2006, Daryan entrou na bilheteria da Fifa e retirou 180 ingressos da cota de Jack. Rapidamente os bilhetes foram revendidos por um preço quatro vezes maior que seu valor nominal.

Dias depois, Jack estava tentando fechar outra grande encomenda de ingressos. Uma encomenda enorme, de última hora. No dia 23 de junho, ele mandou um e-mail para os Byrom e teve o descaramento de escrever como título da mensagem o *slogan* da Adidas: "Impossível é nada". Ele queria 1.105 ingressos para as últimas rodadas do torneio, incluindo 95 para cada uma das partidas semifinais e cem para a final. No dia seguinte, encomendou outros trinta bilhetes para a final da Copa.

Naquele verão da Copa do Mundo pouquíssimas pessoas conheciam as histórias que contei aqui sobre os investigadores da Ernst & Young e as trapaças de Daryan. Então, no início de setembro, recebi de uma fonte a informação sobre uma rusga feroz entre Jack Warner e o secretário-geral Urs Linsi, que evidentemente não acreditava que Jack tinha se desligado da Simpaul e de seus lucros com a Copa do Mundo. Warner acusou Linsi de "tom hostil e ameaças veladas".

Em breve haveria uma reunião do Comitê Executivo. A essa altura eles certamente deveriam estar a par dos relatórios da Ernst & Young. Consultei a pauta da reunião. Nada lá. Isso queria dizer que o Comitê Executivo ainda não sabia de nada disso? Então era hora de avisá-los.

Publiquei uma matéria no *Daily Mail* de Londres e postei os relatórios da Ernst & Young no meu site.[10] De repente, faltando apenas três semanas para a reunião de 15 de setembro, o assunto foi incluído na pauta. A imprensa internacional encampou a história. Agora o mundo inteiro estava de olho.

O Comitê Executivo se reuniu. O império de Jack na Concacaf se defendeu com um relatório encomendado por seu amigo Chuck Blazer a John Collins, advogado baseado em Londres. Por puro acaso, Collins ocupa uma cadeira no Comitê Jurídico da Fifa. Ele constatou que Jack nada tinha feito de errado e que, a bem da verdade, Warner era a parte ofendida, porque alguém da Fifa tinha deixado vazar detalhes da "investigação incompleta" da Ernst & Young e causado "significativos danos" a Warner.

Anexa ao dossiê havia uma carta enviada a Warner por outro de seus advogados, o sr. Bruppacher, de Zurique, especulando sobre a possibilidade de processar a Ernst & Young. E talvez, inclusive, Urs Linsi, por difamação, "na esfera cível e criminal".

Após a reunião do comitê, Blatter sentou-se no palco do auditório da nova sede da Fifa e encarou a imprensa. Pálido, de cara amarrada e aspecto adoentado sob os holofotes, Sepp disse que a questão seria submetida ao Comitê Disciplinar, mas que agora havia algo mais importante a anunciar. O lorde Sebastian Coe presidiria o novo Comitê de Ética da Fifa. Coe analisaria o escândalo Warner?, alguém perguntou. Não, somente questões futuras. Quanto ao Comitê Disciplinar, teríamos de esperar para ver.

Jack Warner não é uma figura muito querida nem popular nos vestiários dos Guerreiros Soca. No passado, muitos jogadores haviam abandonado os treinos exigindo o pagamento de salários e gratificações e reclamando da falta de condições de trabalho, como medicamentos e garrafas de água.

Os atletas estavam ansiosos para saber qual seria sua remuneração pela campanha na Copa. Jack Warner tinha prometido pagar a eles 50% dos lucros e receitas durante os jogos da primeira fase do torneio.

O contador de Trinidad Jenny Rampersad destrinchou os números e apresentou seus cálculos no início de outubro de 2006. Kenny cuida das contas da maior parte das várias empresas de Warner e teve dificuldade para oferecer cifras exatas. Ele escreveu: "Por favor, tenham em mente que em coerência com os princípios da contabilidade, em alguns casos fizemos estimativas sem que estivesse disponível a documentação específica. Calculamos em particular os custos de acomodação em hotéis e os salários e comissões dos jogadores". Nenhuma cópia de contas de hotel de apenas alguns meses antes? Alguém tinha sido negligente.

E Kenny tinha outra surpresa para o time. Ele alegou que "uma vez que muitos patrocinadores contribuíram tanto para as campanhas da Alemanha como para a África do Sul 2010, a receita de patrocínio foi tratada da seguinte maneira: dois terços para a campanha da Alemanha e um terço para a campanha da África do Sul".

Um terço do dinheiro do patrocínio ficaria retido? Quase 361 mil libras seriam tiradas da equação? Pagar pela campanha de classificação para a África do Sul, dali a quatro anos? Aquilo era novidade para o time. Em suma, a conclusão era a seguinte: a federação recebera milhões de dólares dos patrocinadores, vendas de ingressos e venda de direitos de televisão; mas quanto cada atleta ganharia?

494 libras.

Esses homens não têm temperamento político. Eles adoram jogar por seu país. O problema deles não era com Trinidad. Jack era o problema. Eles precisavam agir.

Os Guerreiros Soca ameaçaram entrar em greve. Dwight Yorke disse aos jornalistas que o rodearam no Estádio Harseley Crawford: "Os contratos que assinamos não valem o papel em que estão escritos".[11]

Mostrando todo o tato que fez a fama dos comparsas de Jack, o secretário-geral Richard Groden acusou a equipe de "delinquência" e de agir por "motivos menos que honrosos". Warner disse a repórteres canadenses que os jogadores eram "gananciosos". No fim da contas, depois da pressão da mídia e da reação furiosa dos torcedores, Groden anunciou que iria "repatriar" e dividir entre os atletas o dinheiro retido para a campanha de 2010.[12] E assegurou que a Federação de Futebol de Trinidad e Tobago estava "interessada em manter nossa integridade no mundo do futebol". (A seleção contratou a firma Athletes 1 Legal, que exigiu uma prestação de contas completa da receita da Copa do Mundo.)

Segunda-feira, 4 de dezembro, aeroporto de Zurique. Warner desembarcou na cidade para uma reunião do Comitê Executivo. Era uma ocasião importante para ele, pois o Comitê Disciplinar daria seu veredicto sobre suas negociatas de ingressos. A BBC pediu a ele que desse uma entrevista sobre a venda de bilhetes e o pagamento aos jogadores – e novamente ele recusou. Então, mais uma vez eu estava lá, acompanhado do operador de câmera Steve "Rocksteady" Foote.

Segurando na mão seu passaporte diplomático, Warner foi conduzido por uma autoridade aeroportuária, sem precisar perder tempo na imigração e na alfândega.

"Sr. Warner, bem-vindo a Zurique."

Ele me ignorou e acelerou o passo.

"Sr. Warner, posso perguntar mais uma vez quanto o senhor espera lucrar este ano com a venda de ingressos para a Copa do Mundo?"

Warner me olhou de soslaio: "Se eu pudesse cuspir em você eu cuspiria... Mas é claro que com você nem vale a pena desperdiçar a minha saliva".

Em que ele estava pensando? Talvez tenha visto Tony Pasfield, nosso operador de som, do outro lado de Steve Foote, e supôs que aquele era o nosso único microfone. O que ele acabara de dizer foi captado em alto e bom som pelo minimicrofone na minha camisa.

"Por que o senhor cuspiria em mim?", perguntei.
"Porque você é lixo."
"Quanto o senhor lucrou?", insisti.
"Pergunte à sua mãe."
"Bem, a minha mãe já morreu, mas é gentil da sua parte me lembrar disso."
"Vá falar com ela, vá falar com ela", ele sugeriu.

Depois da reunião do Comitê Executivo, Blatter foi falar com a imprensa; os jornalistas estavam ávidos para saber qual tinha sido a decisão acerca do destino de Jack.

"Encerramos o assunto", ele disse.

Marcel Mathier, presidente do Comitê Disciplinar, entrou na conversa, dizendo que não existiam "provas concretas" de que Warner sabia que Daryan estava revendendo ingressos da Copa do Mundo.

Isso foi tudo que a imprensa ouviu de Blatter e Mathier: "O caso está encerrado".

Quando a edição em brochura deste livro estava indo para a gráfica, tive acesso às atas da reunião do Comitê Disciplinar em dezembro de 2006. As minutas revelam que a questão passava longe de estar "encerrada".

As atas mostram que em junho, quando os auditores da Ernst & Young calcularam que Daryan poderia lucrar até 500 mil libras com seus negócios da Copa do Mundo, o Comitê Executivo determinou que a Simpaul Travel devolvesse aos cofres da Fifa a astronômica quantia de 754.375 euros (992.652 dólares), que a Fifa por sua vez doaria à SOS Children's Villages, instituição de auxílio a crianças carentes.[13]

Até dezembro daquele ano os Warner só tinham devolvido 250 mil dólares, apesar das "inúmeras cobranças". Blatter recomendou ao comitê que no futuro a Fifa não mais alocasse ingressos à Simpaul. O comitê concordou.

Então, por que motivo Blatter não revelou nada a respeito disso à imprensa? Por que os esquemas de venda de ingressos da Simpaul eram um assunto privado? Será que era porque Blatter temia que Daryan jamais pagasse e assim ele faria papel de bobo? Ou talvez porque não quisesse pôr em maus lençóis o amigo Jack?

A declaração oficial manifestava meramente a "desaprovação" com relação à conduta de Jack. O comitê aconselhou-o a, "no futuro, pôr em prática o nível necessário de cuidado nas questões referentes a ingressos". Os jornalistas reviraram os olhos, em sinal de descrença.

Blatter disse: "Jack Warner deve assegurar que seu filho Daryan não abuse da posição que seu pai ocupa".

"Ah, que *besteira*!", escreveu o repórter australiano Jesse Fink no site do canal Fox Sports. "Toda a trajetória de Warner até o topo do futebol caribenho foi marcada pela disposição em abusar de sua posição. Ele agora deve dizer a seu filho que pare com isso? Uma conversinha de pai para filho? *Ha ha*. Este mais recente episódio de punição fajuta – uma surra com luvas de pelica para inglês ver – a um de seus mais corruptos e antiéticos executivos mostrou que a Fifa não está disposta a erradicar sua corrupção endêmica."

32
CAÇANDO AS PROPINAS

Por favor, alguém aí, fale com a gente!

Estamos atravessando a Suíça no carro mais rápido do mundo. Um carro alugado. Ao nosso redor, os picos nevados do Alpes, lagos reluzentes. O cenário perfeito para férias românticas. Mas ao meu lado está James Oliver, do programa *Panorama*, da BBC. É primavera de 2006, e estamos rumando para nosso próximo encontro com alguém que provavelmente não vai nos contar o que estamos desesperados para saber.

De algumas coisas a gente já sabe. Ao longo de vinte anos a ISL pagou propinas a dirigentes da Fifa. O que não sabemos é como exatamente a empresa fazia isso. Estamos à procura de pessoas que, acreditamos, sabem exatamente o que acontecia na ISL. Para tanto, estamos vasculhando a Suíça, de Lausanne, no Sul, passando pelos vales nos arredores de Lucerna e Zug, e subindo para Zurique, no Norte. Eis aqui a nossa rotina.

Subir a escada da frente de alguma próspera *villa*. Apertar a campainha. Esperar. Limpar a garganta. Alisar o paletó. Esperar mais um pouco. Admirar a paisagem. Descer a escada – ninguém em casa.

Uma rápida olhada no mapa, um sanduíche, uma xícara de café, outra montanha, outra *villa*. Subir as escadas. Nesta casa não há campainha. Aperto o botão do porteiro eletrônico e sorrio para a câmera.

A luz se acende.

"Olá, meu nome é Andrew Jenni..."

A luz se apaga.

E assim vai, dia após dia, *villa* depois de *villa*. Sem sorte.

Outro dia, outra *villa*, outra campainha.

"Olá, meu nome é Andrew Jennings."

"Entre."

Uma recepção cortês, mas não calorosa. Nosso anfitrião – vamos chamá-lo de sr. Brown [Marrom], parece melancólico e atormentado por um fardo. Ele nos pede para sentar. Estava à nossa espera. E por razões que ainda não entendemos totalmente, o sr. Brown, que por muitos anos trabalhou no centro nervoso da ISL, quer falar.[1]

Horst Dassler, ele nos diz, sempre fez questão de misturar negócios e amizades. É claro que ele dava presentes a seus "amigos". É óbvio que ele era pródigo em proporcionar diversão a esses "amigos". Ele sabia que as pessoas gostam de ganhar presentes. Gostam de surpresas. Quando um Mercedes novinho em folha era inesperadamente entregue a um dirigente europeu, no dia de seu aniversário, isso não tinha relação com algum contrato em particular. Era apenas uma demonstração de "amizade".

Mas quando Dassler ia atrás dos valiosos contratos de marketing, incluindo a Copa do Mundo, as coisas eram totalmente diferentes. Os principais dirigentes, os figurões que tinham o poder de decidir o negócio a favor de Dassler – ou fazer a corda pender para o lado de outra pessoa –, exigiam propinas.

Em meados da década de 1980, quando o sr. Brown já trabalhava fazia anos na ISL, ficou sabendo dos esquemas desonestos. A ISL pagava propinas a dirigentes e era assim que conseguia os contratos, ano após ano. Ou a ISL pagava ou nada de contratos. O jogo era esse.

Até mesmo o mais sonolento dos auditores tende a acordar quando malas abarrotadas de dinheiro para pagamentos ilegais são surrupiadas dos balancetes. Assim, Dassler teve de desenvolver métodos engenhosos para tirar o dinheiro da empresa.

O plano que ele arquitetou foi o seguinte: a ISL fechava acordos com a Fifa, o COI, a Associação Internacional de Federações de Atletismo (IAAF) e outras federações esportivas, fazendo pagamentos astronômicos em troca dos direitos de comercializar os torneios e competições para os patrocinadores e, mais tarde, as redes de televisão. Sob os contratos todos os pagamentos da ISL para a Fifa eram depositados em uma conta bancária na Suíça.

Era uma moleza.

Por debaixo do pano, a ISL fazia pagamentos de "Direitos Adicionais". Acontece que não existiam "Direitos Adicionais". Esse era apenas o disfarce para esconder o pagamento das propinas.

Os "Direitos Adicionais" chegavam até os dirigentes por meio de vários canais. Às vezes, por intermédio de escritórios de advocacia, às vezes em contas de bancos suíços e contas no exterior, de empresas *offshore*.

(Mais tarde tivemos a sorte de bater em outra porta na Suíça, e outro homem, vamos chamá-lo de sr. "Green" [Verde], que tinha trabalhado nas entranhas da ISL, lembrou: "Pagamentos vultosos eram invariavelmente enviados a bancos que já tinham de antemão uma lista dos nomes das pessoas a quem deviam encaminhar o dinheiro. Era como pagar salários".)

O lago abaixo de nós se converteu de espelho brilhante em piscina negra. Nosso anfitrião acendeu as luzes da sala de paredes envidraçadas, nos serviu café e continuou falando com sua voz seca e formal. O sr. Brown parecia ter se soltado – mas só um pouco. Ele deu uma tossidinha e depois revelou o nome do famoso líder esportivo a quem a ISL pagava 1 milhão de francos suíços a cada seis meses – aproximadamente 1 milhão de libras esterlinas por ano – ao longo de mais de uma década.

Eu não ousei olhar para James. Ele não ousou olhar para mim. Ambos sabíamos que se demonstrássemos nossa empolgação, o excesso de entusiasmo poderia assustar o sr. Brown.

O sr. Brown deu mais nomes de outros beneficiários (nossos advogados não nos autorizam a repeti-los aqui). Dirigentes de vários esportes. Um da África. O sr. Green afirmou que um italiano, hoje já falecido, era o segundo maior recebedor. Outro europeu também foi pago por mais de uma década. O senhor Brown deu os nomes de quatro na América Latina; no total, ele acreditava, cerca de 12 indivíduos eram "contratados" e recebiam propinas permanentes.

Esses eram os "assalariados". Ele disse que a ISL também fazia pagamentos quando queria que certas coisas acontecessem. Quando a ISL queria muito que determinada partida de futebol fosse realizada, por exemplo, aparecia com 1 milhão de dólares, valor que era dividido entre um time italiano do primeiro escalão e seu dono.

E o filho de um alto funcionário das Nações Unidas também recebia suborno.

Depois, em meados da década de 1990, a coisa ficou bem mais difícil. Justamente quando surgiu a oportunidade de fechar negócios mais lucrativos com as redes de televisão, o contrato da ISL com a Fifa venceu e teria de ser renovado. Os dirigentes da Fifa sabiam o valor dos contratos e queriam uma fatia do dinheiro. O sr. Brown nos disse que quanto mais polpudos ficavam os contratos, mais gananciosos os dirigentes.

"Os pagamentos eram altíssimos", ele disse. (Mais tarde, fucei em meus arquivos. Li novamente as cartas que Eric Drossart, da IMG, enviou à Fifa na primavera de 1996: "Não acreditamos que a questão da representação da Copa do Mundo esteja sendo tratada com equanimidade pela Fifa; [...] fica patente o tratamento diferenciado dado a outras partes".)

Em meados dos anos 1990, a ISL ganhou os contratos de marketing e televisão das Copas de 2002 e 2006. À medida que as propinas iam ficando maiores, maior também era o número de motivos para escondê-las. Os acionistas da família Dassler queriam vender ações. A venda de ações poria as contas da empresa sobre um escrutínio ainda maior que antes. A ISL teve de recorrer a novos e mais sigilosos canais para dar vazão a suas propinas.

Assim que o novo contrato com a Fifa foi assinado, a ISL criou a Fundação Nunca, em Liechtenstein. O sr. Brown nos disse que em 1999 a ISL despachou para a Nunca cerca de 20 milhões de francos – mais de 9 milhões de libras – para cobrir as futuras propinas. Mas acontece que a fundação não pagou os subornos, e sim encaminhou o dinheiro para a Sunbow S. A., empresa de fachada nas Ilhas Virgens Britânicas. A "laranja" Sunbow tinha uma lista com os nomes a quem deveria transferir o dinheiro.

Isso era tudo. James e eu vestimos nossos casacos, agradecemos e caminhamos até o carro sem trocar uma palavra; mal conseguíamos respirar. Entramos, fechamos as portas, respiramos de novo. Bingo!

Nós dois não éramos os únicos empolgados com a lista de pessoas da empresa-fantasma Sunbow que tinham recebido propinas da ISL.

Lembram-se de Thomas Hildbrand, o magistrado-investigador de Zug que em maio de 2005 acusou um punhado de executivos da ISL de apropriação indevida do dinheiro da Rede Globo de Televisão que deveria ter ido para a Fifa? Hildbrand obteve a lista da Sunbow, mas antes de poder usá-la precisava da autorização de um juiz.

Sob interrogatório de Hildbrand, vários executivos da ISL admitiram ter recebido propinas em troca de contratos.

Hildbrand não parou por aí. Em novembro de 2005 ele surpreendeu todos aparecendo de supetão na sede da Fifa. Apreendeu documentos dos escritórios de Sepp Blatter e seu secretário-geral Urs Linsi.

E Hildbrand continuou investigando. Agora ele queria usar novamente a lista da Sunbow, e mais uma vez teve de pedir permissão. No dia 20 de abril de 2006, uma quinta-feira, o juiz Martin Nigg, do Tribunal Real de Liechtenstein, disse "sim".

Um mês depois, James e eu recebemos do repórter investigativo Jean-François Tanda a cópia de uma página da decisão do juiz, e o que lemos ali nos deixou boquiabertos.

O documento dizia respeito a um acordo fechado entre Thomas Bauer, liquidante da ISL, Jean-Marie Weber e o advogado Peter Nobel, em fevereiro de 2004, história que contei no capítulo 30 deste livro: 2,5 milhões de francos suíços de dinheiro de propina foram devolvidos anonimamente ao liquidante. Bem, eu ainda não conhecia a história inteira.

O que Hildbrand disse ao juiz Nigg era que os 2,5 milhões de francos vieram não dos cartolas corruptos, mas da própria Fifa.

Sim, a ISL tinha subornado os dirigentes da Fifa, e quando os credores exigiram seu dinheiro de volta, a Fifa preencheu o cheque.

Hildbrand queria a permissão do juiz para usar a lista da Sunbow e outros documentos a fim de descobrir se a Fifa tinha agido de maneira ilícita ao restituir o dinheiro das propinas. A Fifa tinha infringido a lei criminal suíça? Eles tinham fraudado a Fifa?

E havia mais.

A julgar pelo parecer do juiz, a ISL continuou pagando propinas até o final de janeiro de 2001.[2]

À época, a empresa estava à beira do colapso. Fazia meses que não pagava os credores, e dentro da Fifa muita gente já insistia que era hora de romper laços e cancelar os contratos com a ISL. Se a Fifa fizesse isso, seria o fim da linha para a ISL. Ainda assim, a empresa continuou pagando propinas. Para quem?

Eu queria perguntar a Sepp Blatter por que a Fifa havia devolvido o dinheiro das propinas.

No começo de junho, pouco antes do início da Copa da Alemanha, Blatter tinha viagem marcada para Frankfurt e devia embarcar em um jatinho particular Gulfstream no Aeroporto de Zurique. A equipe do *Panorama* e eu estávamos lá à espera dele, no terminal de voos fretados.

O Mercedes presidencial chegou. O motorista abriu a porta e Sepp Blatter desceu.

Eu me aproximei.

"Bom-dia, senhor presidente. Por que a Fifa pagou o dinheiro das propinas da ISL?"

Ele esticou o braço para pegar no banco de trás a sua pasta, sem nada dizer.

"O senhor já recebeu propina da ISL?"

Ele desviou o olhar e ficou em silêncio.

"Posso perguntar mais uma vez por que a Fifa ressarciu dinheiro de propinas da ISL?" Ele não abriu a boca.

Saiu andando a passos largos na direção do jatinho particular.

Fui correndo atrás dele.

"Presidente Blatter, eu preciso perguntar, o senhor é a pessoa mais adequada para controlar o futebol mundial?"

Sepp chegou à porta. Um funcionário do aeroporto a abriu para ele. Ele entrou às pressas e a porta se fechou em silêncio atrás dele.

33
MENTIRAS, ADULTÉRIO E INVENCIONICES

Como Sepp joga limpo

Dezesseis meses depois que um *tsunami* devastou comunidades litorâneas no Sul da Ásia, Sepp Blatter iniciou uma turnê humanitária. Distribuindo dinheiro e palavras gentis, ele entregou bolas de futebol a algumas crianças órfãs. "O jeito que elas abraçaram a bola foi especial", recordou Sepp. "Aquele momento, aquela alegria sem igual, continuarão para sempre em minha memória."

O *slogan* da Fifa, "Meu jogo é *fair play*", não se aplica apenas ao futebol. Vale também para tudo, "igualdade, paz, direitos das crianças, saúde, educação e meio ambiente". Racismo e necessidades especiais. E *tsunamis*.

A política declarada da Fifa é incentivar o "*fair play* na sociedade... dando o exemplo". Como diz Sepp, "Na condição de órgão supremo do futebol, a Fifa está cumprindo abertamente suas responsabilidades sociais como organização de *status* e renome internacional".

Mas *a Fifa* joga limpo?

Permitam-me contar uma história. É sobre corporações globais e contratos de patrocínio. É uma história bastante humana. E o ser humano envolvido nela é Sepp Blatter.

No verão de 2003, Blatter escolheu a dedo um francês bonitão para sacudir as relações com os patrocinadores da Fifa. A missão de Jérôme Valcke era arrancar mais dinheiro, muito mais dinheiro, da Adidas, da Coca-Cola, da Emirates Airlines, da Hyundai e da MasterCard.

Os contratos de patrocínio mais recentes expirariam depois da Copa do Mundo da Alemanha em 2006. Dessa vez a Fifa ofereceria duas Copas em um único e gigantesco pacote, e aumentaria o preço.

Nossa história diz respeito a apenas um dos patrocinadores, uma empresa que nos últimos 16 anos pagara à Fifa mais de 100 milhões de dólares para incutir em nossa mente a seguinte equação:

Futebol = Pelé = MasterCard.

O evento esportivo seguido de perto de maneira fanática por telespectadores do mundo inteiro carrega a mensagem da MasterCard para dentro de milhões de lares e bares, em todos os países. Quem quiser comprar ingressos para a Copa do Mundo com cartão de crédito só consegue fazer isso se usar MasterCard – de preferência com uma imagem de Pelé estampada. A cada Copa do Mundo milhões de novos consumidores solicitam seu MasterCard.

O valor do futebol para a MasterCard é tão astronômico que é protegido por contrato: quando chega a hora de renovar o patrocínio, a MasterCard tem a primazia. Se, depois de noventa dias, a MasterCard não estiver interessada, então, e somente então, a Fifa pode oferecer o negócio a outra empresa. É o que os advogados chamam de "direito de primeira recusa" ou "direito de primeira compra".

Na primavera de 2004 Jérôme Valcke e sua equipe não conseguiam parar de pensar na Visa. Gigante. Movimento de vendas globais ultrapassando os 3 trilhões de dólares. O maior sistema de pagamento do mundo. Três vezes maior que a MasterCard. A Visa patrocinava as Olimpíadas. E durante anos acalentou o desejo de ficar com futebol também. E se...

Graças a documentos e registros dos tribunais sabemos o que os rapazes de Sepp fizeram a seguir.

Jérôme despachou seu diretor de marketing Robert Lampman para uma conversinha com um executivo da Visa, em uma conferência na Califórnia. Depois da reunião Lampman deu seguimento ao contato enviando um e-mail para o quartel-general da Visa em São Francisco, confirmando as esperanças da Fifa de encetar "um relacionamento com a Visa em bases informais".

Naquele verão, Valcke e sua equipe começaram a falar de números com o chefe de patrocínio da Visa, Tom Shepard, e sua equipe nas Olimpíadas de Atenas. A Fifa estava oferecendo duas Copas do Mundo por 225 milhões de dólares. "Uma oportunidade genuína", definiu Valcke, de "iniciar um relacionamento".

Shepard respondeu: "Espere aí um minuto, mas a MasterCard não tem direitos de incumbência?".

"A Fifa é livre para iniciar qualquer negociação comercial que quiser após 2006", respondeu Valcke.

Era a velha história: *Você é casado? Não, sou solteiro. Sou livre, completamente livre.*

Em dezembro de 2004 a equipe de Valcke foi até a sede da Visa em São Francisco e fez uma apresentação detalhada. Depois dessa reunião, Robert Lampman repetiu que "em nosso contrato com a MasterCard não há nada que nos proíba de negociar com a Visa".

Livre como um passarinho.

A partir daí, Sepp Blatter assumiu pessoalmente as rédeas das negociações, convidando o executivo chefe da Visa, Christopher Rodrigues, para uma visita a Zurique em janeiro de 2005. Os dois eram velhos conhecidos. Blatter é membro do Comitê Olímpico Internacional e Rodrigues é um patrocinador olímpico.

Durante um jantar íntimo de duas horas, Sepp disse a Chris: "A possibilidade de que a Visa venha a ser um parceiro da Fifa seria muito bem-vinda". Jérôme Valcke deu acompanhamento às negociações mandando um e-mail a Tom Shepard: "Nós compartilhamos o mesmo desejo, o de sermos parceiros em breve!".

Isso era jogo limpo? E quanto às obrigações de Sepp para com a MasterCard, sua leal parceira por 16 anos?

John Stuart, vice-presidente da área de Patrocínios Globais da MasterCard, estava prestes a sentir na pele a sensação de ser a esposa traída. No início de fevereiro, Valcke e sua equipe entraram na sala de John Stuart, na sede da MasterCard em Nova York, e recorreram ao velho discurso: manter as opções em aberto.

Pela primeira vez Jérôme informou a John os termos do novo ciclo de patrocínio – e disse que precisaria de uma resposta em noventa dias.

Mas a cifra de 225 milhões de dólares que a Fifa estava pedindo era mais que quatro vezes maior que o valor pago anteriormente pela MasterCard, e os termos – duas Copas em vez de uma – eram radicalmente diferentes. Eles precisariam de tempo para destrinchar os números e fazer cálculos complicados; era impossível assinar um contrato em apenas noventa dias.

Tudo bem, concordou a Fifa, mas até lá a MasterCard teria de fazer uma "negociação de boa-fé" – em outras palavras, examinar minuciosamente todas as letras miúdas do contrato. Nenhum dos rapazes de Blatter admitiu que a Fifa já tinha oferecido o patrocínio à Visa, que a essa altura já vinha fazendo seus próprios cálculos havia meses.

Enquanto isso, Valcke estava pressionando a Visa a assinar um contrato e gabando-se com os colegas: "Muito em breve receberemos um telefonema pedindo a assinatura!". Ele instruiu sua equipe a continuar enrolando e enganando a MasterCard: "Sim, temos de ser cautelosos com a MC". Eles precisavam de dois contratos assinados para apresentar a Blatter e à diretoria.

Um empecilho. Os rapazes de Sepp tinham ficado gananciosos demais na hora de redigir o contrato de patrocínio. A fim de inflar o valor, incluíram coisas como hipotecas e contas-correntes – negócios bancários. Mas a Visa e a Master-

Card não são instituições bancárias e não queriam pagar por direitos que não poderiam usar. Ambas rejeitaram a proposta da Fifa.

Valcke e sua equipe retiraram do contrato os negócios bancários que ninguém queria e o preço baixou – de 225 milhões para 180 milhões de dólares. Chamaram seu novo acordo de "serviços financeiros *light*" e ofereceram primeiro à... Visa.

Em maio de 2005, na sede da Visa em São Francisco, Valcke e Stefan Schuster chegaram a um consenso: se houvesse concordância, a diretoria da Fifa podia aprovar um contrato em duas semanas.

Dois dias depois a Fifa ofereceu os "serviços financeiros" à MasterCard em Nova York.

Os rapazes de Sepp relataram à Visa, tim-tim por tim-tim, tudo que estava acontecendo na rival; assim a Visa ganhou de mão beijada um segredo e uma contínua vantagem sobre a concorrente MasterCard, que nem sequer fazia ideia de que estava em uma disputa.

Na opinião de Stefan Schuster a situação era a seguinte: "Bom, se você disser à sua esposa que a está traindo, é o fim do casamento. Se ela não souber de nada até o fim, e se você viver bem até os noventa anos de idade, talvez esta seja a melhor saída. Escolhemos a segunda opção".

Mas as pessoas falam.

No outono, John Stuart, da MasterCard, pôs Jérôme Valcke contra a parede: "Ouvi rumores sobre a Fifa e a Visa".

"É tudo mentira", assegurou Valcke.

Você é a única.

Então, John Stuart continuou negociando por mais quatro semanas. Depois, ele disse, vamos colocar a coisa no papel; vamos mandar a vocês uma "carta de intenções".

"É inteiramente desnecessário", disse o advogado da Fifa Tom Houseman, nosso relacionamento é "forte o bastante".

Confie em mim.

O leal John continuou negociando.

No dia 24 de outubro John Stuart disse a Valcke que, embora a cifra de 170 milhões de dólares parecesse mais justa, a MasterCard estava disposta a pagar o valor pedido de 180 milhões de dólares.

Nesse ínterim, a Visa ofereceu apenas 140 milhões de dólares em dinheiro, mais um pacote de "incentivos financeiros" e promoções de "valor em espécie" que, segundo a Visa, valiam mais 15 milhões de dólares.

(Estes 15 milhões de dólares terão papel importante na nossa história. A bem da verdade, Valcke acreditava que o "valor em espécie" não tinha "valor algum". Mas, como veremos, a verdade está prestes a levar um tombo e vir abaixo.)

No dia 26 de outubro, em Zurique, Valcke apresentou as duas ofertas a uma diretoria presidida por Sepp Blatter. Estranhamente, alguns dos números tinham mudado.

Agora, Valcke dizia que a Visa estava oferecendo 154 milhões de dólares em dinheiro vivo, mais 16 milhões de dólares em "valor promocional", uma oferta total de 170 milhões de dólares. E disse que a MasterCard tinha oferecido 180 milhões em dinheiro vivo. Por unanimidade, a diretoria declarou a "venda" do patrocínio à MasterCard.

No dia seguinte, Jérôme Valcke falou por telefone com John Stuart, da MasterCard. Ele deu a boa notícia a John?

Não, não deu.

Ele disse que a Visa tinha oferecido 170 milhões de dólares. Contudo, a diretoria concordara em assinar com a MasterCard, desde que pagasse os 180 milhões de dólares do valor solicitado.

Tudo bem, disse John Stuart, pagaremos os 180 milhões, então.

Devia ter sido assim, mas não foi.

Jérôme Valcke comunicou seu estafe, que não estivera presente à reunião da diretoria, que eles tinham recebido permissão para fechar o negócio com a Visa ou a MasterCard! E que ele próprio, Valcke, poderia decidir pessoalmente!

Então ele ligou para a Visa e contou outra história, dizendo a Tom Shepard que a diretoria aprovara a conclusão da transação com a Visa. Por e-mail, Tom Shepard disse que a Visa estava "bastante empolgada com a formalização do acordo".

Jérôme sentiu que Tom talvez tivesse ficado empolgado demais. A bem da verdade, ele disse, havia "duas ofertas na mesa". E a diretoria tomaria uma decisão "quando e somente quando um acordo estiver assinado".

Então, Julio Grondona, presidente do Comitê Financeiro da Fifa, fez um anúncio público.

"Congratulações à MasterCard!"

O quê? Do escritório da Visa em São Francisco, Tom Shepard ligou para Jérôme Valcke e perguntou: "O que *está* acontecendo?".

"Julio recebeu informações equivocadas", alegou Jérôme. "Ainda não finalizamos, as duas ofertas ainda estão em processo de análise."

Ele daria um jeito de "controlar" Julio, para garantir que no futuro ele "fique de boca fechada".

Então Jérôme rabiscou um bilhete furioso para seu chefe imediato, Urs Linsi, o secretário-geral da Fifa, dizendo: "Diga a Julio para parar!", porque "queremos manter a Visa e a MasterCard na disputa para garantir os melhores termos".

Eis aqui como o processo de patrocínio da Fifa deveria funcionar:
- Um acordo é fechado.
- Ele vai para Zurique, onde é apresentado para a análise de uma diretoria, presidida por Sepp Blatter.
- Segue para o Comitê Financeiro, do qual faz parte Sepp Blatter.
- Por fim, vai para o Comitê Executivo, cujo presidente é Sepp Blatter.

E foi assim que a Fifa negociou com a MasterCard:
- Um acordo foi fechado.
- Como vimos, a diretoria, encabeçada por Blatter, declarou que o patrocínio fosse vendido à MasterCard.
- Depois Julio Grondona disse "sim" à MasterCard.

Faltava apenas mais uma etapa.
- O Comitê Executivo, presidido por Sepp Blatter, reuniu-se em Zurique no dia 7 de dezembro. A diretoria aprovou a proposta da MasterCard. (Mais tarde, quando as coisas ficarem feias, a Fifa vai *perder* as atas dessa reunião e vai *encontrar* uma fita de áudio com a gravação da reunião, da qual misteriosamente falta o trecho que registra o exato momento em que deveria aparecer a aprovação da MasterCard.)

Depois da reunião, Valcke comunicou a seu estafe que a Fifa não poderia "chegar a uma decisão oficial" em favor da MasterCard enquanto ele e sua equipe não obtivessem uma proposta assinada pela Visa.

E os rapazes de Sepp continuaram voando entre Zurique, Nova York e São Francisco, caçando dois contratos.

No final de 2006, em Nova York, a MasterCard estava pronta para assinar o contrato "completo e com várias páginas", cobrindo todos os detalhes do negócio. Valcke disse que a Fifa "executaria o acordo" na reunião da diretoria da entidade, em março.

Mas, em fevereiro, Jérôme marcou um encontro com seus camaradas da Visa nos Jogos Olímpicos de Inverno em Turim.

Por e-mail, insistiu com Tom Shepard que a Visa fizesse uma proposta igual à de sua concorrente – 180 milhões de dólares – e incluísse aquele tal "valor em espécie". Faça isso até o final do mês e vocês ficarão com o patrocínio. "Não haverá discussão", garantiu Valcke, indicando que podia influenciar a decisão da diretoria a favor da Visa.

Mas Tom disse que a Visa não tinha como competir em pé de igualdade com o preço da MasterCard.

No dia 3 de março Jérôme Valcke entregou a John Stuart a "versão final" do contrato de patrocínio da MasterCard. Tudo que Stuart tinha a fazer era colher a assinatura de seu chefão e enviar de volta a papelada. E então, disse Valcke, Sepp Blatter também assinaria.

John Stuart era um homem muito feliz.

Ele parabenizou os rapazes de Sepp pelo "belo trabalho" que eles tinham feito "em nome de uma negociação justa e equilibrada". Todos tinham compartilhado um "verdadeiro espírito de parceria".

Jérôme concordou: "Nossa parceria começou com o pé direito".

(John Stuart colheu as assinaturas. No dia 24 de março, despachou os documentos para a Fifa, conforme o combinado, para a assinatura de Blatter.)

Contudo, no dia 3 de março, mesmo dia em que enviara o contrato a John, Valcke avisou Tom Shepard que se reuniria com Blatter na semana seguinte. "Eu quero uma versão enxuta do nosso acordo com sua oferta financeira definitiva, para que tenhamos sobre a nossa mesa as duas propostas."

Jérôme instruiu Tom a pedir que o todo-poderoso da Visa, Christopher Rodrigues, telefonasse para Blatter.

"A Visa deve apresentar sua oferta e uma proposta assinada até segunda-feira", disse Jérôme a Tom. "Em dinheiro vivo, 180 milhões de dólares."

"Blatter expressou o desejo de finalizar o acordo com a Visa. Agora é com vocês."

E Valcke comunicou a seu estafe que a Fifa preferia a Visa.

Robert Lampman, o homem do marketing da Fifa, ficou incomodado ao ver a maneira como a Fifa estava tratando a MasterCard. "Não existe dúvida de que a MC acredita que tem um negócio conosco", ele disse a Valcke. "Se eu tivesse direito a voto, creio que há algo a ser dito sobre o modo como conduzimos os negócios."

Mas ele não tinha direito a voto.

"Contudo", disse Lampman, "se temos mesmo de optar pela Visa, vamos ter de usar a 'questão da logomarca'."

Ah, sim, a "questão da logomarca".

Muito tempo atrás a MasterCard, cujo logotipo são dois círculos sobrepostos, dificultava os esforços da Fifa de registrar seu próprio logotipo – duas bolas de futebol sobrepostas – em vários produtos, inclusive cartões de crédito. A disputa tinha se arrastado por vários anos. Durante as últimas tratativas da negociação dos contratos mais recentes de patrocínio, as duas partes concordaram em "deixar a questão de lado" por mais oito anos.

Lampman viu a "questão da logomarca" como a "única saída" para o caso MasterCard.

Porém, ele não gostou muito da própria ideia; tampouco Stefan Schuster, que disse a Valcke que "todo o estafe da Fifa" achava que desenterrar a história da logomarca era uma "canoa furada".

"Se ficarmos com a Visa", ele alertou, "toda a nossa credibilidade no mercado estará perdida."

Mas Jérôme Valcke não estava dando ouvidos ao seu estafe, e sim de olho no relógio.

A diretoria da Fifa, o Comitê Financeiro e o Comitê Executivo tinham reunião marcada para os dias 14, 15 e 16 de março de 2006 (ocasião em que, de acordo com o que Valcke dissera a John Stuart, o contrato com a MasterCard seria formalmente "executado").

Mas, no dia 13 de março, Valcke pediu que Tom Shepard, da Visa, se apressasse. "Mande-me sua oferta final por e-mail. A diretoria vai se reunir às 8 horas!"

Faltando apenas três horas para a reunião, Tom Shepard ligou para Jérôme Valcke e disse: "Tudo bem, pagaremos os 180 milhões de dólares em dinheiro vivo. Mais 15 milhões de dólares de 'valor em espécie'".

Bem a tempo.

Jérôme Valcke foi correndo para a reunião da diretoria e comunicou que a Visa tinha aumentado sua oferta para "um valor total" de 195 milhões de dólares!

E isso em comparação aos 180 milhões da MasterCard (deixando de lado o fato de que a diferença entre as duas ofertas era de 15 milhões de dólares em "valor em espécie", o que Valcke julgava não ter valor algum, mas tudo bem).

Depois, diante da diretoria, Valcke se derreteu em elogios à Visa. Eles detêm 65% do setor de cartões de crédito! A MasterCard tem somente 20%. Eles têm um enorme potencial de ativação (seja lá o que isso quer dizer).

Em nenhum momento ele mencionou o fato de que a MasterCard tinha o "direito de primeira compra", o direito de preferência na renovação do patrocínio.

Depois foi a vez de Sepp entrar na jogada.

Na vida real ele já sabia da questão da logomarca. Mas agora, na reunião da diretoria, quem o ouvisse falando sairia convencido de que ele tinha acabado de tomar conhecimento do fato. Blatter estava furioso. A MasterCard estava "atacando a entidade". Ele vociferou: "A Fifa não deve aceitar ameaças".

O secretário-geral pôs mais lenha na fogueira: "A MasterCard nem sempre foi um parceiro fácil".

Como em um passe de mágica, a MasterCard, parceira de 16 anos que "tinha feito tudo certo no processo", acabou se tornando o inimigo.

Era preciso aplaudir Blatter e Valcke.

A diretoria decidiu: "Um contrato com a Visa... será assinado".

Ninguém teve a gentileza de avisar John Stuart.

No dia seguinte, competia ao Comitê Financeiro da Fifa sacramentar o acordo que agora já estava firmado. Favas contadas. Firme e forte. Assegurado. O valor de 180 milhões de dólares em dinheiro vivo, garantidos.

Em vez disso, a Fifa e a Visa passaram boa parte do dia trocando telefonemas e e-mails, tentando desesperadamente firmar um negócio que não passava de um telefonema de Tom a Jérôme.

Christopher Rodrigues ligou pessoalmente para Sepp Blatter e garantiu que a Visa conseguiria providenciar o dinheiro.

Mas as duas partes ainda estavam negociando!

Acontece que a oferta da Visa ainda não tinha sido aprovada pela diretoria da Visa!

Tom Houseman, da Fifa, interrompeu as conversas com os advogados da Visa para comunicar a sua própria equipe que não estava gostando do aspecto da oferta da Visa. "Nossa capacidade de obter valor promocional com os 15 milhões de dólares do marketing em espécie é duvidosa", ele definiu. Da maneira como estava elaborada, a proposta da Visa era "bastante sem sentido".

Nesse momento, Valcke deu um tremendo cala-boca em Tom Houseman, uma violenta bronca. Jérôme disse que ele não estava entendendo o que era realmente importante, estava passando ao largo do problema. Obviamente a oferta do "marketing em espécie" da Visa tinha "pouco ou nenhum valor para a Fifa", disse Jérôme. Mas acontece que *precisamos* justificar a escolha da Visa e não a da MasterCard!".

Naquele mesmo dia – um longo dia – o Comitê Financeiro finalmente se reuniu. E, é claro, de acordo com as atas, aprovou a Visa porque, embora as duas empresas tivessem "oferecido 180 milhões de dólares em dinheiro vivo", apenas uma delas tinha "também se comprometido a pagar um adicional de 15 milhões de dólares em marketing em espécie".

As atas mencionam também a "malsucedida" disputa da logomarca com uma das concorrentes – a rusga dos círculos e bolas.

Ninguém teve a decência de comunicar a John Stuart que o negócio com a MasterCard tinha ido para a lata do lixo. Até onde *ele* sabia, Sepp Blatter e a MasterCard ainda caminhavam juntos, compartilhando um "verdadeiro espírito de parceria".

De volta a Zurique, Sepp Blatter e Jérôme Valcke tinham obtido as decisões que ambos queriam. Agora, o que fazer com John?

Valcke e seus asseclas realizaram uma conferência por e-mail a fim de maquinar "justificativas e desculpas para apresentar à MasterCard, explicando por que o negócio não foi fechado com eles".

Stefan Schuster arquitetou um ardil graças ao qual "ainda seria possível ver a Fifa como uma entidade com alguma ética nos negócios".

Eles podiam alegar a John Stuart que a Visa não tinha fornecido "uma proposta assinada em tempo hábil para as reuniões da diretoria". (Tudo bem que eles não tenham solicitado isso e tudo bem que a Visa também não tinha fornecido tal documento.)

Schuster sugeriu: "Vamos dizer que a Visa – surpreendentemente – apareceu no último minuto com uma oferta mais alta".

Então Schuster se lembrou do caso dos círculos e bolas. Vamos trazer isso à baila, ele propôs. Vamos dizer que é um "obstáculo muito grande (decisivo?)".

Tão grande que a MasterCard teria de pagar 20 milhões de dólares extras para transpô-lo.

Valcke disse: "Podemos fazer isso. Talvez eles engulam".

A coisa estava ficando um tanto hilária.

Schuster disse: "Qualquer coisa para consertar esta merda de situação para a Fifa!".

Valcke perguntou a Tom Houseman sobre os círculos e bolas. "Qual é a chance de a MasterCard desistir da questão da logomarca?"

"Quase zero", respondeu Houseman. "Mas, em todo caso, a Fifa nunca encarou o problema como algo capaz de inviabilizar acordos comerciais."

Robert Lampman entrou na conversa: "Meus chapas... isso parece um sonho... um pesadelo, isso sim!".

E depois concluiu: "Está dando muito na cara que alguém aqui não gosta nem um pouco da MC... a coisa vai ficar feia".

E ficou.

Jérôme Valcke "enrolaria a MasterCard e a manteria na jogada" até a diretoria da Visa aprovar o negócio. Isso aconteceria em 2 de março.

E como ele conseguiria enganar a MasterCard? Com a história dos círculos e bolas. Isso deixaria John Stuart confuso pelo tempo necessário.

No dia 17 de março Jérôme disse a John que a proposta da MC tinha morrido – por causa da disputa da logomarca.

John Stuart ligou para Tom Houseman.
Tom! Círculos e bolas? *Vocês estão falando sério?*
Hã... sim, respondeu Tom (que tinha acabado de dizer aos colegas que aquilo não era "algo capaz de inviabilizar acordos comerciais").
Nem Jérôme nem Tom Houseman disseram uma palavra sobre a Visa.
Stuart solicitou uma reunião urgente com Sepp Blatter. Por via das dúvidas, Valcke marcou a reunião somente para 6 de abril, apenas para o caso de a diretoria da Visa dizer "não".
No dia 29 de março a diretoria da Visa disse "sim", e no dia seguinte Valcke ligou para John Stuart. "Assinamos com a Visa", ele disse. "A disputa sobre os círculos tornou-se um problema de grande envergadura. A principal razão para a Fifa ter escolhido a Visa em detrimento da MasterCard é a questão da logomarca."
Depois agradeceu a John Stuart pela "negociação justa".

O quartel-general da MasterCard em Nova York foi sacudido por uma onda de fúria e ódio. John Stuart foi correndo dar aos chefes a notícia da traição da Fifa.
Robert Selander, presidente da MasterCard, pegou o telefone.
Triiiiim. Triiiiim.
Alô, sala do presidente Blatter.
Selander perguntou por Blatter.
Sinto muito. O presidente acabou de sair.
Selander esperou.
No dia seguinte, ligou de novo. Mais uma vez Sepp tinha acabado de sair.
Veio o fim de semana. No dia 4 de abril Selander enviou um fax a Blatter nos seguintes termos: "Honre nosso compromisso ou processaremos a Fifa".
No dia 5 de abril Sepp respondeu, via fax: "Tarde demais. Não podemos estender nosso contrato com vocês. Já assinamos com a Visa".
Mas o contrato ainda não tinha sido assinado; Blatter e Christopher Rodrigues só assinaram no dia seguinte, em uma cerimônia reservada, em Zurique.

Duas semanas depois, a MasterCard abriu um processo no Tribunal Distrital de Manhattan.
A MasterCard acusou a Fifa de "impressionante má-fé" e "escandalosa traição [...] ostensiva e fraudulenta violação do direto de primeira recusa".

Se o contrato com a Visa fosse levado adiante, "os danos que a Fifa infligirá à MasterCard" seriam "irreparáveis".

Nenhuma quantia em dinheiro seria suficiente para reparar os prejuízos. "Centenas de milhões de dólares" não bastariam.

Os advogados da MasterCard entraram imediatamente com um pedido de "publicação compulsória". A corte ordenou que a Fifa apresentasse as atas de todas as reuniões a respeito da Visa ou da MasterCard, e-mails, memorandos, anotações manuscritas, tudo.

Em junho o advogado suíço favorito de Blatter declarou ao tribunal de Nova York: não temos condições de sair procurando documentos agora. Há uma Copa do Mundo em andamento.

Os advogados da MasterCard solicitaram, "em diversas ocasiões", cópias das atas da reunião da diretoria presidida por Blatter e realizada em outubro de 2005, ocasião em que Valcke apresentou as duas propostas.

Não temos como encontrá-las, respondia a Fifa. Elas não existem.

Sepp Blatter alegou não ter nenhum documento relevante "nem em minha sala na sede da Fifa em Zurique nem em qualquer outro lugar".

A MasterCard respondeu com incredulidade: "O senhor está falando sério?".

Blatter balbuciou que o que ele quis dizer foi o seguinte: ele, pessoalmente, não tinha nenhum "documento tangível" – e com isso se referia a pedaços de papel – no âmbito das quatro paredes de sua sala de presidente (suas secretárias arquivam a papelada para ele).

E "qualquer outro lugar" era seu apartamento em Zurique.

Martin Hyman, advogado da MasterCard, disse ao tribunal: "A única desculpa que não ouvimos ainda foi 'o cachorro comeu o meu dever de casa'".

Enquanto isso, os advogados da Fifa insistiam em entrar com moções para que o caso fosse levado para Zurique, uma vez que a Justiça suíça é do tipo de que Blatter mais gosta. Os Estados Unidos, de acordo com os advogados de Sepp, não eram uma "jurisdição apropriada".

No dia 10 de agosto, em uma sala de tribunal de Manhattan, a juíza Loretta Preska disse: "Ah, são sim".

Alta, magra e elegante, a juíza Loretta, de 57 anos de idade, é uma mulher de bela estrutura óssea, os cabelos grisalhos bem cuidados e bem penteados, dedos compridos e unhas impecáveis. E uma mente afiada como uma navalha.

Oh, meu Deus do céu, eis que entra a grande testemunha de defesa da Fifa: Chuck Blazer.

Gordo, mal-ajambrado, capenga, o sessentão Chuck tem uma cabeleira crespa e espessa, olhos de panda, dedos gordos e uma mente... bem, não exatamente afiada.

A Fifa tinha de mandar alguém do Comitê Executivo. Não havia muitos voluntários. Sepp escolheu Chuck.

Em uma sala revestida de painéis de carvalho e abarrotada de advogados de parede a parede, Chuck passou muitas horas infelizes tentando explicar como funcionava o estilo Fifa de fazer negócios.

Martin Hyman, da MasterCard, perguntou: "Na sua opinião foi correto da parte do sr. Valcke ludibriar o sr. John Stuart durante algumas semanas até que o negócio com a Visa fosse ratificado?".

Chuck balbuciou uma fala ininteligível: "Creio que foi correto da nossa parte voltar atrás e tomar uma resolução em determinado momento, pois talvez tivesse sido necessária novamente caso as circunstâncias se mostrassem diferentes".

Hyman: "Não tenho a menor ideia do que o senhor acabou de dizer, sr. Blazer".

Chuck: "O que estou dizendo ao senhor é que, sem saber o curso dos eventos ao longo dos dias subsequentes, é impossível determinar como...".

E ele continuou falando bobagem até que a juíza interveio: "E de que maneira *isto* responde à pergunta?".

Hyman quis saber: "*Por que* a Fifa escolheu a Visa em detrimento da MasterCard?".

Ele mostrou alguns papéis a Chuck.

Aqui Chuck está dizendo que o motivo foi a disputa de logomarcas.

Aqui Blatter diz: "A oferta da Visa foi maior".

Hyman perguntou: "Quem está mentindo, o senhor ou o sr. Blatter?".

Chuck respondeu que havia "uma ligeira diferença de opiniões... não creio que isso tenha importância".

Hyman concluiu: "O senhor está depondo aqui hoje porque o sr. Blatter não estava disposto a comparecer perante esta corte para testemunhar. É correta esta afirmação?".

"Absolutamente não", protestou Chuck.

E esse foi o ponto alto, o grande destaque do depoimento da testemunha de defesa da Fifa.

No resumo final dos fatos e argumentos, Adam Silverstein, da MasterCard, disse à corte que qualquer empresa deveria "ter sérias preocupações ao fazer negócios com a Fifa", onde "a mentira, a fraude e a má-fé são o procedimento-padrão".

Hyman disse: "Para essas pessoas nenhuma mentira é descarada demais, nenhuma desculpa é uma invencionice enganosa demais".

Silverstein declarou que a Fifa não tinha jogado limpo e que "merece um cartão vermelho pela maneira como tratou a MasterCard".

Foi exatamente isso o que a juíza Preska mostrou a eles.

Ela concluiu que a Fifa não cumprira sua obrigação contratual de respeitar o direito de primeira compra da MasterCard na negociação para a aquisição do próximo ciclo de patrocínio.

Ela pontuou: "Os negociadores da Fifa mentiram repetidamente para a MasterCard".

E "mentiram para a Visa".

E no tribunal: "De maneira geral, as evidências das testemunhas da Fifa não foram críveis nem dignas de confiança".

Sobre o misterioso desaparecimento de um trecho da fita com a gravação da reunião do Comitê Executivo em 2005, a juíza afirmou que "A Fifa não ofereceu explicação". A Fifa tampouco explicou "por que as atas não eram compatíveis com o áudio da fita".

Acerca da questão da logomarca... a juíza observou que Sepp Blatter admitira já saber da história havia muitos anos. E quando afirmou que a MasterCard estava "atacando a entidade", Sepp estava apenas dando sua contribuição para ajudar a "manipular a decisão da diretoria em favor da Visa".

Sepp Blatter e Jérôme Valcke "engendraram o resultado daquela reunião", ela asseverou.

No tribunal os rapazes de Blatter se eximiram de responsabilidade e denominaram as quebras contratuais como "mentiras inofensivas", "mentiras comerciais", "blefes" e até mesmo – ironicamente, comentou a juíza Preska – "coisas do jogo". A juíza apontou algo mais sinistro, chamando a atenção para o fato de que, afinal de contas, a Fifa tinha confessado que "alguém aqui não gosta nem um pouco da MC".

E depois havia também a questão dos documentos falsificados.

No dia 4 de abril de 2006, Robert Selander, da MasterCard, tinha alertado o presidente Blatter de que a Fifa seria processada caso fechasse o negócio com a Visa.

Sepp e Chris foram em frente mesmo assim e assinaram o contrato em 6 de abril de 2006.

Mas quando a Fifa, por fim, apresentou sua versão do contrato, o documento estava datado de 3 de abril. E a assinatura de Chris Rodrigues parecia meio esquisita. "Para olhos pouco treinados", escreveu a juíza, "ela parece perceptivelmente diferente da assinatura do sr. Rodrigues que consta da versão do contrato apresentada pela Visa".

Na opinião da juíza, "Nenhuma testemunha da Fifa ofereceu explicação para o fato de a versão do contrato com a Visa apresentada pela Fifa nesta ação estar datada de 3 de abril de 2006". Assim, ela concluiu: "É razoável inferir que alguém da Fifa tenha datado o documento de '3 de abril' para dar a impressão de que o contrato fora assinado *antes* da ameaça de Selander, de que haveria ação legal".

Quanto a Chuck Blazer, a juíza disse: "Seu depoimento foi de modo geral indigno de credibilidade, com base em sua atitude e comportamento, e suas respostas evasivas...". Certos aspectos de seu testemunho ela chegou inclusive a "descartar como pura invencionice".

A juíza Preska mostrou seu cartão vermelho no dia 7 de dezembro de 2006, ordenando que a Fifa honrasse o contrato com a MasterCard e – em uma decisão pouco comum nos Estados Unidos – pagasse as custas e despesas do processo da MasterCard.

A Fifa disse que apelaria. "A Fifa espera vencer e continua convencida de que agiu o tempo todo de boa-fé", afirmou o comunicado oficial.

Dessa vez nem a Fifa acreditou na Fifa.

Dias depois, eles mudaram de tom. A Fifa reconheceu que as negociações "violaram seus princípios comerciais. A Fifa não pode aceitar tal conduta de seus próprios funcionários".

E todos os quatro negociadores, Valcke, Houseman, Schuster e Lampman foram afastados.

E quanto a Sepp? A juíza Preska reconhecera que ele tinha *jantado* com Chris Rodrigues, tinha "*manipulado*" a decisão em favor da Visa e tinha "*engendrado*" o resultado.[1]

Sepp também não merecia receber o cartão vermelho?

Ah, e a propósito, Sepp, eu andei pensando com os meus botões, por que motivo a Fifa *teve* aquela trabalheira toda para fechar um negócio com a Visa se já tinha um contrato, pelo qual receberia o preço solicitado, com a MasterCard?

"A resposta está soprando ao vento, em algum lugar de Zurique", foi a melhor hipótese, o melhor palpite que a MasterCard conseguiu formular.

O senhor pode nos dizer, Sepp?

Sepp?

Sepp?

(Ah..., acho que Sepp não está ouvindo.)

PÓS-ESCRITO

Agora ele tem de ouvir, mas talvez seja tarde demais para Blatter. E, às vezes, parece até que ele, por fim, perdeu todo e qualquer contato com o mundo real, em que, como nossa mãe nos ensinou, se fizermos coisas ruins um dia elas vão acabar voltando para nos assombrar. No caso de Blatter, os 35 anos de íntima convivência com a corrupção na Fifa estão começando a cobrar seu preço.

Mas ele não quer aprender. Para espanto do mundo, menos de um ano depois do escândalo da MasterCard Blatter trouxe de volta Jérôme Valcke e o promoveu a secretário-geral da Fifa! Em meus arquivos consta uma carta de Blatter a Jérôme, escrita anos atrás, em que o presidente da Fifa acusa Valcke, então um homem de negócios em Paris, de tentar chantageá-lo. Será que isso teria algum peso na promoção de Valcke?

Os seis executivos da ISL indiciados foram a julgamento em Zug na primavera de 2008. Fui o único jornalista britânico que se deu ao trabalho de comparecer ao tribunal. Quando examinamos as cópias do texto da acusação formal, distribuídas aos jornalistas presentes, a bomba-relógio de Blatter começou a fazer um *tique-taque* cada vez mais barulhento.

Escondida em algum lugar entre as 235 páginas do texto de acusação havia uma lista de pagamentos feitos entre junho de 1999 e janeiro de 2001, em sua maior parte para empresas-fantasma registradas em Liechtenstein. Eram claramente propinas, dinheiro sujo sendo lavado para… quem sabe? E havia mais revelações chocantes. A primeira era que um dos receptores tinha sido preguiçoso demais e tomara providências para que seu dinheiro fosse enviado para uma obscura empresa sediada em Vaduz, capital do Principado de Liechtenstein. De acordo com a lista, Nicolás Leoz, o membro paraguaio do Comitê Executivo, havia recebido duas propinas, totalizando 130 mil dólares. Não parece muito para um homem que preside a Conmebol, a Confederação Sul-americana de Futebol, desde 1986. Mais tarde, descobriríamos mais.

E, então, teve início o julgamento! Um segundo acontecimento causou sensação e espanto, fazendo os repórteres telefonarem afoitos para seus editores. Um dos três juízes, Marc Siegwart, começou perguntando aos seis executivos da ISL quem é que tinha recebido as propinas. Quem recebeu o dinheiro? Cinco deles responderam que não sabiam de nada. Chegou a vez de Jean-Marie Weber dar suas explicações: "A conselho do meu advogado, nada tenho a declarar".

Indagado novamente, ele respondeu: "Esses pagamentos foram feitos de maneira sigilosa e devo respeitar esse termo de confidencialidade".

Siegwart ficou irritado. Ele se concentrou em uma propina modesta, de apenas 250 mil dólares. O texto da acusação diz que o dinheiro foi para o bolso do senhor Abdul Muttaleb, que à época do pagamento ocupava o cargo de diretor-geral do Conselho Olímpico da Ásia (COA). E, sim, a ISL obteve um contrato com o COA. Em 2004, o programa *Panorama* da BBC flagrou Muttaleb discorrendo sobre a maneira como as propinas podiam ser pagas aos seus amigos do COI. Foi o fim dos polpudos lucros para Abdul.

"Por que os senhores pagaram tanto dinheiro a essa pessoa no Kuwait?", exige saber o juiz, que continua: "Aqui neste país temos de mostrar tudo às nossas empresas e aos fiscais da Receita, inclusive os documentos referentes às refeições que fazemos com nossos parceiros de negócios. E os senhores simplesmente dão de mão beijada 250 mil dólares, sem nenhum tipo de notificação, sem documentação, sem contrato, sem um memorando, sem uma mísera carta?". Um dos cinco da ISL responde: "Aquelas pessoas não nos dariam um recibo".

Foi a gota-d'água para Siegwart. Ele sacou de suas pastas uma granada de mão, na forma de uma folha de papel, tirou o clipe metálico e distribuiu o documento às pessoas presentes na sala do tribunal.

Após a explosão dessa bomba, assim que nossos ouvidos pararam de zumbir, nós nos demos conta do que ele acabara de nos dizer: Siegwart tinha provas de que, na década de 1990, a ISL havia desembolsado propinas no valor de – espere um pouco, aguente firme, leitor, lá vai – exorbitantes 100 milhões de dólares. Além dos 15 milhões já confirmados. Não é de espantar que a ISL tenha ido à falência, e que jamais tivesse conseguido se reerguer. E, agora, estávamos um pouco mais perto de solucionar o mistério de como e por que a ISL conseguira derrotar as ofertas da poderosa IMG na concorrência de 1995. Propinas. Suborno. Corrupção.

Depois, Blatter e Leoz se recusaram a fazer qualquer comentário. As provas mostradas no tribunal deveriam ter ido parar no Comitê de Ética da Fifa – mas não foram. Blatter impediu. Nenhum dos membros do Comitê Executivo se rebelou ou levantou a voz para exigir investigações ou as devidas punições legais. As federações e associações nacionais ficaram em silêncio sepulcral, como sempre. Jean-Marie Weber foi condenado e banido do COI. Ainda é bem-vindo e recebido de braços abertos na Fifa – e podemos imaginar por quê.

Enquanto isso, Thomas Hildbrand, o magistrado-investigador extraordinário, dava continuidade às averiguações iniciadas com sua incursão policial à sede da Fifa em 2005. Em certo momento, circularam rumores de que João

Havelange estava evitando a Suíça, porque não queria ser convocado para responder às perguntas das autoridades.

O relógio continuava batendo. *Tique-taque, tique-taque, tique-taque.*

Mas o escândalo da ISL, que vinha se arrastando desde 2001, foi jogado para debaixo do tapete por um Blatter confiante, que, se quisesse continuar no poder, teria de saciar a fome de seus *capi*. Em 2000, os interesses comerciais na Alemanha pagaram as propinas que para lá levaram a Copa de 2006. A África do Sul sabia que tinha sido roubada. Blatter acalmou os nervos africanos apressando-se em garantir que, no futuro, o torneio seria realizado de acordo com um critério de revezamento de continentes. A África ouviu a promessa de que sediaria a Copa de 2010. Apesar das substanciais propinas pagas por um malsucedido concorrente do continente africano, a África do Sul venceu e torrou rios de dinheiro público na construção de estádios que jamais voltarão a ser usados de maneira adequada ou sequer conseguirão cobrir os custos do investimento feito pelo país para realizar a Copa. No entanto, alguns políticos e seus associados no mundo dos negócios ganharam muito dinheiro.

Depois de assegurar os votos de que necessitava para garantir sua sobrevivência no poder, Blatter tinha de pagar outra dívida. Havelange tivera um papel decisivo na eleição de Blatter em 1998; agora era hora de retribuir. Ricardo Teixeira merecia ganhar sua própria Copa do Mundo, para desse modo poder cuidar dos "arranjos" financeiros e escrever os contratos. Isso ficou acertado para 2014.

E, assim, chegou ao fim o "sistema de revezamento" entre continentes. Os velhos gananciosos da Fifa queriam a volta de uma concorrência global para sediar a Copa com sua enxurrada de propinas. E foi então que um deles teve uma ideia brilhante! O que podia ser melhor que uma tonelada de propinas? Resposta: duas toneladas de propinas!

E eles conseguiram. Impotentes, os torcedores e fãs do futebol do mundo todo nada puderam fazer para impedir que os velhos anunciassem que a escolha do país sede das Copas de 2018 e 2022 seria feita conjuntamente.

Se havia boatos de insatisfação entre as federações e associações nacionais, Blatter deu um fim a isso enfiando cédulas de dinheiro graúdo na boca dos descontentes. Cada uma das federações recebe, por ano, 250 mil dólares, dinheiro supostamente destinado ao desenvolvimento do futebol. Falei com jornalistas esportivos de muitos países que jamais souberam desses repasses! Por isso, não fazem a menor ideia de como esse dinheiro foi gasto por seus dirigentes e onde a bolada foi parar.

O dinheiro vinha sendo distribuído anualmente pela Fifa desde 1999. Mas Blatter, discursando em junho de 2010 diante de seus congressistas em Johannesburgo, às vésperas da Copa do Mundo, afirmou que não era o bastante! Ele dobraria o valor da verba! Todos receberiam *outros* 250 mil dólares de auxílio. Será que a razão disto era o fato de que Sepp já estava pensando, com um ano de antecedência, na reeleição? (O pleito será realizado em junho de 2011.)

Sim, e Sepp tinha mais motivos de preocupação. Mesmo proporcionando uma chuva de dinheiro no quintal de seus eleitores, ele sabia que em questão de dias sua credibilidade sofreria um novo golpe.

Em 24 de junho de 2010, em plena Copa do Mundo, o Escritório de Crimes Econômicos do cantão suíço de Zug divulgou um comunicado glacial, em que se lia: "Em agosto de 2008 o magistrado Thomas Hildbrand iniciou investigações acerca de alegações de que certos membros do Comitê Executivo da Fifa teriam recebido propinas referentes a contratos de marketing. Depois de cinco anos de averiguações, os acusados concordaram em ressarcir 5,5 milhões de francos suíços e o caso foi encerrado". Parte desse dinheiro foi doada a instituições de caridade. Ninguém em Zug diz de onde o dinheiro veio nem para onde estava indo.

Mas algo estava claro: alguns altos dirigentes da Fifa tinham aceitado propinas da ISL! E admitiram isto! Finalmente, a coisa havia sido documentada em âmbito público. E eles desembolsaram dinheiro para manter em sigilo sua identidade.

Blatter não estava disposto a revelar a verdade. Ele divulgou um comunicado afirmando que a Fifa não faria comentários. A Fifa acrescentou que Blatter fora "inocentado de qualquer conduta ilícita" e o caso agora estava "definitivamente encerrado".

Nenhuma das duas declarações era verdadeira.

Às vésperas da Copa do Mundo, apresentei outra edição do programa *Panorama* da BBC. Depois de vários anos ganhando a confiança de certas fontes, eu tinha conseguido obter o documento mais importante de toda a saga de corrupção da Fifa. Nós o chamamos de "A Lista" – um documento secreto contendo os detalhes de 175 pagamentos de propinas feitos pela ISL entre 1989 e 1999, totalizando incríveis 100 milhões de dólares. Mais uma vez, muitos desses pagamentos foram feitos às escondidas, ocultos sob o nome de empresas-fantasma registradas em Liechtenstein – mas nem todos. Nicolás Leoz recebeu 600 mil dólares adicionais. O chefão do futebol africano Issa Hayatou tinha recebido um suborno de 30 mil dólares – e, pelo o que soubemos, podia haver mais. Essas eram pessoas que votariam na escolha da próxima sede da Copa do Mundo.

Na lista estava também o nome de Ricardo Teixeira, genro de João Havelange e homem forte no comando da organização da Copa do Mundo de 2014. Outra empresa sediada em Liechtenstein tinha encaminhado 9,5 milhões de dólares a Teixeira. Ainda não descobrimos quem recebeu cerca de 50 milhões de outra empresa de fachada. Será que foi João Havelange? Identificamos ao menos um pagamento de propina – no valor de 1 milhão de dólares – recebido por Havelange em março de 1979. Não temos dúvidas de que houve muitos outros.

As más notícias para Blatter se multiplicavam. O jornal norueguês *Dagbladet* publicou documentos mostrando que Jack Warner estava, mais uma vez, vendendo no câmbio negro ingressos para a Copa do Mundo. Em Trinidad, os jogadores da seleção dos Guerreiros Soca – que entraram com uma ação legal contra Warner exigindo o pagamento do dinheiro que ele lhes devia – estavam perto de ganhar a causa nos tribunais locais.

Três dias depois, quando os 24 membros do Comitê Executivo da Fifa se reuniram na palaciana sede da entidade em Zurique para a votação, havia duas cadeiras vazias – a do nigeriano Amos Adamu e de Reynald Temarii, do Taiti. Ambos foram suspensos pela Fifa depois que uma matéria investigativa de repórteres do *Sunday Times* revelou que ambos estavam envolvidos em um esquema de compra de votos.

Quando vieram a público os números da votação, ficou fácil entender por que os líderes da Fifa se esforçam ao máximo para que sua "família do futebol" mundial jamais descubra como votam os membros do Comitê Executivo. A Inglaterra, candidata a sede da Copa de 2018, obteve apenas dois votos e foi eliminada. Outros candidatos competentes, como as candidaturas conjuntas Holanda-Bélgica e Portugal-Espanha, foram preteridos em favor da Rússia, que mal tem estádios. Como isso pôde acontecer? Simultaneamente, o mais recente vazamento de material confidencial publicado no site da WikiLeaks revelava que diplomatas norte-americanos tinham rotulado a Rússia de Putin como um "Estado mafioso". Desenterrei minhas fotografias mostrando Blatter sendo recebido com todas as honras por um mafioso de Moscou que figura na lista dos "Mais Procurados" do FBI. Homem este também envolvido com os mais altos escalões do futebol russo.

Mas pelo menos na Rússia jogam futebol e há multidões de torcedores e fãs do esporte. A segunda votação foi a coisa mais estarrecedora da história da Fifa. Não foi surpresa alguma quando a Austrália logo saiu da disputa com um único voto, sendo prontamente seguida por Japão e Coreia. Aparentemente os Estados Unidos, com sua eficiente rede de comunicações, vasta oferta de hotéis e estádios, derrotaria com facilidade o ensolarado Catar.

As investigações empreendidas por determinados jornalistas, por alguns dos candidatos derrotados e, inclusive, pelo FBI, vão se arrastar durante anos a fio na tentativa de descobrir como e por que 14 membros do Comitê Executivo optaram pelo Catar e somente oito votaram a favor dos Estados Unidos. Depois das eleições presidenciais a Fifa vai ter de enfrentar o futuro a que os velhos gananciosos condenaram o futebol do mundo em 2022.

No início de 2011, Blatter foi às pressas para Doha, no Catar, e lá viu seu favorito, o desconhecido príncipe jordaniano Ali Bin Al-Hussein, apoiado pelos homens mais ricos da região, derrotar o coreano Chung Mong-Joon por 25 votos a 20 na disputa pela vice-presidência asiática da Fifa.

Mas Blatter não parecia tranquilo e fez vários comentários bizarros, declarando disparates que iam de seu plano para a criação de um novo Comitê de Ética da Fifa (ideia logo abortada no dia seguinte) a um ataque amalucado ao Comitê Olímpico Internacional, asseverando que a Fifa era mais transparente. Ele estava claramente abalado com a notícia de que o COI, entidade da qual ele é membro, tinha anunciado a instauração de investigações sobre as propinas da ISL.

Mas o pior estava por vir. Blatter tinha no bolso uma carta de Günter Hirsch, ex-presidente do Tribunal Federal de Justiça da Alemanha, demitindo-se do Comitê de Ética da Fifa. A linguagem era devastadora. Hirsch estava renunciando porque, em suas palavras, "os responsáveis da Fifa não tinham interesse verdadeiro em desempenhar papel ativo na resolução, no prosseguimento e na prevenção de violações do Código de Ética da Fifa". A carta logo vazou para a imprensa.

Depois, as coisas ficaram ainda piores. No final de janeiro de 2011, o presidente da Confederação Asiática de Futebol, Mohamed Bin Hammam, anunciou que Blatter devia abdicar do poder. Três dias depois, Blatter contra-atacou com mais dinheiro – mais 300 mil dólares para cada associação e federação nacional. Ainda não estava claro o que os dirigentes fariam com essa dinheirama.

A distribuição de dinheiro e a troca de favores são o lubrificante dos 14 anos de Blatter à frente da Fifa, o que levou a entidade a uma espiral de escândalos e ao descrédito mundial. Pode ser que sua prática de "molhar a mão" de todo mundo não funcione por muito mais tempo.

As propinas pagas pela ISL certamente terão de ser levadas perante o Comitê de Ética da Fifa, por mais fraco e sem moral que ele seja. Se seus membros conseguirem se esquivar de recomendar punições severas a Leoz, Teixeira, Hayatou, Blatter e Havelange, tal manobra estará entre os maiores prodígios do mundo do futebol.

O perigo para os poderosos chefões da Fifa é que determinada investigação deflagrada pela Comissão de Ética do Comitê Olímpico Internacional pode chegar ao resultado de que o mundo do esporte precisa – e espera. Blatter, Havelange e Hayatou são membros do COI. Em uma só decisão, o Comitê pode decepar a cabeça da víbora venenosa que a Fifa se tornou.

Quanto tempo Havelange ainda continuará no poder? Em que momento vai anunciar que seus médicos querem que ele renuncie a um cargo tão estressante e sujeito a pressões? A Fifa vai alijá-lo de seu trono? Ou será o COI?

E, enquanto este livro está sendo impresso, Mohamed Bin Hammam continua suas ameaças e anunciou que vai concorrer contra Blatter na eleição à presidência da Fifa em 1º de junho de 2011.

Levando em consideração a campanha recorde de Bin Hammam e sua conquista da sede da Copa de 2022 no Catar, ele levaria cerca de um ano para limpar a corrupção na Fifa. Porém, se Blatter ganhar, a saga de corrupções continuará.

Tique-taque, tique-taque, tique-taque.

APÊNDICE
NOTAS AOS CAPÍTULOS

Capítulo 1

[1] A história da propina que foi parar no endereço errado – diversas fontes dentro e fora da Fifa e da ISL. Trechos publicados no *Daily Mail* em 27 de maio de 2002, e novamente em dezembro de 2005. Matéria publicada também em vários jornais suíços e alemães. Mais no capítulo 7.

[2] A repressão na Tunísia está fartamente documentada por várias organizações, do *New York Times* à BBC e ONGs como Repórteres sem Fronteiras e Anistia Internacional.

[3] A decisão do promotor de Zurique e sua investigação sobre acusações contra Sepp Blatter são descritas em detalhes no capítulo 29.

[4] A pergunta feita pelo autor a Blatter foi filmada por uma equipe dinamarquesa e depois exibida em muitos países europeus. O entrevistador e produtor do filme é o jornalista alemão Jens Weinreich.

Capítulo 2

[1] Publiquei mais sobre a equipe de Dassler e suas operações em três livros anteriores: *The Lords of the Rings* (1992),* *The New Lords of the Rings* (1996) e *The Great Olympic Swindle* (2000), em diversos artigos e em matérias para a televisão.

[2] Sou grato a Morley Myers e a Keith Botsford pela cobertura do congresso de Frankfurt, e a Christian Jannette, que compartilhou comigo suas lembranças do período em que trabalhou para Dassler.

Capítulo 3

[1] O envolvimento de Chowdhry no boxe amador internacional é narrado em meus dois livros olímpicos anteriores e no mais recente, *The Great Olympic Swindle*.

[2] Truques sujos contra Helmut Käser: Kistner & Weinreich, *Das Milliarden Spiel: Fusball, Geld und Medien* (Fischer Taschenbuch Verlag, Frankfurt, 1998).

[3] Os comentários de André Guelfi sobre a contratação de Blatter pela Fifa e o pagamento de indenização a Käser após sua rusga com Dassler foram registrados por Barbara Smit em

---

* Publicado no Brasil como *Os senhores dos anéis. Poder, dinheiro e drogas nas Olimpíadas modernas*. Trad. Celso Nogueira. São Paulo: Best Seller/ Círculo do Livro, 1992. (N. T.)

sua história da família Adidas-Puma, publicada no Reino Unido, em maio de 2006, pela Penguin com o título *Pitch Invasion*, traduzido para várias línguas.*

⁴ André Guelfi conta sua história em sua autobiografia *L'Original*, publicada por Robert Laffont, Paris, 1999. Mais informações estão disponíveis nas matérias publicadas na época pela imprensa francesa sobre o escândalo (e subsequente julgamento) Elf-Acquitaine.

Capítulo 4

¹ Obrigado a Ezequiel Fernandes Moores por sua orientação acerca de todos os assuntos relativos à Argentina. Seu trabalho sobre o vice-presidente sênior e presidente do Comitê Financeiro da Fifa, Julio Grondona, é uma bênção para os repórteres estrangeiros.

² A tentativa de Blatter de suceder a Havelange é narrada em detalhes por Kistner e Weinreich, *Das Milliarden Spiel: Fusball, Geld und Medien*, e em artigos e matérias da época. A questão veio à baila novamente em 1998, quando Blatter concorreu à presidência da Fifa. Ver "Soccer-Johansson launches blistering attack on Blatter" [Futebol – Johansson lança ataque violento contra Blatter], Reuters, 27 de março de 1998.

³ Pelé acusa Ricardo Teixeira, genro de Havelange, de corrupção. *International Herald Tribune*, 15 de dezembro de 1993.

⁴ Investigação sobre Havelange na revista *Playboy*, Brasil, 1994, por Roberto José Pereira.

⁵ Ellert Schramm, citado em Kistner & Weinreich, *Das Milliarden Spiel: Fusball, Geld und Medien*.

⁶ Havelange e as 32 seleções na Copa do Mundo, citado em Kistner & Weinreich, *Das Milliarden Spiel: Fusball, Geld und Medien*.

Capítulo 5

¹ O nascimento do plano do negócio de apostas – sou grato a Rodrigo Mattos e Juca Kfouri pelo auxílio na investigação.

² Os detalhes do acidente do helicóptero de Machline estão registrados no National Transportation Safety Board (Conselho Nacional de Segurança nos Transportes), disponível em <http://www.ntsb.gov/ntsb/brief.asp?ev_id=20001206X01950&key=1>.

³ Grande parte dos detalhes sobre o esquema de apostas é revelada em um memorando de Richard Herson a Blatter, 28 de maio de 2001.

⁴ O relatório de 1,6 mil páginas do Congresso brasileiro sobre a corrupção no futebol foi publicado em 4 de dezembro de 2001, e propicia detalhes fascinantes sobre as outras atividades e transações financeiras dos principais atores do esquema de apostas da Fifa.

---

* Publicado no Brasil como *Invasão de campo: Adidas, Puma e os bastidores do esporte moderno*. Trad. Cristiano Botafogo. Rio de Janeiro: Jorge Zahar, 2007. (N. T.)

Capítulo 6

[1] O choque dos diretores da ISL com a perda do contrato olímpico e a necessidade de manter a qualquer custo o contrato da Fifa está refletido nas atas da reunião da diretoria, de 7 de dezembro de 1995.

Capítulo 7

[1] O pagamento que foi parar em endereço errado – a citação anônima de um ex-dirigente da Fifa foi confirmada com ele antes da publicação.

Capítulo 8

[1] Havelange "honrado" por ser convidado do presidente Abacha, em "Havelange apologizes to Nigeria" [Havelange pede desculpas à Nigéria], Reuters, 8 de novembro de 1995.

[2] "Havelange defends Nigerian plans despite condemnation" [Havelange defende planos nigerianos apesar de condenação], artigo de Peter Wilson, *Sunday Times*, citado por Reuters, 12 de novembro de 1995.

[3] David Will rejeita presentes, citado em *Badfellas*, de John Sugden e Allan Tomlinson (Mainstream Publishing, Edimburgo, 2003).

[4] O dr. Jean-Marie Kyss foi entrevistado pelo autor em sua clínica e também no estádio nacional em Porto Príncipe, em abril de 2002.

[5] Vincy Jalal nomeada delegada da Associação Nacional de Futebol do Haiti, página 6 das atas do 50º Congresso da Fifa, Zurique, 3-4 de julho de 1996.

[6] Johansson, "I will push for and independent accountant" [Farei pressão para instalar uma auditoria independente], Associated Press, 21 de março de 1998.

[7] Para mais detalhes sobre as encomendas de ingressos de Chet Greene, ver o capítulo 28.

[8] A resolução amparada pela Uefa para forçar Blatter a declarar sua candidatura foi datada de 12 de março de 1998. A reunião teve cobertura da Reuters, da Associated Press e da Agence France Presse, em 12 e 13 de março.

Capítulo 9

[1] Platini: "Sou um homem de convicções", Reuters, 18 de maio de 1998.

[2] Blatter estava prometendo transparência: "Blatter says he's near Fifa victory" [Blatter afirma que está perto da vitória], Associated Press, junho de 1998.

[3] Johansson espera uma campanha suja: "Blatter is Havelange's puppet, says Johansson" [Johansson é fantoche de Havelange, diz Johansson], Reuters, 29 de março de 1998.

[4] Os comentários de Braun foram feitos no Congresso da Uefa em abril de 1998, aberto à imprensa.

[5] Johansson em Kuala Lumpur. "Havelange is not neutral" [Havelange não está neutro], Reuters, 14 de maio de 1998.

⁶ Na ocasião, a breve visita de Blatter a Nairóbi foi objeto de extensa cobertura do *Daily Nation* e do *East African Standard*.

⁷ Orçamento eleitoral de 135 mil dólares de Blatter, divulgado pela Reuters em 5 de junho; no mesmo dia a Associated Press informou que o orçamento era de 300 mil dólares.

⁸ Platini faz objeções aos hotéis cinco estrelas: "Fifa presidential hopeful says he's near victory" [Aspirante à presidência da Fifa diz estar perto da vitória], Associated Press, 5 de junho de 1998.

⁹ Farah Addo foi entrevistado pelo autor em Bamako, Mali, em janeiro de 2002, com Christoph Mueller, da TV suíça SF (SF DRS).

¹⁰ Avião do emir. Blatter entrevistado pelo *Tages-Anzeiger*, 23 de dezembro de 1998.

Capítulo 10

¹ "Bomba" Mthethwa no *Swaziland Times*, 5 de junho de 1998.

² Neville Ferguson, de Trinidad e Tobago, passando-se por delegado do Haiti. O fato está registrado na página 9 das atas do Congresso da Fifa de 1998. O episódio foi gravado pelo vídeo oficial da Fifa.

³ Corinne Blatter sobre o apoio africano, Reuters, 8 de junho de 1998.

⁴ O "papel fundamental" de Warner na vitória de Blatter, *Trinidad Express*, 12 de julho de 1998.

⁵ Boatos de que maços de 50 mil dólares foram distribuídos entre dirigentes africanos: matéria do *Washington Post*, 9 de junho de 1998, e outras publicações.

⁶ "O sr. Blatter refuta veementemente": "Blatter threatens to sue over rumours" [Blatter ameaça processar por conta de rumores], Reuters, 9 de junho de 1998.

⁷ Graham Kelly e Alec McGivan: "England relieved with Blatter victory" [Inglaterra aliviada com vitória de Blatter], Reuters, 8 de junho de 1998.

Capítulo 11

¹ O fato de Blatter ter cobrado da Fifa seus gastos na campanha eleitoral (e depois reembolsou a entidade) é evidenciado por seu formulário de despesas e outros documentos vistos pelo autor.

² O autor viu uma declaração juramentada e registrada em cartório de um ex-dirigente da Fifa sobre as bonificações de Blatter. Ver também a carta de Cartier ao autor no capítulo 29.

³ Markus Siegler revelando que os membros do Comitê Executivo da Fifa não apresentam recibos quando submetem suas declarações de despesas; e-mail ao *Daily Mail*, 2 de setembro de 2003.

Capítulo 12

¹ A declaração de Urs Linsi de que a Fifa é transparente, publicada em janeiro de 2003, parece ter sido apagada do site fifa.com. Estava disponível em <http://www.fifa.com/Service/MRE_A/51043_E.html>.

² Carta de Chung a Warner a respeito do salário de Blatter, 18 de janeiro de 2002.

³ Resposta de Warner à carta de Chung, 21 de janeiro de 2002.

⁴ A notícia de que Blatter registrou seus negócios fiscais em Appenzell apareceu no jornal *Blick* em setembro de 1995. Nos meses seguintes a história repercutiu em boa parte da imprensa suíça.

Capítulo 13

¹ Os nomes dos membros dos comitês e comissões da Fifa podem ser encontrados em <http://www.fifa.com/en/organisation/committee.execom.html>.

² A declaração de Lennart Johansson "Não tenho provas disso e me recuso a especular" está em "Blatter threatens to sue over rumours", Reuters, 9 de junho de 1998.

³ A fortuna de Warner: *Trinidad Guardian*, 13 de janeiro de 2000.

⁴ Os 100 mil dólares de Koloskov. Ver o relatório de Michel Zen-Ruffinen de 3 de maio de 2002, e o subsequente documento de "retificação" de Blatter.

Capítulo 14

¹ Obrigado a vários jornalistas franceses que me ajudaram com informações sobre Jerome Champagne.

Capítulo 15

¹ Entre as fontes incluem-se: a) a biografia autorizada de Warner, *Upward Through the Night* [Subindo, durante a noite], escrita por Tino Singh, editor de esportes do jornal *Trinidad Guardian* e publicada em 1998 pela Lexicon de Trinidad Ltd., e b) *The Story of Trinidad and Tobago Football 1983-2000* [A história do futebol em Trinidad e Tobago], compilação de Valentino Singh (capítulo 12, "Austin Jack Warner", e capítulo 15, "Aftershocks") – site da Federação de Futebol de Trinidad e Tobago: <www.tnt.fifa.com>.

² Blatter elogia Warner, seu "amigo maravilhoso e leal", 25 de setembro de 2001.

³ Passaporte diplomático do primeiro-ministro Panday no aniversário de 57 anos de Warner, 26 de janeiro de 2000.

⁴ Warner descreve seus adversários políticos como "Talibã", *Trinidad Express*, 26 de novembro de 2001.

⁵ Warner promete ao distrito eleitoral de La Brea a construção de instalações esportivas, *Trinidad Express*, 26 de novembro de 2001.

⁶ Jack Warner é nomeado presidente do Parlamento de Trinidad, *Trinidad Guardian*, 10 de abril de 2001.

⁷ Os três conjuntos de livros contábeis de Warner. A biografia de Warner, *Upwards Through the Night*, p. 136.

⁸ Jack Warner mandou imprimir milhares de ingressos extras para o jogo Trinidad e Tobago X Estados Unidos, pelas eliminatórias para a Copa do Mundo de 1990, *Upwards Through the Night*, p. 25-47, e *The Story of Trinidad and Tobago Football 1983-2000*, capítulo 15.

Capítulo 16

[1] Blazer sobre a eleição da Concacaf e a maior parte de suas citações, *Upward Through the Night*.

[2] O fax "sórdido" de Warner a Blatter, 28 de abril de 1990.

[3] O empreendimento de apostas de Blazer: "Fifa boss who wants to take your bets on the World Cup" ["Chefão da Fifa quer apostas na Copa do Mundo"], *Daily Mail*, 18 de dezembro de 2001.

[4] Blatter prega código de conduta: "Blatter embarks on moral crusade with a Code of Conduct" [Blatter embarca em cruzada moral com código de conduta], Reuters, 19 de dezembro de 2001.

[5] Warner como "beneficiário" da sua comunidade: "Warner waits in the wings" [Warner à espreita] – perfil escrito por Irving Ward, *Trinidad Express*, maio de 1998.

[6] Carta de Grondona e Blatter a Warner sobre o empréstimo de 6 milhões de dólares, 14 de dezembro de 1999.

[7] Warner e o curso de arbitragem de 77 mil dólares... e a solicitação de assistência financeira feita a Blatter em 21 de agosto de 2001.

[8] Solicitação de Warner de subsídio para recrutar Pelé, Sir Bobby Charlton, Carlos Alberto Parreira e Gerard Houllier para um segundo curso de aperfeiçoamento de técnicos de futebol, 12 de março de 2002.

[9] Um dos filhos de Warner tornou-se agente oficial de futebol, *Upwards Through the Night*, p. 226.

Capítulo 17

[1] Carta da Associação de Empreiteiros de Trinidad e Tobago ao primeiro-ministro Panday, 20 de setembro de 1999.

[2] Relatório de Keith Thomas datado de 12 de março de 2001.

[3] Sandra Bachir disse: "Passamos tempo demais enfatizando questõezinhas que não podemos mudar", "More $ for Warners" [Mais dinheiro para os Warner], *Trinidad Express*, 1º de setembro de 2001.

[4] Warner disse à imprensa: "Eles [os quiosques] estão ajudando a revolucionar o esporte", em <www.kioskbusiness.com/JanFeb02>.

[5] "Devemos ter cuidado para que o país não seja usado simplesmente para fomentar os interesses comerciais do sr. Warner", extraído de "Not so fast, Jack" [Sem tanta pressa, Jack], editorial do *Trinidad Express*, 24 de setembro de 2001.

[6] Walter Gagg: "Temos de nos sentir muito, muito agradecidos por tê-lo (Warner) na organização". Garth Wattley, "Smoking out the truth" [Desencavando a verdade], *Trinidad Express*, setembro de 2001.

[7] "Vou me empenhar pela transparência", entrevista coletiva de Blatter (Copa do Mundo Sub-17 da Fifa), Hotel Hilton, Port of Spain, 29 de setembro de 2001.

[8] A resposta por escrito de Blatter às perguntas da entrevista coletiva veio datada de 17 de outubro de 2001.
[9] Carta de Warner a Blatter: "Fico feliz de informá-lo de que todas as federações-membros da Concacaf apoiam plenamente sua nova indicação para um segundo mandato na presidência da Fifa", 5 de outubro de 2001.
[10] Resposta de Blatter: "É com imenso prazer", 9 de outubro de 2001.
[11] Warner alerta Blatter de que as contas da Copa do Mundo Sub-17 mostram déficit, 25 de outubro de 2001.
[12] Jamal Warner na Seleção de Trinidad: "Two Warners fingered in La Foucade Sacking" [Dois da família Warner são pivô da demissão de La Foucade], *Trinidad Express*, 28 de setembro de 2002.

Capítulo 18

[1] Este capítulo baseia-se fundamentalmente nos documentos da ISL a mim disponibilizados por Jens Weinreich e Thomas Kistner após a falência da empresa.
[2] Carta de Weber a Hélio Viana na esperança de propor um negócio de marketing e licenciamento para o nome e a marca Pelé, datada de 4 de janeiro de 2000.

Capítulo 19

[1] Este capítulo também se baseia essencialmente nos documentos da ISL, em particular referentes ao último ano de existência da empresa.
[2] Carta do Vaticano agradecendo a Blatter pela doação de 50 mil francos suíços, 11 de janeiro de 2001.
[3] O artigo 158 do Código Penal suíço versa sobre "deslealdade com o empregador em circunstâncias financeiras".
[4] Memorando "Resumo financeiro", de Michel Zen-Ruffinen e Jon Doviken, 19 de maio de 2001. A resposta de Urs Linsi é datada de 6 de junho de 2001.

Capítulo 20

[1] "Foi somente em 21 de abril [de 2001] que tomamos conhecimento de que um dos pagamentos não tinha ido para o lugar certo". Essa foi a declaração de Blatter quando soube que os milhões de dólares pagos à ISL pela TV Globo tinham sumido foi dada em 25 de maio de 2001, Associated Press e Reuters.
[2] As recriminações da Globo estão contidas no memorando "Resumo financeiro", de Michel Zen-Ruffinen e Jon Doviken, em 19 de maio de 2001. A resposta de Urs Linsi é datada de 6 de junho de 2001.
[3] A Fifa formalizou queixa-crime contra a ISL às autoridades de Zug em 28 de maio de 2001.
[4] O questionário com 25 perguntas de Johansson foi enviado a Blatter em 11 de junho de 2001.

⁵ O Congresso da Fifa em Buenos Aires, em julho de 2001, teve a cobertura das agências de notícias e de muitos jornais; particularmente útil foi um artigo da revista argentina *Alarco*.

Capítulo 21

[1] Carta de Blatter a Chung cobrando medidas para dar fim ao hábito sul-coreano de comer cachorros, 6 de novembro de 2001.

[2] A nova lista de perguntas de Johansson foi enviada em 14 de dezembro de 2001; entre os assuntos, os negócios de securitização e a promessa de auditoria.

[3] Os dissidentes entregam outra carta a Blatter, em 18 de dezembro de 2001.

[4] Carta de apoio de Jack Warner a Sepp Blatter: "Meu caro presidente, tomei conhecimento de sua dor", 20 de dezembro de 2001.

[5] Lennart Johansson a Blatter: "Voltando para casa depois do hospital às 5 horas [...] Recebemos uma enxurrada de fatos e números", 22 de dezembro de 2001.

[6] David Will a Grondona: "Sinceramente, eu esperava um documento de duzentas a trezentas páginas e mal pude acreditar no 'resumo' de duas páginas que, por fim, recebemos", 22 de janeiro de 2002.

[7] Angel Maria Villar Llona anuncia apoio a Blatter, Reuters, 6 de março de 2002.

[8] O jornalista esportivo Juca Kfouri comenta a nomeação de Ricardo Teixeira para o Comitê Interno de Auditoria da Fifa: "Mais uma vez estão colocando a raposa para tomar conta do galinheiro", *Guardian*, 12 de março de 2002.

[9] Blazer escreveu a Will: "Na sessão de abertura declarei que este comitê era a formação de um processo político", 24 de abril de 2002.

[10] Blatter suspende os trabalhos do Comitê Interno de Auditoria da Fifa, Reuters, 11 de abril de 2002.

[11] "A coisa ficou pessoal, especialmente por causa dos ataques do sr. Johansson a mim", Blatter disse em entrevista, Reuters e BBC Sport, 25 de abril de 2002.

[12] Carta de Blatter a Johansson: "Está em suas mãos, Lennart, estabelecer qual será o tom das próximas semanas", 22 de março de 2002.

[13] Carta de Blatter a Chung: "Caro colega (e o nome do destinatário vinha escrito à mão) Caro MJ", 16 de abril de 2002.

[14] "Aqueles que me conheceram nos últimos trinta anos", Blatter ataca a "campanha de calúnia e vilificação", Reuters, 23 de abril de 2002.

[15] Michel Zen-Ruffinen em *Le Temps*, 18 de abril de 2002.

[16] Não demorou muito para que o dossiê de Zen-Ruffinen de 3 de maio de 2002 chegasse à mídia.

[17] Bollman vaiado. Reunião do Comitê Executivo da Fifa. Diversas fontes dentro da sala de reuniões e *Daily Telegraph*, 4 de maio de 2002.

[18] Issa Hayatou, um dos cinco, disse depois: "Ele parecia perplexo, bastante chocado. Mas se recusou a pedir demissão e disse que só devia satisfações ao congresso", Reuters, 6 de maio de 2002.

¹⁹ Blatter aproveitou a oportunidade para atacar Hayatou: "No início, eu o considerava um homem justo", Reuters, 14 de maio de 2002.

Capítulo 22

¹ Blatter na Monróvia – publicado por *Fifa News*, dezembro de 2000.
² Snowe cria a "Amigos de Blatter na África", 19 de março de 2002.
³ George Weah: "É injusto para o futebol do país" e a Fifa confirma os 50 mil dólares a Snowe, BBC, fevereiro de 2003.
⁴ Em 3 de janeiro de 2006 a ONU anunciou que Edwin Snowe continuava proibido de viajar, sob a alegação de que estava envolvido no financiamento do exilado Charles Taylor.
⁵ Reunião organizada por Gaddafi no final de abril, *The Monitor*, Kampala, 2 de maio de 2002.
⁶ Champagne: "O presidente Blatter não está aqui em campanha", Associated Press, 25 de março de 2002.
⁷ "Blatter aproveitou a oportunidade para fazer *lobby* e caçar votos", All Africa Global Media, 25 de março de 2002.
⁸ "Após a realização de investigações, todas as alegações foram desmentidas", Associated Press, 6 de abril de 2002.
⁹ Bin Hammam revelou: "Este jato foi oferecido por um amigo meu, Saleh Kamel", 9 de abril de 2002.
¹⁰ "Gostaríamos de chamar a sua atenção para o fato de que o membro de um comitê da Fifa somente pode ser substituído pela instância que o nomeou, o Comitê Executivo", escreveu a Warner o secretário-geral Michel Zen-Ruffinen, 13 de março de 2002.
¹¹ Blazer teve uma explosão de indignação, e exigiu que Zen-Ruffinen fosse ou demitido ou suspenso, Bloomberg, 7 de abril de 2002.
¹² "Embora eu saiba que o inglês é a língua oficial da Fifa", Warner a Zen-Ruffinen, 16 de abril de 2002.
¹³ Grondona disse a uma estação de rádio de Buenos Aires: "Zen-Ruffinen não serve nem para comandar um grupo de escoteiros", Associated Press, 9 de maio de 2002.
¹⁴ Documento de "Retificação" de Blatter, 17 de maio de 2002.
¹⁵ Blatter, "Aqueles que fizeram acusações que não podem provar vão para a cadeia", Associated Press, 22 de maio de 2002.
¹⁶ Robert Contiguglia: "O presidente Blatter deve continuar no comando da Fifa", Associated Press, 23 de maio de 2002.

Capítulo 23

¹ Conferência de imprensa da Copa do Mundo de 2002, Seul. A coletiva dos cinco vice-presidentes foi acompanhada por centenas de jornalistas das agências de notícias e outras mídias.

² Memorando de Vincent Monnier alertando sobre os custos de um congresso extraordinário, 22 de abril de 2002.

³ Todas as declarações dadas no Congresso da Fifa – a que o autor esteve presente – foram verificadas mediante comparação com o vídeo oficial da Fifa.

⁴ "Amanhã a gente cuida do sr. Limpinho", Associated Press e outras agências de notícias, 30 de maio de 2002.

Capítulo 24

¹ A Copa do Mundo teve início em Seul em 31 de maio de 2002. Warner foi fotografado pelo *Trinidad Express* na noite de 4 de junho, em Trinidad, do lado de fora do presídio de Port of Spain.

² "Meu caro presidente e amigo", 7 de fevereiro de 2002.

³ "Viajarei para o Japão com uma acompanhante para a qual não será necessário um quarto separado", 12 de fevereiro de 2002.

⁴ A Fifa abandona a exigência do nome dos compradores nos ingressos, Associated Press, 24 de maio de 2002.

⁵ O porta-voz da Fifa fala do choque de Bin Hammam ao saber que ingressos com seu nome estavam sendo vendidos, Associated Press, 8 de junho de 2002.

⁶ Cooper demitido, Associated Press, 10 de julho de 2002.

⁷ Tognoni demitido, *Daily Mail*, 28 de março de 2002.

⁸ Blatter ameaça suspender o Brasil, Agências, 30 de outubro de 2000.

⁹ "Critic of Marxist regime, awaits trial amid threats" [Crítico do regime marxista aguarda julgamento, em meio a ameaças"], Associated Press, 12 de agosto de 1999.

¹⁰ O antissemitismo de Grondona disponível em <http://www.wiesenthal.com/site/apps/s/content.asp?c=fwLYKn8LzH&b=253162&ct=286023>.
<http://www.wiesenthal.com/site/apps/s/content.asp?c=lsKWLbPJLnF&b=4442915&ct=5853051>.
<http://www.wiesenthal.com/site/apps/s/content.asp?c=lsKWLbPJLnF&b=4442915&ct=5850001>.

Capítulo 25

¹ Blatter ameaça sanções: "World Cup Ticket Scandals Widen" [Escândalo dos ingressos da Copa do Mundo se amplia], Associated Press, 19 de junho de 1998.

² Fax de Chet Greene com pedido de 2.964 ingressos para a Copa do Mundo, 15 de janeiro de 1998. Lido pelo autor.

³ Fax de Johansson para Greene sobre ingressos, 10 de julho de 1998.

⁴ Os 57.526,70 francos, devidos por Greene, relativos aos ingressos pedidos para a Copa de 1998 aparecerem com destaque na conta de Antígua à Fifa em maio de 2002.

⁵ O fax do "Homem de Negócios Voraz" foi enviado de um endereço de Seattle, em 27 de fevereiro de 2002.

⁶ Correspondência entre a Umbro e a Admiral descoberta nos arquivos da Associação de Futebol de Antígua e Barbuda depois que Greene foi tirado do cargo.
⁷ Cartas de Jerome Champagne datadas de 22 e 23 de janeiro de 2003.
⁸ "Desempenho e representação [...] não foram senão exemplares", carta de Warner, 3 de fevereiro de 2003.
⁹ Crump contra-ataca, *Antigua Sun*, 1º de março de 2004.
¹⁰ Burrell saca Jamie Lawrence da seleção, *Jamaica Gleaner*, 1º de junho de 2000.
¹¹ Blatter visita a Jamaica para apoiar Burrell, Associated Press, 16 de novembro de 2003.
¹² Horace Reid disposto a morrer por seus "princípios", *Jamaica Observer*, 14 de fevereiro de 2005.

Capítulo 26

¹ Günter Netzer, citação de um gerente de Kirch, Associated Press, 19 de abril de 2003.
² Warner é convidado para o safári Mala Mala, 1º de junho de 2000.
³ "Tudo de bom no ocaso de sua carreira no futebol", carta de Warner a Dempsey, 10 de julho de 2000.
⁴ Al-Saadi Gaddafi na revista *Super*, setembro de 2003.
⁵ Gaddafi pego no exame *antidoping*, Reuters, 8 de janeiro de 2004.
⁶ História de Zagallo no Brasil, *IstoÉ*, São Paulo, 18 de setembro de 2002.
⁷ Blatter afirmou na Tunísia: "Sua infraestrutura esportiva é impressionante", Tunisia Online, 19 de novembro de 2003.
⁸ Marrocos e o Saara Ocidental – ver Toby Shelley: "Endgame in the Western Sahara: What future for Africa's last colony" [Fim de jogo no Saara Ocidental: Que futuro há para a última colônia da África] (Zed Books, Londres, 2004).
⁹ O hotel que Winston Churchill adorava, *Daily Telegraph*, 11 de março de 2004.
¹⁰ "Eles sabem que sou judeu [...]", Alan Rothenberg citado em *The New York Times*, 23 de setembro de 2003.
¹¹ "[Rothenberg] obviamente é daqueles que acreditam que Elvis Presley está vivo e morando na Lua", depoimento do falecido membro do Parlamento inglês Tony Banks, do seleto Comitê de Cultura, Mídia e Esporte.
¹² Perfil do xeque Saleh Kamel, *Spiegel*, junho de 2003.
¹³ "Se não damos pão de graça aos pobres", *Al-Ahram*, 22 de março de 2001.
¹⁴ Patrick Manning: "Essa visita está ganhando um tratamento desnecessariamente político", *Trinidad Guardian*, 23 de abril de 2004.
¹⁵ "Ele é nosso convidado. Não vamos ceder. O sr. Warner deve receber o sr. Mandela", *Trinidad Guardian*, 23 de abril de 2004.
¹⁶ Warner: "Infelizmente a Concacaf ainda não se decidiu", *Cape Argus*, 14 de maio de 2004.

[17] Rothenberg: "Mandela não é um homem do futuro. É um homem que já era, que faz parte da História", Reuters, 14 de maio de 2004.

[18] Ali El-Din Hillal alegara que os líbios tinham recebido pedidos de pagamento de propina que chegavam a 67 milhões de dólares, *Al-Ahram*, 27 de maio de 2005.

[19] Nelson Mandela deseja se aposentar. Informação de repórter da África do Sul, 2 de junho de 2004.

Capítulo 27

[1] Tirei *screenshots* (captura de telas) do site da ECN de Hargitay antes que as páginas fossem apagadas.

[2] Acusações de envolvimento em esquema ilícito de venda de ações na Hungria, *Blick*, 23 de agosto de 1995.

[3] Carta de J. Michel Houlahan, diretor do Serviço de Informação dos Estados Unidos, *Jamaica Herald*, 21 de março de 1996.

[4] Capturei as telas do site do Grupo Ad Hoc pelos Direitos Humanos, de Hargitay, antes que fosse retirado do ar.

Capítulo 28

[1] Convite da ECN para a mesa-redonda de mídia de Blatter. Sem data, mas de meados de janeiro de 2003.

[2] "European Communications & Research Think Tank" [Grupo Europeu de Discussão, Pesquisa e Comunicações], que fornecia aos clientes "informações investigativas sensíveis".

[3] "Calcinhas". *Guardian*, sexta-feira, 16 de janeiro de 2004.

Capítulo 29

[1] O entrevistador do documentário televisivo era Jens Weinreich.

[2] Matéria do autor no *Daily Mail* revelando o bônus secreto de Blatter e a ameaça de processo no site fifa.com. Ambos em março de 2003.

[3] Markus Siegler proíbe o autor de ter acesso à coletiva de imprensa da Fifa – e-mail enviado em 25 de março de 2003.

[4] Lawrence Cartier ameaça entrar com ação por danos morais, 25 de março de 2003.

[5] Carta de dez páginas de Cartier, datada de 19 de maio de 2003.

[6] Cartier exige que eu providencie antecipadamente cópias dos meus artigos, carta de 21 de novembro de 2003.

[7] "[...] padrões de jornalismo responsável requerem que os originais do seu livro nos sejam enviados antes da data de publicação", carta de Cartier, 17 de setembro de 2004.

[8] "[...] não cabe ao senhor decidir passar ao largo da minha firma e contatar diretamente meus clientes", carta de Cartier datada de 13 de fevereiro de 2004.

⁹ Marcel Mathier se recusa a comentar a investigação sobre a compra de votos, 30 de março de 2003.

¹⁰ Em carta de 11 de julho Cartier confirmou que as investigações ainda estavam em andamento.

¹¹ O Código Disciplinar e os procedimentos da Fifa podem ser baixados em <http://www.fifa.com/en/organisation/legal/chamber/0,1489,2,00.html>. A parte importante está na página 42, "Art. 121. Forma e conteúdo da decisão".

Capítulo 30

¹ *100 Years of Football: The Fifa Centennial Book*, de Pierre Lanfranchi, Christiane Eisenberg, Tony Mason e Alfred Wahl (Weidenfeld & Nicholson, Londres, 2004).

² Weber e outros executivos da ISL são presos, Reuters, 19 de novembro de 2002.

³ A impressionante história da batalha legal do liquidante da ISL Thomas Bauer para reaver o dinheiro das propinas, a conta bancária aberta por Weber para o ressarcimento do dinheiro, o papel do advogado Peter Nobel e as tentativas do magistrado-investigador Thomas Hildbrand de obter a lista de nomes de dirigentes que receberam propinas são revelados em uma extraordinária sentença do tribunal federal suíço. Disponível em <http://wwwsrv.bger.ch/cgi-bin/AZA/JumpCGI?id=11.07.2005_1P.32/2005>.

Quem primeiro divulgou a sentença foi Jean-François Tanda, no *SonntagsZeitung*, 7 de agosto de 2005, sob a manchete "Der lange Arms des Sepp Blatter" [O braço comprido de Sepp Blatter].

⁴ Warner declarou: "Jamais vi um pingo de corrupção", "'Jumpin' Jack Flash", *Trinidad Express*, 12 de dezembro de 2004.

⁵ Carta de Linsi a Blatter, pedindo a demissão de Champagne, citada em *SonntagsZeitung*, 16 de outubro de 2005.

⁶ A batida de Hildbrand na Casa da Fifa é revelada no *Daily Mail*, 28 de novembro de 2005.

Capítulo 31

¹ Informações fascinantes sobre as atividades da família Warner no Centro de Excelência dr. João Havelange estão disponíveis em <http://www.concacafcentre.co.tt/index.htm>.

² Warner prometeu dar as chaves do centro na coluna semanal do editor Keith Smith, *Trinidad Express*, 8 de setembro de 2006.

³ Keith Rowley e o orçamento de 2001, Associated Press, 23 de fevereiro de 2006, e imprensa regional.

⁴ O relatório da reunião do Comitê de Ética da Fifa que discutiu a atuação de Warner e a Simpaul pode ser baixado no site <www.transparencyinsport.org>.

⁵ Os relatórios da Ernst & Young sobre os Warner e a Simpaul podem ser baixados em <www.transparencyinsport.org>.

[6] O roteiro do programa *Panorama* da BBC está disponível em <http://news.bbc.co.uk/1/hi/programmes/panorama/5076282.stm>.

[7] Ataque racista de Warner ao autor, *Trinidad Express*, 10 de maio de 2006.

[8] Preços dos ingressos para o jogo contra o Peru, *Trinidad Express*, 14 de abril de 2006.

[9] Warner insiste que um microfone inexistente machucou seu rosto, *Trinidad Express*, 24 de maio de 2006.

[10] Em 15 de setembro de 2006 o advogado de Warner envia à imprensa caribenha uma compilação de documentos, cartas e e-mails referentes aos ingressos.

[11] Os Guerreiros Soca ameaçam entrar em greve, *Trinidad Express*, 7 de outubro de 2006.

[12] Groden consente em "repatriar" o dinheiro aos Guerreiros Soca, comunicado de imprensa da TTFF, 17 de novembro de 2006.

[13] Daryan Warner penalizado pelo Comitê Executivo; as atas confidenciais da reunião do comitê de 5 de dezembro de 2006 podem ser baixadas no site <www.transparencyinsport.org>.

Capítulo 32

[1] Durante a investigação, outros executivos da ISL confirmaram todas as informações do "sr. Brown".

[2] A sentença do Tribunal Real de Liechtenstein, *SonntagsZeitung*, 14 de maio de 2006.

Capítulo 33

[1] As decisões da juíza Preska e todos os outros documentos estão arquivados no Tribunal Distrital dos Estados Unidos, Distrito Sul de Nova York.

CRONOLOGIA

1904 – A Fifa é fundada em Paris.

1954 – A Fifa se muda para Sonnenberg (Sunny Hill).

1961 – Sir Stanley Rous torna-se presidente da Fifa.

1974 – Junho: com a ajuda de Horst Dassler da Adidas, João Havelange torna-se presidente da Fifa, substituindo Rous. Copa do Mundo da Alemanha.

1974 – Julho: pela última vez o futuro presidente do COI faz em público a saudação fascista em Barcelona.

1978 – Copa do Mundo da Argentina.

1980 – Com o apoio de Horst Dassler, o ex-ditador fascista Juan Antonio Samaranch chega à presidência do COI.

1981 – As manobras de Dassler alavancam Primo Nebiolo à presidência da Associação Internacional de Federações de Atletismo (IAAF).

1981 – Setembro: Helmut Käser pede demissão do cargo de secretário-geral da Fifa e é substituído por Sepp Blatter.

1982 – Horst Dassler cria a International Sport & Leisure (ISL). Ganha contratos da Fifa, até e incluindo a Copa de 1998, e fecha acordos semelhantes com a IAAF e o COI.

1982 – Copa do Mundo da Espanha.

1986 – Michel Zen-Ruffinen começa a trabalhar no departamento jurídico da Fifa.

1986 – Copa do Mundo do México.

1987 – Morte de Horst Dassler.

1989 – Novembro: os Estados Unidos derrotam Trinidad e Tobago nas eliminatórias da Copa do Mundo. Polêmica sobre o número de ingressos impressos pelo secretário-geral da TTFF, Jack Warner.

1990 – Copa do Mundo da Itália.

1990 – Lennart Johansson torna-se presidente da Uefa.

1993 – Dezembro: Havelange tira Pelé do sorteio dos grupos da Copa do Mundo em Las Vegas.

1994 – Em segredo, Havelange e Weber planejam um negócio global de apostas.

1994 – Copa do Mundo dos Estados Unidos.

1994 – Blatter apresenta seu nome para substituir Havelange.

1994 – Agosto: o magnata brasileiro Mathias Machline morre em um acidente de helicóptero em Nova Jersey.

1995 – Michel Zen-Ruffinen é nomeado vice-secretário-geral da Fifa.

1995 – Eric Drossart, da IMG, oferece 1 bilhão de dólares para tirar da ISL os direitos de televisão e contratos de marketing da Copa do Mundo.

1995 – Agosto: a polícia jamaicana descobre cocaína em um navio pertencente a Peter Hargitay. Ele é inocentado e em 2002 torna-se consultor especial de Blatter.

1995 – Novembro: Havelange faz agrados ao ditador nigeriano Abacha, enquanto os carrascos preparam o cadafalso para "Os Nove Ogoni".

1995 – Dezembro: o COI cancela o contrato com a ISL.

1996 – Dezembro: Havelange anuncia sua aposentadoria.

1996 – Vincy Jalal ocupa a cadeira vazia do delegado haitiano, ausente do Congresso da Fifa em Zurique.

1996 – Julho: a ISL mantém os contratos de televisão da Fifa para 2002 e 2006, com dinheiro de Leo Kirch.

1996 – Julio Grondona assume a presidência do Comitê Financeiro da Fifa.

1997 – Setembro: Johansson anuncia que vai concorrer à presidência da Fifa.

1997 – Dezembro: a ISL ganha o contrato de marketing da Fifa para 2002 e 2006.

1998 – Propina da ISL para a um alto dirigente é enviada, por engano, para Sunny Hill.

1998 – Janeiro: Chet Greene, da Associação de Futebol de Antígua e Barbuda, encomenda 2.964 ingressos para a Copa do Mundo.

1998 – Março: Sepp Blatter anuncia que vai concorrer à presidência da Fifa.

1998 – Junho: Sepp Blatter derrota Lennart Johansson na eleição à presidência da Fifa. Neville Ferguson, de Trinidad e Tobago, ocupa o lugar do delegado haitiano ausente.

1998 – Copa do Mundo da França.

1998 – Julho: após a Copa, Blatter retorna a Sunny Hill e lança em seu formulário de despesas da Fifa os gastos com sua campanha eleitoral.

1998 – Setembro: a Fifa exige que a ISL repasse o dinheiro pago pela Rede Globo de Televisão. A ISL não obedece.

1998 – Dezembro: Michel Zen-Ruffinen assume o cargo de secretário-geral da Fifa.

1999 – Abril: a ISL concorda em pagar 1,2 bilhão de dólares na compra dos direitos dos torneios de tênis da ATP. A ISL começa a praticar uma hemorragia de dinheiro.

1999 – Julho: Urs Linsi torna-se diretor de finanças da Fifa.

1999 – Consultores da McKinsey iniciam trabalho de remodelagem da Fifa.

1999 – Novembro: Blatter abraça o presidente Charles Taylor na inauguração das primeiras instalações do Projeto Goal na Libéria.

1999 – Dezembro: às vésperas da auditoria da KPMG, o contador da Fifa Guy-Philippe converte as despesas de Blatter em possível pedido de reembolso de 55 diárias – a 500 dólares cada diária.

2000 – Fevereiro: sessão de terapia para os funcionários da Fifa no *spa* de Bad Ragaz.

2000 – Chuck Blazer inicia a empresa de apostas Global Interactive Gaming (GIG), em Londres.

2000 – Maio: a Fifa é aconselhada a obrigar a ISL a repassar o dinheiro da Globo. Nada faz nesse sentido.

2000 – Julho: a Alemanha derrota a África do Sul na disputa para sediar a Copa do Mundo. Charlie Dempsey se recusa a votar.

2000 – Agosto: o capitão Horace Burrell, da Jamaica, recebe a mais alta honraria da Fifa, a Ordem do Mérito.

2000 – Dezembro: Guy-Philippe Mathieu, exasperado pelas exigências de um membro do Comitê Executivo, rabisca no pedido de reembolso do dirigente: "No ano passado ele nos fraudou".

2001 – A ISL declara falência. A Fifa apresenta queixa-crime a autoridades de Zug alegando que os executivos da ISL haviam desviado o dinheiro pago pela Globo.

2001 – O liquidante Thomas Bauer confirma ao autor que a ISL pagava propinas a dirigentes e afirma que, se necessário, pleitearia em juízo o ressarcimento do dinheiro dos credores.

2001 – Julho: Blatter triunfa no Congresso da Fifa em Buenos Aires.

2001 – Setembro: a Copa do Mundo Sub-17 da Fifa é realizada em Trinidad e Tobago. Polêmica sobre a alocação de contratos a empresas da família de Jack Warner.

2002 – Primavera: Issa Hayatou disputa com Blatter a presidência da Fifa.
2002 – Blatter concorda em implantar um Comitê Interno de Auditoria. No mês seguinte, cancela a auditoria.
2002 – Maio: o secretário-geral da Fifa Michel Zen-Ruffinen se manifesta contra Blatter. Membros do Comitê Executivo da Fifa encaminham a autoridades de Zurique alegações de corrupção contra Blatter.
2002 – Maio: Blatter é reeleito no Congresso da Fifa em Seul.
2002 – Junho: Copa do Mundo no Japão e na Coreia do Sul. Blatter demite o secretário-geral Michel Zen-Ruffinen e diversos altos funcionários da Fifa.
2002 – Novembro: o magistrado de Zurique Urs Hubmann conclui que as provas são insuficientes para processar Blatter.
2002 – Novembro: Weber e outros executivos da ISL detidos para interrogatório pelo magistrado-investigador de Zug Thomas Hildbrand.
2002 – Dezembro: Urs Linsi é nomeado secretário-geral da Fifa – e mantém seu cargo de diretor financeiro.
2003 – Janeiro: Peter Hargitay, consultor especial do presidente Blatter, organiza uma "mesa-redonda de mídia" em Londres. Blatter promete investigar as alegações de compra e manipulação de votos nos Congressos da Fifa de 1996 e 1998.
2003 – Março: a Fifa anuncia no site fifa.com que "vai processar Andrew Jennings" no dia da publicação do artigo que revela o bônus secreto de Blatter. Não cumpriu a ameaça.
2003 – Maio: em Zug, o liquidante da ISL Thomas Bauer ajuíza ação contra ex-executivos da empresa, exigindo a devolução do dinheiro das propinas a dirigentes.
2003 – Maio: a Fifa suspende a Associação de Futebol de Antígua e Barbuda.
2003 – Em uma audiência secreta em Paris, o Comitê Disciplinar confirma a manipulação de votos no congresso de Paris que elegera Blatter. O veredicto jamais foi divulgado.
2003 – Junho: Blatter contrata Jérôme Valcke para ser o novo diretor de marketing da Fifa.
2003 – Julio Grondona faz comentário antissemita na televisão argentina.
2003 – Novembro: Crenston Boxhill derrota o capitão Horace Burrell na eleição à presidência da Federação Jamaicana de Futebol.
2004 – Janeiro: em uma coletiva de imprensa em Túnis, o autor pergunta a Blatter sobre a propina que foi depositada por engano na conta da Fifa.

2004 – Fevereiro: o advogado suíço Peter Nobel abre uma conta bancária em Zurique, em nome de Jean-Marie Weber, da ISL, para a devolução do dinheiro das propinas ao liquidante Bauer.

2004 – Abril: Mervyn Richards derrota Chet Greene na eleição à presidência da Associação de Futebol de Antígua e Barbuda.

2004 – Nelson Mandela e Desmond Tutu viajam a Trinidad a pedido de Warner.

2004 – Maio: a África do Sul é escolhida como sede da Copa do Mundo de 2010.

2004 – Junho: sem alarde, a Fifa retira a queixa-crime que acusava a ISL de desvio do dinheiro da Rede Globo de Televisão.

2004 – Agosto: o programa *Panorama* da BBC revela Ivan Slavkov, membro do COI e aliado de Blatter, solicitando propinas.

2004 – Agosto: o magistrado de Zug Thomas Hildbrand exige que Peter Nobel informe os detalhes da conta bancária aberta para Weber e os nomes dos dirigentes que devolveram o dinheiro de propinas.

2004 – O tribunal de Zug ordena que Nobel entregue documentos referentes às propinas.

2005 – Janeiro: Nobel apela ao Tribunal Federal de Lausanne para anular a decisão da corte de Zug.

2005 – Fevereiro: o secretário-geral da Fifa exige que Blatter demita o vice-secretário-geral, Jerome Champagne.

2005 – Maio: o magistrado Hildbrand indicia Jean-Marie Weber e outros executivos da ISL por suposto desvio do dinheiro da Globo.

2005 – A família Warner começa a organizar as vendas para agências de viagens de mais de 5 mil ingressos da Copa do Mundo.

2005 – Julho: Linsi insiste na exigência de que Champagne seja demitido.

2005 – Julho: o Tribunal Federal suíço mantém a apelação de Nobel de que ele não precisa entregar os nomes de dirigentes que tinham recebido propinas. Contudo, a sentença revela como as propinas eram pagas.

2005 – Setembro: Congresso da Fifa em Marrakesh. Jean-Marie Weber, aguardando julgamento sobre alegações de desvio de dinheiro da Fifa, participa do evento com credenciais de convidado.

2005 – Setembro: Peter Nobel, o advogado de Blatter, solicita a um tribunal de Zurique que a publicação deste livro seja proibida.

2005 – Novembro: Hildbrand inicia uma nova investigação ligada à ISL e dá uma batida na Casa da Fifa à procura de documentos.

2005 – Dezembro: o advogado Karl Wüthrich substitui Bauer na função de liquidante da ISL.

2005 – Dezembro: a agência de viagens Simpaul oferece ingressos "exclusivos" para a Copa do Mundo. Lasana Liburd, repórter investigativo do jornal *Trinidad Express*, revela que a Simpaul é de propriedade da família Warner.

2006 – Janeiro: Warner afirma que Liburd é um "mentiroso impenitente, e inveterado".

2006 – Março: o Comitê de Ética da Fifa inocenta Warner da acusação de alocação de ingressos da Copa do Mundo.

2006 – Março: corte de Zurique rejeita o pedido de proibição deste livro.

2006 – Março: Warner alega ter vendido sua parte da Simpaul e assim escapa da punição do Comitê Executivo da Fifa.

2006 – Abril: Blatter assina contrato de patrocínio com a Visa. A MasterCard entra imediatamente com um processo em Nova York.

2006 – Abril: o magistrado-investigador Thomas Hildbrand recorre ao Tribunal Real de Liechtenstein. Recebe permissão para usar documentos apreendidos na empresa *offshore* Sunbow em sua investigação sobre as alegações de que a Fifa ressarcira o dinheiro de propinas exigido pelo liquidante da ISL.

2006 – Abril: primeiro relatório da Ernst & Young sobre os esquemas de venda de ingressos comandados por Jack Warner.

2006 – Julho: segundo relatório da Ernst & Young sobre os esquemas de venda de ingressos comandados por Jack Warner.

2006 – Julho: a Itália vence a Copa do Mundo em Berlim. Blatter se ausenta da cerimônia, admitindo que seria vaiado pelos torcedores.

2006 – Julho: lorde Sebastian Coe é nomeado presidente do Comitê de Ética da Fifa.

2006 – Dezembro: Warner e seu filho Daryan recebem punições brandas por seus esquemas de venda de ingressos.

2006 – Dezembro: em Nova York, a juíza Loretta A. Preska dá ganho de causa à MasterCard e determina que a Fifa cumpra sua obrigação contratual e ceda à empresa os contratos de patrocínio de 2007 a 2014. Ela aponta que as "evidências das testemunhas da Fifa não foram críveis nem dignas de confiança", e que "os negociadores da Fifa mentiram repetidamente".

2007 – Janeiro: Michel Platini derrota Lennart Johansson e se torna o novo presidente da Uefa – com tremendo apoio de Blatter.

2007 – Maio: Zurique. Congresso da Fifa. Blatter é reeleito sem oposição e promete mais "fair play".

2007 – Junho: o secretário-geral da Fifa, Urs Linsi, deixa o cargo e recebe da entidade o astronômico pagamento de 4 milhões de libras, para evitar que revele os segredos de Blatter.

2007 – Junho: Jérôme Valcke reassume e é nomeado o novo secretário-geral da Fifa.

2007 – Junho: Jim Boyce renuncia à presidência do futebol irlandês. Mas quatro anos depois será nomeado vice-presidente da Fifa e passará a representar as quatro federações britânicas.

2007 – Outubro: a Fifa escolhe o Brasil como sede da Copa do Mundo de 2014. Teixeira ganha sua própria Copa para saquear à vontade.

2008 – Março: durante o julgamento dos seis executivos da ISL no cantão suíço de Zug, documentos revelam o pagamento de propinas a Nicolás Leoz, ex-membro do Comitê Executivo da Fifa, e lista diversas empresas de fachada baseadas em Liechtenstein, usadas para lavar dinheiro de propinas pagas a outros cartolas.

2008 – Abril: a Fifa nomeia seu novo diretor de comunicações e relações-públicas, Hans Klaus; contudo, o novo "chefe de mídia" é demitido do cargo 19 meses depois.

2009 – Maio: o italiano Franco Carraro, presidente do Comitê Interno de Auditoria da Fifa, é inocentado das acusações de envolvimento em escândalo de manipulação de resultados.

2010 – Junho: durante a Copa do Mundo na África do Sul, depois que a Fifa admitiu que alguns de seus dirigentes haviam recebido propinas, promotores suíços aceitam o pagamento de multa de 5,5 milhões de francos suíços para encerrar a investigação sobre corrupção na entidade.

2010 – Outubro: em investigação sigilosa, jornalistas do *Sunday Times* simularam ser representantes da candidatura dos Estados Unidos à sede da Copa do Mundo para testar o comportamento dos cartolas Amos Adamu e Reynald Temarii, ex-membros do Comitê Executivo da Fifa que votariam no processo de escolha das futuras sedes; durante a negociação (em encontros secretamente gravados), os cartolas pediram dinheiro em troca de seu apoio.

2010 – Novembro: Amos Adamu e Reynald Temarii são suspensos pela Fifa.

2010 – Novembro: o programa *Panorama* da BBC revela lista de propinas pagas pela empresa ISL a dirigentes esportivos, incluindo os nomes de Ricardo Teixeira, Nicolás Leoz e Issa Hayatou. Blatter se recusa a tomar qualquer medida sobre o assunto.

2010 – Dezembro: Rússia e Catar são anunciados como sedes das Copas do Mundo de 2018 e 2022, respectivamente.

2011 – Janeiro: o jurista alemão Güenter Hirsch pede demissão do Comitê de Ética da Fifa.

2011 – Janeiro: Ali Bin Al-Hussein, príncipe da Jordânia, é eleito vice-presidente asiático da Fifa, derrotando o sul-coreano Chung Mong-Joon.

2011 – Fevereiro: os jogadores da seleção de futebol de Trinidad e Tobago (os Guerreiros de Soca da Copa do Mundo de 2006) ganham nos tribunais o direito de receber da Federação, então comandada por Jack Warner, o pagamento de 1,1 milhão de dólares.

2011 – Março: apesar das sanções internacionais, Sepp Blatter atinge um novo patamar de baixo comportamento moral e faz visita oficial a Burma em busca de votos na eleição da Fifa. Assim, dá credibilidade a um regime militar de péssima reputação.

2011 – Março: o presidente da Confederação Asiática, Mohamed Bin Hammam (do Catar), anuncia que vai concorrer contra Sepp Blatter na eleição à presidência da Fifa.

2011 – Maio: Chuck Blazer acusa Warner e Bin Hammam de suborno na reunião de delegados da União Caribenha de Futebol em Trinidad & Tobago. Os dois são suspensos e Bin Hammam se retira da corrida presidencial. Assim, Blatter se reelege.

LISTA DE PERSONAGENS
Elenco de A a Z

Addo, Farah. Ex-árbitro internacional e vice-presidente da Confederação Africana de Futebol; alegou que propinas foram pagas para a eleição de Blatter em 1998. Morreu em 2008.

Battaini, Flavio. Ex-advogado da Fifa, foi trabalhar na International Sports and Entertainment, empresa que detinha o contrato de hospitalidade comercial para a Copa do Mundo de 2006. Desde 2007, é chefe de serviços corporativos do Bank Frey & Co., na Suíça.

Bauer, Thomas. Contador do escritório da Ernst & Young em Basel. Em 2001, nas funções de liquidante da ISL, encontrou evidências de pagamentos ilícitos a dirigentes do futebol.

Bin Hammam, Mohamed. Presidente da Confederação Asiática de Futebol, apoiado pelo emir do Catar. Membro do Comitê Executivo, do Comitê Financeiro e presidente do Projeto Goal, é um poderoso partidário e defensor de Blatter. Espera-se que concorra à presidência – ou indique o presidente – quando Blatter se aposentar.

Blatter, Philippe. Sobrinho de Sepp Blatter, pediu demissão da consultoria McKinsey em dezembro de 2005 para tornar-se executivo chefe de uma agência de marketing, a Infront. Controla os direitos de hospitalidade e de transmissão televisiva da Copa do Mundo na Alemanha.

Blatter, Sepp. Presidente da Fifa desde 1998. Amigo íntimo e protegido de Horst Dassler. Aprendiz e secretário-geral de Havelange durante 17 anos.

Blazer, Chuck. Brilhante e empreendedor parceiro e secretário-geral de Jack Warner. Dirige a Concacaf de um escritório na Trump Tower, em Nova York.

Burrell, Horace. Ex-presidente da Federação Jamaicana de Futebol (1994-2003), membro do Comitê Disciplinar da Fifa.

Champagne, Jerome. Vice-secretário-geral e astuto homem dos bastidores de Blatter. Travou uma batalha contra Urs Linsi. Fontes de dentro da Fifa sugeriram que Champagne queria a presidência – ou uma fatia do bolo, apoiando Platini para o cargo. Deixou a Fifa em 2010 e foi nomeado consultor para o desenvolvimento dos esportes e do futebol da Autoridade Palestina.

Cooper, Keith. Ex-diretor de comunicações da Fifa, demitido em julho de 2003.

Dassler, Horst. Herdou e transformou a Adidas. Criou a ISL, empresa de marketing esportivo que cresceu a ponto de dominar o mercado. Inovador brilhante, arquiteto da política e do marketing esportivo – e da baixeza do mundo dos esportes. Dassler morreu em 1987. Seus métodos, padrões morais e protegidos continuam bem vivos.

Dempsey, Charlie. Membro do Comitê Executivo da Fifa que se absteve de votar na eleição que escolheu a sede da Copa do Mundo de 2006.

Doorgen, Raymond. Contador de Antígua responsável pelo subsídio financeiro da Fifa.

Drossart, Eric. Presidente da IMG, a empresa que tentou comprar os direitos de marketing das Copas de 2002 e 2006.

Ferguson, Neville. Dirigente de Trinidad e Tobago, que ocupou o lugar do Haiti no Congresso da Fifa (Paris, 1998), que elegeu Blatter presidente.

Greene, Chet. Ex-secretário-geral da Associação de Futebol de Antígua e Barbuda.

Grondona, Julio. Presidente da Associação do Futebol Argentino (AFA) por um quarto de século e o vice-presidente mais velho da Fifa. Leal a Blatter, preside o Comitê Financeiro.

Guelfi, André. Astuto negociante francês, ajudou a financiar Dassler na década de 1970. Mais tarde, foi condenado por lavagem de dinheiro no escândalo da Elf (Paris, 2003).

Hargitay, Peter. Relações-públicas, especializado em clientes com problemas de imagem. Consultor de Blatter e produtor executivo do filme *Goal! The Dreams Begins* (*Gol! O sonho impossível*).

Havelange, João. Presidente da Fifa de 1974 a 1998. Empregou uma eficiente mistura de charme, ameaça e persuasão para manter o comando do mundo do futebol durante décadas.

Hayatou, Issa. Presidente da Confederação Africana de Futebol.

Herson, Richard. Assistente executivo de Matias Machline.

Hildbrand, Thomas. Investigador especialista em crimes econômicos, encarregado de averiguar as alegações de que a ISL tinha desviado dinheiro da Fifa.

Jalal, Vincy. Namorada de Horace Burrell, que se sentou na cadeira do Haiti no Congresso da Fifa em Zurique, 1996.

Johansson, Lennart. Disputou com Blatter a presidência da Fifa em 1998 e perdeu. Outrora crítico de Blatter, enfraquecido por conta dos ataques dos aliados de Sepp. Um dos vice-presidentes da Fifa e presidente da Uefa de 1990 a 2007, quando perdeu as eleições para Michel Platini.

Käser, Helmut. Secretário-geral da Fifa, forçado por Havelange a sair do cargo.

Kirch, Leo. Magnata alemão da mídia, dono dos direitos de transmissão da Copa do Mundo e cujo império faliu em abril de 2002.

Kiss, Jean-Marie. Ex-presidente da Federação Haitiana de Futebol que não pôde comparecer aos Congressos da Fifa em 1996 e 1998.

Liburd, Lasana. Repórter de Trinidad e Tobago que em 2005 publicou matéria sobre Jack Warner e seu conflito de interesses na venda de ingressos da Copa do Mundo.

Linsi, Urs. Escolha de Blatter para chefiar as finanças da Fifa. Secretário-geral da Fifa de 2002 a 2007. Travou uma batalha pelo poder com Jerome Champagne.

Luthiger, Fredy. Sócio da KPMG, audita as contas da Fifa.

Machline, Matias. Magnata brasileiro que queria criar o "Fifa Club", loteria mundial do futebol ligada a eventos patrocinados pela Fifa.

Malms, Christoph. Casado com a irmã de Horst Dassler, tornou-se presidente da ISL.

Mataresse, Antonio. Ex-representante da Uefa no Comitê Executivo da Fifa.

Mathier, Marcel. Advogado suíço e presidente do Comitê Disciplinar da Fifa.

Mathieu, Guy-Philippe. Contador do Comitê Financeiro da Fifa incumbido de processar os pedidos de reembolso de Blatter e dos membros do Comitê Executivo.

Mong-Joon, Chung. Membro coreano do Comitê Executivo da Fifa e um dos herdeiros da dinastia Hyundai.

Peter, Nobel. Proeminente advogado suíço que frequentemente representava Blatter e a Fifa.

Petermann, Helen. Leal secretária e assistente pessoal de longa data de Blatter.

Preska, Soretta. Excelentíssima senhora doutora juíza do Tribunal Distrital dos Estados Unidos, distrito sul de Nova York. Formulou um veredicto devastador sobre a honestidade e credibilidade da Fifa em suas relações com os patrocinadores.

Rous, Sir Stanley. Presidente da Fifa, 1961-1974.

Schmid, Erwin. Diretor de finanças da Fifa de meados da década de 1980 até 1999, quando foi substituído por Urs Linsi.

Siegler, Markus e Herren, Andreas. Leais porta-vozes/assessores de imprensa de Blatter.

Teixeira, Ricardo. Genro de Havelange, presidente da Confederação Brasileira de Futebol (CBF), fustigada por graves alegações de corrupção. É membro do Comitê Executivo da Fifa.

Valcke, Jérôme. Executivo francês da área esportiva, contratado por Blatter para reorganizar o marketing da Fifa, sob a liderança do presidente. Afastado em 2006 após admitir ter mentido para a Visa e a MasterCard. Após dez meses de afastamento, Valcke foi readmitido à Fifa, como secretário-geral, cargo que ocupa até hoje.

Warner, Daryan e Daryll. Filhos de Jack Warner, envolvidos em vários negócios do pai no mundo do futebol.

Warner, Jack. Comanda a Confederação de Futebol da América do Norte, América Central e Caribe (Concacaf). Envolvido em acusações (que ele nega veementemente) sobre venda de ingressos e concessão de contratos para familiares. Vice de Grondona no Comitê Financeiro.

Weber, Jean-Marie. Assistente pessoal de Dassler. Weber deu continuidade à politicagem de Dassler, persuadindo lideranças esportivas a fechar contratos com a ISL. Construiu uma sólida relação de amizade com Havelange e Blatter.

Will, David. Advogado escocês, representante das quatro nações britânicas com direito automático a uma vice-presidência da Fifa. Morreu em 2009.

Zen-Ruffinen, Michel. Secretário-geral da Fifa entre 1998 e 2002. Deu com a língua nos dentes e revelou segredos da entidade em 2002. Forçado a sair, atua como advogado na Suíça.

AGRADECIMENTOS

É impossível caçar os bandidos e vilões sem a ajuda dos mocinhos, e é essa gente boa que faz do meu trabalho um prazer e uma alegria. A todos vocês, obrigado.

Algumas pessoas corajosas, e cujo comportamento é pautado por princípios, correram riscos pessoais para jogar luz sobre o mundo secreto do futebol internacional. Por razões óbvias, não vou citar o nome delas aqui. Elas têm o meu respeito e os meus mais sinceros agradecimentos.

Aqui estão os nomes que posso mencionar.

Colin Gibson, editor de esporte do *Daily Mail*, me contratou para viajar pelo mundo investigando a Fifa e teve a coragem de publicar artigos e matérias que deixaram outros editores morrendo de medo.

Thomas Kistner, do *Süddeutsche Zeitung* de Munique, e Jens Weinreich, do *Berliner Zeitung*, compartilharam comigo sua inteligência, amizade e risadas. Recomendo o livro publicado pelos dois em 1998, *Das Milliarden Spiel: Fusball, Geld und Medien*. Jean-François Tanda, do *SonntagsZeitung*, de Zurique, publicou em 2005 uma série de textos sobre a Fifa, desencadeando artigos similares no mundo todo.

O veterano jornalista norte-americano Keith Botsford me ofereceu suas histórias, sua sabedoria e perspicácia sobre a era Havelange. Morley Myers, ainda no batente, ainda cobrindo todos os eventos esportivos mais importantes do mundo, recordou com prazer Frankfurt em 1974.

Barbara Smit compartilhou comigo sua minuciosa pesquisa sobre a família Dassler. Seu livro *Pitch Invasion* (*Invasão de campo: Adidas, Puma e os bastidores do esporte moderno*) é leitura essencial para qualquer pessoa interessada em saber mais sobre como as corporações tomaram conta do mundo esportivo, adestraram os dirigentes para ser obedientes e descobriram intrigantes maneiras de suborná-los.

O angolano Rafael Marques me relatou sua prisão sob ordens de Justino José Fernandes, membro do Comitê Interno de Auditoria da Fifa. No Quênia, contei com a orientação do jornalista Elias Makori, Bob Munro – do projeto Mathere, que usa o futebol para ajudar as crianças faveladas – e o agente Simon Wiseman. Em Uganda, Stephen Ouma Bwire me instruiu sobre quem estava roubando o dinheiro da associação nacional. Na Nigéria, Olukayode Thomas me disse onde procurar provas.

Bob Wagman me deu uma aula sobre o futebol nos Estados Unidos; na Argentina, Ezequiel Fernandes Moores dividiu comigo seu conhecimento sobre

Julio Grondona e a Copa do Mundo dos generais em 1978. No Brasil, Rodrigo Mattos sabia tudo sobre Ricardo Teixeira e João Havelange e seu esquema de apostas, e generosamente me cedeu seu arquivo de contratos e cartas.

Torcedores e administradores de Trinidad me contaram histórias reveladoras sobre a vida com Jack Warner. Emile Elias, da Associação de Empreiteiros, e Selby Browne, do canal a cabo e via satélite Caribbean Sports Network (CSN) foram particularmente solícitos. Raffique Shah e George Hislop recordaram os primeiros tempos de Jack. O jornalista Lasana Liburd me propiciou uma valiosa orientação, inclusive me mostrando cada informação nova que ia descobrindo.

Na Cidade do México e Miami, Edgardo Codesal me relatou suas experiências com Warner e Blazer.

O dr. Jean-Marie Kyss me cedeu seu precioso tempo em Porto Príncipe para conversar modestamente sobre suas batalhas para salvar os bens do futebol dos gângsteres do governo. Kalai e Ron Bluntschli foram meus intérpretes, motoristas e professores no Haiti.

Ian "Mágico" Hughes me levou a Antígua com sua pioneira reportagem sobre os extraordinários abusos dos subsídios da Fifa. Alex Tomlinson me pôs a par de suas (malogradas) tentativas de persuadir o presidente do COI Jacques Rogge a permitir que os jovens atletas da ilha participassem das eliminatórias para as Olimpíadas de Atenas. Gordon Derrick me ajudou a entender a caótica papelada das contas da associação nacional, e Noel Egan me apresentou aos jovens das comunidades carentes que jamais viram um centavo do dinheiro da Fifa.

O dinamarquês Jens Sejer Andersen consegue reunir muitos jornalistas investigativos nas conferências "Play the Game"; contatos ali estabelecidos deram origem a uma porção de boas histórias – para mim e para repórteres do mundo todo. Em Barcelona, Xavier Vinyals i Capdepon jamais desistiu de sua busca de uma fotografia de Juan Antonio Samaranch fazendo uma coisa que ele preferia que ninguém jamais visse. Depois de 15 anos, Xavier encontrou uma.

Christian Jannette compartilhou suas lembranças da era Dassler, e Eric Wattez me ajudou a pesquisar na França e orientou os tradutores franceses do livro. Laurent Coadic, da *L'Équipe*, explicou a relação entre a França e a Fifa. Em Túnis, David Barnes, hoje *freelance* em Provença, me contou algumas das histórias mais engraçadas do legado de Dassler.

O suíço Christoph Mueller foi um grande companheiro em Mali. Trabalhamos e demos boas risadas juntos em Bamako e novamente em Zurique. Christoph me apresentou a seu colega Urs Schnell, do semanário *Rundschau*, que passou muitas horas me explicando a liquidação da ISL. Zora Ledergerber, do escritório suíço da Transparência Internacional, me propiciou informações reveladoras sobre as táticas autoritárias de Siegler.

O magistrado-investigador Urs Hubmann foi generoso com seu conhecimento e seu tempo, assim como o liquidante Thomas Bauer – apesar de uma devastadora dor de dente.

Osama El-Sheikh, editor da revista *Super*, me ajudou muito em Túnis. Na Inglaterra, Neil Wilson, do *Daily Mail*, generosamente compartilhou comigo tudo o que sabia sobre a história da ISL. No *Mail* contei com o sólido apoio de Matt Lawton, Martin Lipton, Paul Newman, Charles Sale, John Greechan, Victoria Jackson e a equipe da editoria de esportes.

David Bond, do *Evening Standard*, Gordon Farquhar, da BBC Sport, e Brian Oliver, do *Observer*, abriram meus olhos para outros aspectos da Fifa de Blatter. David Pallister, do *Guardian*, lembrou a impetuosa saída do Marrocos da Organização da União Africana para continuar a pilhar o Saara Ocidental; Toby Shelley, do *Financial Times*, compartilhou seu profundo conhecimento sobre a região e sua política.

Como sempre, Michael Gillard me deu conselhos magistrais. Peter Jackson e outros me proporcionaram a assistência e às vezes as intervenções típicas de detetives tarimbados. Denis O'Connor examinou o estilo da KPMG de apresentar as informações financeiras da Fifa. O contador Richard Woods me deu dicas de como interpretar as curiosidades que a KPMG descobriu quando assumiu a auditoria da Fifa.

Caroline Wood trouxe ordem à minha pesquisa. Christopher Whiteley me guiou entusiasticamente em meio a pilhas de documentos em alemão, e Azucena Fernandez Durán me explicou os documentos em espanhol. Mathew D. Rose me ajudou a destrinchar as complexidades do alto-alemão jurídico. Quando a grande tempestade da Cúmbria, em 2005, danificou as linhas de força e interrompeu o abastecimento de energia, Tom e Andri Thwaites me deram abrigo e eletricidade.

Meus calorosos agradecimentos à minha agente Sheila Crowley e a meu editor Tom Whiting da HarperSport, e a Clare Sambrook, por emprestarem sua perspicácia ao trabalho de edição deste livro.

ÍNDICE ONOMÁSTICO

Abacha, Sani, 61-2, 319, 332
Abend, dr. Jens, 114-5, 157
Ackermann, Markus, 199
Actis, general Omar, 39
Adamu, Amos, 314, 337
Addo, Farah, 78-80, 188, 320, 339
Adidas, 23, 25-6, 29-33, 35-7, 67-8, 84, 89, 123, 183, 191, 242, 264, 285, 295, 318, 331, 340
Aigner, Gerhard, 42
Al-Dabal, Abdullah, 182, 223
Al-Hussein, Ali Bin, 315, 338
Aloulou, Slim, 222
Al-Thani, emir Hamad Bin Khalifa, 79
Ambrose, Curtly, 214
Araújo, Maria, 48
Armstrong, Louis, 269
Ashe, Arthur, 32
Ávila, Carlos, 204
Avory, Les, 135-6

Bach, Thomas, 30
Bachir, Sandra, 131, 322
Baksh, Sadiq, 130-1
Banks, Tony, 229, 327
Bardot, Brigitte, 19, 160
Battaini, Flavio, 76, 111, 198, 339
Bauer, dr. Thomas, 156, 249, 262-5, 269, 293, 329, 333-6, 339
Beauvois, Daniel, 144
Beckenbauer, Franz, 32, 68, 107, 221, 225, 249
Belmondo, Jean-Paul, 32
Ben Ali, presidente Zine El Abidine, 15-6, 40, 227
Benjamin, Kenny, 214
Berlin, Marc, 244
Berlioux, Monique, 26
Bhamjee, Ismail, 16, 180
Bielmann, Patricia, 199
Bin Hammam, Mohamed, 77, 79-80, 105-6, 113, 127-8, 171-2, 180, 182, 196-7, 224-5, 227, 229-30, 264, 278, 315-6, 325-6, 338-9

Bird, Lester, 207, 212
Blair, Tony, 263
Blatter, Corinne, 76, 85, 89, 191, 320
Blatter, Graziella, 203
Blatter, Joseph S. (Sepp), 13-8, 34-7, 40-3, 46--7, 49-51, 54-9, 63-4, 66, 68-70, 72-80, 82--116, 120, 124, 126-8, 130, 132-5, 137-9, 141, 143, 146, 148-52, 154-93, 197-207, 213-5, 217-8, 220-5, 227, 230, 232, 234, 236-8, 241--5, 247-69, 274-79, 286, 288-9, 293-329, 331--41
Blatter, Philippe, 113, 159, 175
Blazer, Charles (Chuck), 82, 86-7, 89, 104-5, 122-6, 164, 172-3, 182, 190, 212, 223, 232, 236, 243, 263, 282, 285, 306-7, 309, 322, 324--5, 333, 338, 339
Blazer, Marci, 105
Blazer, Serena, 191
Bollhalder, Christoph, 199
Bollman, dr. Hans, 167, 324
Botsford, Keith, 25, 317
Boulter, John, 24, 28
Boyce, Jim, 337
Boxhill, Crenston, 218-20, 334
Braun, Egidius, 74, 319
Brennan, Melvin, 87, 195
Brigger, Jean-Paul, 128
Buchholz, Butch, 144
Buchholz, Cliff, 144
Burrell, capitão Horace, 66, 85, 120, 158, 185--7, 195, 202, 217-20, 233, 243, 259, 260, 266, 327, 333-4, 339-40
Byrom, Enrique, 280-2, 285
Byrom, Jaine, 280-2, 285

Campbell, Princess Rose, 282
Camps, Ollie, 194, 270
Canedo, Guillermo, 45, 124
Carrard, François, 53
Carraro, Franco, 187, 199, 202, 337
Carsson, Osten, 195

ÍNDICE ONOMÁSTICO

Cartier, Lawrence, 206, 250-4, 257-8, 274, 320, 328-9
Casey, Des, 191
Caswell, Nim, 76
Cavan, Harry, 36
Cavendish, Leo, 244
Champagne, Jerome, 103, 109-11, 134, 168, 170, 181, 198, 211-2, 215-6, 221, 261, 266, 268-9, 282, 321, 325, 327, 329, 335, 339, 341
Charlton, Sir Bobby, 68, 107, 128, 203, 249, 266, 322
Chirac, Jacques, 36, 110, 263
Chowdhry, Anwar, 30, 317
Chung Mong-Joon, 56, 97, 106-7, 160, 164, 166, 178, 182, 189-90, 315, 320-1, 324, 338, 341
Churchill, Sir Winston, 144, 229, 327
Clarke, Charles, 244
Clayton, 227
Coats, Peter, 281, 282, 285
Codesal, Edgardo, 172-4
Coe, Sebastian, 286, 336
Coelho, Antonio Carlos, 46-7, 49-50
Collins, John, 285
Contiguglia, Robert, 176, 325
Cooper, Keith, 111, 163, 198
Cooper, rabino Abraham, 205
Corke, Roger, 283
Crozier, Adam, 190, 202
Crump, Clarence, 212, 214-6, 218, 327
Cummings, Gally, 119

Dahane, Aicha, 229
Danker, Tony, 115
Dassler, Horst, 23-6, 28-37, 40, 42, 44, 51-4, 56, 148, 189, 198, 291-2, 317, 331, 339-42
Dassler, Suzanne, 53
de Beaumont, conde Jean, 25
de Klerk, Frederick Willem, 233
de la Torre, Alberto, 172
Dempsey, Charlie, 223-4, 264, 327, 333, 340
Dezotti, Gustavo, 172
Dias, Álvaro, 164
Dixon, Steven, 141
Doorgen, Raymond, 209-14, 340
Dougan, Derek, 36

Doviken, Jon, 153, 197, 323
Drewry, Arthur, 20
Drossart, Eric, 55-60, 63-4, 292, 332, 340

Edoo, Ameer, 130-1
Eggler, Barbara, 132
El-Din Hillal, Ali, 234, 328
Elizabeth II, rainha, 263
Erzik, Senes, 180, 215, 278
Espelund, Karen, 188
Eusébio, 107

Fahd, rei, 104
Faisal, príncipe, 83
Feiner, Roger, 198
Ferguson, Neville, 84-6, 116, 256-8, 320, 332, 340
Ferguson, Norris, 117
Ferguson, Steve, 194
Fernandes, Justino José, 200-1
Figueiredo, João, 46
Fink, Jesse, 289
Fleming, Jim, 181
Fletcher, Margaret, 282, 283
Fok, Henry, 59, 84, 264
Fok, Timothy, 73-4
Fontes, Shaun, 273
Foote, Steve, 283, 287
Franco, general Francisco, 31
Fusimalohi, Ahongalu, 203

Gaddafi, Al-Saadi, 170, 186, 225-7, 234, 325, 327
Gaddafi, coronel Muammar, 170, 225
Gagg, Walter, 131, 137, 322
Galán, Miguel, 43
Ganga, Jean-Claude, 26-7
García, Maritza Martén, 214
Gibson, Colin, 11
Giuliani, Rudolph, 240
Glanville, Brian, 36
Greene, Chet, 69, 195, 207-12, 214-6, 218, 233, 266, 319, 326, 327, 332, 335, 340
Gregory, Mark, 244
Grellet, Celso, 45, 145
Groden, Richard, 181, 287, 330

Grondona, Julio, 91-2, 104-5, 127, 152, 162-3, 174, 178, 180, 182, 190-1, 204-6, 223, 225, 236, 264, 299-300, 318, 322, 324-6, 332, 334, 340, 342
Guelfi, André, 32-3, 35-7, 189, 198, 317-8, 340

Haimes, Burton K., 278
Hall, Daryl, 40
Hamouda, coronel Hassine, 24-5
Hargitay, Peter, 236-47, 254, 257, 263, 328, 332, 334, 340
Hargitay, Steven, 241-2, 245
Harris, Nick, 273
Havelange, Anna Marie, 67
Havelange, João, 14, 19-28, 31, 34, 36-47, 50-2, 54, 56, 58-9, 61-4, 67-71, 73-6, 82-4, 90-1, 98-9, 101, 103-4, 106, 110, 119-21, 123-4, 127, 158, 161, 168, 173, 181-2, 189, 198, 200, 233, 250, 255, 264, 276, 311-2, 314, 316, 318--9, 329, 331-2, 339-42
Hayatou, Issa, 16-7, 56, 107, 165-6, 168-9, 171--2, 174, 177-8, 182-3, 185, 187-8, 191, 225, 257, 313, 316, 324-5, 334, 338, 340
Herren, Andreas, 113, 159, 169, 180-1, 196, 199, 273-4, 342
Herson, Richard, 46-50, 318, 340
Hildbrand, Thomas, 261, 264-70, 279, 293-4, 311, 313, 316, 329, 334-6, 340
Hinault, Bernard, 32
Hipkiss, Thomas, 141
Hirsch, Günter, 315, 338
Hitler, Adolf, 38
Hmada, Mariem, 228
Hope, Maurice, 214
Houlahan, J. Michael, 240, 328
Houseman, Tom, 298, 303-5, 309
Huba, Karl-Heinz, 30-1
Hubmann, Urs, 254, 334
Hughes, Ian "Mágico", 211-2
Hyldgaard, Poul, 64
Hyman, Martin, 306-7

IMG (International Management Group), 55-7, 292, 311, 332, 340
Ivester, Doug, 67

Jalal, Vincy, 66-7, 85, 186, 259, 319, 332, 340
James, C. L. R., 118, 277
James, Eric, 118-9
James, Tony, 181
Jannette, Christian, 24-6, 31, 317
Jennings, Andrew, 12, 87, 96, 139, 236, 243, 249-50, 253, 273, 280, 290, 334
João Paulo II, papa, 149
Johansson, Bjorn, 111-2
Johansson, Lennart, 58, 67-70, 72-8, 80, 82-6, 89, 97, 103, 105, 152, 157, 160-3, 165-6, 168, 175, 178, 182, 185, 191, 199, 207, 221, 257, 269, 318-9, 321, 323-4, 326, 331-2, 336, 341
Johnson, Ben, 226
Johnson, Hubert, 194
Joly, Eva, 36-7

Kamel, xeque Saleh Abdullah, 171, 229-30, 325, 327
Käser, Barbara, 37
Käser, Helmut, 34-7, 317, 331, 341
Kattner, Markus, 199
Kelly, Graham, 86, 320
Kempes, Mario, 38
Kettani, Saad, 228-30
Kfouri, Juca, 164, 318, 324
Killanin, lorde, 25
Kim Jong-Il, 174
Kim Un-Yong, 31
King, Martin Luther, 122, 240
Kirch, Leo, 58-9, 125-6, 141, 165, 222-3, 230, 327, 332, 341
Kissinger, Henry, 67, 203-4
Kistner, Thomas, 323
Klass, Colin, 66, 85, 120, 195
Klaus, Hans, 337
Koloskov, Viacheslav, 58, 105-6, 168, 321
Kyss, dr. Jean-Marie, 65-7, 81-2, 84-5, 87, 116, 217, 243, 256-9, 319, 341

Lacoste, almirante Carlos Alberto, 39
Lalla, Om, 284
Lampman, Robert, 296, 301-2, 304, 309
Lanceau, Odile, 110
Lawrence, Dennis, 270
Lawrence, Jamie, 217, 327

Le Coq Sportif, 32
Leiblang, Alain, 110
Leoz, Nicolás, 152, 158, 182, 223, 264, 310-1, 313, 315, 337-8
Levy, Daniel, 244
Lewis, Claire, 244
Liburd, Lasana, 270-4, 336, 341
Linsi, Urs, 16-7, 93, 96-7, 110, 131, 133-5, 145, 148, 152-3, 155, 164, 174, 176, 181, 184-5, 187, 198-9, 202, 209, 212-3, 250, 266-9, 278--9, 281-2, 285-6, 293, 299, 320, 323, 329, 333--5, 337, 339, 341-2
Longfellow, Henry, 119
Louis-Dreyfus, Robert, 67
Luthiger, Fredy, 100, 185, 341

Machline, Matias, 45-50, 318, 332, 340-1
Madejski, John, 244
Makudi, Worawi, 222
Malburg, Hercílio, 45-6
Malms, Christoph, 51-3, 59, 341
Malms, Sigrid, 51
Mandela, Evelyn, 233
Mandela, Nelson, 20, 61, 84, 221-4, 230-5, 276, 327-8, 335
Manning, Patrick, 231-2, 272, 327
Mansell, Eric, 48
Maradas, Emmanuel, 76, 188
Maradona, Diego, 204
Marley, Bob, 186
Marques, Rafael, 201
Matarrese, Antonio, 69, 182, 341
Mathier, Marcel, 66, 257, 259, 288, 329, 341
Mathieu, Guy-Philippe, 90-1, 93, 98, 333, 341
Mayer-Vorfelder, Gerhard, 59, 175, 221
Mbeki, presidente Thabo, 223, 231, 233, 235
McCormack, Mark, 55
McGivan, Alec, 86, 320
Meier, Michael, 199
Mifsud, Joseph, 222
Miles, Mark, 144
Milla, Roger, 179, 186
Millichip, Sir Bert, 84
Modeste, Patricia, 195, 283
Monnier, Vincent, 181, 326
Monzón, Pedro, 172

Mthethwa, "Bomba", 83, 320
Mugabe, Leo, 84, 188
Mugabe, Robert, 188
Murdoch, Rupert, 230
Muttaleb, Abdul, 311
Myers, Morley, 20-1, 23, 25, 27, 317

Nally, Patrick, 28-9, 32, 35
Nebiolo, Primo, 31, 33, 101, 331
Netzer, Günter, 223, 230, 327
Nigg, juiz Martin, 293-4
Nobel, Peter, 262-6, 268, 274-5, 293, 329, 335

O'Connor, Peter, 121
Obua, Dennis, 264
Oliver, James, 290
Omdal, Per, 175, 182
Ordóñez, Ramiro Sánchez, 204, 206

Pahad, Essop, 233
Panday, Basdeo, 117, 131, 280, 321-2
Panorama, programa da BBC, 30, 264, 280, 282, 284, 290, 294, 311, 313, 330, 335, 337
Parreira, Carlos Alberto, 128, 322
Pasarell, Charlie, 144
Pasfield, Tony, 287
Payne, Michael, 53
Pelé, 28, 40-2, 45, 55, 68, 74, 107, 128, 144-5, 249, 295-6, 318, 322-3, 331
Pelé, Abedi, 128
Petermann, Helen, 42, 77, 191, 341
Petersen, dr. Robin, 223
Philip, príncipe, 263
Piper, Karen, 86
Platini, Michel, 72, 77-8, 102, 109-10, 175, 319--20, 336, 339, 341
Potter, Ralph, 209, 211-2, 218
Pound, Dick, 53
Preska, juíza Loretta, 306, 308-9, 330, 336, 341
Price, Thadeus, 213
Pulford, Richard, 244
Putin, Vladímir, 314

Rampersad, Kerry, 286
Reid, Horace, 85, 218-9, 327
Rich, Marc, 239-41

Richards, Merv, 216-7
Richards, Sir Viv, 214, 216
Riefenstahl, Leni, 26
Rimet, Jules, 25
Roberts, Andy, 214
Rodrigues, Christopher, 297, 301, 303, 305, 308-9
Roesch, Doug, 48-9
Ronaldo, 250
Rothenberg, Alan, 86, 195, 229, 234, 327-8
Rouge, Jacques, 213, 215
Rous, Sir Stanley, 19, 21-7, 38, 41, 82, 83, 331, 341
Rowley, Keith, 277, 329

Sachs, Gunter, 19
Salim, dr. José Carlos, 200, 202
Samaranch, Juan Antonio, 11, 31, 33, 52, 53, 67-8, 101, 203, 236-7, 246, 331
Sans, Ricardo Monners, 205
Santos, Francileudo dos, 227
Santos, José Eduardo dos, 200
Sarin, Ritu, 239
Sarney, José, 46
Saro-Wiwa, Ken, 61-2
Sasso, Isaac, 123-4, 162-3, 223, 264
Scarsella, Basil, 202
Schallhart, Michael, 111
Schmid, Erwin, 13-5, 43, 73, 90-1, 110, 145, 198, 248, 342
Schmidt, Horst R., 42
Schneider, Hans Ulrich, 128
Schramm, Ellert, 41, 318
Schumacher, John, 273
Schurtenberger, Heinz, 149
Schuster, Stefan, 298, 302, 304, 309
Schwan, Robert, 32
Scoglio, Francesco, 225
Seemungal, Lionel, 121
Selander, Robert, 305, 308-9
Shepard, Tom, 296-7, 299-302
Siegler, Markus, 94, 96-7, 111, 137-8, 168, 171, 198, 213, 237, 242-4, 249-50, 257, 259, 265, 267, 270, 278, 320, 328, 342
Siegwart, Marc, 310-1
Silverstein, Adam, 307-8

Singh, Tino, 118, 119, 121-2, 276, 321
Slavkov, Ivan, 158, 264, 335
Smirnov, Vitaly, 30, 37
Snowe, Edwin, 169, 181, 325
Soca, Guerreiros, 270, 283-4, 286-7, 314, 330
Soros, George, 201
Spinner, dr. Bruno, 244
Sprengers, Mathieu, 202
Sprogis, Peter, 141
Steinbrecher, Hank, 195
Stiles, Bob, 195
Stuart, John, 297-9, 301-5, 307

Takac, Arthur, 30
Takac, Goran, 30
Tanda, Jean-François, 270, 293, 329
Tannler, Heinz, 278
Tapie, Bernard, 37
Taylor, Charles, 169-70, 325, 333
Taylor, Harold, 129, 180, 195, 215
Teixeira, Joana, 46
Teixeira, Lúcia, 46
Teixeira, Marco Antonio, 200
Teixeira, Ricardo, 41-2, 46-7, 49-50, 106, 164, 182, 200, 223, 226, 236, 266, 312, 314, 316, 318, 324, 337-8, 342
Teixeira, Roberto, 46
Temarii, Reynald, 314, 337
Terrazas, Joaquín Soria, 122-4
Thomas, Keith, 131
Thompson, Geoff, 203, 244
Tognoni, Guido, 43, 134, 198-9, 237, 326
Trump, Donald, 124
Tung, Brian Kuei, 130-1, 194
Tutu, arcebispo Desmond, 231-3, 335

Urlacher, Marie-Madeleine, 73

Valasek, Doris, 197
Valcke, Jérôme, 295-310, 334, 337, 342
Viana, Hélio, 45, 145, 323
Videla, general, 39
Villar Llona, Angel Maria, 162, 324

Warner, Daryan, 129, 131, 270, 272, 276, 279-81, 283-5, 288-9, 330, 336, 342

Warner, Daryll, 132-5, 138, 270-1, 276, 342
Warner, Jack, 65-7, 82, 84-7, 97, 104, 116-24,
    126-32, 134-7, 139-40, 151-2, 161-2, 173-4,
    178, 180-1, 190, 194-5, 202, 210-2, 215, 217-
    -8, 220, 222-4, 228, 230-3, 236-7, 256, 263-5,
    270-3, 276-89, 314, 321-2, 324, 329, 331, 333,
    336, 338-9, 341-42,
Warner, Jamal, 140, 323
Warner, Maureen, 118, 129, 194, 270, 282
Wattez, Eric, 344
Wayne, John, 152
Weah, George, 107, 169-70, 325
Webb, Jeff, 172, 187, 195, 202
Weber, Jean-Marie, 44, 46-7, 51-4, 56, 59, 76,
    141-6, 147-52, 155-6, 176, 198, 237, 248,
    255, 261-3, 267, 269, 293, 310-1, 323, 329,
    331, 334-5, 342
Weinreich, Jens, 86, 279, 317-8, 323, 328
Wickham, Adrian, 152, 180
Will, David, 63, 70, 106, 162, 164, 178-9, 182,
    186, 188, 190, 222, 319, 324, 342
Wilson, Peter, 319
Winston, Harry, 89
Winter, Christian, 281-2, 285
Wiseman, Keith, 82
Wüthrich, Karl, 269, 336

Yorke, Dwight, 270, 276, 287

Zagallo, Mário Jorge, 226, 327
Zanitti, Urs, 128-9
Zen-Ruffinen, Michel, 17, 73, 80, 93-4, 101-2,
    109, 111, 114-5, 126, 133-4, 142-3, 145, 153,
    155, 158, 164, 167-8, 170, 173-6, 183, 188,
    191, 197-8, 321, 323-5, 331-4, 342

Impressão e acabamento:

Orgrafic
Gráfica e Editora
tel.: 25226368